현대자동차 푸상무 이야기

이 도서의 국립중앙도서관 출판예정도서목록(CIP)은 서지정보유통지원시스템 홈페이지(http://seoji.nl.go.kr)와
국가자료공동목록시스템(http://www.nl.go.kr/kolisnet)에서 이용하실 수 있습니다.(CIP제어번호: CIP2017013399)

Seoul Man

현대자동차
푸상무
이야기

프랭크 에이렌스 지음
전 현대자동차 글로벌 홍보 부문 상무

이기동 옮김

도서
출판 프리뷰

이 책에 소개한 사람들은 모두 실재 인물이다.
공적인 인물이 아닌 경우에는 직장이나 사회생활을 하는데
피해가 돌아가지 않도록 가급적 가명을 썼다.
'진호'라고 소개한 사람은 두 명의 특성을 종합해 만든 가상 인물이다.

현대자동차 동료들은 저자의 이름인 프랭크(Frank)의 첫자에 직책을 붙여서
'푸상무'라고 불렀으며, 저자는 이 호칭을 좋아했다.

한국 독자 여러분께 드리는 인사

현대자동차그룹의 정몽구 회장과 정의선 부회장께 먼저 감사의 인사를 드립니다. 정몽구 회장은 엄청난 카리스마로 지금의 프리미엄 브랜드 현대를 만든 분입니다. 정의선 부회장은 나를 현대자동차에 취직시키고, 상무로 승진시켜 주었으며, 내가 일하는 동안 적극 지원해 주었습니다. 조만간 전 세계 언론이 그의 역할에 주목하게 될 것이라고 나는 확신합니다. 그가 이룰 성과를 보고 크게 감동을 받게 될 것입니다. 함께 일한 글로벌 홍보팀 동료들에게 특별한 감사의 인사를 전하고 싶습니다. 그들과 함께 보낸 3년여의 시간은 내게 '보약'이었습니다. 가끔 그것을 마시지 않겠다고 버텼고 먹기에 쓴 약이었습니다만, 그 약은 나를 더 나은 사람으로 만들어 주었습니다.

글 싣는 순서

1

미국
비슷한 나라

요란한 K팝 음악이 고문하듯이 두 귀를 두드린다. 남들이 피워대는 간접흡연 담배연기가 내 폐를 가득 채운다. 빳빳하게 다려 입고 나온 셔츠는 땀에 흠뻑 젖고, 저녁에 먹은 소고기 기름과 정체를 알 수 없는 양념이 여기저기 튀어 범벅이 되어 있다. 창도 없는 컴컴한 방안에는 형형색색의 조명이 번쩍이고, 열댓 명 되는 한국인들이 소리를 지르며 박수치고, 웃고, 서로 껴안은 채 놀고 있다.

벽에 있는 가라오케 화면에는 눈을 휘둥그레 뜬 아이들이 등장하는 애니메이션이 나오고, 영어와 한글로 가사가 지나간다. 아내는 방안 어느 구석엔가 눈에 띄지 않는 곳에 피신해 있을 것이다. 두 사람이 마이크 하나를 같이 잡고 한국 가요를 합창하자, 나머지도 신이 나서 따라 불렀다. 나도 그들 가운데로 끌려 들어갔다. 사람들은 노래를 부르다 잠시 쉬는 사이 나이 든 아주머니가 날라다 주는 작은 녹색 병에 담긴 액체를 계속 마셔댔다. 나는 그런 곳에 있었다. 땀에 흠뻑 젖은 채 웃고, 쉬지 않고 노래 부르고, 만난 지 닷새밖에 안 된 사람들과 서로 끌어안고 뛰었다. 웰컴 투 코리아! *Welcome to Korea!*

나는 한국이 무미건조한 곳일 거라고 생각했다. 예전에 일본이 그랬던 것처럼 깨끗하고 질서정연한 곳이리라는 생각을 하고 왔다. 놀라운 경제성장, 활짝 핀 민주주의, 초고속 인터넷망, 우수한 학생들, 그리고 흠잡을 데 없이 말끔하게 차려입은 시민들. 차세대 삼성, LG 전자기기들의 TV 광고를 통해 내가 아는 한국의 모습은 그랬다. 실제로 본 한국의 모습도 그렇기는 했지만 그게 다가 아니었다. 그것과는 살짝 다른 모습이 또 있었다. 시끌벅적한 소음과 복닥거리는 사람들, 교통체증, 고약한 냄새, 밤을 새는 회식, 가두시위, 멱살잡이가 오가는 국회 등 시각을 자극하는 장면들이 쉬지 않고 계속되었다. 이런 장면이 한꺼번에 덤벼들자 나는 링에 오르는 순간 비틀거리기 시작했다.

이야기가 길어지겠지만 그래도 시작해 봐야겠다. 충격을 받은 순서대로라면 김치 이야기를 피해갈 수 없다. 이 이야기는 꼭 해야겠다. 인천국제공항에 도착하면 입국장을 벗어나기 전에 벌써 이 냄새가 훅 풍긴다. 사실은 비행기에서 내리는 순간 곧바로 이 냄새가 난다. 한국 사람들에게는 김치 냄새가 바로 고향의 냄새이고 집 냄새이다. 150년 걸릴 산업화를 50년 만에 압축해서 이룬 나라가 한국이다. 그 엄청난 도약을 가능하게 해 준 로켓연료 같은 존재가 바로 김치이다. 하지만 처음 접하는 외국인에게 김치는 그저 냄새 고약한 음식물일 뿐이다. 김치 양념의 핵심은 마늘과 고춧가루이다. 그래서 매운 맛을 낸다.

아침식사 때부터 김치가 나오는데, 익숙하지 않은 사람들은 고약한 냄새에 놀라 움찔하게 된다. 김치는 여러 종류가 있고, 냄새 또한 다양하다. 시큼하고 매운 맛이 나는 김치도 있다. 냄새가 덜 나는 김치도 있고, 고약한 발 냄새가 나는 것도 있다. 금속 냄새도 나는데, 점심 때 김치를 먹은 사람 스무 명이 한 엘리베이터에 타고 숨을 내뿜으면 그런 냄새가 진동한다.

오늘날 한국인들은 집안에 김치 냉장고 여러 대를 놓고 김치 냄새가 집안에 퍼지지 않도록 한다. 김치 냄새를 이렇게 장황하게 늘어놓는 게 진부한 감이 없지 않지만, 이렇게 하지 않으면 거의 모든 한국인들의 일상을 차지하는 중요한 부분을 놓치게 된다. 김치는 한국인들이 가진 문화적 정체성의 주축을 이룬다. 한국인에게 김치는 미국인들의 햄버거와 비슷한 존재이다. 미국인들도 끼니마다 햄버거를 먹지는 않으니, 햄버거보다 더한 존재라고 해야 할 것이다. 김치는 한국에 도착했음을 알리는 위치 탐지기 같은 역할을 한다. 누군가가 여러분의 두 눈을 가린 채 비행기에 태워 미지의 장소로 데려다 놓았을 때 햄버거 냄새가 나면 그곳이 세계 어느 곳인지 알 수 없다. 하지만 비행기에서 내리는데 김치 냄새가 난다면 그곳은 한국일 가능성이 매우 높다. 김치는 끔찍하게, 공격적으로, 그리고 당당하게 한국적인 음식이다. 한국에 대해 조금이라도 알고 싶은 외국인이라면 반드시 건너야 할 첫 번째 다리가 바로 이 김치 냄새일 것이다.

나는 아내 레베카와 함께 2010년 10월 워싱턴을 출발해 열세 시간 비행기를 타고 서울에 도착했다. 그것도 중간 열 가운데 자리에 앉아서 논스톱으로 왔다. 아내는 외교관U.S. Foreign Service 신분으로 주한 미국대사관에서 일하게 되었고, 나는 현대자동차그룹의 글로벌 홍보 담당 이사director를 맡기로 돼 있었다. 우리는 함께 근무하던 워싱턴 포스트를 사직하고 서울로 왔다. 결혼한 지 겨우 3개월밖에 되지 않아 서로에 대해 알아가고, 신혼생활을 좀 더 즐길 시기에 갑자기 근거지를 떠나 외국으로 떠나온 것이었다.

우리는 각자 새로운 직장에서 전혀 새로운 일을 시작하게 되었다. 나는 21년간 신문기자로 열심히 활동했고, 그 가운데 마지막 18년을 워싱턴 포스트에서 일했다. 홍보 분야에서 새로운 일을 시작하고, 생애 처음으로 외국 생활도 해보고 싶었다. 아내는 미국으로 이민 온 뉴질랜드 장로교 목사의 막내딸인데, 나처럼 18년을 내리 한 곳에서 지낸 적이 없었다. 계속 옮겨 다니는 목사라는 직업 특성상 아내가 어렸을 때는 온가족이 옮겨 다녔다. 그런 영향 탓인지 아내는 한 곳에 오래 가만히 있지 못했다. 많은 미국 젊은이들처럼 세계 곳곳을 떠돌아다니기를 좋아했다. 나를 만나기 전에 이미 중국, 일본, 레바논, 프랑스에서 살아보았다. 나는 한국에 가서 산다는 게 달나라 가는 것처럼 생각되는데,

아내는 가보고 싶은 여러 곳 가운데서 다음 차례가 된 나라 정도로 받아들였다.

이곳으로 오기 전 한국에 대해 아는 게 무엇이었을까? 대부분의 다른 미국인들보다 더 아는 게 별로 없었을 것이다. 지구상에서 인터넷망이 가장 잘 깔린 나라이고, 아이들은 학교 공부를 엄청나게 열심히 하고, 김치를 먹는다는 정도였다. 대부분의 미국 소비자들은 LG 평면 스크린 TV와 삼성 스마트폰, 그리고 현대차와 기아차 등 대표적인 소비제 브랜드를 통해 한국을 알고 있다. 그리고 심심치 않게 등장하는 폭압적인 북한 김씨 왕조의 위협적이고 웃음거리 같은 뉴스를 통해 한국을 아는 정도이다. 서울에 오기 전 누가 나보고 유명한 한국사람 이름을 대보라고 했다면 몇 명 꼽지 못했을 것이다. 반기문 유엔사무총장과 유명한 야구선수, 영화배우 몇 명을 아는 정도였다. 그리고 돌아가신 아버지께서 한국전 참전용사였기 때문에 아버지로부터 전쟁에 대해 들은 것도 조금 있다. 시차 때문에 서울은 워싱턴보다 13시간 내지 14시간 앞서 간다. 한국은 우리에게 미래의 세상인 셈이다.

한국에 도착하고 나서부터 우리는 '사우스 코리아'South Korea라는 말은 그만 쓰고, 그냥 '코리아'Korea라고 부르기 시작했다. '사우스 코리아' 사람들이 자신들을 그렇게 부르기 때문이다. 통일되는 날을 기다리며 한국인들은 북한을 북쪽에 위치한 한국 영토로 생각하고, 북한 사람들은 '사우스 코리아'를 남조선이라고 부른다. 남쪽에 위치한 북한 영토라는 뜻이다.

시간을 내서 며칠 동안 서울 곳곳을 둘러보았다. 서울은 인구 1천 만 명이 사는 메가시티로, 한강을 기준으로 강의 북쪽에 있는 구시가는 강북이고, 강남이라 부르는 남쪽은 신시가지이다. 강남은 베벌리힐스와 만나는 5번가인 핍스 애비뉴*Fifth Avenue*쯤으로 생각하면 된다. K팝스타인 싸이의 2012년 유튜브 〈강남 스타일〉로 유명해진 곳이기도 하다. 유튜브 조회수가 20억 회가 넘었다. 많은 부자들이 강남에 살고, 쇼핑도 그곳에서 한다. 민주적이고 활기에 넘치며, 호화로운 강남은 강북의 한국인들이 수십 년에 걸쳐 땀 흘려 이룬 노력의 결실이다. 이들은 강력한 지도자의 통치 아래 헐벗은 한국을 잿더미 속에서 일으켜 세웠다. 강남은 한국의 미래처럼 보이고, 수세기에 걸쳐 내려오는 전통적인 한국은 뒷전으로 밀려나는 것처럼 보이기도 한다.

서울은 산으로 둘러싸인 도시이다. 사실은 전국 대부분이 산악 지역이다. 한국의 산들은 나의 고향인 웨스트 버지니아주 풍경을 연상시킨다. 워싱턴 D.C.는 위도가 서울과 비슷하기 때문에 기후도 여름은 무덥고 겨울은 살을 에듯 춥다. 낮의 길이가 짧은 겨울철 내내 한국의 샐러리맨들은 깜깜할 때 출근하고 깜깜할 때 집으로 돌아오는데, 사실은 일년의 절반을 그렇게 산다. 10월에 도착했을 때 산들은 오렌지, 노랑, 붉은색으로 흠뻑 물들어 있었다.

서울에는 쿠알라룸푸르의 페트로나스 타워스처럼 다른 아시아 대도시들에 있는 상징적인 고층건물이 없다. 대신 서울 건축물의 특징은 20층 넘는 베이지색 아파트 건물이 무리를 지어 늘어서 있는 것이다. 아파트 각 동의 측면 벽에는 큰 숫자로 동수가 쓰여 있다. 멀리서 보면 여러 개의 언덕이 일렬로 늘어서서 행진하는 모양새이다. 평지가 부족하고 산과 산 사이에 도시가 형성되다 보니 서울은 고층 아파트가 즐비한 수직적인 도시가 되었다.

5천 만 명에 달하는 대한민국 전체 인구의 절반이 서울을 둘러싼 수도권에 산다. 한국에서 두 번째로 큰 도시의 인구는 350만 명에 불과하다. 그래서 한국은 싱가포르와 같은 도시국가에 가깝다. 국토 면적이 더 넓을 뿐이다. 서울은 정치에서부터 유행을 선도하는 분야에 이르기까지 거의 모든 면에서 최고 중심지이다. 서울은 여러 분야에서 동아시아의 문화 엔진 역할을 한다. 동아시아인들은 K팝과 한국 TV 드라마에 열광하는데, 일일 연속극 DVD와 유에스비 플래시 드라이브는 북한 지역에까지 진출해 있다. 뇌물이 성행하는 중국과의 국경을 통해 북한 땅으로 몰래 들여보내지는 것이다. 외부 세계와 단절된 채 살아가는 2500만 명의 북한 주민들 가운데 일부는 아쉬우나마 이 비디오를 통해 아름답고, 잘 먹고, 그지없이 부유한 서울 사람들의 삶을 엿본다.

서울은 또한 수많은 성형외과 병원이 모여 있어 한국 성형 벨트의 중심지를 형성하고 있다. 한국은 인구 대비 성형수술을 한 사람의 비율이 세계에서 제일 높은 나라이다. 일류 대학이 가장 많은 도시도 서울이고, 한국 경제를 주도하는 재벌 회사가 모여 있는 곳도 서울이다. 그래서 한국을 알려면 서울을 반드시 알아야 한다. 서울은 끊임없이 발전해 나가기 위해 노력하는 이 나라의 열정을 고스란히 담은 저수지 같은 곳이다. 발전하는 한국이 보여주는 최고의 모습이 바로 서울인 것이다.

　미국대사관은 서울 구시가 다운타운의 중심에 자리 잡고 있다. 한국에서 제일 크고 제일 중요한 역사적인 궁궐에서 대로를 따라 내려가면 있다. 이 궁궐은 한국을 500년 동안 다스린 영광스러운 왕조의 본거지이다. 전통적인 곡선 모양의 지붕을 하고 있고, 지붕 끝이 마치 모자챙처럼 우아하게 위로 올라가 있어 정적인 아름다움을 보여준다. 영화감독들에게 이 궁궐은 서울을 상징하는 '설정샷'*establishing shot*이다.

　아내는 처음 몇 주 동안 함께 일하는 미국인 직원, 한국인 동료들과 얼굴을 익히고, 매일 처리해야 할 영사 업무에 대해 파악하며 보냈다. 아내가 하는 일은 쉽게 말해 하루 8시간 고객 서비스 창구 의자에 앉아 있는 것이었다. 유학 등의 목적으로 미국 방문비자를 신청한 한국인들과 (한국어로) 하루 250건의 인터뷰를 진행했다. 아내가 하는 일은 이들의 방문 목적이 타당한지 여부에 대해 판단하는 것이었다.

　내가 일하는 사무실은 현대자동차그룹의 쌍둥이 타워였다. 미국대사관에서 남쪽으로 자동차로 45분 거리에 있는 양재라는 동네로, 현대 창업주가 1970년에 건설한 남북을 잇는 주요 고속도로 가까운 곳에 자리하고 있다. 아내가 일하는 강북의 도심과 달리 내가 일하는 곳 주위에는 전통적인 건축물이 거의 없다. 사무실 바로 옆에는 대형 슈퍼마켓이 하나 있는데, 아마도 한국에서 제일 규모가 큰 슈퍼마켓일 것이다. 대한무역투자진흥공사*KOTRA* 본사가 가까이 있고, 조금 더 가면 코스트코

Costco 매장이 있다. 토요일 오전이면 수천 명의 내국인과 외국인이 몰려들어 이들이 타고 온 자동차들이 주차공간이 나기를 기다리느라 건물 주위를 뱀처럼 휘감고 있다.

현대자동차그룹은 삼성에 이은 한국 제2의 재벌이다. 현대차와 기아차를 비롯해 30개가 넘는 계열사들로 구성돼 있으며, 자동차 부품 생산업체, 철강회사, 방위산업체도 있다. 나는 재벌 기업인 현대차에서만 일했는데, 재벌은 일본의 자이바쓰財閥와 비슷한 개념이다. 이들은 한국의 고속성장을 이끈 견인차였고, 세계 13대 경제대국으로 성장한 오늘의 한국이 있게 한 주역이다. 재벌은 수십 개의 계열사로 구성되는데, 그 가운데 일부는 그룹의 핵심 비즈니스와 관련돼 있고, 전혀 관련 없는 업종들도 있다. 재벌 일가들은 복잡한 지배구조를 통해 소규모 지분을 가지고 경영권을 행사한다. 이런 식으로 재벌의 소유권은 대를 이어 세습되어 왔다. ('현대'라고 부르면 현대그룹의 여러 계열사들이 해당되지만, 이 책에서는 내가 일한 현대자동차를 '현대'로 줄여서 부르기로 한다.)

한국의 재벌들은 창업자의 3세, 4세들에게 경영권이 넘어가면서 중요한 전환기를 맞고 있다. 북한은 정권을 세습하고, 남한에서는 기업을 세습한다는 말이 있을 정도이다. 국내외에서 많은 이들이 이러한 승계 과정에서 한국의 재벌이 경영방식이나 인적 구성 면에서 더 국제화 되고, 덜 배타적인 모습으로 바뀌기를 바라고 있다. 후계자들은 대부분 영어에 능통한데, 영어 실력은 재벌에서 일하는 데 매우 중요한 자질이다. 재벌은 한국 경제에 지대한 영향력을 발휘하기 때문에 앞으로도 한국의 놀라운 성장 스토리를 주도해 나갈 것이다. 하지만 한국은 현재 중대한 갈림길에 서 있으며, 미래의 번영도 자신할 수 없는 처지이다. 한국의 미래는 상당 부분 삼십대, 사십대인 이들 재벌 후손들 몇 명의 어깨에 달려 있다고도 할 수 있다. 그리고 그 가운데 한 명이 나를 고용한 것이다.

한국은 거의 단일 민족으로 전체 인구의 97퍼센트가 한민족이다. 일본, 북한에 이어 지구상에서 세 번째 단일 민족 국가이다. 정부 통계에 따르면 김씨, 이씨, 박씨 성을 가진 사람이 전체 인구의 절반을 차지한다. 한국을 가장 대표하는 이름은 '김이박'이라는 우스갯소리가 있을 정도이다. 그러다 보니 출근 첫 주에 많은 한국인 동료들과 인사를 나누면서 나는 혼란에 빠졌다. 자신을 소개하는 동료들 거의 대부분이 같은 성에 이름만 조금씩 달랐기 때문이다. 처음 며칠 동안 글로벌 PR 담당 이사로 본사 사무실 곳곳을 찾아다니며 수없이 많은 미스터 리, 미스터 김, 미스터 박을 만났다. 간단한 인사를 나누고, 여기저기서 들려오는 브로큰 잉글리시broken English를 알아듣느라 신경을 곤두세우고, 고개 숙여 인사하고, 환한 웃음을 지었다. 이곳의 예법에 따라 두 손으로 공손하게 받은 명함을 한 웅큼 들고 내 방으로 돌아오면 누가 누군지 하나도 기억나지 않았다.

글로벌 홍보팀은 유럽의 일류 자동차 전문기자 몇 명을 초청해놓고 그 준비작업 때문에 정신이 없었다. 그래서 새로 온 '외국인'인 내게 업무보고를 해줄 시간이 없었다. 나중에 알게 되었지만 나는 자기들의 직속 상사가 아니었다. 출근한 첫째 주 금요일 저녁에 팀원들이 나를 환영하는 저녁식사에 초대했다. 알고 보니 팀원들과 함께 나를 초대한 사람은 나의 직속 상사인 미스터 리였다. 출근하기 전까지만 해도 나는 그 사람을 만난 적도 이름을 들어본 적도 없었다. 기억하기 쉽도록 그 사람이 준 명함에다 '마이 보스'my boss라고 적어놓았다. 그런데 고약하게도 내 서투른 안목으로는 그 사람과 본사에 근무하는 다른 임원들이 외모로 구분이 안 되었다. 하나같이 남성이고, 중년에, 중키, 중간 체격, 검은 머리, 수염 없는 얼굴을 하고 있었다. 옷도 똑같이 입었다. 짙은 색 정장, 흰색 와이셔츠에 빨간색 아니면 푸른색 넥타이를 맸다. 미스터 리는 같은 연배의 다른 남자들보다 호리호리한 편이었다. 외향적인 성격은 아니지만 걸음걸이는 다소 으스대는 폼이었다. 겉으로 감정을 잘 드러내지는 않았지만, 그는 집 떠나온 미국인 홍보 이사에게 아주 친절하게 대해 주었다.

그는 함께 점심을 하러 나가면, 내게 물어보지도 않고 자동차의 라디오 채널을 자신이 듣는 한국 가요 방송에서 영어로 진행되는 채널로 돌렸다. 미스터 리는 동료들과 술자리에서 짓궂은 농담을 잘했다. 팀원들에게 수시로 야근을 시켰는데, 그런 식으로 단체생활의 규율을 세우는 것 같았다. 알고 보니 아시아의 기업 문화에서는 그게 당연한 일이었다. 근무시간은 월요일 아침 8시 전에 출근해서 금요일 저녁에 끝나는데, 마치는 시간은 보스가 정했다.

드디어 아내와 내가 처음으로 한국음식을 제대로 먹을 기회가 왔다.

사실은 억지로 먹은 것에 가까웠다. 그런데 문제가 생겼다. 저녁 자리에 아내와 함께 갔는데, 팀원들은 전혀 예상치 못한 일이었다. 직원들끼리 하는 저녁식사 자리에 직원의 아내는 함께 참석하지 않는 게 관례였기 때문이다. 그런 관례는 나중에 들어서 알게 되었다. 예를 들어 우리가 이곳 관습대로 새로 태어난 우리 아이의 백일잔치에 사람들을 초대한다면 우리 팀 보스의 아내도 참석하겠지만, 이번 저녁처럼 팀원들의 회식 모임에는 오지 않을 것이라고 했다. 한국 사람들끼리는 이런 일에 대해 암묵적인 동의가 이루어져 있다.

이런 분위기를 모르고 나는 그날 저녁 아내와 함께 팀원들이 모이는 숯불구이 식당으로 갔다. 식탁 한가운데 자리한 벌겋게 단 숯불화로에 날고기를 올려놓고 구웠다. 식탁에는 빈 공간이 없을 정도로 작은 반찬 접시들이 빼곡하게 놓여 있었다. 나물과 잡채, 젓갈류를 비롯해 어딜 가나 빠지지 않는 김치가 등장했다. 하지만 바비큐 소스는 보이지 않았다. '한국식 바비큐'는 우리를 도와주는 국무부 소속의 스폰서 직원이 한국에 도착하자마자 해준 말을 실감시켜 주는 음식이었다. 그는 '거의 비슷하지만, 완전히 똑같지는 않은 나라'the land of Almost, Not Quite에 오신 걸 환영한다는 말로 우리를 맞아주었다. 대한민국, 특히 서울은 대도시에 익숙한 서양인들의 눈에 익숙한 도시이지만, 더 깊이 파고들면 조금씩 생소한 일들과 마주하게 될 것이라는 말이었다.

바비큐 소스 없는 바비큐. 그리고 후진 주차는 예외가 아니라 당연히 그렇게 하는 것처럼 되어 있다. 공공장소에 휴지통이 없다. 사무실, 인도, 영화관 등등 어디에도 휴지통이 없다. 보이스 메일이 한통도 오지 않는다. 볼일을 보고 있는데도 남자 화장실에 여성 청소부가 들어온다. 모든 자동차가 차창에 짙은 색으로 소위 '썬팅'을 해놓았다. 직원들이 사무실에서 정장 차림에 욕실 슬리퍼나 샤워 샌들을 신고 있다. 앰뷸런스가 파란색 경광등을 켜고 달린다. 자동차 내비게이션 화면에서 TV 방송이 나오고, 운전자는 운전 중에 그걸 본다. 식사 때 음식이 개인별로 따로 나오지 않고, 큰 그릇에 담긴 음식을 함께 먹는다.

국무부 소속의 한 친구는 요약해서 이렇게 설명했다. "인력거를 타고 출근해야 하는 나라에 나가 살면, 그걸 현실로 받아들여야 합니다. '좋아, 이게 바로 내 삶이야. 나는 인력거를 타고 출근하는 거야.' 하는 거지요. 거기에 맞춰 기대치도 낮추게 됩니다. 하지만 한국에 오면 모든 수준이 기대한 것 이상으로 높은 것처럼 보입니다. 그러다 기대 이하의 일들과 마주치게 되면 엄청 실망감을 맛보게 되지요." 실망은 양측이 모두 한다. 한국인들 입장에서는 모두 당연한 일들이다. 동료들은 내가 (자기들이 보기에는) 아무 것도 아닌 일을 가지고 이상하고, 신기하다고 떠드는 것을 보고 얼마 안 가 시큰둥한 반응을 보이기 시작했다.

우리는 별실에서 식탁 주위에 둘러앉았다. 비즈니스 회식은 별실에서 하는 게 관례이다. 테이블 한쪽 편 한가운데 자리에 미스터 리가 앉았다. 그곳에는 언제나 방안에서 제일 높은 사람이 앉는다. 나는 그의 맞은편에 앉았다. 처음에는 매우 유쾌하게 시작됐지만 소주가 나오면서 분위기는 한국적으로 바뀌었다. 소주는 한국의 국민주이다. 알코올

도수는 브랜드마다 차이가 나지만 대략 28프루프*proof*를 넘나든다. 한국인들은 알코올 도수를 '몇 도' 하는 식으로 부른다. 옛날 코카콜라병 만한 크기의 작은 푸른색 병에 담겨 나오는데, 한국 정부는 소주 가격을 1달러 내외로 유지되도록 인위적으로 조절한다. 모든 국민이 타고난 권리를 누릴 수 있도록 해주기 위한 배려라고 할 수 있다. 힘든 삶에서 잠시라도 위안을 얻을 수 있게 해주는 물건을 사람들이 쉽게 사서 마실수 있게 한다는 취지이다.

이곳 사람들은 정말 고단한 삶을 산다. 60년 전 아프리카 최빈국들처럼 가난하게 살 때는 매일매일 목숨을 부지하는 게 힘들 정도였다. 이제 한국은 부유한 나라가 되었는데도 사람들의 삶은 그때와 다른 의미에서 여전히 고달프다. 끊임없는 경쟁 속에서 살며 평생 온갖 육체적, 정신적인 문제들에 시달리기 때문이다. 그래서 사람들은 소주를 마신다. 러시아인의 보드카처럼 한국인들에게 소주는 단순한 술 그 이상이다. 직장에서는 팀원들 간의 단합을 이끌고, 직장 밖에서는 인간관계를 돈독하게 만드는 수단이 된다. 한 번은 저녁 회식자리에서 임원 한명이 일어나 건배를 제의했다. 남성 참석자들은 으레 건배사를 한 번씩하는 것으로 생각한다. 그는 술잔을 들어 올리고 한껏 멋을 내며 이렇게 소리쳤다. "이것은 소주입니까?" "아닙니다." 사람들은 이렇게 응답했다. "이것은 우리의 혼입니까?" "맞습니다."

나는 이런 문화를 조심하라는 말을 들은 적이 있기 때문에 한국의 음주문화에 대한 글을 미리 읽어보았다. 현대에 입사하기 위해 처음 면접을 볼 때 실제로 이런 질문을 받았다. "술 드십니까? 팀원들이 술 권하는 것으로 존경을 표하고 싶어 할 텐데요." 나는 면접관에게 맥주는 아주 좋아한다고 답하고, 팀원들이 존경을 표할 방법은 술 말고도 많이 있을 것이라고 너스레를 떨었다. 하지만 그 생각은 틀렸다.

여러 모로 한국인들은 지구상의 다른 어떤 국민보다도 술을 더 많이 마신다. 그것도 이등과 엄청난 차이가 나는 일등이다. 2014년 유럽에서 실시한 조사결과에 따르면 한국인은 술을 일주일에 평균 11잔 마시는 것으로 조사됐다. 평균 5잔을 마셔 2위를 기록한 러시아인들의 두 배가 넘는 수치였다.

가장 큰 문제는 바로 나 자신한테 있었다. 나는 사실 술을 잘 마시지 못한다. 아내도 마찬가지이다. 솔직히 말해 우리는 신앙과 건강상의 이유로 술을 마시지 않는다. 내가 제일 좋아하는 것은 저녁에 친한 친구 몇 명과 밖에 나가 서너 시간을 함께 보내는 동안 맛있는 맥주를 고작 두세 잔 마시는 것이다. 약한 에일 맥주나 IPA 맥주, 혹은 코퍼 에일 copper ale 맥주를 마신다. 한국 임원 한 명이 내게 퉁명스런 투로 이렇게 물어본 적이 있다. "술 안 드십니까?" "맥주 마십니다." 이렇게 대답했더니 그는 "허!"라고 한마디 내뱉었다. 한국인들은 맥주를 술로 치지 않는다는 사실을 그때서야 알게 되었다. 내 기준으로 보면 정말 터무니없는 편견이 한국인들의 음주문화에 자리 잡고 있는 것이었다.

내 환영 회식 자리에 참석한 사람들 앞에는 각자 소주잔 하나와 그보다 큰 맥주잔이 하나씩 놓여 있었다. 맥주잔은 욕실 싱크대용 유리잔만

한 크기이다. 두 잔 모두 가득 채워지면 비우고, 비우면 채우고 하는 식으로 계속됐다. 한국인들은 옆 사람 술잔이 비면 채워 주는 게 예의라고 생각한다. 옆 사람 잔을 빈 채로 두면 예의 없는 사람이 된다. 술을 따를 때는 두 손이나 오른 손으로 병을 잡고, 왼손은 공손하게 오른쪽 팔꿈치에 댄다. 술을 받는 사람은 잔을 공손하게 두 손으로 잡는다. 그런 다음 그 사람에게 자기도 술을 따라준다. 팀원들은 "건배!"를 외치거나 "무엇 무엇을 위하여!"라고 외쳤다. '건강'이든, '비즈니스의 성공'이든, 무슨 말을 붙여도 상관없다.

얼마 안 가서 이번에는 모두 "원샷!"을 외치더니 단숨에 잔을 비웠다. 환영 만찬은 그렇게 흘러갔고, 모두들 벌겋게 술 취한 얼굴이 되었다. 그때 변형된 원샷이 등장했는데, 바로 '러브샷'이었다. 두 사람이 한 팔을 서로 걸고 얼굴을 마주 바싹 갖다 댄 다음 단번에 잔을 비우는 것이었다. 그런 다음 잔을 비웠다는 것을 증명해 보이기 위해 잔을 뒤집어 머리 위로 들어올린다. 그리고 '폭탄주'가 등장한다. 미국에서 '보일러메이커'boilermaker라고 부르는 것이다. 소주를 맥주에 섞은 다음 원샷으로 마시고 나서 잔이 비었다는 표시로 빈 잔을 흔들어 보인다. 그러면 같이 앉은 사람들은 환호를 보낸다.

팀장인 벤이 두목이었다. 자신만만하고 키가 큰 벤은 그 또래의 다른 현대맨들과 마찬가지로 평생 현대맨이고 애국자였다. 이들은 하나같이 현대가 '첫 직장이자 마지막 직장'이라고 했다. 한번은 왜 현대에서 일하는 게 좋으냐고 물었더니 그는 이렇게 대답했다. "나는 대한민국을 부강한 나라로 만드는 데 일조하는 걸 자랑스럽게 생각합니다." 그는 우리 글로벌 홍보팀의 오락반장이었다. 음주에 관한 한 그는 불가능이 없는 사람이었다. 업계에서 일하는 많은 한국인들처럼 벤도 영어 이름을 갖고 있다. 영어 퍼스트 네임을 갖는 이유는 한국 이름은 서양인들이 발음하기 힘들 것이라는 우려 때문이다. 벤과 나는 같은 또래이고, 서로 완전히 다른 성장배경에도 불구하고 몇 가지 공통점을 갖고 있었다. 그 중에는 80년대 록도 포함되는데, 벤이 제일 좋아하는 밴드는 퀸 Queen이었다.

현대차 임원들이 내리는 지시사항을 무조건 이행하는 것은 팀장인 벤이 하는 역할이었다. 군에서 지휘관인 장교의 명령을 이행하는 선임 하사관 정도로 생각하면 될 것이다. 예를 들어 나의 상사인 임원이 저녁회식을 준비하라는 지시를 내리면 그 명령을 집행하는 것은 팀장의 몫이다. 하지만 이렇게 생각하는 것은 서양식 사고방식이다. 벤은 자신을 팀원들의 아버지나 큰형님 정도로 생각했다. 나는 벤의 자세가 유교의 사고방식과 유사하다는 사실을 나중에 깨닫게 됐다. 사실상 한국의 국교라고 할 수 있는 유교의 가르침은 한국인들의 생활 곳곳에 스며들어 있다.

벤은 또한 다른 의미에서 한국 직장인의 전형적인 삶을 살고 있었다. 그는 '기러기 아빠'였다. 수컷 기러기가 가족들의 먹이를 구하기 위해 오랜 시간 둥지를 떠나 돌아다닌다는 데서 붙은 이름이다. 이 한국 기러기 아빠는 가족들을 부양하기 위해 현대차에서 일하며 가족과 함께 보내는 시간을 희생하고 있었다. 벤의 경우는 여러 해 전에 가족과 함께 미국에 파견 근무를 했고, 한국으로 돌아올 때 가족은 그대로 미국에 남았다. 사무실에 있는 그의 컴퓨터 스크린 보호기에는 가족이 있는 미국시간이 표시된다. 그는 아내와 아이들을 일 년에 한두 번 본다.

저녁회식 때 벤이 하는 역할은 술을 실컷 마시고 떠들썩하게 놀도록 분위기를 돋우는 것이었다. 그는 분위기 띄우는 데 일가견이 있었다. 소리 지르고, 웃고, 서로 놀리고 하며 요란한 술자리가 계속되었다. 연이어 "위하여!"를 외치고, 술병을 손에 들고 다른 사람의 잔에 술을 따르느라 테이블 주위를 뛰어다녔다. 특히 내 상사인 미스터 리의 잔은 비기가 무섭게 누군가가 달려가서 얼른 채웠다. 그는 조용히 앉아 있었지만 분위기를 즐겼고, 팀원들로부터 대접을 받고 있었다. 여성 팀원 한 명이 일어나더니 게의 집게발처럼 손가락 두 개로 팀원들을 꼬집으며 애정을 표시했다. 나는 아내에게 이렇게 물었다. "전에 이런 장면 본 적 있어?" 내가 이런 식으로 술 마시는 것을 본 것은 1980년대 웨스트 버지니아대 재학 시절 '쿼터 비어 나이츠'*quarter-beer nights*에서가 마지막이었다. 그런데 아내는 그런 분위기를 알고 있었다. "봤어요." 아내는 이렇게 말했다. "생각 안 나요? 나는 아시아에서 4년이나 살았잖아요." 아내는 미국인으로서는 드물게 대학을 졸업하자 곧바로 외국으로 뛰쳐나간 사람이다. 미국이 싫어서가 아니라 폐쇄공포증에서 벗어나기 위해서였다. 아내는 성인이 되면서부터 해외로 나가고 싶어 했다. 그래서 대학을 졸업하자마자 홍콩에 있는 레바논 무역회사에 일자리를 구했다. 2년 동안 다른 외국 젊은이들과 신나게 어울리고 나서도 아내는 집으로 돌아올 마음이 없었다. 그래서 이번에는 일본의 센다이로 가서 여고생들에게 영어를 가르치며 2년을 더 지냈다. 그곳에서 학생들과 함께 〈말괄량이 삐삐〉 같은 드라마도 제작하면서 독창적인 방식으로 문화의 가교역할을 했다.

아내는 동아시아 일대에서 음주는 사회적인 여가놀이일 뿐만 아니라 비즈니스를 하고, 직원들끼리나 사업 파트너들과 유대를 돈독히 하는 하나의 수단이라는 점을 알고 있었다. 서울에서 샐러리맨 문화를 이해하는 데 음주는 필수였다. 한국으로 일하러 오기 전에 나는 백인 미국인들이 아시아에 대해 가진 전형적인 편견을 갖고 있었다. 아시아인들은 열심히 일하고, 착한 학생이고, 얌전하고 내성적이라는 생각이었다. 정치나 스포츠 분야에서보다는 실험실이나 오케스트라에 더 잘 어울리는 사람들이라는 선입견을 가졌다. 실제로 현대에 출근하고 첫 일주일 동안 나는 사무실이 너무 조용한 것을 보고 놀랐다. 직원들 대부분 자기 책상에 앉아서 일하고, 회의 때도 얌전히 모여 앉아 있었다. 책상 모서리에 모여 업무와 관련 없는 잡담을 하는 일도 드물고, 워싱턴 포스트 편집국처럼 사무실에서 동료들끼리 떠들썩하게 친밀감을 나누는 이도 없었다.

그런데 업무가 끝난 금요일 저녁에 십여 명의 코리언 파티 애니멀들에게 둘러싸인 것이다. 사무실 분위기가 한결 느슨한 미국과 달리 이곳에서는 근무시간 중 사무실에서의 행동과 근무시간 후의 행동이 완전히 딴판이 되었다. 별실의 소란이 최고조에 다다랐을 즈음 누군가가 테이블에 있는 버튼을 눌러 여종업원을 불러서는 고기를 추가로 주문했다. 집게를 든 친구가 벌겋게 단 숯불화로를 새로 가져와 테이블 한가운데 갖다 놓으면 여종업원이 그릴을 얹고 양념하지 않은 생등심 조각을 그 위에 더 가져다 놓았다. 그리고는 우리가 쳐다보는 가운데 가위를 들고 고기를 잘랐다.

지글거리는 고기에서 연기가 피어오르고, 이글거리는 숯불이 맨손 가까이에서 위태롭게 타고, 방안은 웃음소리와 소란으로 가득 찼다. 그런 와중에 팀원 중 한 명이 유리잔이 두 줄로 나란히 놓인 카트를 밀고 들어오는 것을 나는 미처 보지 못했다. 한 줄은 가득 찬 맥주잔인데, 맥주잔 테두리 위에는 꽉 찬 소주잔이 위태로운 모습으로 일렬로 올려져 있었다. 쇠젓가락으로 맨 앞에 있는 소주잔을 툭 치면 연쇄반응을 일으켜 소주잔들이 줄줄이 맥주잔으로 떨어지는 것이다. 그런 다음 잔을 사람들에게 하나씩 나눠줘 마시도록 했다. 잔을 받은 사람은 한입에 잔을 비워야 한다. 내게 맨 앞의 잔을 떨어뜨리는 영광을 준다고 했다. 나는 그게 쉬운 일이 아니며, 진짜 한국 사람이라야 제대로 할 수 있다고 들었지만 그건 틀린 말이었다. 맨 앞의 잔을 제대로만 떨어뜨려 주면 연쇄반응은 저절로 일어나게 되어 있었다. 그것을 하고 나니 나도 한국인들에게 그들의 일원으로 제대로 받아들여진 것 같은 기분이 들었다.

사람들은 우리 부부 모두 제대로 한 식구가 되었다는 것을 확실히 하기 위해 아내에게도 연쇄반응을 만들도록 요구했다. 그렇게 하고 나자 팀원들도 모두 아내의 존재에 적응하고, 아내를 환영했다. 내가 미처 몰랐던 관습인 셈이다. 두 시간에 걸친 축제가 끝나고 나서 우리 부부는 그게 그날 저녁 축제의 1차에 불과하다는 사실을 알고 충격을 받았다. 2차는 가라오케 노래방이었다. 밝은 조명에 술이 더 나오고, 열정적인 노래들이 이어졌다. 두 번째 문제는 내가 가라오케를 할 줄 모른다는 것이었다. 아시아에서는 가라오케를 할 줄 모른다는 건 말이 안되니 문제였다. 필리핀, 태국, 중국, 일본에서 프랭크 시나트라의 '마이 웨이'를 엉망으로 부른다고 사람을 구타했다는 뉴스도 본 적이 있다. 아시아 샐러리맨들에게 '마이 웨이'는 애국가 같은 노래이다. 아마도 자기들이 하고 싶은 대로 마이 웨이를 할 수 없기 때문에 그럴 것이다. 나중에 알고 보니 한국에서 노래방은 남녀노소, 직업, 사회적 신분을 가리지 않고 저녁 여흥의 단골 코스였고, 모두들 노래방 애창곡 한두 곡씩은 갖고 있었다.

우리는 식당에서 나와 근처에 있는 노래방으로 갔다. 모두들 한국어와 영어를 섞어가며 큰소리로 웃고 떠들었다. 우리는 긴 소파가 놓인 창문도 없는 방으로 몰려 들어갔다. 그리고는 비닐 커버가 입혀진 영어와 한국어로 된 선곡 책을 돌려보았다. 반주가 흘러나오자 팀원 한 명이 노래를 부르기 시작했고, 다른 사람들은 박수를 치며 따라 불렀다. 노래가 이어지고 벤이 소주를 시키자 분위기는 더 고조되었다. 싸이키 조명strobe lights이 번쩍번쩍 돌아가고, 댄스가 시작됐다. 예상한대로 내 상사는 '마이 웨이'를 불렀고, 나는 영어 노래를 몇 곡 했는데, 클래시

Clash의 곡은 반주가 없어서 빌리 조엘Billy Joel의 노래들을 불렀다. 한 시간 남짓 그렇게 놀자 잔뜩 먹은 고기 때문에 배는 부르고, 피곤하고, 머리는 핑핑 돌았다. 옷은 담배연기와 땀에 푹 절어 있었다. 아내와 나는 집으로 보내 달라고 사정사정했다. 팀원들은 안 된다고 우겼지만 우리는 거듭 애원하다시피 했다. 3차가 남아 있는 게 분명했다.

팀원들 가운데서 나이가 적은 에두아르도를 따라 담배 연기 없는 맑은 가을밤 공기 속으로 나와 우리를 집으로 태워다 줄 검정색 현대 세단을 기다렸다. 한국 청년 에두아르도는 현대에 갓 입사한 신입사원으로 해외에서 몇 년 산 적이 있었다. 의사인 그의 부친이 해외에서 근무했는데, 그 때문에 페루에서 미국인 학교를 다니고, 캘리포니아에서도 살았다. 그는 특정 지역 악센트가 들어가지 않은 영어를 구사했다. 그 때문에, 그리고 팀의 막내이기 때문에 팀장인 벤은 금요일이면 에두아르도를 내 옆에 따라 붙여 주었다. 그는 내게 필요한 일이면 무엇이든 도와줄 뿐만 아니라, 내 차 점검도 수시로 받을 수 있도록 조치해 주었다. 주유소에서 회사 카드가 말을 안 들어서 긴급 전화를 하면 그가 받아서 해결해 주었다.

에두아르도는 내게 텐징 노르가이Tenzing Norgay 같은 존재였다. 네팔의 셰르파인 노르가이가 없었다면 에드먼드 힐러리 경Sir Edmund Hillary은 에베레스트 등정을 절대로 못했을 것이다. 에두아르도가 아니었다면 나는 이 작지만 놀랄 만큼 복잡하고 오래된 문화를 조금이라도 이해할 수 없었을 것이고, 현대차에서 6개월도 못 버티고 잘렸을 것이다. 노래방 바깥에서 우리를 태워다 줄 자동차가 오기를 기다리는 동안 에두아르도는 그날 저녁에 대해 내게 미안해했다. 그는 한 발은 한국 문화에 담그고, 다른 한 발은 바깥에 내딛고 있는 사람이었다. "써*Sir*, 이 지랄 같은*bullshit* 한국의 술판 회식에 대해 대신 사과드립니다." 그는 나를 항상 '써'라고 불렀다. "괜찮아요." 나는 혀 풀린 소리로 이렇게 대답했다. 관자놀이도 우지끈거렸다. 제트엔진 속으로 빨려 들어간 기분이고, 요란한 파티 뒤에 클럽 바닥을 걸레질하던 시절의 기분이었다. 아내와 나는 자동차 뒷좌석에 처박힌 다음 두 손을 맞잡은 채 그대로 꼬꾸라졌다. 한국인 기사는 입을 꾹 다문 채 브레이크 등 불빛이 끝도 없이 이어지는 서울의 밤거리를 요리조리 빠져나갔다. 밤 11시쯤 되었을 텐데 거리는 아침 출근길 러시아워처럼 붐볐다.

썬팅이 된 차창을 통해 우리는 양쪽 보도를 메우고 있는 깔끔하게 차려입은 한국인들을 보았다. 쇼핑하는 사람, 셀카 찍는 사람 등 각양각색이었다. 기사가 숨을 쉬면 쉿가루 냄새 같은 익은 김치 냄새가 코를 찔렀다. 참아 보려고 했지만 도저히 그 냄새는 참을 수 있을 것 같지 않았다. 아내와 나는 서로 얼굴을 마주보며 같은 생각을 나누었다. '지금 어디로 가는 거지?' '집으로 가는 건가?'

2

중년의
위기

　　　　　　　　　월요일인 2010년 10월 초 어느 날 아침 7시
조금 넘어 현대차 본사로 첫 출근을 했다. 조명이 환하게 켜진 본관의
대리석 바닥 로비로 걸어 들어갔다. 번쩍이는 현대와 기아차 신형 모델
이 진열대 위에 전시돼 있는 것을 보고 나는 넋 나간 사람처럼 되었다.
수백 명의 한국인이 주위를 오가는데 나는 전시대 앞에 꼼짝도 않고 서
있는 유일한 백인이었다. 사람들은 마치 강물 한가운데 있는 바윗돌 주
위를 쉴 새 없이 오가는 물고기 떼 같아 보였다. 젊은 한국인 직원이 쩔
쩔매는 나를 도와주려고 다가왔다. 그는 내가 어떤 생각을 하는지 안다
는 듯이 악센트가 약간 들어간 영어로 웃으며 말했다. "한국 사람이 너
무 많지요!"

　아시아 어느 도시든 처음 가보면 발 디딜 틈 없이 들어찬 사람들을

보며 당황하게 된다. 서울은 델리와 뭄바이에 이어 전 세계에서 세 번째로 인구밀도가 높은 도시이다. 한국인들은 이렇게 복잡한 곳에서 잘 살아간다. 내가 이곳에 와서 제일 먼저 알게 된 일들 가운데 하나는 한국인들은 같은 성별을 가진 친구들끼리 신체적으로 정말 친밀하게 지낸다는 점이었다. 근무 첫날 로비를 가로질러 가면서 나는 젊은 여성들이 쌍쌍이 팔짱을 끼고 가는 모습을 여럿 보았다. (당시 나는 이들이 양성애자들임이 분명하다고 생각했다.) 그리고 서울 시내에서는 젊은 여성이 남자친구 어깨에 팔을 두르고 걷는 모습도 흔하게 볼 수 있다. 미국에서는 소설 〈허클베리 핀의 모험〉*Huckleberry Finn*에서처럼 오래 전부터 흔한 장면이다. 그렇기는 하지만 우리 미국인들은 아무리 친한 친구 사이라도 사적인 공간을 좋아한다. 한국인들은 군중 속에서 사람들끼리 부대끼며 지내는 게 편한 것 같았다. 나는 그런 분위기에 좀처럼 적응이 되지 않았다.

서울의 높은 인구밀도가 발휘하는 힘은 단일 민족이라는 데서 나온다. 물론 한국인들의 외모가 모두 똑같아 보이는 것은 아니다. 하지만 이곳에 살면 시간이 지날수록 똑같은 사람들의 바다에서 나 혼자만 이방인이라는 생각이 들었다. 그 정도로 사람들의 모습이 비슷비슷하게 보인다. 출근 첫날 아침 현대차 본사 로비에 오가는 사람들 가운데서뿐만이 아니라 현대차 본사 전체에서 미국인은 나 한 명뿐이었다. 피리어드. 더 이상 무슨 말이 필요하겠는가. 본사에서 일하는 수천 명의 직원들 가운데서 외국인은 십여 명에 불과했다. 그리고 나는 그 가운데서도 사람들 눈에 확 띄는 존재, 190미터에 달하는 장신에 XL사이즈를 입는 거구의 백인이었다.

서울로 올 당시 나 자신을 비롯해 대한민국과 현대차그룹, 이렇게 3자가 모두 '중년의 위기'라는 미지의 영역을 향해 나아가고 있었다.

아내 대신 코르벳Corvette 자동차를 찾는다는 쾌락주의자의 중년 위기를 말하는 게 아니다. 성인이 된 이후 무언가를 이루려고 줄곧 기를 쓰며 밀어붙이고 기어오르면서 지냈다. 그러다 사십대가 되자 잠시 멈춰선 장거리 육상선수처럼 두 손을 허리에 얹은 채 주위를 둘러보는 격이었다. 자신이 지금 서 있는 위치가 어디인지, 애당초 어디로 가려고 한 것이었는지 되돌아보게 되었다. 지금 나는 어떤 사람이며, 원래는 어떤 사람이 되고 싶어 했던가를 비교해 보는 것이다. 최악의 경우에는 '고작 이걸 하려고 그렇게 달려온 건가?'라는 자괴감이 든다. 그러면서 힘을 내 인생 제2막을 설계해 보게 되었다.

1967년에 설립된 현대자동차는 2010년에 창립 43주년을 맞았다. 2017년이면 50주년을 맞는 것이다. 1963년생인 나는 당시 마흔 여섯이었다. 대한민국은 1948년에 독립을 하게 되었지만, 신생 독립국이던 1940년대 후반과 50년대는 어디로 가야 할지도 모를 정도로 어려운 시기였고, 북한의 남침으로 3년 동안 치열한 전쟁을 치러야 했다. 전쟁 뒤 들어선 두 번의 무능한 정권 아래서는 부패와 내부 분열, 절망적인 빈곤에 시달렸다. 오늘날 우리가 보는 현대적인 대한민국은 군부의 강력한 지도자 박정희가 1961년에 군사정변coup을 일으키고 나서부터 비로소 번영과 근대화의 길로 들어섰다. 1961년을 시점으로 보면 한국은 겨우 49살이었다. 우리 모두 인생의 다음 단계로 나아가고 있었고, 그에 따르는 위험부담은 대단히 컸다.

우수하면서 아주 값싼 차를 계속 만들어낼 수만 있다면 현대차는 성장을 계속해 나갈 수 있었다. 아니면 사람들이 기대하는, 지금보다는 전혀 다른 무엇인가를 시도해 볼 수도 있었다. 만약 여기서 기회를 놓치면 그런 기회는 두 번 다시 오지 않을 것이었다. 조만간 중국에서 밀려오는 값싼 자동차의 물결에 추월당할 수 있고, 도요타와 견줄 만한 브랜드 수준을 영원히 넘어서지 못할 수도 있었다.

대한민국 역시 지금까지 이룬 성과에 만족할 수도 있었다. 아마도 한국은 인류 역사상 가장 단기간에 산업화를 이룬 나라일 것이다. 그리고 삼성, 현대차, LG 전자가 글로벌 브랜드로 성장한 것에 만족할 수도 있을 것이다. 하지만 한국이 만약 그런 식으로 타성에 젖어 지낸다면 일본의 전철을 되풀이할 가능성이 있었다. 인구의 제로 성장에다 65세 이상 인구의 증가가 침체기에 들어선 재벌 위주의 경제를 계속 압박하고 있었다. 한국의 지도자들은 놀라운 경제 성장 스토리의 다음 장을 쓰기 위해서는 2010년에 자신들이 서 있는 위치와는 다른 무엇을 시도해야 한다는 점을 알고 있었다. 지금까지 해오던 것보다 다른 무엇을 이루어 내야만 했다.

나는 외국 회사의 홍보 임원으로 그럭저럭 지내더라도, 아내가 대사관에서 하는 일자리가 있고, 2년 동안 무료로 살 집도 있었다. 하지만 대충 살고 싶은 생각은 없었다. 내가 앞으로 열심히 일할 시간은 15년 내지 20년밖에 없다. 이 자리에서 성공하면 우리 가족은 앞으로 몇 년 동안 경제적으로 탄탄한 기반을 갖추게 될 것이었다. 기자 봉급으로는 절대로 이룰 수 없는 일이었다. 더구나 나는 인생 후반기에 새로운 가정을 꾸렸다. 대부분의 중년 남자들은 20대와 30대에 이미 총각에서 남편으로, 아버지로 생의 격변기를 겪는다. 하지만 나는 마흔여섯에 처음으로 결혼이란 걸 했다. 그동안 나이 먹은 수사슴처럼 워싱턴 주변을 닳도록 돌아다니며 친구들과 워싱턴 포스트 사이를 오가는 패턴 속에서 살아 왔다. 이제 성인이 된 뒤 처음으로 나에 대해 다른 사람이 내놓는 의견에 귀를 기울이게 되었다. 새로운 일을 시작했으며, 그것도 외국에서였다. 이것이 바로 내게 닥친 중년의 위기였다.

문제는 바로 이것이었다. 현대차와 대한민국, 그리고 나는 중년의 위기를 어떻게 하면 이겨낼 수 있을 것인가? 어떻게 하면 인생 2막을 성공적으로 써나갈 것인가? 기업과 정부에는 KPI*key performance indicators*라고 하는 '핵심성과지표'가 있다. 이명박 전 대통령은 '747'이란 공약을 내걸었다. GDP 연 7퍼센트 성장과 10년 내 일인당국민소득 4만 달러 달성, 그리고 10년 내 세계 7위 경제 강국으로 끌어올리겠다는 것이었다. 현대차는 글로벌 경쟁사들 가운데서 톱3에 드는 우수 브랜드로 성장하겠다는 성과지표를 세웠다. 그렇다면 나의 KPI는 무엇일까?

현대차가 거대한 도전을 시작할 시점에 그곳에 합류하게 된 게 나로서는 대단한 행운이었다. 그리고 한국도 새로운 도약을 준비하는 시기였다. 내가 소속된 글로벌 홍보팀은 현대차가 새로운 도약을 시도하는 데 중요한 역할을 하게 될 것이었다. 그리고 나는 새로운 변화를 시작하는 대한민국을 내 두 눈으로 직접 지켜볼 수 있게 되었다. 지금까지 한국의 재벌 기업에서 일한 외국인 중역은 두 손으로 꼽을 정도에 불과했다. 이제 새로운 역사가 만들어지고 있고, 나는 그 변화의 현장에서 직접 일하게 된 것이다. 그것은 지금까지 다른 외국인이 가져 보지 못한 기회였다.

현대차의 대변신

내가 합류할 당시 현대차는 몇 년 동안 판매량이 증가하고, 전 세계적으로, 특히 미국 내에서 평판이 좋아지면서 강한 성장세를 보이고 있었다. 쉐보레Chevrolet, 폴크스바겐, 도요타, 닛산, 혼다 등 세계 굴지의 자동차 메이커들은 현대차를 자신들의 뒤를 바싹 추격해 오는 자동차 기업으로 주시했다.

2008년부터 현대차는 해외 생산능력을 공격적으로 늘리기 시작했다. 체코공화국과 인도, 중국에 자동차 생산공장을 설립했고, 몇 년 안에 러시아와 브라질에도 새 공장을 오픈할 청사진을 갖고 있었다. 2008년에 현대는 전 세계적으로 280만대를 팔았는데, 2013년 말에는 470만대를 팔았다. 자매회사인 기아차 판매량과 합치면 GM, 도요타, 폴크스바겐, 그리고 포드에 바짝 뒤이은 세계 5위의 자동차 메이커가 되었다. 기아차를 제외한 현대차의 글로벌 시장점유율도 5퍼센트에 달해 피아트 크라이슬러와 맞먹고, 혼다보다 더 높았다. 현대는 2010년에 미국 시장에서 54만 대를 팔아 닷지Dodge를 추월했다.

2000년대 한국의 자동차 산업에 대해 큰 관심을 갖고 지켜보지 않은 많은 미국인들의 눈에 현대라는 이름은 여전히 우스꽝스러운 분위기를 풍겼다. 현대차는 1985년에 저가 엑셀에 뒤이은 값싼 후속 모델과 가벼운 느낌의 광고로 미국 시장에 진출했다. 미국 시장에 확고하게 자리 잡은 일본 자동차의 값싼 대용품으로 비쳐졌다. 80년대가 지나고 90년대에 접어들면서 1세대 현대차는 추락하기 시작했다. 미국 시장에 내놓은 후속 모델들도 낮은 품질과 갖가지 문제점들이 드러나며 형편없는 판매율을 기록했다. 1998년은 미국 시장에서 9만여 대를 팔아 최악의 해로 기록됐다. 현대차의 90년대는 유고연방의 80년대를 연상시켰다. 치명타를 맞고 비틀거리기 시작한 것이었다.

따라서 대부분의 미국인들이 1999년에 현대가 경영철학 전환을 과감하게 시도한 사실에 별로 관심을 기울이지 않은 것은 놀랄 일이 아니었다. 현대는 얼른 뚝딱 만들어서 수출하는 모델을 생산하는 체제 대신 철저한 품질관리 시스템을 도입했다. 품질 담당 부회장직을 신설하고 R&D 비중을 크게 늘렸다. 그리고 일본의 앞선 경쟁사들을 벤치마크하고 거의 불가능해 보이는 목표를 세웠다. 현대차 미국 법인의 CEO를 지낸 존 그래프치크John Krafcik는 이렇게 말했다. "우리는 어떻게 달성할지 방법도 모르면서 계속해서 목표를 세웠습니다." 당시 현대차의 R&D 책임자는 기자들에게 이런 말까지 했다. "우리는 연간 7백만 대를 생산하면서 연간 2백만 대를 만드는 BMW와 같은 품질을 유지하겠다는 목표를 세워놓고 있습니다."

대량생산은 품질을 죽이는 저격수나 마찬가지이다. 차를 많이 만들수록 품질 문제가 불거질 가능성은 그만큼 더 커지는 것이다. 그런데도 현대는 엘리트 유럽 차 수준의 품질을 목표로 세우고, 디자이너, 엔지니어, 생산 기술자들에게 그런 품질의 차를 만들어내라고 주문했다. 이러한 전략은 2009년부터 효과를 내기 시작했다. 현대차의 품질이 일부 지표에서 일본 경쟁차보다 더 우수하다고 말하지는 못하더라도 동등한 수준까지 올라온 것이었다.

품질 향상은 10년에 걸쳐 꾸준히 이루어졌다. 2009년에 현대는 인기 차종인 쏘나타 세단의 혁신적인 새 디자인을 선보였다. '플루이딕 스컬프처'Fluidic Sculpture라고 부르는 이 디자인은 유연한 곡선과 역동적인 외양을 자랑한다. 이 디자인을 내놓음으로써 현대는 특징 없는 후속 주자에서 업계의 디자인 리더로 단번에 도약했다. 닛산과 도요타 같은 경쟁사들은 대대적인 변화를 모색하거나 기존의 디자인을 재점검할 수밖에 없게 되었다. 비평가들은 뉴 쏘나타 디자인을 메르세데스 C 클래스에 비유하며 호평했다. 과감한 특징선이 측면을 시원스레 장식하는데, 현대차 디자이너들은 이 선을 난蘭을 치는 형상을 닮았다고 '오키드 스트로크'orchid stroke라고 부른다. 날아가는 투창처럼 부드럽게 휜 곡선이 긴장감과 속도감을 더해 주었다.

현대차만 고집하는 소비자들은 흐르는 조각품의 느낌이 나는 '플루이딕 스컬프처' 쏘나타를 현대차의 현대적인 시대를 여는 첫 번째 작품이라고 생각했다. 현대차는 이후 벨로스터처럼 세련되고 스포티한 새로운 디자인의 모델을 계속 생산해 냈다. 엘란트라, 엑센트와 같은 기존 모델들은 플루이딕 스컬프처 폼으로 새로 디자인됐다. 이렇게 해서 현대차도 처음으로 독특한 패밀리 룩을 갖게 되었다. 이는 판매에 직접적인 도움을 주었고, 자동차 산업에서 대단히 중요한 요소인 '정복' conquests을 달성하는 데도 기여했다. '정복'은 다른 자동차 브랜드로부터 신규 고객을 빼앗아 오는 것을 일컫는 개념이다.

현대차가 2011년에 판매율 20퍼센트 성장이라는 놀라운 성과를 거두는 데 기여한 일등공신은 바로 플루이딕 스컬프처였다. 이는 실로 놀라운 디자인 혁신 개념으로 많은 소비자들이 새로운 디자인의 외양을 보고 현대차를 샀다. 새 디자인은 현대차 판매에 큰 도움을 주었고, 이와 함께 현대는 모험적인 경영 방침을 펼쳐 나갔다. 2008~2009년 세계 금융위기 때 다른 자동차 메이커들은 새로운 모델 개발을 대폭 축소했다. 미국의 빅3 자동차 메이커들 가운데 두 곳이 파산했다. 하지만 이때 현금을 풍부하게 보유한 현대차는 공격적인 경영으로 새로운 모델 개발에 앞서 나갔다. 경제위기의 먹구름이 걷히기 시작한 2009년 말과 2010년 당시 현대차는 업계에서 신차 라인업을 제일 많이 확보한 메이커가 되어 있었다. 현대에 비해 경쟁사들의 라인업은 낡고 고루해 보였다. 그리고 원화 약세에 힘입어 현대차는 미국을 비롯한 해외시장에서 경쟁력을 유지했다.

내가 한국에 온 직후인 2010년 미국의 자동차 전문잡지 카 앤 드라이버Car and Driver는 쏘나타를 그해 '10대 베스트 카' 목록에 올렸다. 현대차가 카 앤 드라이버 베스트 카 목록에 이름을 올린 것은 처음이었다. 현대차가 고품질 모델을 양산하는 자동차 메이커로 자리잡아 가고 있다는 뜻이었다. 외부에서는 일본 경쟁 메이커들과 어깨를 나란히 하는 수준에 도달한 것으로 보았다. 현대 내부적으로도 뉴 도요타의 자리에 오르겠다는 목표를 세워놓고 생산 공장도 계속 늘려나갔다. 그러던 2010년 말, 현대는 그때까지와 전혀 다르고 새로운 계획에 착수했다. 그만큼 위험부담도 큰 계획이었다.

당시 현대는 자동차 산업 전체를 점검하고 몇 가지 점에 주목했다. 상하이나 베이징, 광저우 모터쇼에 가보면 상하이자동차SAIC, 비야디BYD, 장청Great Wall, 지리Geely 같은 중국 브랜드들을 볼 수 있다. 이 브랜드들이 북미나 유럽 시장에서 팔리지 않는 것은 품질과 안전성, 외양이 아직 충분히 좋지 못하기 때문이다. 하지만 조만간 그렇게 될 것이다. 그리고 이들 자동차 메이커들은 중국 정부와의 긴밀한 협조 아래 현대차 같은 메이커들이 손실을 감수하지 않고서는 도저히 경쟁이 안 될 정도로 싼 값에 팔리게 될 것이다. 현대는 저가 경쟁차들이 조만간 현대차 라인업 제일 밑바닥부터 치고 들어올 것임을 알았다. 그리고 이들과의 가격 경쟁은 불가능하다는 점도 알았다.

현대차가 두 번째로 주목한 것은 도요타의 렉서스*Lexus*, 닛산의 인피니티*Infiniti*, 혼다의 아쿠라*Acura* 같은 일본 경쟁 업체들의 럭셔리 브랜드 전략이었다. 이들 가운데서 제대로 성공한 것은 렉서스뿐이었다. 도요타는 수익을 내기까지 여러 해에 걸쳐 완전히 새로운 '세일즈 채널' 구축, 다시 말해 딜러십과 인프라를 완전히 새로 바꾸었다. 새 럭셔리 브랜드를 안착시키는 데는 엄청나게 많은 비용이 들었다. 나아가 이 럭셔리 브랜드들 가운데 단 하나도 모회사의 '후광', 즉 브랜드 위상을 올리는 데는 전혀 도움이 되지 않았다. 렉서스를 만든다고 도요타에 대해 더 좋게 생각하는 구매자는 없다는 말이다. 실제로는 역효과가 나타날 수도 있었다. 예를 들어 닛산은 프리미엄 브랜드인 인피니티가 닛산에서 생산된다는 사실 때문에 구매자들로부터 외면을 당할까 걱정했다.

그래서 현대는 그때까지 시도해 보지 않은 혁신적인 방법을 택하기로 했다. 만약 현대가 렉서스 브랜드를 별도로 분리한 도요타처럼 한다면 현대에서 생산하는 저가 승용차들은 현대의 'H'로고를 달고 싸구려 차 이미지를 영영 못 벗어나게 된다는 말이었다. 대신 현대차는 저가 소형차에서부터 고급 세단에 이르기까지 자신들이 생산하는 모든 차종을 '현대'라는 하나의 배지 아래 묶기로 했다. 브랜드 전체를 고급차 이미지로 끌어올리겠다는 전략이었다.

이렇게 하자 현대차 라인업 제일 아래쪽에 있는 차종들은 숨 쉴 여지가 생겼다. 상위 고가 브랜드 이미지의 범위를 아래쪽으로 넓혀감으로

써 시간을 두고 라인업 전체의 가격을 올릴 수 있게 된 것이다. 현대차 외에 다른 자동차 메이커들은 이런 시도를 한 적이 없었다. 대담하고 언뜻 보면 무모하기까지 한 전략이었다. '현대가 고급차 시장으로 뛰어든다고? 정말이야?' 업계의 많은 이들이 이런 반응을 보였다. 하지만 어떻게 보면 현대차는 메이저 자동차 메이커들 가운데서 이런 전략을 쓸 수 있는 유일한 기업이었다. 현대차는 아직 설립한 지 얼마 되지 않았기 때문에 자신의 역사로부터 물려받은 짐이 거의 없었다. 포드와 닷지Dodge, 메르세데스, 심지어 도요타와도 달리 현대차는 1백 년 넘게 자리매김한 브랜드 이미지를 힘들여 극복하지 않아도 되었다. 미국과 유럽 소비자들의 의식 속에 현대라는 브랜드가 자리 잡은 것은 불과 25년 남짓할 뿐이었다.

처음 15년 동안 현대라는 브랜드는 그저 우스갯감 정도에 불과했다. 그 다음 10년 동안은 그런대로 괜찮은 브랜드로 인식되었다. 앞으로 자신이 원하는 방향으로 끌고 나가지 못할 이유가 없었던 것이다. 예를 들어 중국 시장에 진출한 지 불과 10년 내지 15년밖에 되지 않았지만 현대차는 그곳에서 이미 고급 브랜드 대접을 받고 있었다. 현대는 마케팅 기적을 이룬 아우디를 자신들의 미래 지향점으로 삼기로 했다. 1990년대까지 아우디는 판매량이 신통치 않은 고리타분한 독일 아저씨 차였다. 쉽게 말하면 비싼 폴크스바겐이었다. 그럴 즈음에 아우디는 대대적인 혁신을 단행했다. 디자인을 전면에 내세우고, '호화 고급차 메이커'로서의 기업 이미지를 새롭게 부여한 것이다. 날렵한 최첨단 외양을 장착한 아우디 TT 스포츠 쿠페의 디자이너는 안경을 끼고 올 블랙 의상을 고집하는 독일 자동차 디자이너 피터 슈라이어Peter Schreyer였다.

현대는 2006년에 슈라이어를 영입했다. 그의 첫 번째 직함은 기아자동차 디자인 책임자였고, 2013년에는 현대차 디자인까지 책임지게 되었다. 아우디는 세계에서 두 번째로 많이 팔리는 고급차 브랜드가 되어 있었다. 재미있는 것은 그때까지도 아우디는 초기 품질initial quality, 신뢰도, 유지비 등을 기준으로 볼 때 특별히 좋은 차는 아니지만 아름다운 차였다. 예쁜 디자인에다 탁월한 광고, 프리미엄 이미지라는 강점을 갖고 있었다. 현대는 이런 점을 눈여겨보았다. 훌륭한 디자인은 판매에만 도움을 주는 게 아니라, 브랜드의 존재감과 가치를 키우고, 고객들은 이를 통해 제품과 교감한다. 애플의 경우를 보면 디자인이 얼마나 중요한지 알 수 있다.

고급 시장을 겨냥한 것은 위험부담이 크게 따르는 전략이었다. 현대차나 대한민국이 도요타나 일본과 대결을 벌이는 것과는 다른 차원의 일이었다. 자동차 업계에서는 현대차가 앞으로 공장을 계속 짓는다면 조만간 판매량에서 도요타를 따라잡을 수 있을 것이라고 보았다. 하지만 아우디, BMW, 메르세데스-벤츠는 차원이 다른 상대이다. 브랜드처럼 수량화하기 어려운 분야에서 경쟁한다는 것은 쉬운 일이 아니다. 현대는 내가 근무를 시작하고 불과 3개월 뒤부터 이런 담대한 포부를 펼치는 작업을 시작했다.

내가 현대에서 일하는 3년여 동안 프리미엄 브랜드로 도약하기 위해 벌인 이러한 도전은 숱한 우여곡절을 겪었다. 모터쇼에 참가해서 신차를 발표하면 반응이 당초 예상한 기대치를 넘어설 때도 있고, 그에 못 미칠 때도 있었다. '올해의 차'Car of the Year Award를 수상할 때도 있고, 그렇지 못할 때도 있었다. 품질평가는 오르락내리락을 반복하겠지만, 그러면서 장기간에 걸쳐 느릿느릿 오르막을 올라가게 될 것이다. 마치 도로 양편의 안내표지판처럼 그 과정에 리콜도 당하고, 좋은 평가, 나쁜 평가를 두루 경험하게 될 것이었다.

어쨌건 계획은 세워졌고, 현대차는 그 계획에 올인 했다. 현대차와 같은 주요 글로벌 기업이 그처럼 위험부담이 큰 도전에 나선 것은 쉬운 일이 아니었다. 그것은 할인매장인 월마트*Walmart*가 갑자기 고급백화점 니만 마커스*Neiman Marcus*가 되겠다고 고객들에게 큰소리치는 것과 비슷했다. 과연 그 말에 귀를 기울여 줄 사람이 한 명이라도 있을까? 생각보다 더 어렵고 비용도 많이 드는 일이었다. 마케팅 지식과 번드르르한 광고만 가지고 고급 브랜드가 만들어지는 건 아니다. 브랜드 고급화 전략이 성공하고, 판매가격을 올리기 위해서는 무엇보다도 지금보다 훨씬 더 좋은 차를 생산해 내는 것이 필요했다. 저가에서부터 고가 차종에 이르기까지 모조리 외양과 성능을 개선해 세계 수준의 품질을 갖춰야 했다.

나는 몰랐지만 현대는 내가 올 때 이미 대형 모터쇼에 출품하기 위해 디자인 개발과 풍동*wind tunnels* 실험 등 품질개선을 위한 계획을 차근차근 실행에 옮기고 있었다. 현대의 제2막을 열기 위한 준비 작업이었고, 그 작업은 내가 입사한 시점에 본격화 되었다. 어느 의미에서 현대차는 중년의 위기에 빛을 발할 새 차를 만들고 있었던 것이다.

도약의 문턱에 선 대한민국

현대차가 미래전략에 시동을 거는 시점에 대한민국은 미래에 대한 걱정으로 심각한 중년의 위기를 겪고 있었다. 경제적 성공을 가져다 준

바로 그 개발 방식에 대해 의문이 제기되었다. 한국은 놀라울 정도로 단기간에 세계 최빈국 대열에서 경제 대국, 가장 스마트한 나라 가운데 하나로 성장했다. 이처럼 세계 역사상 가장 단기간에 이룬 급속한 산업화는 경쟁사회를 만들어놓았다. 아이들은 하루 15시간씩 공부하고, 그 아이의 아버지들은 하루 15시간씩 일한다. 그런 식으로 한국 사회 전체가 '야곱의 사다리'로 변했다. 그것은 아무리 올라가려고 발버둥쳐도 제자리걸음만 되풀이하며 끝내 오를 수 없는 사다리이다.

부모들은 매달 수십만 원을 들여서 아이들을 밤 10시까지 하는 학원에 보낸다. 아이들은 대입수능시험을 치르고 일류 대학에 진학하기 위해 그렇게 열심히 공부한다. 외모를 돋보이게 만들기 위해 성형수술에 몰리는 것도 같은 이유에서이고, 세계에서 자살률이 제일 높은 나라 가운데 하나가 된 것도 같은 맥락이다. 경제발전에도 불구하고 많은 사람들이 아무리 열심히 일해도 자꾸 뒤처진다는 위기감을 느낀다. 그리고 선진국 문턱에 들어서 있음에도 불구하고 2014년의 세월호 참사 같은 사건이 일어나 사람들은 다시 출발점으로 되돌아갔다는 기분을 갖게 되었다. 여객선 세월호가 침몰되면서 3백 명 가까운 사람이 숨졌고, 희생자 대부분이 어린 학생들이었다. 세월호는 하물을 허용치의 세 배나 싣고 운항한 것으로 드러났으며, 우현으로 급회전 하다 배가 전복되고 말았다. 한국인들은 이 사고가 자신들의 빨리빨리 문화 때문에 일어난 것이라고 탄식했다. 필요한 절차를 무시하고, 수익만 극대화하려는 일처리가 낳은 비극이었다. 그 덕분에 급속한 경제성장을 이루었지만, 또한 그 때문에 세월호 비극이 일어난 것이라고 생각했다.

현대가 1980년대에 고속 성장한 것과 1990년대 들어서 현대차의 품질이 급속히 떨어진 것도 같은 맥락이었다. 현대차는 1999년에 품질향상 경영을 내세우면서 대단히 중요한 전기를 맞았다. 대한민국에게도 매우 중요한 시기였다. 2010년이 되자 언론과 시위 현장, 정부, 심지어 재벌기업 내부에서도 지금과 같은 식으로는 기대한 대로 다음 단계로의 도약을 이룰 수 없다는 자성이 일기 시작했다. 재벌에만 의존하는 시스템으로는 더 이상 국가경제가 성장을 계속해 나갈 수 없다고 생각했다. 제조업과 수출 위주의 경제 모델에서 탈피해 경제 구조가 다양화되어야 한다는 것을 사람들이 자각하기 시작했다. 그동안 사실상 전무했던 서비스 분야를 발전시키고, 스타트업 인큐베이터를 활성화시켜서 활발한 지식 기반 경제를 발전시켜야 한다는 사실을 깨달은 것이다.

한국 사회가 겪은 또 하나의 중년 위기는 보다 섬뜩한 것이다. 한국 경제가 일본의 전철을 밟기 시작했다는 사실을 깨달은 것이다. 한국은 20세기 초 일본의 가혹한 식민지 지배를 받았다. 불행한 역사였다. 전후 일본은 자이바쓰財閥라는 가족 소유 재벌기업들의 역할에 힘입어 번영을 이루었다. 미쓰비시三菱, 가와사키, 닛산, 파나소닉 등은 세계 일류 기업이 되었다. 1980년대 들어 언론들은 신흥 경제 강국 일본이 땅덩어리와 고층빌딩 등 마구잡이로 미국 경제를 사들이고 있다는 경고를 보냈다. 1990년대 초가 되자 외부 세계와 단절된 일본의 경영 철학, 합의를 지나치게 중시하는 경영 풍토 때문에 초래된 기업의 마비 사태, 저리 자금이 초래한 자산 버블의 붕괴, 그리고 서서히 진행된 대기업의 경직화가 20년에 걸친 장기 침체를 불러왔다. 여러 면에서 한국도 일본의 전철을 밟으며 그 뒤를 바짝 뒤따르고 있었던 것이다.

2차세계대전 종전 뒤 생활수준이 차츰 나아지면서 일본 국민들의 평균수명도 길어지기 시작했다. 1990년대에 이르자 일본에서는 노령화가 큰 사회문제로 떠올랐다. 경제성장에서 일본보다 15년 정도 뒤진 한국에서도 21세기가 시작되면서 같은 문제가 대두되기 시작했다. 자녀들의 비싼 학원비와 대학 등록금, 중산층의 경우 호화 혼수품을 장만하느라 결혼비용이 20만 달러를 훌쩍 넘고, 맨해튼 수준의 비싼 주거비 등으로 한국의 부모 세대는 은퇴자금을 마련하지 못해 노년기를 거의 전적으로 자녀들의 도움에 의지하는 처지가 되었다.

하지만 한국의 노년 세대는 유교사회의 제일 상층부에 자리하고 있으면서도 부유하게 자란 자녀들로부터 버림받고 있다. 2013년에는 한국 노년층의 절반이 빈곤상태에 처해 있다는 조사결과가 나왔는데, 이는 선진국 가운데 가장 높은 비율이다.

한국을 방문해 보지 않은 외국인들에게는 이런 수치가 너무 충격적이고 믿겨지지 않는다. 모든 국민이 삼성 팔목전화wrist phone를 착용하고, 벽면 크기의 LG 플랫 스크린을 보유하고 있다고 믿는 나라에서 일어나는 희한한 일 정도로 받아들일 것이다. 독재 시절에는 국가를 일으켜 세운다는 명분 아래 도덕적, 문화적으로 단합된 기운이 있었다. 대부분의 국민들이 같은 목표 아래서 같은 방향으로 나아간다는 믿음을 갖고 살았다. 하지만 이제 민주주의가 성숙해지고, 경제 주체들도 다양해졌다. 이민자들로부터도 새로운 아이디어와 에너지를 구하고, 이들이 한국 사회에 동화되도록 허용하고 있다. 기업들도 더 이상 정부의 시녀 노릇을 하지 않고, 국가 이익을 명분으로 이들을 줄 세우기도 쉽지 않게 되었다. 앞으로 대한민국은 어떤 길을 걸을 것인가? 한국은 이제 과거와는 다른 곳에 와 있고, 미래로 나아가는 길도 다른 곳에서 찾아야 하는 시점에 서 있다.

　대한민국이 이처럼 '중년의 위기'와 씨름하는 같은 시각에 일본, 중국, 북한을 비롯해 한반도 주변에서도 요란하고 무시무시한 대격변이 전방위적으로 일어나고 있었다. 대한민국이 크고 힘세고, 자신을 집어 삼키려고 호시탐탐 기회를 넘보는 공격적인 나라들 사이에 샌드위치처럼 끼인 소국이라는 현실이 새삼 분명해진 것이다. 이들은 과거에도 여러 차례 한국의 운명을 좌지우지했다. 2010년 우리가 서울에 도착하고 나서 한 달 뒤에 북한이 한국을 공격했다. 당시 한국 해군은 서해 북방한계선NLL 남쪽　자국 영해에 있는 연평도라는 작은 섬 인근에서 실탄 사격훈련을 하고 있었다. 북한은 이를 자신들에 대한 군사적 도발로 간주하고 연평도에 포격을 가했다. 한국은 대응공격을 했고, 양측의 포격전은 이틀간 계속되었으며, 이 와중에 해병대 병사 2명과 민간인 2명 등 모두 4명이 사망했다.

　연평도는 서울에서 불과 70마일 정도밖에 떨어져 있지 않다. 아내와 내가 가장 가까이서 군사적 충돌을 겪은 것이 바로 그때였다. 북한의 포격이 있던 날, 우리는 아무 것도 몰랐지만 현대차 본사 상공으로 한국군 전투기들이 황급히 날아가는 모습이 목격됐다. 그 소리는 민항기가 지나가는 것보다 훨씬 더 지상에 가깝게 들렸고, 훨씬 더 빠르게 지나갔다. 서울이 북한과의 경계선에서 불과 30마일 떨어진 곳에 위치해 있으며, 북한이 쏘는 포의 사정권 안에 들어 있다는 섬뜩한 현실이 실감나는 순간이었다. 북한의 공격은 우리가 서울에서 뉴스를 접하기 전에 끝났지만, 이들이 얼마나 적대적이고 예측 불가능한 스탈린주의 경찰국가인지 새삼 되살려 주었다. 1백만 명의 병력과 핵 능력을 보유한 북한은 기술적으로는 우리가 사는 대한민국과 전쟁상태에 놓여 있다.

나: 아내를 만나다

내가 기자생활을 시작한 1992년에 워싱턴 포스트는 1일 판매부수가 80만 부에 달했다. 그러다 80만 부 밑으로 내려가더니 이어서 70만 부, 60만 부로 떨어졌다. 그러면서 워싱턴 포스트를 비롯한 다른 주요 일간지들도 요란하게 온라인 사이트를 만들기 시작했다. 하지만 온라인 사이트의 광고수입은 종이 신문에 비해 턱없이 적었다. 2000년대 초가 되자 워싱턴 포스트 편집국은 창사 이래 처음으로 '조기 명예퇴직제'를 실시했다. 명예퇴직은 이후 몇 차례 계속되었고, 한창 때인 1990년대 초 1천 명에 이르던 편집국 기자 수는 2008년이 되자 절반으로 줄었다. 나는 경제부 소속 기자였는데 미디어 업계와 워싱턴 포스트도 내 취재 관할이었다.

워싱턴 포스트의 회계보고서를 보니 광고수입이 계속 줄어들고 있었다. 미국 신문 업계 전반의 사정이 그랬다. 나의 라이프 플랜에 좋지 않은 일이 일어나고 있는 것이었다. 나는 웨스트 버지니아대에서 기계공학 학위과정을 마지못해 다녔고, 졸업하면 별로 신나지 않은 평범한 엔지니어로서의 삶을 시작하도록 되어 있었다. 나는 다른 일을 하고 싶었다. 먼저 사진 찍는 일을 해보고 싶다며 학교 신문사를 찾아갔다. 고교 시절에 교지 사진을 찍은 경험이 있었다. 금방이라도 무너져 내릴 것 같은 낡은 흰색 건물에 있는 교내 신문 편집국에 불과했지만, 나는 그곳 편집국의 분위기가 맘에 들었다. 얼마 지나지 않아서 나는 사진 찍는 일을 그만 두고 기사를 쓰기 시작했다. 학교의 돌아가는 사정을 알게 되는 것이 좋고, 글을 쓰면서 맛보는 긴장감이 좋았다. 그러면서 기자가 되고 싶다는 생각을 굳혔다. 그것도 신문 업계에서 최고의 기자들이 일하는 워싱턴 포스트에서 일하고 싶었다.

하지만 꿈에 그리던 일을 몇 해 하고 나서 보니 신문 업계의 좋았던 시절은 다시 오지 않을 것 같아 보였다. 정확히 중년 나이에 플랜 B를 준비하기 시작했다. 더 늦으면 안 될 것 같은 생각이 들었다. 많은 기자들의 경우 50대에 워싱턴 포스트를 떠나면 전문직 생활을 새로 시작하기가 쉽지 않았다. 반드시 결혼해서 아내가 있어야 한다는 생각은 없었다. 결혼은 해도 좋고 안 해도 그만이라는 생각을 하고 있었다. 나는 마흔넷에 아직 결혼한 적이 없는 노총각이었다. 하늘에서 여자가 내 무릎 위로 뚝 떨어져 내린다면 한번쯤 고려해 보겠다는 정도였지, 내가 나서서 아내감을 구하러 쫓아다닐 생각은 없었다.

레베카 데이비스는 마치 천사처럼 2008년 하늘에서 떨어져 내렸다. 하지만 내 무릎 위로 곧바로 떨어지지 않고 옆으로 빗나갔다. 워싱턴 포스트 국제부에 행정직원으로 채용이 되었는데, 해외지국 운영과 해외특파원 지원, 예산관리 등의 업무를 담당했다. 편집국에 나타난 레베카는 단번에 내 눈길을 사로잡았다. 누군들 그렇지 않았겠는가. 나는 기회만 있으면 그녀한테 다가갔고, 그래서 몇 주 동안 몇 차례 함께 밖으로 나갔다. 편집국 안에서는 부서가 다르다 보니 떨어져 앉아서 웃기거나 시답잖은 말들을 문자로 주고받았다. 그러면서 차츰 친해졌다.

그러던 어느 날 저녁 레스토랑에 마주 앉아서 노닥거리는 중에 그녀가 불쑥 '프렌드 토크'*Friend Talk*를 하자고 제안했다. 프렌드 토크는 전에도 다른 상대와 해본 적은 있었다. 나이 마흔넷에 장가도 못 가고, 누구와 '데이트'를 한다는 것은 창피한 짓이라고 생각했다. 그래서인지 누구와도 '프렌드 토크'를 하지 않고 있었다.

　중년이 가지는 이점 가운데 하나는 쓸데없는 일에 시간을 낭비하지 않아도 된다는 점이다. 내가 원하는 게 무엇인지 잘 알고 있고, 레베카의 친구가 되는 것은 내가 원하는 게 아니었다. "안된 말이지만 당신 친구가 되고 싶지는 않아요." 잠시 침묵이 흐르고 나서 이렇게 말을 이었다. "그렇다고 내가 당신의 적이 되겠다거나 당신이 싫다는 말은 아닙니다. 내 말은 이제 더 이상 당신하고 그냥 같이 돌아다니거나 사무실에서 문자나 주고받는 사이는 하고 싶지 않다는 것입니다. 당신은 예쁘고, 정말 멋진 여자입니다. 나는 당신과 진짜 데이트를 하고 싶어요. 당신이 그걸 원하지 않는다고 해도 할 수 없어요. 하지만 그냥 친구 사이로 지내는 게 좋다는 시늉을 계속할 수는 없어요. 그런 식으로 우리 관계가 계속되면 나는 너무 너무 비참할 것입니다."

　젊었을 때 나는 이성으로서는 나한테 관심이 없지만, 그냥 시간을 보내는 상대로는 나를 좋아하는 여자들과 몇 달씩 어울려 다녔다. 오래 어울려 다니고, 정성을 다해 대해주다 보면 그 여자들의 마음을 얻을 수 있지 않을까 하는 희망을 품고 있었다. 하지만 그러한 노력은 그 여자애들에게 남자친구가 생겨서 같이 어울리기 시작하면서 끝이 나고 말았다. "오." 레베카는 이렇게 짧게 반응을 보였다.

　나는 태양계에 비유해서 우리 관계를 설명하려고 해보았다. "어떤 사람을 태양이라고 합시다. 어렸을 적에는 멀리 명왕성에 이르기까지 많은 '친구들'이 그 사람 주위에 있습니다. 학급 친구, 첫 직장 동료, 술친구 등등. 모두들 마치 위성처럼 당신 주위의 궤도를 빙빙 일정하게 돌면서 평생 친구로 남아 있을 것처럼 보이지요. 하지만 그 친구들을 당신 쪽으로 끌어들이는 중력은 매우 약합니다. 나이가 들면 그 친구들은 훌훌 떨어져 나갑니다. 붙잡으려고 아무리 애써봐야 그건 시간낭비일 뿐입니다. 당신 옆에 계속 남을 친구는 태양에 가까운 궤도를 도는 친구들입니다. 중력의 영향을 강하게 받는 수성, 금성 같은 친구들이지요."

레베카는 나의 억지 비유를 알아듣는 시늉을 해보였다. 무척 실망스러웠다. 감당하기 힘든 고통을 몇 달씩 질질 끄는 것보다는 차라리 단기간에 짧게 고통을 받고 끝내는 게 더 낫다고 생각했다. 이튿날은 사무실에서 문자를 서로 주고받지 않았다. 며칠을 그렇게 흘려보낸 뒤 우리는 복도에서 우연히 마주쳤다. 몇 분 동안 밝은 표정으로 시답잖은 인사를 나눈 다음 각자 사무실이 있는 반대 방향으로 걸어갔다. 그녀가 가던 걸음을 멈추고 고개를 돌려 어깨너머로 이렇게 말했다. "당신 문자가 안 와서 서운해요." 나는 이렇게 대꾸했다. "아, 우리 문자는 화성에서나 주고받는 거예요." 며칠 뒤 레베카가 보낸 폰 메시지가 떴다. "나중에 화성 생활에 싫증이 나면 어떡해요?"

프로포즈했다가 거절당할 경우 나 자신을 지키기 위해 지어낸 말이기는 하지만, 어쨌든 그녀를 도로 끌어들이는 데 성공한 셈이었다. 나의 폰에 뜬 그녀의 문자 메시지가 디지털 증거물이었다. 그것은 내가 가장 가고 싶어 하는 곳으로 나를 부르는 공개 초대장이었다. 나는 몇 시간 뜸을 들인 다음 답신을 보냈다. 문자 자판을 누르며 미친 듯이 기뻤다.

그렇게 해서 우리는 데이트를 시작했다. 레베카를 보며 제일 먼저 떠오르는 생각은 아름답다는 것이다. 그 다음에는 엄청나게 재치 있고,

아주 적시에 우스갯소리를 내뱉는다는 것을 알 수 있다. 대학 때 극단 생활을 한 덕분임이 분명했다. 그녀에게서는 여배우 제니퍼 애니스턴 *Jennifer Aniston*의 분위기가 났다. 더 눈에 띄는 장점은 어려운 상황을 만나도 쉽게 적응하고 이겨낸다는 점이었다. 목사 가족이라 부유하지 않은 생활을 한 탓에 집안 곳곳에 할인점에서 산 물건이 눈에 띄었다. 그녀의 가족은 1970년대식 스테이션 왜건을 헐값에 사서 타고 다녔다. 영구차로 쓰던 차였다.

레베카는 장거리 여행 때 두 자매와 관이 들어가던 자동차 뒷자리에 누워 잔 이야기를 신이 나서 해주었다. 뒷자리는 몸을 붙잡아 줄 장치가 아무 것도 없는 빈 공간이었다. 레베카는 한꺼번에 세 가지 일을 하며 대학을 마쳤다. 낮에는 소매점과 로펌에서 일하고, 밤에는 컨트리 클럽 프론트 데스크에서 일했다. 클럽의 술 취한 남자 회원들이 카운터로 와서 몸을 구부리고 추근대는 것을 밀쳐내며 일했다. 그러면서 장학금을 받아 베이루트로 유학을 가고, 파리에 있는 대학원 입학 허가서도 받아들었다.

그녀가 가진 장점들 가운데서 내가 제일 높이 사는 것은 자신이 원하는 것을 정확히 알아내는 방향감각이다. 나는 무슨 일이든 심사숙고해서 결정하는 경향이 있다. 이리저리 따져 보며 상황을 충분히 파악한 다음에야 행동에 들어간다. 그녀는 내가 상황 파악을 위해 숙고하는 것을 보고 내가 '껍질' 안에 들어가 있는 시간이라고 말한다. 나는 숙고의 시간이 지나면 껍질 밖으로 튀어나와 앞으로 나아간다. 그녀는 상황을 파악하고 자신이 원하는 바가 무엇인지 알아내는 속도가 나보다 빠르다. 가끔 그것 때문에 우리 사이에 불화가 생기기도 했다.

레베카는 내가 너무 꾸물거린다며 답답해했다. 몇 달 동안 데이트를 하고 하루는 저녁을 같이 먹으며 나와 결혼해서 가정을 이루고 싶다는 말을 했다. 그녀는 내가 원하는 미래가 어떤 것인지 말해 주어야 자기도 행동을 취할 수 있지 않겠느냐고 했다. 단순히 결혼을 위한 결혼은 하지 않겠다는 말이었다.

내가 올바른 결혼 상대인지 확신이 서지 않았던 것이다. 내가 자기와 같은 생각을 하는지 말해 줄 의무가 있다고 했다. 우리 관계를 조사하러 온 경찰관이 내 앞에서 미란다 원칙을 고지해 주는 것 같은 기분이 들었다. 사실은 내가 상상할 수 있는 최고의 일이 나한테 일어난 것이었다. 만약 그녀가 단단하게 중심을 잡아주지 않았다면, 나는 이번에도 전에 하던 것처럼 일을 처리했을 것이다. 아무 특별한 목표도 세우지 않은 채 그저 데이트나 오래 오래 하면서 순항고도를 유지하려고 했을 것이다. 그러다 보면 그녀는 당연히 그런 상황에 싫증을 내게 될 것이고, 둘의 관계는 표류하다 끝나고 말았을 것이다. 이전에도 몇 번이나 그런 식으로 일이 흘러갔고, 그때마다 나는 그런 결말을 받아들였다.

나는 그녀의 말에 들어 있는 지혜를 알아챘다. 그리고 어떤 비약적인 도약 없이는 내 인생에 진정으로 가치 있는 어떤 일도 쉽게 일어나지 않을 것이라고 생각했다. 서로 좋아하고, 함께 시간을 보내고, 사랑하는 것 외에도 우리는 둘의 관계에서 가장 근본적인 것을 함께 공유하고 있었는데, 그것은 바로 신앙이었다. 두 사람 모두 크리스천이고, 그것은 세계관에서부터 돈에 대한 생각, 육아에 대한 생각에 이르기까지 결혼생활을 파탄낼 수 있는 여러 중요한 문제들에 있어서 같은 철학을 갖고 있음을 뜻했다.

크리스천은 각자 나름의 신앙고백이 있는데, 내 신앙고백은 다음과 같다. 나는 대학 1학년 때 신자가 되었다. 성경을 부지런히 읽고 예배에 참석했으며 착하게 살려고 노력했다. 하지만 몇 년이 지나자 내 안에 잠자고 있던 이기심, 무원칙, 인간적인 욕심들이 다시 깨어나 신앙심을 눌러 버렸다. 이후 20년 넘게 신앙과 동떨어진 생활을 했다. 많은 여자들을 만나 데이트를 했고, 많은 일에 관심을 가지면서도 타인에게는 소홀했다. 그 때문에 마음 한쪽에는 늘 미안한 마음이 자리하고 있었다. 자기도취에 빠져 지냈고, 공허한 강박증에 사로잡혀서 하느님으로부터 멀어진 생활을 했다. 레베카는 나를 다시 교회와 하느님에게로 데려갔다. 그녀는 여러 방법으로 나를 구해 주었지만, 그것이야말로 가장 중요한 구원이었다.

나는 지금도 여전히 자기도취적이고 이기적인 사람이다. 하지만 이제는 그때와 달리 지금의 자신을 아끼고, 내가 지은 여러 죄에 대해 용서를 구하고, 스스로를 변화시킬 힘을 내게 주십사고 기도한다. 이처럼 레베카와 나는 큰 문제들에 뜻을 같이 했고, 그런 덕분에 둘의 관계는 더 견고해졌다. 세속적인 문제 하나가 둘 사이에 끼어들었다. 결혼하면 어디서 살 것인가 하는 문제였다.

레베카는 워싱턴 포스트에 일하면서 국무부 외교 업무직에도 지원했다. 국무부 외교 업무직은 사실상 그녀가 원하는 여러 직업군 가운데서 반드시 합격할 것이라고 생각하고 하향 지원한 경우였다. 제일 하고 싶어 한 일은 첩보원이었다. 그리고 실제로 중앙정보국CIA에 지원서를 내고 작전 관리 업무직을 제안 받았다. 그리고 CIA에서 신원조회 절차를 진행했다. 버지니아 북부에 있는 아무 표시 없는 건물 안에서 거짓말탐지기 앞에 앉아 수차례에 걸쳐 면담도 했다. CIA는 전국에 있는 레베카의 가족 친지들과도 일일이 면담을 했다. 그녀는 그런 사실을 모르고 있다가 놀란 친구들로부터 전화를 받고서야 알았다. "애야, 너무 놀랐잖아. CIA에서 어떤 남자가 우리 집에 찾아와서 말이야." 그런 다음 합격 통보가 오기를 초조하게 기다렸다. 기다리는 동안 생계를 위해 이런저런 직장을 전전했고, 워싱턴 포스트도 그 중의 하나였다.

그러는 가운데 머리를 굴려 비슷한 부류의 업무라고 생각해서 국무부 외교 업무직에도 지원서를 낸 것이었다. 해외 근무를 한다는 점에서는 같지만 CIA 업무와 비교할 때 짜릿함의 강도는 훨씬 뒤떨어지는 일이었다. CIA에서 채용 소식이 오기를 3년이나 기다렸고, 이제는 더 이상 기다리기도 지쳐서 마침내 국무부 쪽으로 마음을 돌린 것이다. 나로서는 정말 고마운 결정이었다. 그렇지 않았더라면 저녁 테이블에서 이런 대화가 오갔을 것이다.

"오늘 일은 어땠어요, 여보?"

침묵.

나와 만나기 시작할 즈음, 레베카는 까다롭게 진행되는 국무부의 세 차례 시험 가운데 2차까지 통과한 상태였다. 마지막 면접과 신원조회를 통과하면 자리가 주어질 것이라고 했다. 대부분은 해외 근무로 나가게 되는데, 그것은 그녀가 원하는 바였다. 한편, 나는 그때까지 해외 근무를 해본 적이 없고, 솔직히 말해 그러고 싶은 마음도 없었다. 그동안 나는 낡은 안락의자에 앉아 있는 것처럼 느긋하게 지내왔다. 미국이 좋고, 그런 느긋한 삶이 좋았다. 편안하게 차를 몰고 모교의 풋볼 게임을 보러 가고, 세금도 적고, 연료도 적게 먹는 차의 운전석에 앉아 거의 1

마일마다 얼음을 채운 소다 음료를 홀짝이는 삶이 좋았다.

해외로 돌아다니다 보면 미국 안에서 맛보는 소소한 즐거움을 놓치게 될 것이라고 생각했다. 표현의 자유, 집회와 종교의 자유가 있는 곳, 법에 의한 통치가 이루어지고, 공정한 선거, 그리고 다행스럽게 내전도 이미 겪은 나라가 미국이었다. 이런 식으로 좋은 점을 꼽으라면 얼마든지 있었다. 하지만 내가 몸담고 있는 신문업계가 내리막길을 걷고 있었다. 그리고 형제자매도 없고, 부모님이 생존해 계시지 않기 때문에 아무 데도 매이지 않고, 어디든 갈 수 있는 몸이었다. 이 여자와 함께 하는 새로운 삶이 나를 어디로 데려가든 받아들일 생각이었다.

레베카는 2009년 중반에 국무부 외교 업무직에 채용되었다. 알고 보니 정말 좋은 직장이었다. 신입 직원들은 첫 근무를 나갈 후보지들이 적힌 '희망 근무지 목록'bid list이라는 것을 받고, 각자 희망 근무지를 우선순위를 매겨 제출했다. 누구를 어디로 보낼지 최종적으로 결정하는 것은 정부의 권한이다. 레베카는 11월에 첫 근무지 후보 목록을 받아들었다. 내 생일이 있는 달이었다. 내가 받은 최악의 생일선물이라며 함께 웃었다. 목록에는 전 세계 75대 도시에 걸쳐 1백 개 정도의 자리가 적혀 있었다. 내가 아는 이름은 절반도 채 되지 않았다. 그나마 아는 이름도 좋지 않은 일로 뉴스에 오르내린 도시들이었다. 파리나 로마는 목록에 아예 들어 있지 않고, 대신 포트 모르즈비Port Moresby, 말라보Malabo 같은 이름이 들어 있었다.

레베카와 나는 최선의 후보지는 서울이라는 데 의견이 일치했다. 북한의 위협이 상존하기는 하지만 제1세계에 속하는 현대적인 선진 도시이고, 깨끗하고 대단히 안전하다고 들었다. 레베카는 동아시아에서 살아보았기 때문에 유교문화에 익숙했다. 서울로 가면 지역 내 여러 곳을 여행할 수 있다는 점도 맘에 들었다. 서울은 규모가 크고 도시의 위상도 높기 때문에 글로벌 기업들이 많이 자리 잡고 있었다. 그렇기 때문에 서울에 간다면 나도 내 경력과 관련 있는 일, 다시 말해 높은 수준의 커뮤니케이션 일을 계속할 가능성이 있었다.

그녀가 서울을 지망한다고 해도 결정권은 국무부가 쥐고 있었다. 희망 근무지 목록을 받아들고 한 달 뒤인 2009년 12월에 레베카와 나는 그녀의 동료들과 함께 '플래그 데이'*flag day*에 참석했다. 친구와 가족들이 지켜보는 가운데 신입 직원들의 첫 근무지가 공개 발표되는 날이었다. 대단히 극적이고 흥분이 감도는 행사였다. 근무 도시 이름과 그곳으로 나갈 직원 이름이 발표됐다. 행사장은 기쁨의 환호와 안도, 실망의 눈물이 뒤섞였다. 언젠가 대사 자리까지 올라가게 될 과정의 첫 걸음이라도 내딛는 기분으로 들뜬 이들도 있고, 창백한 표정으로 부임할 나라의 국기를 받아드는 이들도 있었다. 국무부에 들어온 게 자기 인생 최악의 결정이라도 된 것 같은 표정들이었다.

우리는 어떤 결정이든 담담하게 받아들이기로 했다. 레베카가 지원한 서울에는 불과 두 자리만 배정돼 있었다. 국무부 직원들이 근무지 명단을 읽어 내려갔다. 이름이 몇 명 불리지 않았는데 서울의 자리 한 곳이 다른 동료에게 돌아갔다. 우리 두 사람 모두 가만히 앉아 있을 수가 없었다. 큰 홀을 가로질러 불안한 눈빛을 서로 교환했다. 근무자 이름과 도시 이름이 계속 발표됐다. 나는 손에 쥐고 있는 명단에서 이름을 하나씩 지워나갔다. 서울 자리가 하나 남아 있었지만, 파푸아뉴기니의 포트 모르즈비, 예멘의 사나, 가나의 아크라 자리도 남아 있기는 마찬가지였다.

'어디로 가든 오십보백보 아니겠는가.' 나는 이렇게 생각했다. 집 바깥에 무장 경비원이 지키고 서 있고, 밤에는 나다니지 못하는 곳에 한번도 살아 본 적이 없지만 어차피 인생은 모험 아닌가? 그렇지? 내 말이 맞지? 남은 자리는 스무 개 정도로 줄어들었다. 서울 한 자리와 서울 외에 열아홉 자리가 남은 셈이었다. 그 순간 갑자기 마법에 걸린 것처럼, 기도 중에 들리는 것처럼 이런 소리가 들렸다. "서울, 대한민국, 레베카 데이비스." 그 직전까지도 나는 나의 인생과 곧 다가올 내 운명을 나 아닌 다른 누군가의 손에 맡겨놓고 있다는 사실을 깨닫지 못하고 있었다. 내가 살 곳과 일할 곳을 내 손으로 선택하고 싶었다. 하지만 발표를 듣는 순간, 서울로 보내진다는 안도감과 만약 그렇게 되지 않았더라면 어찌될 뻔했나 하는 끔찍한 생각이 함께 교차됐다. 비행기 추락사고 현장에서 살아남아 걸어 나오는 사람의 심정이 그랬을 것이다.

이제 다음 과제를 해결할 차례였다. 그 과제는 바로 한국에서 내 일자리를 구하는 것이었다. 예전에는 홍보PR라고 했고, 지금은 커뮤니케이션이라고 부르는 분야로 기자가 전직하는 것은 자연스러운 일이다. 취재, 취재원과의 네트워크 구축, 기사작성, 멀티미디어 사용, 스토리텔링 등의 기법은 거의 똑같이 쓰이기 때문이다. 다만 어떤 집단의 입장을 옹호해야 한다는 점이 다르다. 그래서 어떤 기자들은 전직한 뒤쉽게 적응하지 못하고 좌절을 겪기도 한다. 나는 언론 일을 좋아했지만 나이가 들면서 기자가 천직이 아니라 그것도 하나의 기능이라는 생각이 들었다. 언론계의 많은 동료와 친구들이 기자직을 하나의 신앙처럼 고수하기도 했다. 하지만 나의 신앙은 내가 믿는 종교였다. 레베카를 만나기 전부터 워싱턴 D.C.에서 커뮤니케이션 쪽에 일자리를 알아보고 있었지만 레베카가 서울로 발령 나기 전까지 해외에서 커뮤니케이션 일자리를 구할 생각은 해보지 않았다.

레베카가 서울로 가게 되면서 나도 한국에서 일할 생각을 하기 시작했다. 2009년 워싱턴 포스트에서 금융위기를 취재하며 부지런히 경제 지표를 챙기던 시절이었다. 특히 미국에서는 자동차 판매가 소비자신뢰지수에 중요한 전조 역할을 했다. 그래서 나는 미국이 과연 대침체 *Great Recession*를 벗어날 출구를 찾을 수 있을지 단서를 잡기 위해 자동차 판매추이를 면밀히 지켜보았다. 하지만 현대차 때문에 자동차 판매추이만으로는 침체를 벗어나는지 여부를 알 수 없게 되었다.

독특한 패턴이 나타나기 시작했다. 매달 1일, 자동차 메이커들이 자사의 판매보고를 내놓는데 거의 똑같은 일이 되풀이 되는 것이었다. 쉐보레 10퍼센트 하락, 포드 8퍼센트 하락, 도요타 7퍼센트 하락, 현대 5퍼센트 증가. 이런 식이 계속 이어졌다. 이렇게 해서 현대차가 나의 레이더에 걸려들었다. 자동차 업계의 소식통들에게 잇달아 전화를 걸어보니 모두들 하나같이 현대차가 불황에 빠진 자동차 산업과 전반적인 경제상황에서 홀로 조류를 거슬러 올라가고 있다는 사실을 확인해 주었다. 경쟁 메이커들은 현대차의 선전에 한껏 신경을 곤두세우고 있었다.

현대차 측과 접촉해서 글로벌 홍보 담당 임원과 인터뷰를 추진했다. 그런데 알고 보니 그 자리가 공석이었다. 실로 우연의 일치였다. 나는 해외근무자들이 보통 걷는 길을 따라 가고 있었다. 미국 내에서는 잡기 어려웠을 일자리를 해외에서 구하게 된 것이다. 내가 언론계를 떠나 첫 번째 일자리를 GM이나 포드의 기업 커뮤니케이션 담당 임원으로 가는 것은 절대로 불가능하다. 나는 우선 기술적으로 기업 커뮤니케이션에 대해 전혀 아는 바가 없었다. 하지만 한국 기업들이 필요로 하는 장점들은 분명히 갖고 있었다. 무엇보다 영어를 모국어로 쓰기 때문에 전 세계에서 몰려오는 자동차 전문기자들을 상대할 수 있었다. 그들 다수가 영어로 소통했다. 또한 현대차는 나를 채용함으로써 자기들이 글로벌 기업임을 내세울 수 있을 것이었다. 내 자리는 어느 정도 전시용이었고, 나도 그걸 알고 들어갔다. 하지만 나는 자신의 현대 행을 그 이상의 것으로 만들고 싶었다. 다만 어떻게 해야 할지 구체적인 방법은 몰랐다.

현대차와 2년 계약을 맺었다. 레베카의 국무부 취업도 2년짜리였다. 그렇게 해서 우리는 서울로 가게 되었다. 그녀와 함께 한국으로 떠나기 전에 처리해야 할 일이 하나 남아 있었다.

드디어 2010년 7월 워싱턴 교외에 있는 오래 된 저택에서 결혼식을 올렸다. 장로교 목사인 레베카의 아버지 이반은 신부와 함께 통로를 걸어 들어온 다음 내게 그녀를 넘겨주었다. 레베카는 낮게 비치는 늦은 오후 햇살 속에서 은은하게 빛을 뿜었다. 하객들은 쌀을 던지는 대신 비눗방울을 불었다. 나중에 사진을 보니 정말 멋진 장면이었다.

3

현대차그룹
홍보 담당 임원이 되다

현대차 본사에는 20층짜리 직사각형 타워 두 동이 나란히 서 있다. 언뜻 보면 같은 크기의 건물 두 동 가운데 한 쪽 꼭대기에는 푸른색 현대차 이름과 로고, 다른 쪽 건물 꼭대기에는 붉은색 기아차 이름과 로고가 붙어 있는 것 같다. 하지만 자세히 보면 기아 건물이 약간 낮고 폭도 좁다는 것을 알 수 있다. 일부러 그렇게 배치한 것이다. 현대자동차는 1998년 파산한 기아를 합병하고, 약간 낮은 건물을 사들여서 2000년 현대차와 기아차 모두 이 사옥에 입주했다. 하지만 합병한 두 회사가 한 동에 입주해 있기는 너무 비좁았다. 그래서 현대는 바로 옆에 똑같이 생긴 두 번째 동을 더 크게 지었다. 매출 규모가 기아차보다 더 큰 현대차가 새로 더 크게 지은 동으로 입주하고, 기아차는 작은 건물을 쓰기로 한 것이다. 기아차 직원들은 이와 같은 건물 배치가 동생격인 기아차의 위상을 보여주는 것이라고 생각한다.

본사 건물은 또한 그 자체로서 기업 이미지를 상징하는 유용한 역할도 한다. 쌍둥이 건물 두 동은 3층짜리 유리 아트리움 로비로 연결돼 있는데, 내가 출근 첫날 본 바로 그 로비이다. 현대차의 동료 임원은 이 로비를 보면 기아와 현대 두 회사가 어떤 관계인지 어느 정도 알 수 있다고 했다. GM이나 폴크스바겐처럼 여러 개의 브랜드를 갖고 있는 자동차 메이커들과 마찬가지로 현대차와 기아차도 R&D와 자동차 플랫폼, 엔진, 트랜스미션을 공유한다. 아트리움 로비가 상징하는 공간 공유가 이런 기업 이미지를 나타낸다. 하지만 그것을 제외하면 경영을 비롯해 생산되는 자동차는 완전히 별개 체제로 운영된다. 현대차와 기아차는 판매, 마케팅, 광고, 제품 개발, 디자인, PR 팀까지 모두 분리돼 있다. 타깃 시장이 다르고, 브랜드 이미지와 전략도 다르다. 현대의 글로벌 PR 책임자인 나는 현대차 홍보만 책임지며 기아와는 무관했다. 분리된 두 동의 건물이 이런 시스템을 상징해 주는 셈이다.

예를 들면, 현대 쏘나타와 기아 옵티마는 플랫폼이 같다. 하지만 차량 외부와 내부 디자인, 특징, 심지어 엔진과 서스펜션 튜닝이 서로 다르고, 전 세계적으로 공략하는 시장과 타깃 구매층도 다르다. 그래서 자동차 매거진들은 0-60km/h 가속시간 같은 측정 가능한 차이에서부터 조향감steering feel 같은 주관적인 분야에 이르기까지 쏘나타와 옵티마를 서로 비교하고, 차이점을 분석해서 기사를 싣는다.

내 사무실은 현대 타워 18층에 있었다. 출근을 시작하면서 팀원들의 신상 파악과 업무 파악에 들어갔다. 하지만 많은 난관이 기다리고 있었다. 우선 팀원들과 서로 어떻게 부를지 호칭부터 문제였다.

한국의 사무실 분위기는 유교문화의 영향으로 형식을 중시하고 서열화 되어 있다. 상사는 하급자들을 부를 때 성姓 대신 이름을 부르지만, 하급자들은 자기 상사를 부를 때 항상 성에 직급을 붙여서 부른다. 사무실 바깥에서도 마찬가지다. 나는 처음에 이런 걸 몰랐다. 그래서 내 상사를 직급을 붙여서 부르지 않고 그냥 '미터스 리'라고 불렀다. 그건 크게 문제가 되지 않았다. 진짜 문제는 나보다 아래 직급에 있는 동료들이 나를 부를 때였다. 출근 시작하고 얼마 되지 않아서 다른 팀에 있는 고참 직원 두 명이 용기를 내 이렇게 불쑥 물었다. "당신을 어떻게 불러야 할지 모르겠습니다." 나를 '에이렌스 이사'라고 부를지, 아니면 '미스터 에이렌스'라는 식으로 불러야 할지 고민이 되었던 것이다. 더 복잡한 문제는 이름을 부를지 성으로 부를지 헷갈린 것이었다. 다른 아시아 문화권과 마찬가지로 한국에서는 성을 먼저 부른다. 내 이름은 프랭크 에이렌스이기 때문에 많은 사람들은 나를 '미스터 에이렌스'라고 부르는 게 맞다고 생각했다.

그 다음은 철자 문제였다. 한국어는 중국어나 일본어와 달리 표의문자가 아니라 글자에 바탕을 두고 만들어진 언어이기 때문에 수천 개의 표의문자를 별도로 외울 필요가 없었다. 한글은 24개의 글자로 만들어져 있기 때문에 외국인이라도 오후 반나절만 투자하면 배울 수 있을 정도로 단순하고 효율적인 언어이다. 하지만 내 이름은 라틴 알파벳으로 쓴다. 그래서 모든 문화권이 다 그렇지만 한국인들도 외국인의 이름을 소리 나는 대로 한국어로 바꾸어서 부르는데, 문제는 라틴어에는 한국인들이 제대로 발음할 수 없는 철자들이 있다는 점이다. 그 반대의 경우도 마찬가지이다. 한글로는 F 발음을 따로 표기할 수 없어서 P 발음으로 바꾸어 적는다. K 발음도 따로 없어서 G 와 K 중간 발음으로 읽는다. 한국인들은 또한 R과 L의 발음을 엄격하게 구분하지 않고 둘의 중간 정도 소리를 낸다. 내 이름은 한국인들이 발음하기가 대단히 어렵다. 명함에는 내 이름 Frank Ahrens의 한글 이름을 '프랭크 에이렌스'로 표기했다. 그걸 소리 내어 읽으면 나의 진짜 이름과는 상당히 동떨어진 발음이 난다.

한국인 동료들 가운데서 팀장인 벤 같은 이들은 영어 이름을 썼다. 한국 이름보다는 확실히 기억하기가 수월했다. 그런데 한국인 동료들은 자기들의 한국인 동료가 쓰는 영어 이름을 잘 몰랐다. 그러다 보니 내가 "윌리엄이 나한테 이렇게 말했는데."라는 식으로 말을 꺼내면, "누가 말했다고요?"라고 반문하는 경우가 많았다.

"윌리엄이요."

"윌리엄이 누군데요?"

"있잖아요. 해외 마케팅 팀에서 일하는 키 크고 잘 웃기는 친구 말입니다."

"아, 대훈이 말이군요."

"그럴 거예요."

영어 스펠로 받아 적기도 어렵기는 마찬가지였다. 흔한 이름인 '임' 씨를 영어로 옮기려고 하다 보면 'Lim' 'Rim' 'Rhim' 가운데 어느 것인지 종잡을 수가 없었다. 미스터 임을 만나서 이야기해 보라는 메일을 나한테 보내면서 어떤 이는 'Lim'을 만나 보라고 쓰고, 어떤 이는 'Rhim'을 만나 보라고 썼다. 한참 시간이 지난 다음에야 나는 'Lim'과 'Rhim'이 영어 표기만 다를 뿐 같은 성을 가리킨다는 사실을 알게 되었다.

마침내 나는 다음의 세 단어로 문제를 더 복잡하게 만들었다. 사람들에게 나를 부를 때 그냥 편하게 이름을 불러 달라며, '콜 미 프랭크!'*Call Me Frank!*라고 말한 것이다. 출근한 첫날부터 만나는 사람들에게 모두 이렇게 말했다. 팀원들이 나의 지위를 의식하지 말도록 하고, 우리 팀에 평등주의적인 분위기를 만들기 위해서 그런 것이었다. 다시 말해 동양 문화에 익숙한 사무실에 서양식 일터의 분위기를 만들려고 한 것이다. 이것은 내가 저지른 몇 가지 실수 가운데 첫 번째 실수였다. '콜 미 프랭크!'라고 한 나의 주문은 일부 팀원들을 불편하게 만들었고, 내 지위도 실제보다 낮아 보이게 만들었다. 나를 프랭크로 부르기를 꺼려 한 팀원들은 그렇게 하는 게 옳지 않다고 생각했기 때문이기도 하고, 그렇게 부르면 자기들이 모시는 내가 다른 이사들보다 지위가 낮은 기분이 들어서 싫었던 것이다.

그곳은 직장이고, 서로 고개를 숙여 인사하는 것이 일상사처럼 되어 있는 곳이었다. 엘리베이터 안에서 상사를 만나면 고개를 살짝 숙여서 목례를 하고, VIP들이 찾아오면 허리를 크게 숙여 인사했다. 직위는 법정화폐 같은 것인데, '콜 미 프랭크'는 그냥 푼돈이었다. 내가 맡은 현대글로벌 PR 팀에서 팀장 벤은 내 바로 밑이고, 에두아르도가 팀에서 제일 막내였다. 그 중간에 순환근무로 들락날락하는 사람을 합쳐서 7명 정도가 함께 일했다. 우리 팀은 조금 특수한 팀이고, 아마도 현대차에서 가장 국제적인 팀이었을 것이다. 모두 해외여행 경험이 있고, 몇 사람은 미국을 비롯한 해외에서 살기도 했다. 현대차 직원으로 해외에서 근무하기도 하고, 유학생 신분으로 공부한 경력도 있었다. 남녀 구성비도 같았는데, 남성 위주의 현대차에서 특이한 경우였다.

남자 팀원들은 21개월에서 24개월씩 군복무를 마쳤다. 한국에서 신체 건강한 남자들이라면 모두 거쳐야 하는 의무였다. 한 명은 장교로 근무했고, 팀장인 벤과 팀원 아이크는 카투사KATUSA로 복무했다. 입대 대상자들 가운데서 영어실력이 뛰어난 엘리트 청년들이 카투사로 선발된 다음 한국군 대신 주한미군에 소속되어서 군대생활을 하는 것이다. 매우 쾌활하고 총명한 아이크는 에두아르도와 함께 팀에서 가장 미국적인 성향을 갖고 있었다. 팀원들 모두 영어를 말하고 쓸 줄 알았으며, 실력도 매우 우수한 편에 속했다. 제2외국어를 구사하는 이들도 더러 있었다. 대부분이 한국에서 톱3 안에 드는 대학을 졸업했는데, 글로벌 홍보팀에 선발된 것은 홍보 능력이 뛰어나거나 이 분야에 관심이 있어서가 아니라 영어실력이 우수해서였다.

서양의 대기업들도 그렇지만, 한국의 재벌기업들은 특정 자리에 전문가를 외부에서 채용하는 것이 아니라, 학벌과 성적이 뛰어난 대학 졸업생들을 신입사원으로 선발해 각 팀에 배치한다. 현대차 인사팀에서는 직원들의 희망 부서를 고려해 배치하지만 항상 희망대로 되는 것은 아니었다. 그러다 보니 내가 근무한 3년여 동안 홍보팀에는 기계공학 전공자에서부터 프랑스어, 스칸디나비아어 전공자까지 있었다. 어떤 팀원이 내게 현대차는 제너럴리스트를 좋아한다는 말을 해주었다. 그래서 젊은 직원들이 승진하면 순환근무를 시키는데, 다방면에 유능한 자동차 업계 간부로 키운다는 전략이라고 했다.

내가 맡은 업무는 수백 명에 달하는 해외 언론인들을 한국으로 초청하는 일이었다. 2010년 10월에 내가 합류할 당시 현대차는 해외 언론으로부터 많은 주목을 받고 있었다. 전 세계적으로 현대차에 대한 인식이 높아지고 있기는 했다. 그러면서도 언론과 소비자들에게 현대는 아직 친숙한 이름이 아니었다.

외국인들은 'HYUNDAI'라는 이름을 어떻게 발음해야 할지도 제대로 몰랐다. 한국인들은 Y 발음을 글자로 표기하기 때문에 '현대'라고 정확하게 읽는다. 하지만 현대차의 미국 법인인 현대 모터 아메리카*Hyundai Motor America*는 소비자들에게 '현대'*Hyundai*의 Y 발음을 '선데이'*Sunday*의 u처럼 내도록 만드는 데 수십 년이 걸렸다. 미국 소비자들이 '현대'를 발음하기가 왜 그리 어려운지는 나도 설명하기 힘들다. 포드*Ford*는 이런 문제를 겪지 않는다.

내가 속한 글로벌 홍보팀에서는 자동차를 다루는 전 세계 언론에 현대를 소개하는 일을 하고, 그런 목적으로 기자들을 대규모로 실어 날랐다. 매년 수십 명의 기자들을 선별해 한국으로 초청하는데, 세계 도처에 나가 있는 현대 지사들이 자국에서 자동차 전문 언론인 몇 명을 선정하면, 우리는 사나흘 일정의 프로그램으로 이들을 한국으로 초청해 현대에 관해 소개하는 것이었다. 공장들을 견학시키고, 시설 규모가 얼마나 큰지 보여주고, 한국 문화를 체험할 기회도 제공한다. 현대가 글로벌 톱 자동차 메이커라는 사실을 이들에게 주지시켜 주려는 것이다. 주요 매체의 영향력 있는 언론인들을 골라 초청하는 일 외에 각국에서 진행되는 '올해의 자동차'*Car of the Year*를 선정하는 심사위원들도 초청한다. '올해의 자동차'는 모든 자동차 메이커들이 노리는 상이다.

자동차 업계에서는 당연히 하는 일이고, 자동차 전문기자들도 이러한 초청을 당연한 것으로 받아들인다. 초청자들에게는 으레 비즈니스 클래스 항공권과 최고급 호텔 숙박이 제공된다. 내 안에 자리 잡고 있는 전직 워싱턴 포스트 기자라는 의식이 발동해 나는 이런 프로그램에 일순간 반감이 일었다. 하지만 그런 반감은 5분도 안되어 수그러들었다. 이제는 홍보맨으로서 이런 초청은 우리의 메시지를 전달하고 이해시키는 데 유용한 수단이 된다는 것을 알게 되었기 때문이다. 솔직히 말해 자동차 전문기자들은 자동차 회사들이 개최하는 행사에 참석하기 위해 거의 매주 세계 곳곳으로 출장을 다니는데, 소속 매체에서 비용을 부담해야 한다면 그렇게 자주 다닐 수가 없다.

2010년 후반부터 2011년 한 해 내내, 그리고 2012년 들어서까지 우리는 여름 휴가철과 연말연시 연휴를 제외하고는 거의 매주 기자들을 맞이했다. 스페인 기자단이 다녀가면, 다음 주에 독일 기자단이 오고, 연이어 태국, 말레이시아, 영국, 체코, 터키 기자단이 몰려오는 식이었다. 숨길 것은 하나도 없고 모두 공개된 일정이었다. 기자들은 취재한 내용을 다양한 언어로 상세히 기사로 썼다.

사나흘 간의 출장기간 중에서 기자들의 첫날 일정은 오전 7시 30분 내지 8시에 숙소인 서울 시내 호텔에서 시작되었다. 우리는 이들을 대형 관광버스에 태워 본사로 데려가서 프레젠테이션을 하고, 기자들이 사는 나라에서 판매와 마케팅, 제품개발을 담당하는 핵심 임원들과 인터뷰를 진행했다. 기자들은 출시 예정인 신차 모델에 대해 설명을 듣고 판매 타깃, 마케팅 계획 등을 담당 임원들에게 직접 물어볼 수 있기 때문에 이 인터뷰를 좋아했다. 다른 자동차 메이커들은 기자들이 대부분 나 같은 PR 담당자를 통해 이런 정보를 들을 수 있다.

이튿날은 기자들을 다시 버스에 태우고 서울에서 제일 가까운 곳에 있는 현대차 생산공장과 스틸 플랜트, R&D 시설을 둘러보았다. 현대 R&D 단지는 서울 남쪽으로 약 90분 거리의 남양이라는 시골에 있다.

사람들은 이곳을 남양연구소, 혹은 그냥 '남양'으로 부르는데, 대단한 규모의 시설을 갖추고 현대차의 발전 의지를 한눈에 보여주는 곳이다. 남양연구소의 이현순 전 부회장은 서울에서 독일 기자 몇 명과 저녁식사를 하는 자리에서 정주영 회장으로부터 남양연구소 건설 지시를 받고 공사를 진행하던 당시의 힘들었던 과정을 소개했는데, 파라오 쿠푸왕도 흡족해했을 대역사였다.

현대는 남양에 넓은 부지를 소유하고 있었다. 당시 현대의 창업주인 정주영 회장은 그를 불러 그곳에 연구소를 지으라고 지시했다. 주요 자동차 메이커들의 R&D 센터처럼 현대도 이곳에 주행시험 트랙 몇 곳과 주행도로, 고속주회로*high-speed oval track*, 실내 충돌 테스트 시설, 디자인센터, 시험 공장인 파일럿 플랜트*pilot plant*를 짓고, 경쟁사들이 정보를 캐가지 못하도록 보안장치도 갖추었다. 파일럿 플랜트는 시제품인 프로토타입*prototypes*을 제작하는 미니 어셈블리 라인을 말한다. 이현순 부회장은 간척지를 매립한 이곳에서 땅을 파내려가자 물이 나왔다고 했다. 머지않은 곳에 습지가 있었다. 하지만 정주영 회장은 무조건 그곳에다 연구소를 지으라고 했다.

이후 수개월 동안 덤프트럭으로 수천 대 분의 모래를 실어다 부었다. 모래를 실어다 부으면 불도저들이 달려들어 모래를 골고루 나누어 다지는 작업을 계속했다. 그는 현대가 다른 프로젝트 현장에서 나무를 베어내고 있다는 사실을 알고, 그곳에서 파낸 나무 가운데 1만 그루를 남양연구소 주변에 가져다 심었다. 재활용 조림사업을 한 셈이었다. 현대는 늘 이런 식으로 일을 했다.

현대차그룹은 자체 철강공장, 부품 공급, 조립공장, 배달 시스템을 확보하고 이를 수직적으로 관리하는 하나의 거대한 수직 통합형 체제를 이루고 있다. 물론 새로운 형태의 경영방식은 아니다. 1백년도 더 전에 헨리 포드Henry Ford도 이런 방식을 채택했다. 그는 미시간과 미네소타에 광산을 소유하고, 거기서 채굴한 철광석을 미시간주 디어본에 있는 리버 루지 공장으로 보냈다. 그리고 리버 루지 제철소에서 철광석을 철로 만들어 포드자동차에 쓰일 차대 섀시chassi, 펜더fender를 비롯한 각종 부품을 제작했다. 루지 조립라인에서 완성된 포드 완제품 차량은 미국 전역에 있는 포드 소유의 판매점으로 배달되었다. 포드는 철광석 채굴에서부터 판매점에 이르기까지 자동차 제작 공정과 판매의 전 과정을 직접 통합 관할했다.

비즈니스 트렌드는 패션처럼 수시로, 그리고 예상치 못한 방향으로 바뀐다. 20세기 말이 되자 수직적 통합은 제조업계에서 한물 간 경영철학으로 밀려나고 아웃소싱이 그 자리를 대신 차지했다. 제조업체들은 이제 철은 철강제조업체로부터 사들이고, 부품은 부품 제조업체로부터 공급받는 식으로 일을 하게 된 것이다. 핵심 사업만 남기고 나머지는 모두 처분해 나갔다. 현대는 일부 부품을 현대차 계열사가 아닌 업체들로부터 공급받고 있기는 하지만, 여전히 완전한 아웃소싱 체제로 전환하지는 않고 있다. 앞으로도 그럴 가능성은 없을 것이다. 경험적으로 보면 수직적 통합이나 아웃소싱 가운데 어느 쪽이 좋으냐가 아니라, 자신에게 적합한 방식을 채택하는 것이 중요하다. 상명하복 식의 명령 통제체제가 작동되는 단일화 사회에서 비즈니스를 하는 현대차는 수직적 통합이 효율적이라고 생각한다. 책임소재가 명확하고, 주철molten iron에 서부터 완성품이 쇼룸에 진열되기까지의 전 과정에 걸쳐 품질을 보장할 수 있는 최적의 방식이라고 믿는 것이다.

그룹 총수의 입장에서는 그렇게 해야 모기업과 수직 통합된 계열사들을 손쉽게 움직일 수 있다. 이는 각자 자신의 이익을 우선시하는 아웃소싱 기업들에 의존하는 기업주로서는 누릴 수 없는 특권이기도 하다. 실제로 애플 같은 전 세계적으로 유명한 대기업들 가운데 일부는 시장점유율과 철저한 협상방식을 동원해 공급업체들에게 강한 압력을 행사한다. 이런 식으로 대기업과 아웃소싱 기업들이 수직적으로 통합된 기업처럼 움직이는 것이다. 스티브 잡스가 아이폰 최초 출시를 불과 몇 주 앞두고 터치스크린 디자인을 바꾸기로 결정하자, 중국의 제조업체는 한밤중에 근로자 수천 명을 깨워서 대기시켜야 했다. 그리고 새로 디자인한 스크린이 미국에서 도착하기를 기다렸다가 곧바로 이들을 조립라인에 투입시켰다.

한국 기업들은 업무 시간이 길고, 오너들의 요구사항이 많기로 유명하다. 하지만 전반적인 업무 분위기 면에서는 애플이나 실리콘 밸리의 첨단 기업들과 크게 다르지 않다. 애플과 현대차 모두 최종 결정권을 가진 카리스마 있는 인물이 기업을 이끈다. 두 기업 모두 직원들에게 높은 성과를 내고 장시간 일하라고 요구한다. 그리고 직원들에게 가급적 오래 회사 안에 머물고, 경쟁 기업 사람들과 어울리지 말라고 당부하는 독특한 사내 문화를 갖고 있다. 그리고 애플과 현대차 모두 성공한 기업이다.

기자들을 초청하는 것은 자동차 생산에 관해 상세히 소개할 수 있는 좋은 홍보 기회이다. 기자들을 초청하면 제일 먼저 현대제철소로 데려간다. 그곳에서는 엄청난 크기의 펄펄 끓는 오렌지색 쇳물로 철판을 만들고, 이것을 감아 22톤에 달하는 코일로 만든다. 코일 하나의 높이가 사람 키만 하고, 펼치면 길이 1킬로미터가 넘는다. 그 다음 가까운 곳에 있는 현대 조립라인으로 이들을 데려간다. 그곳에서는 철판 코일을 펴서 거대한 프레스 기계에 넣어 엄청난 압력으로 철판을 변형시켜 패널을 제작한다. 조립라인의 한쪽 끝에서는 현대제철소에서 만든 철판과 현대가 제작한 부품으로 완성된 뉴 쏘나타가 굴러 나온다. 다른 어떤 자동차 메이커도 이런 공정으로 자동차를 만들어내지 못한다. 우리는 기자들의 견학 장면을 사진으로 많이 찍어서 본인들에게 주고, 경영진에 제출하는 보고서에도 첨부한다. 한국에서는 사진 찍을 때 카메라 앞에 선 사람들에게 '치즈!' 대신 '김치!'라고 말하라고 시킨다.

이런 제작 공정을 둘러보는 것은 재미있기는 하지만, 첫 몇 개월 동안 내가 맡은 업무 가운데서 제일 힘든 일이었다. 기자들을 가득 태운 버스 안에 갇힌 채 쏟아지는 질문에 시달려야 했다. 일일이 답변해 주고, 그것도 신뢰할 만한 답을 내놓아야 하는데 보통 힘든 일이 아니었다. 현대자동차그룹은 전 세계적으로 고용인원이 8만 명에 달하는 거대 기업이다. 두 개의 자동차 브랜드를 갖고 있고, 많은 계열사를 거느리고 있다. 그리고 외부인들이 이해하기는 너무 복잡하고 난해한 역사를 갖고 있다. 거기다 수많은 공장과 차종이 있다. 현대차의 브랜드 철학을 기자들에게 알아듣기 쉽게 설명하는 일은 여간 힘든 게 아니다. 그리고 기업의 역사가 짧고, 홍보 경험이 없기 때문에 현대는 글로벌 자동차 브랜드들 중에서 아마도 제일 알려지지 않은 기업에 속했다.

기아차에 대해서는 내가 말해 줄 필요가 없지만, 현대차와 기아차의 차이를 묻는 질문에는 알아듣게 설명해 줄 수 있어야 했다. 나는 조선소인 현대중공업 소속이 아니지만, 그래도 현대중공업과 현대자동차의 관계는 설명할 수 있어야 했다. 그리고 나는 한국 사람이 아니지만, 한국의 역사와 유교문화에 대해서 짤막하게라도 알아듣기 쉽게 설명해 줄 수 있어야 했다. 현대 직원과 한국인들에게는 DNA처럼 몸에 익숙한 이야기이지만, 나는 그걸 설명하려면 따로 시간을 내서 공부하고 외워야 하는 정보들이었다. 그것도 빨리 익혀야 했다.

사무실에 있거나 집에 와서도 컴퓨터 앞에 앉아 머릿속에 정보들을 채워 넣기 위해 기를 쓰고 공부했다. 하지만 기자 경력 덕분에 남한테 영 바보처럼 보이는 행동을 하거나, 회사 측을 난처하게 만드는 짓은 하지 않았다. 기자들은 어떤 주제에 대해서도 '금방' 전문가가 될 수 있다는 말을 자랑 삼아 한다. 물론 농담 삼아 하는 말이고, 그렇지 않다는 것을 우리 스스로 잘 안다. 하지만 그렇다고 전혀 근거 없는 말은 아니다. 대부분의 경우 우리는 새로운 주제를 만나도 아주 빠른 시간 안에 쓸 만한 지식을 습득해서 그럴 듯하게 기사로 써낼 수 있다. 그런 훈련을 받기 때문이다.

아침에 워싱턴 포스트에 출근하면 생전 처음 듣는 주제에 대해 취재해 오라는 지시를 받는 날이 수도 없이 많았다. 그래도 저녁이 되면 워싱턴 포스트에 실어도 될 만한 수준의 기사를 만들어서 냈다. 많은 기자들이 이렇게 한다. 현대에 오고 나서 얼마 되지 않은 어느 날 기자들을 태우고 버스 견학을 하는 중에 한 기자가 이렇게 물었다. "여기 근무한 지는 얼마나 되셨어요?" 나는 약간 어색한 표정으로 대답했다. "음, 2주 됐습니다." 그 기자는 놀란 듯이 이렇게 대꾸했다. "2주라고요! 2년은 되신 것 같은데." 많은 홍보 업무가 이런 식으로 진행된다.

이렇게 세계 각지에서 오는 기자들과 며칠씩 함께 하면서 나는 홍보 기술을 연마해 나갔다. 어떤 기자로부터 놀랄 정도로 인종차별적인 발언을 들어도 교묘하게 넘길 수 있게 되었다. 그런 발언은 생각보다 자주 듣는다. 중동, 아프리카, 동유럽, 동남아시아 등등 사실상 전 세계 모든 지역에서 온 기자들과 대화하는데, 모두 교육을 제대로 받은 사람들이고, 미국에서 대학을 다닌 기자들도 많다. 나는 그런 대화를 좋아한다. 그러면서 그들이 사는 나라들에 대해 배우고, 웃기도 한다. 그러다 뜬금없이 반유대인 발언을 내뱉는가 하면, 자기 나라에 사는 어떤 민족에 대해 증오 섞인 발언을 하는 기자도 있다. 그리고 무슨 연유에서인지 내가 자기 발언에 동의하는 것으로 간주해 버린다. 그렇다고 그런 자를 면전에서 인종차별주의 얼간이라고 욕을 하거나, 면상에다 주먹을 날리는 것은 홍보맨에게 절대 금기사상이다. 그래서 나는 교묘하게 상황을 피해가는 법을 터득해 나갔다.

견학이 끝나면 보통은 곧바로 저녁식사를 하러 가는데, 현대차의 고위급 임원이 주관한다. 식사는 주로 강남에서 하는데, 오가는 길은 2차, 3차로 서로 어깨동무를 하고 비틀거리는 샐러리맨들로 북적인다. 레스토랑이나 클럽에서 공연하는 K팝 스타들의 얼굴을 보려고 몰려다니는 음악팬들도 많다. 국제화 된 서울의 모습을 보여주기 위해 외국 기자들을 서양식 레스토랑으로 초대하기도 하고, 격조 높은 한국식 레스토랑으로 데려가는 날도 있다. 한국 레스토랑으로 가면 다양한 음식이 거의 무제한으로 제공된다. 의자에 앉는 날도 있고, 바닥에 앉아서 먹기도 한다. VIP 기자들의 경우에는 저녁식사 뒤에 2차로 여흥 자리를 주선하기도 한다. 2차 여흥 때는 주로 한복이나 전통의상을 한 3인

조 뮤지션이 등장한다. 여성들은 밝은 색상의 비단 한복 차림인데, 허리 라인이 높은 엠파이어 웨이스트 치마를 주로 입는다. 남성들은 소매를 길게 늘어뜨린 헐렁한 상의에 헐렁한 바지를 입고, 대님을 하고 챙넓은 갓을 쓴다. 이들은 고대 한국의 현악기를 퉁기고, 작은 북인 장구로 장단을 맞춘다.

이들은 한국에 와 있는 외국인들에게 고국의 분위기를 선사하겠다는 좋은 의도에서 가끔 비틀즈와 아바의 곡을 연주하기도 한다. 하지만 어울리지 않는 악기와 곡조 때문에 기자들은 웃음을 터트리고, 너무 어색하다는 소감을 털어놓기도 한다. 그래서 나는 그 전통 뮤지션들에게 프로그램에 소개된 대로 한국의 전통음악만 연주하는 게 좋을 것이라는 충고를 해주었다. 기자들은 외국의 문화적인 분위기를 제대로 맛보고 싶어 했다. 나에게 있어서 떠들썩한 강남의 밤은 새벽 6시에 시작된 하루의 일과가 끝난다는 의미였다. 집으로 돌아오면 밤 9시 반에서 10시쯤 되었다. 신혼인 젊은 부부에게 전혀 도움이 되지 않는 일과였다.

대사관에서 미국 정부의 공식 근무시간을 지키는 아내는 오후 5시 반이면 집에 돌아왔다. 집에 오면 독서와 요리를 하고, 애플 TV 앞에 앉아 미국 드라마 '프라이데이 나이트 라이츠'*Friday Night Lights*와 '본즈' *Bones* 시리즈를 봤다. 일주일 가운데 며칠은 싱글 전문직 여성처럼 살았는데, 결혼하면서 생각했던 삶은 아니었다. 내가 게슴츠레한 눈으로 넥타이를 삐딱하게 맨 채 고기 양념냄새를 풍기며 집안으로 들어가면 아내는 잠들어 있는 때가 많았다. 그래도 아내는 대단히 너그러운 태도를 보여주었다.

나는 가정생활과 직장 업무 사이에서 줄다리기를 하는 기분이었다. 주중에는 초청한 기자들을 그룹으로 나누어 돌아가면서 하는 저녁식사 스케줄이 잡혀 있었다. 적어도 일주일에 세 번은 빨리 끝나도 밤 10시 전에 집에 들어갈 수 없다는 뜻이었다. 그래서 내가 반드시 참석해야 하는 저녁 자리와 팀장이 대신 참석해도 되는 자리를 나누었다. 윗사람이 참석하는 자리에는 내가 빠질 수 없었다. 내가 저녁자리에 모조리 참석한다면 가정생활에 문제가 생길 게 분명하고, 식사자리에 너무 자주 빠지면 팀에 문제가 생길 것이었다. 일주일에 두세 번, 하루 15시간 근무한다는 것은 정말 진이 빠지는 일이었다. 새로운 문화에 적응하고 한국 기업의 관행도 익혀야 하기 때문에 하루 11시간 내지 12시간 근무해도 기진맥진하기는 마찬가지였다. 출근하면 다른 임원들과 유대도 쌓고, 나의 직속 상사인 미스터 리와 관계 설정을 어떻게 해야 할지도 궁리해야 했다. 그는 말은 별로 없지만 내게 친절하게 잘 대해주었다.

평생 처음으로 기업 환경에서 어떻게 성공할 수 있을지 배우기 위해 열심히 노력했다. 신문사 편집국에서 20년을 보냈지만 기업체 생활에 적응하기는 무척 힘들었다. 어쩌면 신문사 생활은 기업에 적응하기에 최악의 경력이라고도 할 수 있다. 편집국은 기본적으로 독립적으로 계약을 맺은 기자들이 모인 수평구조의 조직이다. 이들은 각자 알아서 최선을 다하며, 항상 회사의 스케줄에 따라 움직이는 것은 아니다. 디지털 저널리즘 시대에 들어와서는 이런 경향이 더 강해졌다. 기자들은 태생적으로 회의적인 성향을 타고 났거나, 아니면 최소한 그런 식으로 훈련을 받는다. 그래서 정부와 기업, 종교, 군대 등 모든 권위적인 조직에 대해 공개적으로 적대적인 입장을 취하는 경우가 많다.

기자들은 전통적으로 신문사의 '비즈니스 측면'에는 신경을 쓰지 않고 일했다. 경제부 기자들도 마찬가지였다. 그리고 신문은 각 지역의 광고시장에서 어느 정도 독점적인 혜택을 누려 왔다. 그래서 기자들은 신문사의 경영이 어떻게 되든 신경 쓰지 않고 진실 추구에 매달릴 수 있었다. 어떤 기업에 비판적인 기사를 실어서 그 기업이 해당 신문에 광고를 취소하면 그것을 마치 '큰 영예'인 양 생각했다. 일반 기업에서 그런 짓을 했다면 그건 해고감이다.

신문사 편집국의 분위기에는 격식이 없다. 현대차의 동료들은 내가 워싱턴 포스트에서 일할 때 나와 내 상사인 편집국장 사이에 4단계밖에 없고, 편집국장도 성 대신 이름을 부른다는 말을 하면 믿을 수 없다는 표정을 지었다. 워싱턴 포스트에서 나는 편집국장과 '이것 보셨어요?'와 같은 간단하고 사소한 정보 쪽지를 거의 매일 수시로 주고받았다. 저널리즘에서는 유용한 정보만 골라서 주고받는 게 아니다. 방금 인터넷에 올라온 '밈'meme이나 정치 가십도 그것 자체로 유통시킬 가치가 있다고 생각한다.

현대에 온 지 얼마 되지 않아서 나는 인터넷에 올라온 사소한 정보를 가지고 팀의 고참 직원에게 말을 걸었다가 그런 일로 업무를 방해하느냐고 빈축을 산 적이 있다. 자동차 업계에 관한 정보여서 나는 팀원들이 모두 알 필요가 있다고 생각했다. 그 고참 직원은 자신의 업무에 직접적인 관련이 없는 정보는 쓸모없는 것으로 치부해 버렸다. 기업들은 수직적인 구조를 하고 있다. 한국 기업과 다른 선진국 기업들 대부분이 비슷한 구조이다. 모두 서열 위주로 짜여 있고, 부서별로 고립되어 움직인다. 그러면서 모두들 회사의 이익 극대화라는 목표를 향해 일사불란하게 움직인다. (만약에 워싱턴 포스트에 있을 때 회사의 이익을 위해 기사를 맞춤형으로 썼다면 당연히 쫓겨났을 것이다. 저널리즘의 세계는 그런 식으로 움직이지 않는다.) 한국에서는 이러한 경직된 기업구조에다 유교문화가 더해져서 미국 기업들에서 볼 수 없는 강력한 추진력을 만들어낸다.

이 정도면 내가 얼마나 기업에서 일할 준비가 안 돼 있었는지 알만할 것이다. 추가할 이야기들이 더 남아 있다. 나는 마이크로소프트 오피스*Microsoft Office*를 사용할 줄 몰랐다. 이것은 지구상에 살고 있는 사람이라면 누구든 반드시 알아두어야 할 필요악 같은 프로그램이다. 게다가 아웃룩*Outlook*으로 이메일을 주고받은 적도 없었다. 엑셀 스프레드시트*Excel spreadsheet*를 한 번도 사용해 본 적이 없고, 파워포인트를 이용해 프레젠테이션을 만들어 본 적도 없었다. 다른 신문들도 마찬가지이지만, 워싱턴 포스트 편집국에서는 기사와 사진, 광고를 고정된 판형에 채워 넣는 콘텐츠 시스템을 사용했다. 그리고 IBM 이메일 소프트웨어를 썼다. 마이크로소프트 오피스는 전 세계적으로 10억 명이 넘은 사람이 이용하는 프로그램으로 펄펄 뛰는 '비즈니스의 심장' 같은 것이라고 할 수 있다. 그런데 나는 그것을 한 번 만져 본 적도 없었던 것이다.

'좋아! 파워포인트와 스프레드시트를 이용해 다른 팀들과 커뮤니케이션 하는 건 아직 어렵겠지만, 이메일은 쓸 줄 아니까 문제 없어.' 나는 이렇게 생각했다. 하지만 그것도 틀린 생각했다.

서양에서는 공식 문서에서부터 연인 사이의 이별 통보까지 거의 모든 일을 이메일로 처리한다. 하지만 유교사회에서는 기능 못지않게 형식을 중시하고, 어느 면에서는 기능보다 형식이 더 중요하다. 그래서 이메일을 서양에서처럼 가볍게 이용하는 통신수단으로 생각하지 않고,

한껏 격식을 차려서 써야 한다고 생각한다. 공식적인 커뮤니케이션 수단으로 생각하는 것이다. 이메일을 가벼운 통신수단으로 쓰면서 자란 젊은 직원들은 다른 팀원들에게 사적인 내용을 이메일로 보냈다가 꾸중을 듣는 일이 종종 있었다.

한국에서 이메일을 쓸 때는 정중한 인사말을 덧붙이고, 일상적으로 쓰는 편한 말은 피해야 한다. 그리고 아무에게나 이메일을 쓰지 말고, 사람을 가려서 보내야 한다. 다른 팀에 있는 동료나 나보다 직급이 낮은 사람에게 이메일을 보내면 답장을 못 받을 가능성이 높다. 그 사람이 예의가 없어서 답장을 안 보내는 게 아니다. 예를 들어 임원이 자기 팀의 팀장이 아닌 다른 팀원들에게 직접 이메일을 보내는 경우는 대단히 드물다. 직책이 높은 사람이 자기보다 낮은 사람에게 이메일을 보내거나, 다른 팀 앞으로 이메일을 보내는 것은 대단히 바람직하지 않은 일로 생각한다.

만약에 이사인 내가 다른 팀이 가지고 있는 어떤 정보를 알고 싶다고 치자. 그런 경우 나는 그 팀의 대리나 다른 팀원을 알고 있더라도 그들에게 직접 이메일을 보내는 것은 피해야 한다. 대신 우리 팀의 대리나 팀장에게 그쪽 팀 대리한테 부탁해서 그 정보를 좀 알아 달라고 하는 게 좋다.

몇 차례 다른 팀의 팀원들에게 직접 이메일을 보낸 적이 있는데, 그때 그 사람들은 내게 보낸 답장에서 입장이 곤란하니 앞으로는 이메일을 보내지 말라고 했다. 자기 팀장으로부터 왜 다른 팀 이사와 이메일을 주고받느냐는 질책을 받을까 봐 걱정된다는 것이었다.

그렇게 해서 한국의 이메일 관행에 대해서는 어느 정도 마스터하게 되었다. 하지만 점심식사 관행은 끝까지 이해할 수 없었다. 현대차 본사의 점심시간은 정확히, 정말 정확하게 낮 12시부터 오후 1시까지이다. 본사 건물 두 동에 근무하는 수천 명의 현대차, 기아차, 계열사 직원들이 거대한 카페테리아로 몰려가 식판을 들고 긴 줄을 서서 점심 메뉴로 준비된 몇 가지 한식 가운데 하나를 골라 담는다.

내가 현대 근무를 마칠 때쯤에는 점심 메뉴가 좀 더 다양해졌고, 서양식 카운터도 생겨서 햄버거와 작은 컵으로 얼음을 넣지 않은 소다수도 시켜먹을 수 있게 되었다. 서양식 메뉴는 인기가 높아서 카페테리아 문 밖 복도에까지 다닥다닥 긴 줄이 이어졌다. 선착순으로 2백 명 안에는 들어야 음식을 시켜먹을 수 있을 정도였다. 마치 낮 12시 1분, 도쿄 지하철 도어가 열리자 사람들이 몰려들며 햄버거를 달라고 소리치는 장면을 상상케 했다. 한번은 동료에게 혼잡을 피하기 위해 점심시간을 분산시키면 되지 않느냐는 말을 했다. 예를 들어 홀수 층 근무자는 11시 30분부터 12시 30분까지로 하고, 짝수 층 근무자는 12시부터 1시까지로 하는 식이다. 그는 한국의 기업체 종사자들 머릿속에 정오에 점심식사를 한다는 인식이 너무 뿌리 깊게 박혀 있어서 시간을 바꾸는 것은 불가능할 것이라고 했다. 피터 드러커*Peter Drucker*의 말을 빌려 표현하자면, '문화가 전략을 점심으로 먹어치우는' *culture eats strategy for lunch* 셈이다.

한국 직원들은 대형 카페테리아에서 식사를 하고, 본사에 근무하는 7명 남짓한 외국인들은 작은 방에 마련된 '외국인 카페'에서 식사를 할 수 있도록 해놓았다. 외국인 카페에는 테이블이 몇 개 놓여 있고, 한국인들이 생각하기에 그날그날 외국인들이 좋아할만한 메뉴 몇 가지가 준비되어 있었다. 처음 며칠은 한국 음식을 먹어보자며 팀원들과 함께 대형 카페테리아로 가서 점심식사를 했다. 그러자 팀원들이 나보고 임원 식당에 가서 식사를 하는 게 좋을 것이라고 권했다. 임원 식당에는 식탁에 하얀 테이블보가 덮여 있고, 여종업원들이 시중을 들었다. 한 고위급 임원은 매일 정각 12시가 되면 자기 휘하의 평임원들과 함께 지정된 좌석에 가서 식사를 했다. 유교식 관습에 따라 여종업원은 테이블에 앉은 고위급 임원에게 먼저 음식을 준비해 주고, 그 다음 나머지 사람들에게 음식을 날라다 주었다. 모두들 12시 30분이면 식사를 끝냈다. 하지만 고위 임원이 식사를 마칠 때까지 자리에 앉아서 기다렸다. 그가 식사를 마치가 자리에서 일어나면 나머지 사람들도 따라서 일어나 방에서 나갔다.

　나는 다른 임원들과 함께 우리 상사와도 몇 차례 식사를 했다. 모두들 내게 친절하게 대해 주려고 했지만 문제는 언어였다. 내가 자리에 있을 때는 모두들 영어를 쓰려고 했는데, 그들이 쓰는 영어는 워싱턴 포스트에서 하던 것처럼 긴 대화를 이어가기에는 부족한 수준이었다. 모두 이런 식이었다.

　상사: "이번에 브라질로 출장 갑니다."

　그러면 나는 그 말을 받아서 대화를 길게 이어가고 싶어서 이렇게 대꾸한다.

　나: "아, 그러십니까? 무슨 일로 가시는데요?"

　상사(잠시 뜸을 들인 후): "그쪽 사정을 살피러 갑니다."

　나(대화가 끝이라는 것을 알아차리고): "그러시군요."

　결국 테이블에 앉은 사람 모두 한국말로 돌아가고, 나는 한쪽 구석으로 밀려나고 만다. 그렇다고 다른 사람들을 비난할 생각은 추호도 없었다. 나는 테이블 대화에 장애물이었고, 그것은 기분 좋은 일이 아니었다. 사람들은 나한테 이런 말을 했다. "한국말을 배워 보시지 그래요?" 그러면 나는 하소연하듯이 이렇게 대답했다. "새로운 직장에 적응하고, 업무 파악을 하고, 새로운 문화에 적응하고, 새로운 기업문화도 익혀야 합니다. 이 모든 것을 한꺼번에 다 해야 하는데 솔직히 말해 벅찹니다. 아직 모든 게 서툽니다. 거기다 새로운 언어까지 배우기에는 내 역량이 부족합니다."

모든 게 어색하고 불편했다. 그래서 다른 사람이 식사를 마치고 자리를 떠난 뒤인 12시 30분쯤 임원식당에 혼자 가서 식사를 하기 시작했다. 점심시간이 되면 사무실 의자에 앉아 잠간 눈을 붙였다가 다른 사람들이 식사를 마치고 떠나는 시간에 식당으로 내려가는 것이었다. 한국에서는 점심시간에 책상에 엎드리거나 의자에 몸을 뒤로 젖힌 채 낮잠을 자는 게 흔한 일이다. 낮잠을 자라고 권장하기도 한다. 그렇게 하면 내가 한국 사람들과 식사하는 것을 피한다는 인상을 준다는 사실도 알았다. 하지만 나는 부자연스럽고 불편하고, 때로는 말없이 밥만 먹는 점심식사 자리가 싫었을 뿐이다.

물론 혼자서 먹는다고 문제가 해결되는 것은 아니다. 혼자 식당에 가면 내게 어떤 음식을 가져다줄지 궁금했다. 보통은 식판에 음식을 담아서 오는데 양은 보통 사람 식사량의 두 배쯤 되고, 한식과 양식이 두루 섞여 있었다. 껍질을 벗기지 않은 대하 한 마리가 둥둥 떠 있는 한국식 수프와 와플, 김치, 국수, 등심, 프렌치프라이 등이 나온다. 가끔 내가 좋아하는 핫도그(빵은 없이)도 나오는데, 한쪽 끝을 네 갈래로 쪼개어서 활짝 핀 백합꽃 모양을 냈다. 내 입맛에 맞추기 위해 정성스럽게 다양한 메뉴를 준비한 것을 보면 감탄이 절로 나왔다. 서양에서는 구경도 못할 일이다.

문제는 젓갈류와 말린 생선, 콩나물, 고춧가루 양념으로 무친 오징어채, 연근, 냉국수, 김치 같은 반찬은 대부분 내가 좋아하지 않을 뿐만 아니라 손도 대지 않는다는 것이었다. 통째 구운 작은 생선도 나왔다. 뼈를 발라내 먹어야 하는데 젓가락 사용이 너무 서툴러서 먹기 힘들었다. 결국 손가락 마디 하나 정도 살점을 발라먹고는 좌절감만 안고 물러났다. 제대로 먹을 수 있는 것은 소고기와 국수뿐이었다. 그러니 매일 내가 점심 때 섭취하는 것도 육류와 탄수화물뿐이었다.

결국 나는 해결책으로 집에서 도시락을 싸오거나, 아니면 차를 타고 십분 정도 가서 제일 가까운 곳에 있는 서브웨이Subway나 아웃백Outback 스테이크 하우스, 아니면 토니 로마Tony Roma에서 터키 서브나 치킨 시저 샐러드를 사먹었다. 아니면 점심시간에 시설이 좋은 회사 체육관으로 가서 운동을 했다.

현대에서 근무를 시작한 초기에 나는 이 체육관을 많이 이용하겠다고 결심했다. 운동가방을 챙겨들고 라커룸으로 걸어 들어갔는데 몇 명이 흥미로운 시선으로 쳐다보았다. 첫째 이유는 운동가방을 들고 갔기 때문이다. 체육관 안을 둘러보니 사람들이 모두 똑같은 회색 셔츠와 짧은 바지를 세트로 입고 있었다. 라커룸에는 회사에서 제공하는 운동복과 양말까지 비치되어 있었다. 입어 보나 마나 그 운동복들은 내게 무용지물이었다. XL 바지는 허벅지에서 더 이상 올라가지 않고, 셔츠는 몸에 딱 달라붙었다. 내 꼴은 마치 터지기 직전의 소시지처럼 되어서 옴짝달싹도 못할 지경이었다. 더 많은 사람들이 보기 전에 서둘러 운동복을 벗고, 내가 가져간 운동복으로 갈아입고 운동을 했다. 한국 옷을 입기에는 내 몸이 너무 컸다.

운동을 마친 다음 가져간 타월을 들고 샤워실로 나왔는데, 샤워 꼭지들이 양쪽 벽에 줄지어 매달려 있었다. 중간에 칸막이는 있으나 마나로 프라이버시가 전혀 보장되어 있지 않았다. 크고 작은 탕이 하나씩 있고, 바닥에 앉아서 씻는 자리도 있었다. 알몸의 한국인 남성들이 도처에 있었다. 탕에 들어가 앉아서 사이좋게 대화를 나누고, 샤워 차례를 기다리면서도 서로 농담을 하며 낄낄댔다. 적어도 내가 보기에는 동료들과 마주치는 데 최적의 장소는 아닌 것 같았다. 하지만 다른 사람들에게는 그곳도 위층의 사무실에서 일할 때와 똑같이 스스럼없이 서로를 만나는 장소였다. 같은 성별의 사람들이 알몸으로 만나는 것은 한국과 동아시아 국가들에서는 하나의 문화였다. 남자들은 의무적으로 가야 하는 군대생활에서부터 직장의 체육관, 그리고 찜질방이라 부르는 공중목욕탕에서까지 모두 그렇게 했다.

아내와 함께 부산에 있는 고급 리조트에 갔을 때였다. 아내는 비키니 차림으로 혼자 사우나에 앉아 있었는데, 호텔 종업원들이 차례로 들어와서 한국말로 "옷은 벗으셔야 합니다!"라고 크게 소리치는 것이었다. 사우나에 다른 사람이 아무도 없었지만 상관없이 벗으라고 했다. 호텔 규정에 사우나 이용객은 알몸으로 들어가야 한다고 되어 있었다. 결국 외국인이기 때문에 옷을 입어도 좋다는 허락을 받아내기는 했지만, 호텔 직원들은 공공장소에서 알몸으로 있는 걸 꺼리는 손님이 있을 수 있다는 점은 아예 고려하지 않았다. 한국의 호텔 매니저들에게는 사우나에 알몸으로 들어가야 한다는 게 수영장에서는 수영모를 쓰는 것처럼 무조건 지켜야 하는 규정이었다. 그게 사람들이 공공장소에서 알몸을 하지 않겠다며 내세우는 도덕적인 핑계나 수치심보다 우선하는 규정이었다.

동서양이 공공장소에서 속살을 드러내는 방식도 서로 정반대라는 사실까지 알게 되었다. 서양 여성들은 여성만 들어가는 한국의 목욕탕에서 불편한 기분을 느끼면서도 여러 사람들 앞에서 몸매가 드러나는 비키니를 입는다. 서양 남자들은 사람들 앞에서 몸에 딱 붙는 스피도 수영복을 입는 데 아무 스스럼이 없다. 반면에 한국인들은 목욕탕에 알몸으로 들어가는 것보다 해변에서 이성 앞에 속살을 드러내는 것을 훨씬 더 쑥스러워 한다. 그래서 해변에 가면 수영복 대신 평상복 바지와 셔츠 차림으로 수영을 즐기는 사람들을 종종 볼 수 있다.

나 같은 서양인들은 대부분 공공장소에서 알몸을 보이는 것을 꺼린다. 체육관에서 보는 사람이 없는 폐쇄된 샤워실로 들어가고 나올 때 잠간 알몸을 드러내는 것은 별개의 문제이다. 서양에서 체육관 샤워실은 폐쇄된 공간이다. 하지만 현대 체육관 샤워실에서는 운동을 마치고 불과 삼십 분 뒤면 아무 일 없었다는 듯이 함께 일할 남자들과 함께 알몸으로 샤워를 한다. 나는 그런 분위기가 어색했지만 현대차는 물론 한국 사회 전반에 이런 종류의 팀워크가 만들어져 있었다. 그리고 이런 유의 군대식 유대감이 아니면 현대차는 그처럼 빠르게 성장할 수 없었을 것이고, 앞으로도 큰 도약을 하기 힘들 것이다.

4

별천지,
용산 미군부대 안 숙소

    직장이 100퍼센트 한국이라면, 아내와 함
께 하는 가정생활은 완전히 미국식이었다. 미군부대 안에서 살았기 때
문이다. 주한미군부대는 서울 시내 한복판에 위치한 외딴 섬 같은 곳이
다. 1만 7천 명이 근무하는 용산 미군기지는 동아시아를 통틀어 땅값이
제일 비싼 축에 드는 620에이커의 부지에 자리하고 있다. 한강의 북쪽
인 강북의 남단에 있다. 구글 지도에는 아무 표시가 되어 있지 않은 거
대한 빈 공터로 나타나는데 그곳이 바로 미군기지이다. 이곳은 1910년
부터 1945까지 한국을 식민지배한 일본이 군사시설로 쓰던 곳인데, 일
본이 패망하면서 미군이 접수했다. 주한미군사령부와 함께 한미연합군
사령부가 이곳에 자리하고 있으면서 60년 넘게 계속돼 온 북한의 위협
을 억제하는 중요한 임무를 수행하고 있다.

다른 지역의 국무부 소속 근무자들과 달리 서울에 있는 주한 미국대사관에 근무하는 외교관들은 숙소로 쓰는 주택이 이 기지 안에 있다. 다른 나라에 주재하는 외교관들은 현지 사정에 맞춰 주거지를 정한다. '안전한' 나라들에서는 초고층 고급 아파트에서도 살고, 위험 지역에서는 요새처럼 경비가 삼엄한 단지 안에서 거주하기도 한다. 단지 안에 사는 경우는 야간이면 높은 철문을 걸어 잠그고, 경비병들이 출입문을 철저히 지킨다.

아내와 나는 미군기지에서 신혼살림을 시작했다. 용산기지의 대사관 직원 숙소는 단층 주택인데, 두 채가 벽을 사이에 두고 서로 붙어 있어서, 긴 집이 일렬로 늘어서 있는 것처럼 보인다. 서울에서 보기 힘든 널찍한 마당이 딸려 있고, 한적하고 쾌적한 거리에는 나무들이 줄지어 서 있어 미국의 전원생활을 떠올리는 분위기이다.

집에는 침실 세 칸과 욕실 두 개, 그리고 큰 거실과 부엌, 창고가 있다. 한국 손님들을 초대하면 집 크기를 보고 입을 벌렸다. 숙소는 한마디로 2차세계대전 뒤 부동산 개발업자 윌리엄 레빗*William Levitt*이 롱아일랜드에 처음 선보인 교외 조립식 주택단지를 연상시켰다. 장은 PX에서 보았다. 군인이 아닌 일반인들은 PX라는 말을 들으면 옛날 전쟁영화나 비틀 베일리*Beetle Bailey*의 만화에 나오는 장면들이 생각날 것이다. 길게 늘어선 나무 선반에 캔 식품과 부츠를 비롯한 일상용품이 진열돼 있고, 물건은 모두 군복 카키색이고, 무서운 인상의 보급병이 지켜보는 곳이 바로 PX에 대한 인상일 것이다. 하지만 용산기지 안에 있는 오늘날의 PX는 소형 월마트나 타겟*Target* 점포와 전혀 구분이 안 될 정도이다.

대사관 직원과 군인들에게는 레이션 카드*ration card*가 발급되는데, 대량으로 사서 기지 바깥의 암시장에 되팔지 못하도록 매달 이용한도가 정해져 있다. 레이션 카드가 없으면 물건을 살 수 없다. 우리는 화장실 휴지에서부터 크리스마스 선물, 플라스마 평면 TV에 이르기까지 모든 생활용품을 그곳에서 샀다. 그때 산 보일셔츠는 지금까지 입는다. 토요일이면 기지 체육관에서 미군, 한국 군인들과 같이 운동을 했다. 육군, 해군, 해병대원, 흑인, 백인, 라틴계, 남자, 여자들이 모두 섞여서 저마다 멋진 운동복을 입고 땀을 흘렸다. 그 형형색색의 다양함이 장관을 이루었다. 울퉁불퉁한 근육은 요란한 문신으로 뒤덮이고, 아마도 불순한 내용일 글자들이 뒤섞여 있었다.

육중한 역기를 바닥에 내려놓을 때마다 나는 철그렁 거리는 소리가 마치 교회 종소리처럼 울렸다. PX에서 버킷만한 박스에 든 영양제를 사던 그 젊은이들이었다. 체육관 한쪽 편에서는 한국 군인들이 모여서 운동했다. 날씬하고, 모두 남성이고, 모두 한국인이고, 모두 비슷하게 짧게 깎은 새까만 머리모양을 하고 있었다. 모두 같은 체육복을 입었는데, 회색 티셔츠를 검정색 하의 속으로 단정히 밀어 넣은 차림이었다. 그들은 조용히 운동에만 열중했다. 기지에는 코미서리commissary라고 부르는 대형 매점이 있는데, 아주 별난 외국 음식을 제외하고는 없는 게 없는 대형 슈퍼마켓이다. 그리고 집에서 멀리 떠나온 군인들에게 고향의 맛을 볼 수 있도록 해주기 위해 서브웨이Subway, 버거킹, 스타벅스, 타코벨Taco Bell 점 등이 진출한 푸드코트도 있었다. 푸드코트 벽에 걸린 TV에서는 미군방송AFN에서 중계하는 미국의 주요 스포츠 프로그램을 틀어준다.

기지 안에는 골프 드라이빙 레인지도 있고 영화관, 애완견 공원을 비

롯해 드래곤 힐 롯지*Dragon Hill Lodge*라는 이름의 대형 호텔도 있다.('용산'
이라는 이름의 뜻이 영어로 '드래곤 힐'이다.) 그리고 축구장, 수영장, 초등학
교, 중고등학교, 교회, 장교 숙소와 사병 숙소가 따로 있다. 군인 숙소
는 소형 단독 세대에서부터 두 세대용 주택, 정원 딸린 저층 아파트에
이르기까지 다양하다. 기지 안은 숲이 많은 한적한 작은 마을 분위기이
다. 신호등이 있는 교차로가 몇 군데 있고, 단지 안에서는 자동차가 시
속 25마일 이하로 달리도록 돼 있다. 높이 12피트의 콘크리트 벽으로
둘러싸여 있고, 벽 위에 레이저 철조망이 설치돼 있는 작은 마을인 셈이
다. 어떤 곳인지 쉽게 감이 잡히지 않는다면 뉴욕의 센트럴 파크에 한국
군인들이 우글거리는 한국군 기지가 들어와 있다고 생각하면 된다.

매일 아침 기지를 떠나 '한국'으로 들어갔다가 저녁이면 '미국'으로
되돌아가는 생활을 되풀이하는 것은 마치 거울의 이편과 저편으로 나
누어진 두 개의 우주를 왕복하는 것 같은 기분이었다. 시간이 지나면서
사무실에서는 조금씩 한국 사람 비슷하게 되어 갔다. 사무실의 유일한
미국인으로서 어느 정도 동화과정을 겪지 않을 수 없었다. 반면에 집안
에서의 생활은 미국에 있을 때보다 더 미국스럽게 했다. 푸드코트에 걸
린 TV에서 폭스 뉴스*Fox News*와 '아메리칸 아이돌'*American Idol* 프로그램
을 보고, 운전하는 동안에는 미군방송에서 흘러나오는 케이티 페리*Katy
Perry*와 마일리 사이러스*Miley Cyrus*의 노래를 들었다. 몇 십 년 만에 다시
주류 '아메리칸 톱 40' 문화 속으로 되돌아간 것이었다.

미군들 사이에서 지내며 국가에 대한 의무감, 희생정신, 군사적 위
협 등에 대해 계속 듣다 보니 애국심이 더 커지는 것 같았다. 미군부대

안에서 맞는 7월 4일 독립기념일은 워싱턴 D.C.의 몰에서 맞이하는 것보다 더 큰 의미로 와 닿았다. 매일 미국식 가정생활과 한국의 심장부에 있는 일터를 오가는 일은 승무원들이 커크*Kirk* 선장이 지휘하는 우주선 엔터프라이즈*Enterprise*를 타고 다른 우주로 여행하는 '스타 트렉'*Star Trek* 에피소드를 생각나게 했다. 처음에는 두 세계가 매우 비슷하게 보이지만, 시간이 갈수록 둘의 차이점은 점점 더 부각되기 시작했다.

매일 겪는 충격을 줄이기 위해 내 식대로 편안한 아침 일상을 만들었다. 어둠이 가시지 않은 새벽 6시에 일어나, 자고 있는 아내에게 굿바이 키스를 하고, 베이글과 바나나, 그라놀라 바를 챙겨서 집을 나섰다. 그리고는 6시 30분에 문을 여는 기지 내 버거킹 드라이브 쓰루로 가서 아침용 라지 사이즈 다이어트 코크를 샀다. 그런 다음에는 차를 몰아 기지를 떠나 잠수교를 타고 한강을 건너 남쪽에 있는 현대 사옥을 향해 갔다. 흐르는 강물에서 10피트 정도 높이에 있는 2층짜리 잠수교의 아래 쪽 도로를 지나갔다. 그리고 다리 중간쯤에서 한쪽 편에 차를 세우고는 왼편에서 떠오르는 아침 해를 바라보면서 아침식사를 했다. 오른 편으로는 자전거를 탄 사람들이 지나갔다. 아침을 먹으면서 전날 ESPN 방송에서 진행한 마이크 앤드 마이크*Mike & Mike* 쇼 팟캐스트를 들었다. 그러면서 순간적으로 깨달은 한 가지 사실은 갓 결혼한 아내, 새로운 일, 새로운 나라, 그리고 여러 새롭고 엄청난 변화를 겪는 가운데서도 과거 생활과 연결된 사소하지만 익숙한 끈 한두 개만 잡고 있으면 나 자신을 얼마든지 잘 추스려 나갈 수 있다는 사실이었다.

아메리칸 사이즈 음료 하나로 아침을 시작할 수 있다는 것과 라디오에서 흘러나오는 스포츠 잡담 몇 마디가 그런 역할을 해주었다. 인구 1

천만이 사는 도시이지만 미군부대만 벗어나면 아메리칸 사이즈 음료는 구할 수 없었다. 오전 7시 정각이 되면 차에서 서울의 영어 라디오 뉴스가 흘러나왔다. 그것을 신호로 나는 아침식사를 끝내고, 차를 출발해 사무실로 향했다. 대략 아침 7시 20분 전후로 사무실에 도착하는데, 동료들 절반가량이 이미 출근해 있고, 내 윗사람들은 말할 것도 없었다. 회장은 전설처럼 매일 아침 6시 30분에 출근했다. 중역들은 늦어도 6시 20분까지 사무실에 나와 있어야 된다는 뜻이다. 어떤 임원이 내게 자기 아이폰에 설정해 둔 알람을 보여주었다. 그는 회장이 출근하기 전에 사무실에 도착하기 위해 평일에는 매일 아침 4시 20분에 알람을 설정해 놓고 있었다. 그러니 나는 게으름뱅이 축에 들었다.

동서양을 막론하고 비즈니스 세계에서 이러한 관행은 특별한 게 아니다. 하지만 전직 신문기자에게 이런 일상은 얼굴에 찬물을 확 끼얹은 것이나 마찬가지였다. 나는 신문기자 생활을 하는 동안 내내 느긋하게 오전 10시 전후에 일을 시작했다. 조간신문에서 일하는 기자들 모두가 사실상 마찬가지이다. 대학 때 석간신문에서 인턴을 한 적이 있는데, 그때는 새벽 6시까지 사무실에 나가야 했다. 그때 나는 절대로 석간신문에서는 일하지 않겠다고 다짐했다. 실제로 석간신문에서 오라는 제안을 받기도 했지만 단지 근무시간 때문에 거절한 적이 있다. 미국에서는 석간신문이 대부분 없어진 게 이미 오래 전인데, 현대차에 와서 다시 석간신문 근무시간을 따라하게 된 것이었다.

우리는 미군기지 안에 살기 때문에 한국 사회와는 격리되어 있었다. 그래서 아내와 나는 가능한 한 한국 문화에 깊이 적응하려고 노력했다. 우리 두 사람 다 개를 좋아하기 때문에 한국 개를 키우면 한국에 대해 아는 데 도움이 될 것이라는 생각을 했다. 수소문 끝에 진돗개 한 마리를 찾아냈다. 한국 바깥에서는 별로 알려지지 않은 개이다. 진돗개는 천연기념물로 지정되어 보호받기 때문에 해외로 반출할 수 없게 되어 있다. 한반도의 서남단에 있는 섬인 진도에서 자라는데 몸무게가 30파운드 쯤 되는 중간 정도의 크기이고, 흰색과 황갈색이 많다. 털 길이는 중간 정도이고, 꼬리는 위로 치켜세워져 있으며, 머리는 눈썰매를 끄는 허스키 종을 연상시킨다. 일본인들이 아키타를 아끼는 것처럼 한국인들은 진돗개를 매우 충성스러운 개로 생각한다. 나는 진돗개의 성질이 민첩하고 사나운 시바 이누와 더 가깝다고 생각한다. 진돗개는 원래 사냥개로 키웠는데, 매우 날렵하고 총명하다.

온라인을 통해 우리는 서울 남쪽에 있는 도시 아산의 동물보호소를 알아냈다. 버려진 동물들을 도살하지 않고 보호해 주는 곳이었다. 한국인과 외국인 자원봉사자들이 일하고 있었다. 웹사이트에 보니 릴리라는 이름을 가진 새하얀 진돗개가 한 마리 있었다. 아내와 나는 차를 몰고 악명 높은 한국의 교통체증 때문에 90분 거리인 아산시까지 세 시간 걸려서 갔다. 보호소는 금방이라도 무너질 듯 허술해 보였지만, 잘 꾸며진 여러 개의 우리와 철망 안에서 1백 마리가 넘는 개들이 시끄럽게 짖어대고 있었다. 우리는 릴리를 보고 줄을 맨 다음 데리고 나와 걸려 보았다. 말을 잘 들었고, 걷는 게 좋은 듯 목에 맨 줄을 자꾸 끌어당겼다. 눈이 반들거리며 생기가 넘치는 개였다. 바깥으로 나오자 기분이 좋은 듯 핑크색 혀를 내밀고 마구 흔들어댔다. 뒷다리 쪽에 약간 긁힌 상처가 있지만 심각하지는 않아 보였고, 그동안 겪은 사연이 더 문제인 것 같았다.

두 살 채 안 돼 보였는데, 시골 변두리에 어슬렁거리다 발견되어서 이곳으로 옮겨져 왔다고 했다. 개 사육장에서 보신탕집으로 팔려나가기 직전에 도망친 것이라는 말을 들었다. 예전보다는 많이 줄었다지만 지금도 서울 시내에서 큰 도로만 벗어나면 보신탕집을 쉽게 찾을 수 있다. 한국에서 보신탕용으로 제일 많이 키우는 개는 누렁이라고 부르는 중간 크기의 노란색 개이다. 하지만 진돗개를 포함해 다른 종도 식용으로 키우는데, 진돗개는 맛이 아주 좋은 것으로 꼽힌다. 1988년 올림픽을 계기로 세계인들이 한국에 대해 깊은 관심을 가지기 시작하면서 한국인들은 개고기를 먹는다는 사실 때문에 좋지 않은 말을 많이 들어야 했다. 국제적인 비난이 쏟아지자 한국 정부는 보신탕집 영업을 금지시켰지만, 영업은 공공연히 계속되었다. 개고기는 주로 탕으로 먹는데 여름철에 특히 인기가 많고, 8월 한여름 더위에 지친 사람들이 보양식으로 즐겨 먹는다. 나이 많은 사람들은 이를 한국의 오래된 문화적 관행이라고 주장하면서, 다른 나라 사람들이 이래라저래라 하는 것에 대해 못마땅해 한다. 하지만 젊은이들은 보신탕에 별 관심을 보이지 않고, 서양에서처럼 애완견과 가족적인 유대관계를 맺는 데 더 열심이다.

한 시간 정도 보호소에서 릴리와 함께 시간을 보내고 나서 우리는 입양료 50달러를 내고 릴리를 데려오기로 했다. '정말 운이 좋았다.'고 생각했다. 부대로 돌아오는 길에 릴리는 내가 업무용으로 타는 검정색 현대 그랜저 뒷자리에 앉은 아내의 무릎에 웅크리고 잠이 들었다. 오는 도중 한 차례 오줌도 누였다. 집에 도착하자 릴리는 번개처럼 집안을 뛰어다녔다. 이곳저곳 킁킁거리며 돌아다니면서 새 환경에 빨리 적응했다. 우리는 릴리를 부엌에 준비해 둔 개침대로 데려가서 문을 닫고

뒷다리에 난 상처를 살펴보았다. 이튿날 아침에 보니 밤새 불안한 상태로 보낸 탓인지 상처가 벌겋게 덧나 있었다.

부대 안에 있는 수의과 병원으로 릴리를 데려갔다. 차례를 기다리는데 어떤 사람이 독일 셰퍼드를 데리고 왔다. 릴리가 다른 개와 어울리는 것을 본 적이 없기 때문에 우리는 어떻게 하는지 유심히 지켜보았다. 두 마리 다 목줄을 매고 있었는데, 나는 릴리의 목줄을 약간 느슨하게 해주었다. 놈은 목줄이 느슨해진 것을 알아채는 순간 줄을 확 잡아챘다. 그리고는 셰퍼드의 목을 향해 번개처럼 일직선으로 달려갔다. 몸무게가 자기보다 30파운드는 족히 더 나가는 놈이었다. 무엇보다 으스스한 것은 공격하는 동안 일체 으르렁거리거나 소리 내어 짖지 않았다는 사실이다. 그냥 침묵 속에 공격했다. 모두 깜짝 놀랐고, 그 자리에 있던 병원 직원이 재빨리 릴리의 목을 두 손으로 붙잡고 셰퍼드한테서 떼어놓은 다음 진정시켰다. 셰퍼드는 다친 데는 없었다. 아내와 나는 릴리가 그런 행동을 한 것이 아직 생소한 환경에 적응이 안 된데다 상처 때문에 불안정해진 심리 탓이라고 생각했다.

릴리는 우리에게 공격성을 보이지는 않았지만 닥치는 대로 씹어 댔다. 아내가 처음으로 산 전자책 리더 킨들Kindle과 처방 받아 맞춘 선글라스, 구두 여러 켤레, 가구 모서리, 나무 문틀, 의자 다리를 비롯해 사실상 '숨을 쉬지 않는' 모든 물건이 릴리의 먹잇감이 되었다. 부수는 데 관한 한 릴리의 부지런함은 타의 추종을 불허했다. 릴리를 북한 땅에 풀어놓고 하루만 지나면 한국이 올라가 점령할 수 있을 것 같다는 생각도 들었다. 나는 릴리를 무장 애완견으로 생각하게 됐다. 그러면서도 이제 릴리는 우리 집에서 빼놓을 수 없는 존재가 되었다. 놈은 현대차 뒷자리에 앉거나 느긋하게 누운 채 우리와 함께 기지 곳곳을 돌아다녔다. 얼마 안 가서 릴리는 버거킹 드라이브 쓰루의 창구에서 일하는 젊은 한국 아가씨들 사이에 유명인사가 되었다. 미국인이 키우는 한국 진돗개라는 특수한 신분만으로도 아가씨들 눈에는 귀엽고 특이한 존재였다. 외국인들이 새로 이사 온 나라에 적응하려고 노력하는 하나의 증거물처럼 보이기도 했을 것이다.

시간은 빠르게 흘러 서울에 온 지 두 달 만에 아내와 나는 결혼 후 맞는 첫 번째 크리스마스를 친구와 가족들로부터 1만 마일 떨어진 동아시아의 한 미군부대에서 보내게 되었다. 부대 부근에서 영어로 성서를 가르치는 교회를 찾아냈는데, 그곳은 우리가 서울에 있는 동안 자주 다닌 매우 다문화적인 장소였다. 미국인들과 한국인, 인도인, 여러 나라 출신의 아프리카인, 그밖에 여러 국적의 사람들이 모여서 함께 예배를 보았다. 한국인들이 믿는 종교를 조사하면 대개 기독교가 4분의 1, 불교 4분의 1, 그리고 나머지는 '무교'라고 답한다. 다른 아시아 국가들과 마찬가지로 한국에서도 복을 비는 샤머니즘적인 전통이 지금도 문화 전반에 스며들어 있다. 현대 한국에서 많이 사라지긴 했지만 지금도 출산을 앞둔 많은 임산부들이 점쟁이를 찾아가 '좋은 날'을 받아서 그날 제왕절개로 아이를 낳는다. 내가 아는 어느 한국 청년은 어렸을 적에 사고를 두 번이나 당한 다음 아버지가 점쟁이에게 데려가 행운을 가져다줄 '더 좋은 이름'으로 바꾸었다고 했다.

아내와 나는 릴리와 함께 거실 난로 앞에서 찍은 사진으로 크리스마스카드를 만들어 사람들에게 보냈다. 카드를 받은 사람들은 내가 억지로 미소를 지어보이고 있다는 것을 쉽게 눈치 챘을 것이다. 사진 찍는 잠간 동안 릴리를 억지로 잡고 있느라 안간힘을 써야 했다. 사람들을 집으로 초대해 한국에서 맞는 첫 번째 크리스마스 파티를 열었다. 부대 안에 구성된 보이스카우트를 통해 높이 7피트의 생나무 크리스마스트리를 구입해 고향 기분을 낼 수 있었다. 전형적인 미국식으로 여러 분야에서 일하는 다양한 친구들을 초대했다. 나는 팀원들과 현대차에 와서 친하게 지내게 된 동료 임원들을 초대했고, 아내는 대사관에서 함께 일하는 미국인, 한국인 직원들을 초대했다. 교회에서 알게 된 사람들도 초대했다.

음식은 손님들이 손수 담아다 먹도록 뷔페식으로 차렸다. 한국인들은 이런 식을 디너파티와 구분해서 '스탠딩 파티'라고 불렀다. 그런데 우리 팀의 고참 여성 직원이 함께 참석한 임원에게 음식을 접시에 담아서 가져다주는 것이었다. 전문지식을 갖추고 있는 우수한 여성이었다. 나는 그걸 보는 순간 이건 아닌데 하는 생각이 들었다. 팀장은 그 임원에게 마실 것을 가져다주었다. 기분이 언짢았다. 내 안의 미국 페미니스트 기질이 고개를 들었다. '그렇게 하지 마세요. 우리는 지금 파티를 하고 있지 업무시간이 아니지 않아요. 모두 똑같이 즐기러 온 거예요.' 이렇게 말하고 싶은 생각이 목구멍까지 올라왔지만 참았다.

유교식 근무방식에 따르면 근무 외 시간이란 게 따로 없다. 사무실이 아닌 곳이라고 해도 상사는 부하 직원들로부터 대접을 받고 존경을 받아야 한다고 생각한다. 또 하나 거슬리는 것은 팀원들 가운데 배우자나 애인을 데려온 사람이 한 명도 없다는 점이었다. 팀원들은 이것을 자기 상사인 이사 집에서 하는 업무 모임으로 받아들였다. 드러나게 티를 내지는 않았지만 한국인 참석자들은 이런 식의 파티에 참석하는 게 편치 않아 보였다. 우리 팀원들은 다른 참석자들과 일체 어울리지 않았다. 나는 고참 팀원에게 어떻게 된 거냐고 물어보았다. 에두아르도처럼 내가 한국 문화에 대해 귀찮을 정도로 이것저것 물어보는 사람이었다. 그는 이렇게 대답했다. "써*sir*, 우리는 모르는 사람들과 하는 파티에는 안 갑니다."

나는 미국에서는 모르는 사람과 만나서 친구가 되거나 안면을 익히면 성공한 모임으로 받아들인다고 해주었다. 내 말에 대해 그는 대부분의 한국인들은 학교 때 친구를 평생 친구로 생각한다고 했다. 내가 아는 한국 동료들은 학교 동기회, 심지어 반창회까지 가서 학교 때 친구들을 만났다. 직장생활 초기에 만난 동료들과 친구 사이가 되기도 하지만 반드시 그런 것은 아니었다. "그러면 어른이 되고 나서는 어떻게 친구를 사귀는가요?" 라고 물었더니 그는 이렇게 대답했다. "어른이 되면 친구를 안 사귑니다, 써."

릴리에게도 잔칫날이었다. 잠시 릴리를 손님들 사이에서 놀도록 놓아두었는데, 몇몇 사람이 불편한 기색을 보였다. 그래서 방안에 가두어 두었다. 그런데 얼마 뒤 방문 긁는 소리가 들려 가보았더니 사람들 있는 곳으로 나오려고 문짝을 물어뜯고 있는 것이었다. 카투사 출신 팀원인 아이크가 개를 좋아해서 자진해서 방으로 들어가 파티가 끝날 때까지 릴리와 같이 놀아 주었다. 아이크는 팀장 벤이 이제 놀만큼 놀았으니 가겠다며 팀원들을 이끌고 떠날 때까지 릴리와 함께 있었다. 그가 다른 팀원들보다 더 재미있는 시간을 보냈을 거라는 생각이 들었다.

5

디트로이트 모터쇼:
프리미엄 브랜드를 향해

2011년 1월 지독하게 추운 어느 날 이른 아침 디트로이트 시내. 잿빛 하늘이 뿌옇게 밝아올 무렵, 내가 묵은 호텔 밖 텅 빈 교외 주차장을 가로질러 눈발이 미친 듯이 바람에 흩날리고 있었다. 잠시 눈보라 쇼를 바라보다가 속으로 연설문을 되뇌어 본 다음 일과 준비에 들어갔다. 호텔 방에 있는 텔레비전 화면을 통해 디트로이트 시내 대형 컨벤션 홀인 코보센터Cobo Center에서 기자의 리포터가 흘러나왔다. 기자 뒤편과 주위에는 북미 최대 규모이고 가장 중요한 모터쇼의 마무리 준비를 하느라 행사 요원들이 부산한 움직임을 보이고 있었다.

십년 전만 해도 자동차 업계의 조롱거리였던 현대차가 프리미엄 브랜드로 탈바꿈하기 위해 첫발을 내딛는 무대였다. 현대 창업자의 손자이고, 지금 회장의 아들인 정의선 부회장이 그날 연설하기로 되어 있었다. 디트로이트는 가파른 오르막길을 올라가야 할 현대차가 여러 면에서 첫발을 크게 내딛는 자리였다. 사람들이 기대하는 방향으로 변화를 추구하는 노력이 성공하느냐 실패하느냐를 가를 첫 번째 판정이 이곳에서 내려질 예정이었다. 고약한 날씨 속에서 치러지는 그 어느 때보다도 중요한 행사였다.

중저가 브랜드는 폭스바겐과 경쟁하고, 고가 브랜드들은 BMW, 아우디Audi, 메르세데스 벤츠와 경쟁하겠다는 게 현대차가 내세운 꿈이었다. 스턴트처럼 무모한 시도이고, 달성하기 힘든 목표였다. 마치 동굴에 사는 원시인이 월요일에 불을 발명하고, 사흘 뒤인 목요일에 바퀴를 발명하겠다고 하는 것 같은 버거운 시도였다. 하지만 현대차와 대한민국이 그동안 이룬 업적에 비하면 그렇게 담대한 목표라고 치부할 수도 없었다.

1953년 정전협정으로 휴전이 성립된 직후 한국은 지구상에서 가장 가난한 나라 가운데 하나였다. 지금은 믿기 힘들겠지만, 1974년까지만 해도 스탈린식 통치를 하고, 중국과 소련 공산정권의 지원을 받는 북한이 남쪽보다 더 부유했다. 국민이 굶주리고 국가는 어려움에 빠져 있는데, 설상가상으로 정치마저 엉망이었다. 육군 소장 박정희는 1961년에 군사 쿠데타를 통해 실권을 장악했다. 그리고 1979년 중앙정보부장의 손에 피살될 때까지 독재자로 군림했다. (사람들은 한국이 1988년에 와서야 민주화를 이룬 사실을 쉽게 잊는다.) 박정희 대통령은 한국의 현대화를 이룬 장본인이지만 한국 사회에서 그에 대한 평가는 크게 엇갈린다.

한쪽에서는 오늘날 한국이 누리는 번영은 대부분 그가 취한 근대화 정책 덕분이라고 평가하고, 다른 한편에서는 박정희를 종신 대통령이 되기 위해 헌법을 파괴하고, 정치적 반대자들을 탄압한 독재자로 치부한다. 박정희의 행동을 제대로 이해하기 위해서는 다음과 같은 놀라운 이야기를 알 필요가 있다. 1974년 광복절에 그가 서울에서 기념연설을 하고 있을 때 일본에서 태어난 북한 공작원이 그를 암살하기 위해 기념 식장으로 뛰어들어 권총을 발사했다. 총알은 박정희 대통령을 빗나갔고 영부인이 피격 당했다. 그는 피격 당한 영부인이 병원으로 실려나간 다음에도 연설을 계속했다. 연설을 마친 다음 그는 현장에 떨어진 아내의 신발을 챙겨들고 뒤를 따라갔고, 영부인은 이튿날 아침 숨을 거두었다.

박정희가 1961년에 정권을 잡을 당시 한국의 사정은 이루 말할 수 없을 정도로 암울했다. 그 전 해 한국의 일인당 연평균 소득은 155달러였다. 시에라리온보다 약간 높고, 잠비아보다는 크게 뒤지는 수준이었다. 남한 인구의 11퍼센트 이상이 한국전쟁 기간 동안 목숨을 잃었다. 미군 자료에 의하면 당시 한국의 주택 절반, 그리고 공공건물과 인프라의 80퍼센트가 파괴되었다. 전쟁에서 살아남은 주민들은 한강이 수시로 범람하며 목숨을 잃었고, 삶의 터전을 잃고 흩어져야 했다. 휴전이 되고 나서 서울로 돌아온 피난민들은 살던 집이 모두 파괴되어 산등성이에 '달동네'라고 부르는 빈민촌을 이루고 살았다. 열악한 위생환경으로 질병이 번지며 많은 사람이 또 목숨을 잃었다.

박정희는 한국에 천연자원이 부족하다는 사실을 알았다. 천연자원 대부분은 북한 지역에 매장돼 있었다. 남한이 내세울 것이라고는 성실한 국민들, 그리고 사람들이 유교의 가르침에 충실하다는 점밖에 없었다. 이 두 요소가 합쳐져서 우수한 노동력이 창출되고, 사람들은 할 수 있다는 강한 의지를 갖게 되었다. 박정희에게는 한국을 부강한 나라로 만들겠다는 한 가지 목표를 향해 쉬지 않고 나아가고, 성실하게 일하는 2500만 명의 국민이 있었다. 박정희는 그들을 산업전사라고 불렀고, 국민들은 목표를 향해 전진해 나아갔다. 그는 한국이 제조업과 수출을 통해 성장할 것이라고 선언했다. 처음에는 숙련되지 않은 노동력을 이용해 섬유 제품 같은 것을 만들고, 차츰 부가가치가 더 높은 품목으로 나아간다는 전략이었다. 정권을 잡은 직후 박정희는 광부와 간호사를 노동력 부족에 시달리던 독일로 파견하고, 그 대가로 독일로부터 차관을 얻어낼 수 있었다.

경제성장과 정권유지가 나란히 진행되었다. 은행들은 정부의 요구대로 움직였다. 이를 한국인 친구는 이렇게 설명했다. "예를 들어 비료공장을 지으려면 은행에 찾아가 대출을 부탁하는 게 아니라, 대통령에게 찾아가 계획을 설명했다. 대통령이 좋다고 결정하면, 그 사람에게 대출을 해주라고 직접 은행에 지시를 내리는 식이었다." 그런 분위기가 정주영 같은 젊은 기업인들에게는 엄청나게 좋은 기회를 제공해 주었다. 정주영은 일본 식민지배 시절이던 1940년 서울에서 자동차 수리업체를 시작했다. 당시 정주영은 일본인들에게 자동차 부품을 교체해야 한다고 말하고는 부품을 떼어내 반짝반짝하게 닦아서 도로 제자리에 끼워 넣은 다음 새 부품 값을 받아냈다는 이야기가 전해진다.

정주영은 자동차 수리업으로 돈을 벌고, 해방 이듬해인 1946년 현대그룹을 창업했다. 현대는 초창기에 건설회사를 세워 정부의 전후 복구 사업 계약을 많이 따냈다. 한국전쟁 기간 중에는 정주영도 서울을 떠나 남쪽의 부산으로 피란을 가야 했다. 부산에서 그는 북한군과 싸우기 위해 파견된 유엔군 측으로부터 일거리를 따냈다. 전쟁은 서울을 비롯한 남한 전역에 씻기 힘든 상흔을 남겼다. 하지만 전쟁의 폐허 속에서 외국의 대규모 차관과 새로 수립된 한국 정부가 책정한 예산으로 정주영은 일생일대의 엄청난 기회를 잡게 되었다. 그는 댐 건설과 국내 최초의 고속도로 건설, 세계 최대의 조선소 건설 등으로 사업을 키워나갔다. 배 한 척도 건조해 본 경험이 없이, 조선소를 실제로 짓기도 전에 배 건조 계약을 먼저 따냈다. 그리고 배 건조와 조선소 건설을 병행하면서 약속한 날짜보다 2년 빨리 배를 인도했다. 엄청나게 대담하고 일사불란하게 인적 자원을 투입한 프로젝트였고, 이후 현대가 나아갈 길에 이정표가 된 사업이기도 했다.

정주영 외에도 국가 건설의 주역들은 더 있다. 이병철은 삼성을 창업했고, 구인회는 LG 전자의 전신인 럭키금성을 창업했다. 이들은 현대 한국을 일으켜 세운 카네기, 록펠러, 밴더빌트Commodore Vanderbilt 같은 사람들이다. '도금시대'Gilded Age 주역들이 미국 경제에 기여한 것처럼 이들은 한국 경제에서 중요한 역할을 했다. 한국의 재벌들도 미국 재벌들이 한 것과 같은 방식으로 기업집단을 성장시켜 나갔다. 서로 관련 없는 업종들을 한데 묶어 몸집을 불려 나간 것이다. 기업집단끼리의 경쟁 탓도 있지만, 여기에는 경제적 인센티브를 한 곳에 집중시키고, 최대 기업군에 저금리 융자지원을 몰아주어서 일등 기업으로 키우겠다는 한국 정부의 정책도 한몫했다.

재벌은 이익보다 매출 총액에 초점을 맞춤으로써 융자에 기대는 손쉬운 방법으로 기업을 늘리며 부채를 키워나갔다. 그리고 유교식으로 창업주에서 2세로 기업을 대물림했다. 정주영은 10가지 핵심 가치를 바탕으로 현대그룹을 일구었는데, 그 10번째가 바로 '국가와 사회에 봉사한다.'이다. 현대자동차를 설립한 1967년 현대그룹은 조선, 댐, 교량, 원자력발전소, 엘리베이터를 제작하는 기업을 비롯해 갖가지 제품을 생산하고 서비스를 제공하는 여러 계열사를 거느린 거대 기업집단으로 성장했다. 현대자동차는 출범 이후 7년 동안은 다른 자동차 메이커가 만든 부품을 조립하는 수준에 머물렀다. 예를 들어 포드 코티나를 조립해 국내시장과 해외시장에 팔았다. 1974년에 비로소 첫 번째 자체 제품인 소형 포니 해치백을 생산했다. 영국 제작 전문가들이 참여하고, 이탈리아 디자이너, 일본 엔진을 결합한 결과물이었다. 그리고 이후 30년 넘는 기간 동안 한국의 최대 자동차 메이커로 성장했다. 정부의 보호정책 아래 거의 국내시장에서 성장을 거듭한 덕분이었다. 그때까지 한국 바깥에서 자동차를 제작하는 데에는 전혀 관심이 없었다.

1997년 태국에서 시작된 경제위기가 아시아 전역으로 번졌고, 한국에도 큰 타격을 입혔다. 단기 고금리 외자 부채 비율이 높고, 내부 순환 출자로 연결된 재벌의 계열 기업들은 도미노처럼 연쇄 피해를 입고 쓰러졌다. 재벌 기업 20퍼센트가 파산했다. 독자적인 자동차 메이커였던 기아도 이때 경영악화로 부도를 맞았다. 현대는 이를 기회로 삼아 기아를 인수해 한국 자동차 시장에서 거의 독점적인 지위를 확보했다. 1997년 금융위기 때 평범한 한국 국민들은 20세기 말 선진국에서는 생각하기 힘든 방법으로 어려움에 처한 정부를 돕기 위해 나섰다. 많은 시민들이 금모으기 운동에 동참한 것이다. 이러한 노력 덕분에 한국은 IMF 체제로부터 조기 졸업할 수 있었다. 당시 IMF와 한국의 진보주의적인 정부는 재벌이 너무 비대하고 부채 비율이 높다는 점에 동의하고 재벌 해체에 뜻을 같이 했다.

1999년 현대그룹은 현대자동차와 계열 기업들, 그리고 현대중공업과 조선, 마지막으로 제일 작은 현대그룹 등 3개의 소규모 집단으로 쪼개졌다. 현대그룹은 현대건설과 기타 소규모 계열사를 거느리게 되었다. 어느 의미에서 그룹이 분할되었다고 할 수 있지만 진정한 의미에서 해체된 것은 아니었다. 3개의 소규모 재벌과 기타 계열 기업들은 현대 창업자인 고 정주영의 아들 6명이 나누어 가졌다. 분할한 다음 새로운 형태의 재벌로 되돌아온 것이다. 재벌이 한국인의 삶과 한국 경제에 미치는 영향력은 서구에서는 도저히 이해하기 불가능한 정도이다. 한국이 인구 5천만 명 정도의 작은 나라라는 점을 감안하면 재벌의 영향력과 규모는 지나치게 크다. 2012년 한국 최대 재벌인 삼성과 현대가 국내 증시에 상장된 전체 기업 총수익의 50퍼센트를 차지했다. 3년 전에 비해 거의 두 배로 늘어난 수치였다. 이들은 한국 안에서만 비중을 크게 차지하는 게 아니다. 새로운 밀레니엄이 시작된 2000년 초 삼성의 연간 수익 규모는 일본 거대 기업들을 모두 제쳤다. 일본 사회는 큰 충격을 받고 울분을 토했다.

재벌 오너 가족들은 개인적으로 비교적 낮은 주식 비율을 가지고서도 재벌 전체에 대한 지배력을 행사할 수 있게 되어 있다. 계열 기업들을 서로서로 연결 짓는 복잡한 내부 순환출자 덕분이다. 서양인들은 이러한 구조를 생소하고 떳떳치 못한 것으로 받아들인다. 그리고 이런 구조가 '코리안 디스카운트'를 불러온다. 이런 불투명성 때문에 삼성과 현대 같은 기업의 주식 가치가 실제보다 저평가되고 있는 것이다. 1997년의 IMF 위기를 겪은 직후 한국 재벌의 부실한 계열 기업들이 차례로 외국 기업에 합병되었다. 재벌은 누구도 통째 삼킬 수 없을 정도로 몸집이 커졌다. 작은 물고기 수십 마리가 떼지어 몰려다니며 잠재적인 포식자들의 눈에 엄청나게 큰 물고기처럼 비치는 셈이다. 재벌은 또한 '내부거래'를 통해 계열사들 간에 공개입찰을 통하지 않고 일감을 몰아주는 관행으로 비판을 받아 왔다. 현대를 비롯한 재벌기업들은 수직적으로 통합된 구조를 하고 있는데, 한국 같은 기업 생태계에서는 내부 거래가 효율적이기도 하다. 그리고 공공연한 비판을 의식해 실제로는 내부 거래가 과거보다 줄어들었다.

현대차는 해가 갈수록 점점 더 글로벌화 된 비즈니스를 펼칠 것이다. 내가 근무하는 동안 현대차는 회계 관행도 국제적인 기준에 맞춰 바꾸었다. 제3세대가 회사를 맡으면 글로벌화는 더 진행될 것이다. 사상 처음으로 대주주 집단도 이제는 재벌 총수의 뜻에 무조건 따라가지 않는다. 하지만 아시아의 재벌기업들이 기업경영 면에서 서양의 대기업들을 그대로 따라갈 것이라는 기대는 하지 않는 게 좋다. 앞으로도 그럴 것이라는 기대는 영영 접는 게 좋을 것이다. IMF 위기 이후 아시아의 재벌들은 서구식 비즈니스 관행을 따르도록 강요되었다. 이후 이들은 아시아적인 기업 가치를 함께 적용하며 성장해 왔다. 전통적으로 아시아의 대기업들은 서구식 시장규제를 따르지 않았고, 자본시장에도 접근하지 못했다. 대신 이들은 권위주의적인 정치제도 아래서 정치적 인맥이나 가족 관계에 의존해 성장해 왔다. 이처럼 아시아에서 비즈니스 거래의 중심을 차지하는 것은 바로 인적 관계였다.

이코노미스트Economist는 2015년 이러한 기업 관행이 한편으로 정실

주의cronyism를 낳지만, 다른 한편으로는 기업이 장기적인 관점에서 정책 결정을 할 수 있도록 해준다고 분석했다. 이 경우 기업들은 서구의 상장기업들이 의무적으로 내야 하는 분기별 실적보고에 매달리지 않아도 된다. 어느 체제가 더 나은지를 떠나서 동서양이 기업 구조에 대해 이처럼 서로 지극히 상반되는 개념을 갖고 있는 것이다. 기업 차원에서건 아니면 개인적인 차원에서건 서구식 가치를 억지로 아시아에 적용시키려고 하면 발전에 도움을 주기보다는 악감정만 키우는 부작용을 부를 수 있다.

현대 창업주인 정주영 회장은 자신이 이룬 제국을 자식들에게 물려주기 위해 완벽한 승계 계획을 세웠는데 한 가지 문제가 있었다. 바로 현대자동차였다. 현대자동차는 정주영 회장의 동생이 이끌고 있었는데, 그는 동생을 물러나게 하고 경영권을 자기 아들에게 물려주고 싶었다. 그렇게 해서 당시 현대자동차의 부품 공급 회사를 이끌던 정몽구 회장은 아버지의 권유로 삼촌 대신 현대자동차의 경영권을 차지했다. 정주영 회장은 2001년에 파란만장한 생을 마감했다. 대통령직에 도전했다 실패했고, 접경지 북한 지역에 남북합작으로 개성공단을 설립했다. 회사 야유회 때는 직원들과 씨름 실력을 겨룬 소탈한 인물이었다. 그리고 콘크리트와 철강으로 한국의 근대화를 실질적으로 이끈 유산을 남겼다. 정몽구 회장은 부친이 남긴 기업들 가운데서 제일 큰 회사를 물려받았다. 이제 그의 차례가 된 것이었다.

현대차 본사의 건물 두 동이 갖는 기업 이미지 이야기로 되돌아가 보자. 이 이미지를 제대로 마무리하려면 두 건물 꼭대기를 다리로 연결하고, 그 위에 의자 하나를 가져다 놓아야 한다. 그리고 그 의자에 회장 한 명이 앉는 것이다. 현대자동차그룹의 정몽구 회장은 1938년생이다. 그는 영어를 몇 마디밖에 못한다. 나는 현대차에 근무하면서 딱 한번 그와 직접 이야기를 나눈 적이 있다. 임원 여러 명이 본사 로비에 줄지어 서서 VIP 기자들이 도착하기를 기다리고 있을 때였다. 정몽구 회장도 기자들을 맞이하려고 엘리베이터를 타고 내려왔다. 나는 그가 타고 내려온 엘리베이터가 그곳에 있는 줄도 몰랐다. 그는 나를 보더니 곧바로 걸어오며 한 손을 내밀고 웃으며 "스탭!"*Staff* 이라고 했다. '예, 회장님. 맞습니다, 저는 회장님의 스탭입니다.' 속으로 이런 생각을 했다. '안뇽하심니카.' 서툰 한국말이지만 격식에 맞게 이렇게 대답했어야 하는데, 숨이 막혀 말이 제대로 나오지 않았다.

단신에 단단한 체구를 한 정몽구 회장은 직선적이고 권위주의적인 전형적인 구시대 인물이다. 얼굴에 밴 미소에 카리스마가 넘쳐난다. 젊은 시절에 그는 투박한 이미지 때문에 '촌놈'이라는 별명으로 불렸다. 이후 그는 한국의 많은 기업인들처럼 '불도저' '탱크'와 같은 별명을 갖게 되었다.

그는 국제적인 브랜드로 성장하겠다는 현대차의 꿈이 수준 미달의 품질 때문에 이루어지기 힘들다는 것을 잘 알고 있었다. 그는 오늘날 현대차가 누리는 고급차 명성을 이룬 장본인이다. 또한 해외 공장을 많이 지어서 매년 되풀이되는 강성 노조의 파업에도 굴하지 않고 버틸 수 있도록 토대를 만든 장본인이기도 하다. 그는 2008년 글로벌 금융위기 때도 신차 개발에 투자함으로써 금융위기가 해소될 무렵 현대가 다른 경쟁업체들을 제치고 두각을 나타낼 수 있는 발판을 만들었다. 한마디로 말해 정몽구 회장은 부친이 세운 현대자동차를 세계 최고 수준의 자동차 메이커로 키운 사람이다.

그는 권위가 넘치는 인물이다. 한번은 내가 일하고 있는 모터쇼를 방문한 적이 있는데, 모두들 회장을 맞이할 준비를 하느라 정신을 못 차릴 정도였다. 그는 우리 전시 부스를 둘러본 다음 경쟁사들의 상황을 점검하기 위해 컨벤션 센터 플로어를 둘러보기로 했다. 고위 보좌관 두어 명과 함께 다니는 다른 자동차 회사 CEO들과 달리 우리 회장은 고위 임원들을 비롯해 서열별로 그 밑의 직원들이 줄줄이 함께 따라다녔다. 나는 우리 전시 부스 2층에 올라가서 이 모습을 내려다보았는데, 회장이 모터쇼를 참관하러 온 인파 사이를 뚫고 지나가면 적어도 스무 명은 됨직한 검은 정장 차림의 사람들이 그 뒤를 따랐다. 회장 뒤를 따라가며 메모를 하는 사람들도 보였다. 마치 큰 검정 뱀장어 한 마리가 놀란 표정을 한 취재진과 경쟁사 사람들로 이루어진 무리를 꾸불꾸불 뚫고 지나가는 형상이었다. 홍보 측면에서 보면 결코 좋은 그림이 아니었다. 너무 고압적으로 보이기 때문이다. 하지만 내가 어떻게 해볼 여지는 전혀 없었다.

언젠가 정몽구 회장이 현대자동차그룹 총수 자리를 아들인 정의선 부회장에게 넘겨줄 것이다. 물론 그 시기가 언제일지는 정 회장 일가만 안다. 정의선 부회장이 매출 850억 달러 규모의 세계 5위 자동차 기업을 책임지게 되는 것이다. 1970년생인 정의선은 현대차를 더 높은 목표를 향해 끌어올려야 하는 책임을 지고 있다. 그것은 자동차의 품질을 향상시키는 일보다 더 어려운 일이다. 소비자들이 현대차를 아우디와 같은 수준으로 생각할 정도로 브랜드 가치를 끌어올려야 한다. 정의선은 명문 고려대를 졸업한 다음, 샌프란시스코대에서 경영학석사_MBA_ 학위를 받았다. 그런 다음 뉴욕과 샌프란시스코에서 5년간 직장생활을 하고 귀국했다. 그가 가업을 이어받을 것이라는 점은 의문의 여지가 없다. 현대차그룹의 유일한 아들 후계자로서 정의선은 태어나는 순간부터 다른 선택의 여지가 없었다. 정의선도 2남 1녀를 두고 있기 때문에 현대차그룹의 왕좌는 그의 아들에게로 계승되어 나갈 것이다.

자기 아버지와 달리 정의선은 한국어 억양이 약간 남아 있지만 매우 유창한 영어를 구사한다. 그리고 낙천적이고 순진한 성격을 갖고 있고, 한국의 다른 재벌 총수들과 달리 고압적인 태도를 보이지 않는다. 자신감이 넘치고 솔직한 성격이라 모르는 문제가 있으면 스스럼없이 가까이 있는 동료에게 물어보며 도움을 청한다. 그리고 고위 임원들과 사교모임을 갖는 외에 평직원들과도 스스럼없이 어울린다. 고위 임원들뿐만 아니라 입사한 지 얼마 되지 않은 사원들까지 불러서 영화를 함께 보고, 저녁식사를 하고 노래방까지 간다. 그는 정몽구 회장보다 더 날씬한 체구에 유머감각도 있고, 영국 BBC의 인기프로 '탑기어'_Top Gear_ 모터쇼를 즐겨 본다. 그리고 한국의 음주문화에 비추어 볼 때 술도 매우 자제하는 편이다.

자연스러운 일이지만 정의선 부회장에게도 노래방 애창곡이 있다. 그에 대해 대단히 기대를 갖게 만드는 이야기가 있다. 현대차의 고위 임원들 대부분과 마찬가지고 정 부회장도 현대에서 생산되는 최고급 차종인 현대 에쿠스 럭셔리 세단을 탄다. 하지만 검정색을 고집하는 다른 임원들과 달리 그는 짙은 청색을 탔다. 한국 같은 사회에서 이런 색깔 선택은 과격한 정도가 아니라 거의 혁명적이라고 할 수 있다.

나는 그것을 보고 그가 대단한 서열 위주의 문화와 기업조직 안에서도 자신의 개성을 고수하는 사람이고, 앞으로도 그럴 것이라는 생각을 하게 되었다. 어쩌면 약간의 이단아적인 기질을 품고 있을지도 모를 일이다. 그는 기아차와 현대차에서 근무하는 동안 차근차근 여러 단계를 거쳐 부회장까지 올라왔다. 지금까지 그는 현대차와 기아차 모두의 디자인과 브랜드 분야에서 큰 기여를 했다. BMW, 아우디, 포르쉐Porsche처럼 최고의 자동차 브랜드들은 패밀리룩family look을 유지하면서 유려하고 독특한 디자인을 자랑한다. 아우디의 피터 슈라이어Peter Schreyer를 기아로 영입한 것도 정의선 부회장이다. 슈라이어는 기아의 라인을 새로 디자인해서 '타이거 노즈'tiger nose로 불리는 독특한 그릴을 도입했다. 정부회장은 2013년 외국인인 슈라이어를 사장급 최고 디자인 책임자로 승진시켜 기아차와 현대차의 디자인을 총괄토록 맡겼다. 무엇보다도 그는 현대자동차그룹의 부회장으로서 매일 진행되는 회사 내 업무 전반을 지휘한다.

2010년 7월에 나는 그의 사무실에서 면접을 보았다. 그 자리에서 정의선 부회장은 워싱턴 포스트에 쓴 내 기사를 다룬 트위터 피드들을 언급하면서 독자들과의 소통을 어떻게 했느냐고 물었다. 기업 위기 때 디지털 커뮤니케이션을 크게 활용하지 않는 다른 대기업들 이야기를 하면서 내 생각은 어떤지도 물었다. 나는 그 자리에서 그가 언론이 나아가는 방향을 정확하게 알고 있으며, 현대의 글로벌 홍보팀이 기자들과 디지털로 소통해 주기를 바라고 있음을 알 수 있었다. 그런데 당시 나는 정의선 부회장에 대해 위에 적은 정도로도 상세하게 소개한 영문 자료를 본 적이 없었다. 현대의 PR을 담당하는 사람으로서 그것은 매우 실망스러운 일이었다.

그는 그룹을 물려받을 후계자이면서 미디어에 딱 맞는 최고경영자이다. 쉽게 다가갈 수 있는 사람이고, 세계 자동차 업계의 동향에 정통하고, 비즈니스 미디어와도 친숙했다. 그런데도 나는 그런 사람을 제대로 활용할 수가 없었다. 한국 문화에서는 사람들의 관심이 우선적으로 제품에 쏠리도록 하고, 굳이 사람을 부각시킨다면 그 대상은 회장이어야 했다. 임원급에서 회사 업무와 관련해 언론 인터뷰를 하는 것은 좋다. 예를 들면 해외 판매 담당자나 파워 트레인*power-train* 엔지니어가 회사 입장을 언론에 밝힐 수 있다. 하지만 공식적으로 회사를 대표해 말하는 것은 오직 한 사람, 바로 회장이어야 하는 것이다.

그런데 우리 회장은 영어를 할 줄 몰랐다. 그리고 그의 아들인 정의선 부회장은 영어를 할 줄 알지만, 관례와 문화에 따라 직접 나서서 인터뷰를 하지 않는 것이었다. 1970년대 당시 정주영 회장이 걸어서 출근하는 길에 그의 아들들이 모두 뒤를 따르는 장면을 담은 유명한 사진이 있다. 유교문화에서는 자녀, 젊은 사람, 손아랫사람은 부모, 나이 많은 사람, 윗사람보다 뒤쳐져서 따라가는 게 미덕이다. 세계적인 경제지에서 일하는 자동차 전문기자 한 명이 내가 부회장을 언론에 활용하지 못하는 점을 정확하게 지적하며 이렇게 말했다. "다른 자동차 메이커들은 모두 브랜드의 입장을 대변하는 최고경영자가 있습니다. 포드의 앨런 멀러리*Alan Mulally*, 닛산의 카를로스 곤*Carlos Ghosn*, 피아트의 세르지오 마르치오네*Sergio Marchionne* 같은 사람들입니다. 왜 현대차만 그렇게 하지 않습니까?" 이 이야기를 다른 한국 동료에게 해주자 그는 별 일 아니라는 듯 이렇게 말했다. "그 사람들은 월급쟁이 CEO들입니다. 우리 회장님은 오너이시잖아요." 그걸로 끝이었다.

나는 정 부회장을 좋아한다. 잘난 체하지 않고, 궁금한 점이 있으면 솔직히 묻는 그의 태도에 끌렸다. 아마도 부회장 앞에서 공손하게 굴어야 하는 문화적인 부담감이 없기 때문이겠지만, 나는 다른 임원들과 달리 그와 함께 있는 게 편했다. 나는 그와 가까이서 일하고 싶어 했는데, 마침내 그런 기회가 왔다. 최고 경영진에서 2011년 디트로이트 모터쇼에 정 부회장이 참석해 짧게라도 스포트라이트를 받고, 회사 대표 연설을 통해 세계 최고 자동차들과 어깨를 나란히 하는 브랜드로 키우겠다는 현대의 야심찬 계획을 발표하기로 결정한 것이었다. 미국 청중들은 별 관심을 나타내지 않았지만, 한국인들에게는 대단히 의미 있고 매우 상징적인 순간이었다. 언젠가는 그룹을 이끌게 될 현대차그룹의 후계자가 공개석상에 등장하는 셈이었다. 디트로이트 모터쇼에서 회사가 추구하는 브랜드의 나아갈 방향을 발표함으로써 마침내 그가 후계자로서 공식적인 활동의 첫발을 내딛는 것이었다.

나는 행사가 시작되기 일주일 전쯤에 그가 행할 연설문 초안을 받아들었다. 새 브랜드 구축 작업을 담당한 마케팅 부서에서 만든 것이었다. 원어민 청중들에게 의미가 잘 전달되도록 하고, 또한 정 부회장이 텔레프롬터를 통해 쉽게 발표할 수 있도록 분명한 영어 문장으로 초안을 잘 다듬는 게 내 임무였다. 거기다 재미있고 호소력 있게, 또한 가능한 한 언론의 주목을 끌 수 있는 내용을 담도록 해야 했다. 모터쇼에서 행하는 최고경영자들의 연설은 대부분 어떤 신차를 선보일지에 포커스를 맞추는 경향이 있다. 세일즈 관련 수치와 회사의 경영지표 등이 소개되기도 한다. 팩트, 수치와 함께 최상의 수사들이 동원되는 것이다.

우리는 이 연설을 통해 대단히 중요한 어떤 일을 성사시켜야 했다. 바로 우리의 철학을 제시하는 것이었다. 새로운 슬로건을 제시하고, 그 슬로건을 통해 '새로운 브랜드 콘셉트'를 사람들에게 선보여야 했다.

며칠 동안 원고 검토를 마친 다음, 수정한 원고를 지휘계통을 따라 올려 보내지 않고 부회장에게 직접 이메일로 보냈다. 사내 문화를 몰라서 그렇게 한 것이지만 나의 행동은 여러 사람의 체면을 구겨놓은 결과를 초래했다. 7월 면접 때 부회장은 누구를 거치지 말고 직접 연락해도 좋다고 내게 말했고, 그래서 그 말대로 한 것뿐이었다. 그는 곧바로 답신을 보내왔고, 그렇게 해서 우리는 함께 연설문 작업을 마무리했다. 연설문 작업을 마치고 나서 나는 당연한 순서로 그에게 소리 내서 원고를 한 번 읽어보라고 했다. 그가 발음하기 껄끄러운 단어나 문장이 있는지 점검해 보기 위해서였다. 나를 상대로 연설 연습을 해보라는 부탁도 했다. 글로벌 홍보 담당 책임자로서 우리 부회장이 청중들에게 가능한 한 훌륭하게 보이도록 보호할 의무가 내게 있었다.

현대차 본사에 있는 그의 사무실에서 리허설을 했다. 부회장은 책상 뒤편에 일어선 채 연설문을 두어 차례 큰소리로 읽었다. 그런 다음 나보고도 읽어보라고 했다. 어디쯤에서 쉬고, 강조하는지 보기 위해서였다. 그렇게 연습하고 나자 그는 문장 읽기가 수월해졌다고 했다.

부회장에게 연설 연습을 시켰다는 말을 동료들에게 하자 모두들 믿을 수 없다는 표정을 지어 보였다. 동료들이 보기에 그것은 공자님에게 엎드려서 팔굽혀펴기 스무 번을 하라고 시킨 것이나 마찬가지였다. 현대차 미주 법인Hyundai Motor America 사람들은 내가 부회장에게 연설 연습을 시켰다는 말을 듣고 정말 잘한 일이라고 추켜세워 주었다. 홍보 부서 전체가 돋보일 수 있도록 해주었다는 것이다. 하지만 아쉽게도 부회장과 일대일로 연설문 작업을 한 것은 그것이 마지막이었다. 부회장은 내가 자기와 직접 통한 것을 고맙게 받아들였지만, 많은 사람들이 지휘계통을 무시한 나의 철없는 행동을 달갑게 받아들이지 않았던 것이다.

나는 기업 분위기에 익숙해짐에 따라 사람들이 자신의 영역을 고집하기 위해서라기보다는 조직에서 소외당하지 않기 위해서 그렇게 신경을 쓴다는 점을 이해할 수 있었다. 간단히 말하자면, 부회장이 나와 함께 연설문을 고치는데 마케팅 부서와 나의 상사는 그런 사실을 몰랐다. 그 다음부터 나는 부회장의 연설문 작업을 할 때 지휘계통을 따라서 일을 처리했다. 사실은 모든 대기업이 그런 식으로 일을 한다. 그래야 일처리가 매끄럽고, 업무에서 소외당하는 사람이 없고, 각자의 영역도 지켜지는 것이라는 점을 나도 이제는 안다. 하지만 부회장과 직접적이고 긴밀하게 감정을 주고받을 수 있는 기회가 사라졌다는 서운함은 지울 수가 없었다.

정의선 부회장의 영어 연설

대규모 모터쇼에서 미디어 데이*media days*는 대회가 일반에 공개되기 직전 며칠 동안 진행된다. 이 기간 동안 모터쇼에 참가한 자동차 메이커들은 각자의 전시 부스로 자동차 전문기자들을 초청해 신차를 소개한다. 부스라고 부르지만 실제로 그 규모는 엄청나다. 요즘 모터쇼의 전시 부스들은 사운드와 빛이 요란하게 춤추는 멀티미디어 라이브 공연무대이다. 자동차 메이커들은 각자 15분에서 20분 정도 진행되는 기자회견 시간이 계속 이어지도록 세트로 마련해 두고 있다. 기자회견이 인접 부스에서 계속 이어지기 때문에 취재기자들은 부스를 옮겨 다니며 모든 기자회견을 다 볼 수 있다. 기자회견은 보통 짧은 연설 한 두 번과 비디오 소개 화면, 공연, 그리고 마지막으로 신차 소개 등의 순서로 진행된다.

기자회견이 있기 하루 전에 리허설을 하는데, 보통은 모터쇼가 열리는 초대형 컨벤션 홀 안에서 하루 20시간 동안 리허설이 진행된다. 자동차 메이커들이 동시에 쇼 볼륨show volume으로 리허설에 들어가는데, 대형 스크린과 벽면에 비디오가 상영되고, 사방에서 빠른 업템포up tempo 뮤직이 홀을 메우며 요란한 불협화음을 만들어낸다. 자동차 메이커들은 신차 소개에 쇼맨십의 요소를 가미하고 싶어 하기 때문에 밴드와 가수, 댄서, 자동차 발레 안무 등 세부사항까지 꼼꼼히 점검한다.

때로는 마지막 순간에 특정 부분을 폐기하고 새로운 요소를 추가하기도 한다. 이런 일은 어느 자동차 메이커, 어느 부스에서나 일어난다. 눈앞에 보이고 들리는 거리에서 십여 군데의 부스가 동시에 같은 작업을 하느라 소동이 벌어지는 것이다. 어떤 부스는 큰 커튼으로 앞을 가리고 비밀리에 작업을 진행하기도 한다. 작업 인부들이 마지막 순간에 부스를 조립하고, 홀 전체를 새로 정비하느라 부산을 떨고, 크레인과 포크리프트들이 으르렁거리며 움직이고, 강력 접착테이프 붙이는 소리가 곳곳에서 요란하게 들린다. 빛과 소음, 부산한 움직임, 고무와 가죽 냄새가 한데 어울려 일대 소용돌이를 만들어내고, 진짜 아드레날린이 팍팍 솟구치는 현장이다. 문자 그대로 쇼 비즈니스가 벌어지는 것이다.

자동차 업계의 연간 일정은 전 세계 주요 모터쇼를 중심으로 굴러간다. 매년 새해 1월이 되면 디트로이트 모터쇼가 스타트를 끊고, 3월에 제네바 모터쇼가 그 뒤를 잇는다. 4월에는 베이징과 상하이에서 번갈아가며 행사가 진행되고, 5월 뉴욕, 그리고 9월에는 파리와 프랑크푸르트가 돌아가며 개최하고, 11월 말 로스앤젤레스 모터쇼로 한해를 마무리한다. 모터쇼마다 개최국의 자존심을 걸고 행사를 진행하는데, 대부분은 개최국 자동차 메이커들이 홈코트 어드밴티지를 최대한 활용한다. 디트로이트는 빅3의 잔치이고, 프랑크푸르트에서는 폴크스바겐을 비롯한 독일 고급 브랜드들이 주축을 이루며, 파리에서는 르노*Renault*와 푸조*Peugeot*가 주인공이다. 많은 자동차 전문기자와 업계 사람들 사이에서 제네바 모터쇼가 가장 인기가 높은 것도 바로 이런 이유 때문이다.

개최국 스위스가 중립국인 것처럼 제네바 모터쇼는 중립적인 색채를 나타낸다. 스위스에서 생산하는 자체 브랜드가 없어 홈코트 이점을 누리는 업체가 따로 없기 때문이다. 참여하는 모든 자동차 메이커들이 비슷비슷한 전시 공간을 차지하고, 거의 동일한 주목을 받는다. 게다가 제네바는 프랑스와 국경을 맞닿고 있기 때문에 앙트르코트*entrecôte* 스테이크 맛이 일품이다. 베이징과 상하이 모터쇼는 중국답게 다른 나라에서 진행되는 행사보다 규모가 훨씬 더 거창하다. 어떤 비평가가 지적한 것처럼 '큰 것'을 '훌륭한 것'으로 잘못 알고 있는 것 같다. 어느 모터쇼이건 관행처럼 신차 주변에 매력적인 여성 모델들을 세워놓는다.(이런 면에서는 상파울루 모터쇼가 단연 압권이다.) 한번은 베이징 모터쇼에서 중국 자동차 메이커가 거의 알몸에 가까운 여성 댄서 10명이 신차를 둘러싸도록 해놓았다. 이들에게 마임 쇼를 시키는 것도 모자라 머리부터 발끝까지 전신을 금색으로 칠해 놓았다. 우리 임원이 언론 인터뷰를 하다 소음 때문에 중단할 수밖에 없었던 적도 있다. 바로 옆에 있는 중국 자동차 메이커 부스에서 음악을 너무 크게 틀어놓아서 질의응답 내용이 한 마디도 들리지 않았기 때문이다.

디트로이트 모터쇼는 규모 면에서 프랑크푸르트에 이어 두 번째를 차지할 것이다. 2011년 1월 디트로이트 모터쇼 개막 하루 전날 현대차 부스에서는 존 크래프치크*John Krafcik*가 개막 리허설을 열심히 반복하고 있었다. 그는 2008년부터 2013년까지 현대차 미국 판매법인 사장을 지내며 미국 시장에서 현대차의 판매량을 두 배로 늘렸다. MIT와 포드에서 잘 나가던 엔지니어 출신인 그는 백발이지만 동안에다 열정으로 뭉친 사람이다. 그는 커뮤니케이션에 능숙한 전문가로 미국 자동차 미디어계에서 호평을 이끌어내며 현대차 브랜드의 위상을 한 단계 끌어올린 인물이다. 그때까지 현대차는 한국 바깥에서 거의 알려지지 않은 존재였다. 디트로이트 모터쇼에서 크래프치크는 정의선 부회장 다음으로 연설할 예정이었는데, 몇 번이나 되풀이해서 연습을 하는 것이었다. 정 부회장은 연습을 그렇게 열심히 하지 않았는데, 바빠서 연습할 시간이 없다고 했다. 나는 괜찮다고 말하고, 별 탈 없이 잘 진행되기를 바랐다.

이튿날 드디어 현대차의 기자회견 차례가 되었다. 나는 그날 아침 눈을 뜨자마자 머릿속으로 정 부회장의 연설문 주요 대목을 계속 되뇌어 보았다. 일어나서 호텔방 커튼을 여니 창밖으로 교외의 스산한 겨울 거리가 내려다 보였다. 연설문에 미세하게라도 손을 볼 필요가 있을까? 혹시 부회장이 더듬거릴 만한 단어는 없을까? 만에 하나 이번 연설이 잘못되면 현대차 브랜드가 내세운 새로운 비전은 시작부터 삐걱거리게 되는 것이었다. 자칫하면 우리 기자회견은 거구에다 열정적이고, 영어를 모국어로 능숙하게 구사하는 경쟁사 CEO들의 빛나는 기자회견에

묻혀 존재감을 잃을 수가 있었다. 차분한 말투로 진행하는 우리 부회장으로서는 거의 이길 가망이 없는 상대일 수도 있었다.

그의 연설과 함께 현대는 경쾌한 신차 스포츠 쿠페 벨로스터를 공개하기로 했다. 파격적인 디자인으로 운전석 문은 하나, 반대편 조수석 문은 두 개로 했다. 무난한 자동차를 만든다는 평을 듣는 현대차가 만들었다고는 예상하기 힘든 모델이었다. 벨로스터는 한마디로 현대차의 브랜드 위상을 끌어올려 줄 신차였다. 3백 명이 넘는 언론계 인사들이 부스를 가득히 메웠다. 정의선 부회장은 회견이 시작되기 직전 회견장으로 걸어 들어와 앞줄 맨 앞에 마련된 의자에 앉았다. 무선 마이크는 이미 장착된 상태였다. 나는 뒤쪽에 서서 그에게 시선을 고정시킨 채 지켜보았다. 조명과 음향이 켜지면서 흥분이 고조되는 가운데 마침내 쇼가 시작되었다. 소개를 받자 그는 무대 위로 올라가서 가벼운 환영인사를 몇 마디 던지고는 곧바로 본론으로 들어갔다.

"오늘날 고객들은 불필요한 기능들을 추가해서 가격이 비싼 차를 프리미엄 차라고 생각하지 않습니다." 그는 이렇게 말했다. "그게 아니라 고객들은 합리적인 가격에 꼭 필요한 기능을 두루 갖춘 차, 그러면서도 기대치를 넘어서는 차를 원합니다. 자기들이 살고 있는 바로 그 시대와 가치관을 반영하는 차를 기대하는 것입니다."

나중에 기자들이 나에게 정 부회장이 한 말의 의미를 자세히 설명해 달라고 했다. 나는 아이폰을 손에 들고 보여주면서 이렇게 설명했다. "아이폰은 탁월한 성능을 발휘합니다. 또한 예쁘고 통찰력이 넘칩니다. 그러면서도 복잡한 장치나 성능으로 사용자를 혼란스럽게 하지 않습니다. 여기다 보너스를 한 가지 덧붙이자면, 이걸 쓰면 기분이 좋아집니다. 우리는 현대차도 이렇게 만들려고 합니다." 과거에는 자동차 메이커들이 프리미엄 자동차를 만든답시고 계속 반들반들 광을 내고, 때로는 이상한 기능들을 추가했다. 하지만 소비자들은 그 이면을 간파했다. 그들이 원하는 것은 따로 있었던 것이다. 그들은 자동차가 제대로 움직이는지를 보았다. 그게 다였다. 소비자가 원하는 것은 바로 단순함, 우아함, 기능성이었다. 정 부회장이 말하고자 한 것은 바로 그런 점이었다.

"소비자들은 새로운 형태의 프리미엄 차를 원합니다." 그는 이렇게 계속했다. "우리는 이것을 '현대적인 프리미엄'이라고 부릅니다." 그런 다음 그는 현대차의 미래를 이끌 브랜드 철학을 소개하며 이런 말로 취재진들을 놀라게 했다. "우리의 목표는 세계 최대 자동차 회사가 되려는 게 아닙니다." 그것은 놀랍고 실로 충격적인 발언이었다. 한국이 지난 50년 동안 걸어온 길을 보면 더욱 그랬다. 현대는 제2의 도요타가 되려고 한다고 모두가 생각했다. 견고하면서 소비자들이 살 수 있을 정도의 고급차를 지속적으로 만들어 판매량에서 세계 최고가 되는 게 현대차의 목표일 것이라고 생각했다. 그런데 정 부회장이 모두의 예상을 깨는 말을 한 것이었다. "우리의 목표는 가장 사랑받는 자동차 회사, 우리 차를 타는 소비자들로부터 가장 신뢰받는 평생의 동반자가 되는 것입니다."

현대가 자신의 브랜드 가치를 더 높이 끌어올리는 데 필요한 핵심 철학과 동력은 바로 이것이었다. 크게 보면 대한민국 전체가 선진국으로 나아가기 위해 필요하다고 생각한 것도 바로 이런 점들이었다. 한마디로 말해 그것은 관심의 초점을 양에서 질로 바꾸는 것이었다.

기업이 '브랜드'를 강조하면 홍보용 헛소리로 들릴지도 모르겠지만,

우리의 경우는 그런 게 아니었다고 장담할 수 있다. 기업에게 브랜드는 일반 자산과 똑같이 중요하다. 기업을 평가할 때는 재정 상태와 제품, 자산, 경영, 배달, 마케팅을 비롯해 십여 가지 분야를 철저히 분석해서 브랜드 가치를 산정한다. 예를 들어 도요타의 브랜드 가치가 300억 달러라고 하면, 대충 어림잡아 내놓는 수치가 아니다. 밀워드 브라운*Millward Brown* 같은 자문사에서 MBA 학위를 가진 전문가들이 팀을 꾸려서 몇 주 동안 도요타의 분기실적과 연간실적 보고서를 꼼꼼히 검토하고, 회사 부채와 시장점유율, 작업흐름을 지켜보고, 임원들과의 인터뷰를 수차례 실시한 다음 브랜드 가치를 산정하는 것이다.

브랜드 가치가 중요한 것은 그것이 판매와 직결되기 때문이다. 사람들이 애플 제품을 사는 것은 그냥 보기 좋아서가 아니라 그 브랜드를 좋아하기 때문에 산다. 부호들이 "이번에 새로 산 시계야."라고 하지 않고 "이번에 새로 산 롤렉스야."라고 하는 것도 같은 이치이다. 고객은 특정 브랜드와 유대감을 형성하고, 그때부터는 그 브랜드 제품만 사게 된다. 내 말을 못 믿겠으면 다음에 운전할 때 차창에 애플 로고를 붙이고 다니는 차들이 얼마나 되는지 유심히 살펴보라. 마치 좋아하는 스포츠 팀 로고처럼 차창에 애플 로고를 붙이고 다니는 차들이 눈에 띌 것이다. 반면에 마이크로소프트 스티커를 차창에 붙이고 다니는 차는 보기 힘들다.

그동안 많은 소비자들이 현대차를 살 때 아마도 세탁기를 떠올렸을 것이다. 브랜드가 아니라 가격이 싸기 때문에 사는 차로 생각한다는 말이다. 고급차 시장으로 진출할 생각이라면 현대차의 그러한 브랜드 이미지를 바꾸어야만 했다. 이제는 믿고 살 수 있는 값싼 차라는 이미지가 아니라, 그 이상의 것이 필요했다. 현대차 고유의 특화된 이미지가 있어야 했다. 사람들이 현대 브랜드와 정서적인 유대감을 가지도록, 다시 말해 우리와 사랑에 빠질 수 있도록 만들어야 했다. 제너럴 모터스 *GM*는 미국 시장의 무려 절반을 장악한 전성기 시절이던 1960년대에 CEO 알프레드 P. 슬로언*Alfred P. Sloan*의 주도로 '형편에 관계없이 모두가 무조건 사고 싶은 차'*A car for every purse and purpose*라는 유명한 슬로건을 만들어 이미지 구축을 멋지게 해냈다. 젊은 소비자들은 GM에서 제일 값싸고 스포티한 쉐보레를 샀고, 연령과 부유함의 정도에 따라 단계별로 자기들에게 맞는 브랜드를 구매했다. 각자 자신의 기호에 맞춰 GM 브랜드 안에서 차를 고르는 게 가능했던 것이다. 셰비쉐보레의 애칭를 타던 사람들은 폰티악*Pontiac*, 뷰익*Buick*, 올즈모빌*Oldsmobile*로 한 단계씩 올라갔고, 성공을 거두면 마지막으로 캐딜락*Cadillac*으로 바꿔 탔다.

GM은 마케팅을 통해 소비자들 사이에 브랜드 충성심을 만들어내는 데 천재적인 능력을 발휘했다. 예를 들어 우리 아버지는 대표적인 올즈모빌 맨이었다. 1960년대부터 시작해 GM이 이 브랜드의 생산을 중단시킨 2004년까지 아버지는 오직 대형 패밀리 세단인 흰색 포 도어 올즈모빌 델타88만 고집하셨다. 세일즈맨으로 출장을 많이 다니시던 한창때 아버지는 2년마다 새 차로 바꾸셨다. 아버지한테 델타88이 동급의 뷰익이나 폰티악과 거의 같은 차라고 말해 봐야 소용이 없었다. 아버지는 그냥 올즈모빌 맨이셨으며, 누구도 그 고집을 꺾을 수 없었다.

현대차를 방문하는 기자들에게 나는 소비자들이 브랜드를 선택하는 것이 얼마나 중요한지에 대해 이렇게 설명했다. "중형 패밀리카를 사려고 한다고 칩시다. 이때 사람들은 보통 여러 브랜드의 차를 놓고 비교

하게 됩니다. 예를 들면 도요타 캠리Camry, 현대 쏘나타, 포드 퓨전Fusion
을 나란히 놓고 비교해 본 다음 자신의 기준에 맞는 차를 고르지요. 우
리가 브랜드 강화작업을 제대로 완수하면 사람들은 '현대차에 어떤 차
종들이 있는지 먼저 살펴보고, 우리가 원하는 차가 있으면 사도록 합
시다.'라고 말하게 될 것입니다." 사람들은 현대 브랜드를 먼저 찾아가
서 자기들이 원하는 중형 패밀리카가 있는지 살펴보게 될 것이다. 원하
는 차가 있으면 제일 좋고, 만약에 없다고 해도 괜찮다. 그 다음에 사람
들은 현대차 외의 다른 브랜드를 찾아가게 될 것이다. 어쨌든 사람들이
현대 브랜드를 먼저 보고, 그 다음에 다른 경쟁 브랜드로 향하도록 만
드는 것이다. 브랜드 가치를 높인다는 것은 바로 이런 의미이다.

정의선 부회장은 흠잡을 데 없이 깔끔하게 연설을 마쳤다. 그는 많은
박수를 받은 다음 다양한 색상의 벨로스터 라인업 앞에 서서 포즈를 잡
았다. 그의 연설은 이튿날 월스트리트저널에 큼지막하게 소개되었다.
그는 한다면 하는 사람이었다. 그의 모습을 보고 나는 너무 뿌듯했다.
나는 한국어로 연설하는 것을 엄두도 내 본 적이 없다. 웃으면서 그에
게로 다가가 등을 툭툭 두드리며 "아주 잘하셨어요!"Great job!라고 했다.
고참 팀원들이 이런 모습을 보고 움찔하고 놀라는 모습이 얼핏 보였다.
'부회장님. 몸에. 손대지. 마세요!'Do. Not. Touch. Vice. Chairman!라고 소리치
는 것 같았다. 하지만 나는 개의치 않았다.

현대는 마침내 회사의 새로운 비전을 당당하게 공개했다. 우리 목표
는 정말 거창한 것이었다. 자동차 전문 미디어들은 우리가 자동차 빅3
의 홈코트에서 공개한 메시지를 꼼꼼히 분석하고 의견을 내놓았다. 우
리가 목표를 완수해낼 것이라고 한 매체도 있고, 회의적인 입장을 내놓

은 매체들도 있었다. 회의적으로 보는 매체들도 우리의 과감한 도전 자세에는 찬사를 보냈다. 더 나은 브랜드가 되겠다는 우리의 비전을 비웃는 매체는 하나도 없었다. 브랜드 이미지를 끌어올리려는 현대의 시도가 첫걸음을 내디뎠다는 점에서 디트로이트 모터쇼는 성공이었다.

한국으로 돌아오는 기내에서 나는 화장실 앞에서 기다리는 정의선 부회장과 우연히 마주쳤다. 그는 연설문이 아주 읽기 편하게 잘 다듬어졌더라고 했다. 나는 첫 번째 큰 시험을 잘 마쳤다는 생각에 기분 좋게 자리로 돌아와 앉았다. 여전히 낯선 곳이긴 하지만, 한국으로 돌아오는 길이 행복했다.

6

코리안
코드

현대차 근무를 마치고 한국을 떠나기 몇 달 전에 팀원들과 저녁식사를 함께 했다. 영어 실력이 수준급이고, 미국에서 잠간 지낸 적이 있는 여성 팀원 한 명이 내 왼쪽에 앉았다. 그녀 옆에 냅킨이 놓여 있어서 한 장만 뽑아 달라고 부탁했더니 냅킨을 내게 건네주면서 이렇게 묻는 것이었다. "이사님 나라의 문화는 냅킨을 집으려고 옆자리에서 식사 중인 사람 앞으로 손을 뻗는 게 결례라고 생각하십니까? 그래서 내게 냅킨을 달라고 부탁한 것입니까?" "그래요. 맞습니다." 나는 이렇게 대답했다.

"우리 문화에선 식사하고 있는 사람에게 무엇을 집어달라고 부탁하는 걸 결례라고 생각한답니다." 그녀는 이렇게 말했다. 그제야 알았다. 지난 3년 동안 한국 사람들이 밥 먹는 내 앞으로 손을 쑥쑥 들이민 이유가 바로 그것 때문이었던 것이다.

그러면서 비로소 선명하게 이해가 되는 것이었다. 동서양을 막론하고, 한국인이건 미국인이건 자신들의 기준으로는 예의바르게 행동한다고 하지만, 실제로는 다른 문화권 사람들이 보기에 아주 무례한 행동을 해왔다. 똑같은 사안에 대해 동서양, 한국인과 미국인이 서로 전혀 다른 식으로 바라보고 이해하는 것이다. 그 일은 이런 분명한 진리를 깨닫게 해준 작은 사례였다. 자신의 의도가 상대방에게 분명하게 전달되었다고 생각하지만, 사실은 그렇지 못했던 것이다.

나는 그 차이를 이렇게 설명한다. 한국인과 미국인이 앉은 테이블에 유리잔을 하나 갖다 놓는다. 그러면 두 사람 모두 잔을 쳐다본다. 그런데 빈 잔을 보면서 하는 생각은 서로 전혀 다르다. 미국인은 잔을 보고 '조만간 누가 와서 시원한 물을 따라 주겠지.'라고 생각한다. 하지만 한국인은 잔을 보고 '얼른 물을 따라서 공손하게 윗사람에게 드려야지.'라고 생각한다. 미국도 정치적인 문화를 갖고 있기 때문에 이러한 인식의 차이, 혹은 사고방식의 차이가 아주 없는 것은 아니다. 예를 들어 공화당원과 민주당원은 같은 사회 문제를 놓고서 어떻게 해서 그런 문제가 생겨났는지, 해결방식은 무엇인지에 대해 전혀 다르게 해석한다. 한국에 오고 몇 달 되지 않아서 그 '냅킨 사건'을 겪었더라면, 이후 3년여의 한국 생활이 한결 수월했을 것이다. 나도 그렇고 내 주위 사람들도 그랬을 것이다.

미국인과 한국인이 서로 다른 언어를 쓰기 때문에 그런 게 아니다. 언어는 양측의 차이를 기계적으로 보여주는 도구일 뿐이다. 사실 언어의 간격은 아주 쉽게 메울 수 있다. 나는 스스로를 아주 훌륭한 커뮤니케이터라고 생각해 왔다. 20년 동안 어렵고 복잡한 이야기를 일반 독자들이 분명하고 쉽게 이해할 수 있도록 쓰는 고난도의 일에 종사해 왔기 때문이다. 그게 생업이었다.

그런데 동양에 오니 이런 경력이 별로 힘을 못 썼다. 한국에 출장 온 영어권 기자들에게 나는 여전히 훌륭한 커뮤니케이터였다. 그들은 나의 한국인 동료들과 영어로 대화를 나누다 나를 만나면 안도의 한숨을 내쉰다. 특히 영어가 모국어가 아닌 외국 기자들은 한국인 동료들이 하는 독특한 억양의 영어를 잘 알아듣지 못하는 경우가 많았다.

하지만 한국 동료들에게 나는 형편없는 커뮤니케이터였다. 상당한 기간 동안 그랬다. 문제의 일부는 나의 특별한 언어습관에서 비롯됐다. 나는 이중부정을 즐겨 쓴다. 예를 들면 이런 식이다. "미안하지만, 나는 그것을 하지 않을 수 없습니다." *I am sorry, but I can't not do it.* 영어가 모국어인 사람에게는 전혀 문제가 되지 않지만, 그렇지 않은 사람에게는 엄청 헷갈리는 표현이다. 더 큰 문제는 내가 말을 잘 알아듣지 못했을 때 어떻게 반응해야 좋을지 모르는 것이었다.

"잠깐만요." 나는 수시로 흥분해서 이렇게 되물었다. "그럼, 그게 안 된다는 겁니까?" *Are you telling me it can't be done?*

"아닙니다. 이사님." *No, sir.*

"아니라면, 안 된다는 겁니까? 그게 아니고, 된다는 말입니까?" *No, it can't be done, or no, it can be done.*

"예, 된다는 말입니다. 이사님." *Yes, sir.*

나는 거의 매일 애꿎은 동료들을 애보트와 코스텔로*Abbott and Costello*의 만담 '1루수가 누구야?' 버전으로 몰아넣었다. 하지만 웃는 사람은 아무도 없었다. 팀원 중 한 명이 나의 '미국식 억양'에 대해 말했을 때 내가 얼마나 어이가 없었는지 아직도 기억난다. "어떤 억양 말입니까? 영국인, 호주인들은 억양이 있지만, 우리는 억양이 없는데." 나는 이렇게 되물었다.

나는 영국식 억양의 영어를 억양이 하나도 없는 미국식 영어의 변종이라고 생각한다. 하지만 대부분의 다른 나라 사람들과 마찬가지로 한국인들은 미국식 억양이나 영국식 억양이나 별반 다를 게 없는 것으로 받아들인다. 나는 그런 사실을 알고 충격을 받았다. 충격을 준 것은 영어 억양뿐이 아니었다. 그때까지만 해도 나는 미국이 세계 산업의 표준이라는 생각을 갖고 있었다. 영어뿐만이 아니라 정치, 국력, 스포츠, 오락, 재정 등등 모든 면에서 미국이 세계의 표준이라고 믿었다. 세계는 미국의 것이고, 다른 나라들은 그 세계 안에서 움직이는 것일 뿐이라고 생각했다. 지구의 한쪽 구석 한국에 와서 살며 나의 이런 생각을 바로 잡는 데는 오랜 시간이 걸리지 않았다.

미국이 여전히 세계에서 가장 부유한 나라이고, 최고의 군사 강국이며, 미국 영화는 서울에서도 가장 인기가 많은 것이 사실이다. 하지만 이곳에서 한국인들의 일상에 더 많은 영향을 미치는 것은 미국이 아니라 일본과 중국이었다. 미식축구리그*NFL* 경기 중계방송을 잠 안 자고 보는 사람은 없고, 미국 역사와 서양사를 제대로 아는 사람도 드물다. 대침체기*Great Recession*를 지켜본 이곳 사람들은 이제 서양은 쇠퇴하고 있으며, 21세기는 미국이 아니라 아시아의 것이라는 생각을 갖고 있다.

사람들이 내 발음을 이상하게 받아들인다는 사실을 알고 나는 너무 충격을 받아 어안이 벙벙했다. 뿌리가 뽑힌 채 낯선 곳에 와 있다는 기분과 함께, 그동안 내가 생각한 미국의 세계적인 위상이 틀렸음을 알고 혼란스러웠다. 사람들과 소통이 잘 안 되는 이유가 나의 미국 억양이 섞인 영어발음이나 서툰 한국어 때문이 아니라는 게 분명해졌다. 그것은 바로 한국의 기본 코드를 이해하지 못했기 때문이고, 그 기본 코드는 유교문화와 '한국스러움'Koreanness이었다. 한국에 살려면 최소한 이 두 가지 코드는 배우려는 시늉이라도 하고, 최소한 그런 게 있다는 정도라도 알아두는 게 좋다. 한국어를 못하더라도 이 점은 반드시 명심해야 한다. 한국에서 비즈니스를 하거나 한국인을 상대로 사업을 하겠다면 이건 반드시 알아두어야 한다. 기원전 6세기 중국 철학자 공자孔子의 가르침을 따르는 유교는 종교라기보다는 사회규범이라고 할 수 있다. 연령과 부, 사회적 지위, 태생, 성별 등 여러 요인들에 따라 사회적 서열을 규정하고, 그것을 기초로 질서를 유지하는 규범이다.

대표적인 개념이 바로 효孝이다. 효는 부모와 연장자에 대한 공경을 가리키며, 보통 어린 시절에는 윗사람에 대한 복종을 의미하는 것으로 배운다. 지금의 유교는 신유교新儒教로 한漢왕조 때인 기원후 첫 2세기 동안 정통 유교에 스며든 도교道教와 불교의 신비주의적인 요소를 제거한 새로운 유교를 가리킨다. 현대적인 여성들도 특히 배우자 선택 때는 부모의 뜻을 거역하지 못하는 경우가 허다하다. 유교의 효는 가족관계에만 적용되는 개념이 아니라, '윗사람'에 대한 공경이라는 개념으로 넓게 적용되며, 사실상 한국 사회 전반으로 적용 범위가 확장된다. 일터에서는 직원들이 상사를 부모처럼 모시고, 반대로 상사들은 부하 직원들을 자식처럼 대하는 경우가 많다. 그러다 보니 상거래에도 이런 규범이 적용되어 동등한 위치에서 거래가 이루어지기가 어렵다.

이것이 바로 소위 유교식 '상하 관계' 혹은 '갑을 관계'이다. 나이, 서열, 소득, 사회적 지위 등등 어떤 기준으로든 한쪽은 위고, 다른 한쪽은 밑이다. 지정학적으로 말하면 과거에 중국이 갑이고, 한국은 중국에 조공을 바치는 을의 위치에 있었다. 현대 한국에서는 고용주인 회사가 갑이고, 피고용인인 직원들은 을이다. 그래서 사람들은 어디를 가나 자신의 위치부터 먼저 파악한다. 한국인들은 처음 만나면 얼마 지나지 않아 바로 상대방의 나이부터 물어보는데, 바로 이런 이유에서이다. 서양인들의 눈에는 무례하게 보일지도 모르지만, 한국인들끼리는 그렇게 받아들이지 않는다. 사람들은 자신과 상대의 나이를 비교해 보고 서로 서열관계를 정한다. 그렇게 해서 상대에게 어떻게 대할지 정하는 것이다.

일본어와 마찬가지로 한국어도 자기보다 서열이 아주 높은 상대에게 쓰는 경어체 존댓말부터 친한 사이에 쓰는 예삿말, 낮은 상대에게 쓰는 낮춤말까지 다양한 단계의 어법이 있다. 어법에 따라 동사의 어미가 달라지는데, 남자 동료들끼리 쓰는 어미와 여성 동료들 사이에 쓰는 어미가 다르고, 나이 많은 사람이 젊은 사람에게 쓰는 어미, 가게 점원이 손님에게 쓰는 어미가 각각 다르다. 그래서 한글을 배우기는 쉽지만 한국말을 배우기는 어렵다는 말을 한다.

인간관계를 너무 중요시하다 보면 개인의 정체성이 무시될 수도 있다. 예를 들어, 여성들은 서로 이름을 부르는 대신 다정하게 '언니'라고 부르는 경우가 많다. 원래는 자매지간에 쓰는 호칭이다. 남자의 경우 동생은 손위 형제를 이름 대신 '형'이라고 부른다. 이름을 부르는 것은 형의 권위에 도전하는 행위로 받아들여진다. 여성이 손위 남매를 부를 때는 '오빠'라는 호칭을 쓴다. 어떤 한국계 미국인 여성은 자기 사촌이

나 삼촌의 이름이 뭔지 제대로 모른다고 했다. 늘 가족 호칭으로만 부르기 때문이다. 서양에서는 이름이 바로 그 사람의 정체성이다. 반면에 동양에서 개인의 정체성은 타인과의 관계와 밀접히 얽혀 있다.

'한국스러움'은 적어도 부분적으로는 유교가 한국인들의 생활에 적용되고, 한국인들이 유교의 가르침에 적응해 나가면서 나온 결과물이다. 그리고 매우 치열한 경쟁과 단일 문화, 집단의 틀에 맞춰 살아야 한다는 엄청난 압박 속에서 만들어진 산물이다. 집단은 더 현명하고, 더 근사하고, 남에게 더 내세울만하고, 더 부유해지기 위해 끊임없이 노력하는 존재이다.

유교의 가르침을 따르고, 한국의 정서에 맞게 행동해야 한다는 강박관념은 끊임없이 나에게 부담을 안겨주었다. 한국에 도착하고 나서 몇 달 일하는 동안 제일 적응하기 힘들었던 것은 직원들과 저녁식사를 같이 하는 '회식'이라는 관행이었다. 출근한 지 일주일 되는 날, 근무가 끝나고 우리 팀이 나를 위해 베풀어 준 환영축제는 그 날만 해당되는 특별한 행사가 아니었다. 알고 보니 한국에서는 회식이 모두 그런 식으로 진행되었다.

서양인들도 아시아인들 못지않게 술을 많이 마신다. 그런데 나는 얼마 지나지 않아 아시아인들이 술을 그냥 마시는 게 아니라는 사실을 알게 되었다. 이 사람들의 표현을 빌리자면 '음주문화'라는 게 있다. 음주를 통해 팀워크를 향상시키고, 생산성을 높이며, 동료들 간에 진정한 우의를 다진다. 서양 사람이 이 음주관행에 적응하지 못하는 가장 큰 어려움은 과도한 음주 때문이 아니라, 업무와 개인생활 사이에 자리 잡고 있는 벽을 허물어 버리기 때문이다.

회식이 시작되면 사람들은 식탁에 놓인 숯불 위에서 지글지글 익는 맛있는 소고기를 먹으며 푸른색 소주병을 한 병씩 비워나간다. 옆자리 동료들과 서로 부비고 웃으며 끝없이 건배를 나눈다. 물론 노래방 2차가 이어진다. 이튿날 아침 사무실에 나가면 모두들 술이 덜 깬 상태로 흡연실에 모여 서로 몸 걱정을 해주고 있다. 현대차의 동료 임원 한 명이 이렇게 설명해 주었다. "취하면 모두 똑같은 사람이 됩니다." 만약에 누군가가 술을 마시지 않고, 술에 취하지 않으면 그 사람은 다른 모두를 불편하게 만드는 것이다. 그 한 사람 때문에 분위기가 깨지고, 다른 사람들 보기에 그 사람 혼자만 잘난 체 하는 것이 된다. 회식도 한국식 경쟁문화가 주도한다. 술을 마시면 누가 이렇게 묻는다. "소주 몇 병 마셔?" 그러면 이런 대답이 돌아온다. "네 병!" 먼저 물은 사람이 다시 이렇게 묻는다. "얼마 만에?"

회식 자리에 가면 현대 임원들의 입에서도 샐러리맨의 애환이 줄줄 흘러나온다. 일찍 출근해 늦게 퇴근하고, 고약한 상사에 시달리고, 평생을 한 회사에 몸 바치고, 해외근무 나가라면 찍소리 못하고 나가야 하고, 애들 과외비 대느라 뼈 빠지게 벌고, 그렇게 안 하면 애들 좋은 대학 못 보내고. 힘들게 사는 것처럼 들리지만, 한 사람만 그런 게 아니라 모두가 함께 겪는 어려움이다. 모두 같은 문제를 겪고, 같은 문화와 같은 경험, 같은 꿈과 같은 절망을 공유한다. 그런 분위기 속에서 서로에 대한 애정이 자라는 것이다. 넓은 의미에서 보면 음주문화는 한국의 여러 세대 남자들 사이에 강력한 민족적인 유대감 같은 것을 만들어 주고, 이 나라를 빈곤에서 탈출시켜 준 '하면 된다.'는 자신감을 키우는 데도 한몫을 했다.

이러한 음주 분위기는 개인과 사회 전체의 건강에 위험요인이 되는 것이 사실이다. 하지만 나는 이런 음주문화가 현대차는 물론이고 한국 사회에 기여한 공을 이해하게 되었다. 물론 요즘은 회식의 강도가 과거에 비해 한결 가벼워지고 횟수도 줄어든 게 사실이다. 회식 문화가 조금씩 바뀌고 있는 것이다.

한국인들이 왜 그렇게 술을 마시는지 이해하면서도 나는 내 간과 결혼생활을 지키고, 신앙을 지키기 위해 적절히 대처할 방법을 찾지 않을 수 없었다. 내가 일하는 글로벌 홍보팀에서는 무슬림 국가에서 온 기자들도 상대했다. 무슬림 기자들에게 술을 권하면 그 사람들은 그것을 거절해야 한다. 우리가 내미는 친절을 거절하는 것이 되기 때문에 그 사람들로서는 난처한 일이다. 따라서 무슬림과 아랍 문화권 사람들에게 술을 권하면 큰 결례를 범하는 것이다. 따라서 무슬림인 경우, 아랍에미리트와 같은 서구화 된 아랍국에서 온 사람이 아닌 경우, 그리고 본인 입으로 소주를 달라고 하지 않는 경우에 알코올을 권하는 것은 금기사항으로 되어 있다. 우리도 무슬림이 종교적으로 술을 마시지 않는다는 점은 잘 알고, 그 규범은 지켜주었다.

그런데 우리 팀원들은 기독교에서 술 마시는 것을 금하지는 않지만 술을 취하도록 마시는 것은 피한다는 점을 잘 이해하지 못했다. 한국 음주문화에서 술은 취하도록 마시는 것으로 생각한다. 취하지 않으면 무엇 하러 마시느냐는 식이다. 많은 한국인들, 특히 현대차 동료들 중에서 많은 이들이 교회에 다닌다는 사실을 알고 나는 혼란스러웠다. 초기에 동료들과 이런 대화를 나눈 적이 있다.

나: "나는 취하도록 마시지는 않겠습니다."

한국 동료: "건강 때문에 그러십니까?"

그렇다고 하거나, 아니면 다른 적당한 핑계를 둘러댈 수도 있었겠지만, 그건 거짓말을 하는 것이 되기 때문에 곤란했다. 유전적으로 술을 못 마신다거나, 아버지가 술을 너무 마셔서 나는 그렇게 하지 않기로 했다며, 아버지를 형편없는 술주정뱅이로 만들어 버릴 수도 있었다. 실제로 우리 아버지는 수십 년 동안 하루에 맥주 캔을 10통 이상 비우셨다. 마침내 그럴 듯한 핑계거리를 찾아냈는데, 나중에 보니 그렇게 설득력 있는 핑계는 아니었다.

나: "예, 건강 때문이기는 하지요. 하지만 더 큰 이유는 성경 가르침에 그렇게 하지 말라고 되어 있기 때문입니다."

내 말에 사람들은 다양한 반응을 내놓았다. 안되었다고 동정하는 사람도 있고, 놀랍다거나 말도 안 된다며 비난하는 사람 등등 다양했다. 내 말에 동의하지 않는 사람들이 보기에 나는 자기들과 같이 취하지 않음으로써 팀의 화합을 해칠 뿐만 아니라, 신심이 돈독한 체하고, 나아가 교회에 다니는 사람들에게 엉터리 신자들이라고 손가락질하는 셈이 되었다. 성서 어디에 술 취하지 말라고 쓰여 있냐고 내게 물으면 기꺼이 알려줄 준비가 되어 있었다. 〈로마서〉 13장 13절과 〈에페소서〉 5장 18절에 그렇게 나와 있다. 굳이 성경 말씀을 들먹이는 대신 그냥 적당히 넘어가기도 했다. 보신탕을 안 먹겠다고 하거나, 다른 자질구레한 일들을 안 하겠다고 해도 아무 문제가 되지 않았다. 하지만 음주 관행에 반기를 드는 것은 기본적으로 나를 받아준 나라의 얼굴에 침을 뱉는 것과 같은 짓으로 간주되었다. 그걸 알기 때문에 나는 그런 상황을 피하려고 갖은 궁리를 다해야 했다.

전문가들을 만나 조언을 구했다. 한국에서 여러 해를 지낸 미국인은 내게 이렇게 말했다. 자기는 보는 사람이 없는 틈을 타 잔에 담긴 소주를 국에다 붓는다고 했다. 그런 다음 물을 대신 채워서 건배 때 마시고, 국은 먹지 않으면 된다는 것이었다. 한국 임원 한 분은 자기 잔에 술 대신 사이다를 채웠다가 잔에 가스가 올라오는 바람에 들통이 나서 벌주로 소주를 더 마셔야 했다.

나는 마침내 회식에 대한 해결책을 찾아냈다. 여종업원들이 음식과 숯불을 들고 줄지어 들어오고 나가고, 동료들은 웃고 떠들고 서로 어깨동무도 했다. 건배 하자는 제의가 끊임없이 계속되고, 그러면 예외 없이 모두 잔을 들었다. 건배를 하면 다른 사람들은 모두 소주잔을 비웠지만 나는 한 모금씩만 마셨다. 자리가 파할 때쯤이면 동료들은 소주열 몇 잔씩 마셨지만, 나는 결과적으로 한두 잔밖에 안 마신 셈이 됐다. 내가 세운 전략은 동료들이 모두 알게 되었고, 그래도 괜찮다고 받아들여졌는데, 다름이 아니라 내 상사가 그래도 좋다고 했기 때문이다. 그래서 나는 회식 자리에 참석해서 함께 즐겼다. 나는 독특한 입장이기 때문에 회식 자리마다 의무적으로 참석해야 하는 것은 아니었다. 반드시 참석하라고 하지도 않았다. 외국인이라는 입장 때문에 언제든지 그 자리에서 빠져나올 수 있는 특권을 누렸으며, 그것은 한국인 동료들은 누릴 수 없는 특권이었다.

한번은 저녁 회식 자리에서 한국인 동료 한 명이 내 옆자리로 슬그머니 옮겨와 앉는 것이었다. 그리고는 나한테 기대며 귓속말로 이렇게 속삭였다. "나도 술 마시는 거 안 좋아합니다. 하지만 술을 안 마시면 출세에 지장이 있으니까 마시는 거예요." 마지못해 하는 일은 술 마시는 것뿐만이 아니다. 의무적으로 따라가야 하는 근무 외 활동도 마찬가지였다. 예를 들면 토요일 아침에 가는 연례 팀 단합대회도 그랬다. 거기에는 종교적인 이유를 댈 수도 없고, 이기적인 핑계거리밖에 없었다.

현대에 와서 맞이한 첫 번째 봄에 해외 판매 부문 전원이 다가오는 토요일 아침 7시 30분까지 본사 근처의 산에 집결하라는 연락을 받았다. 팀의 단합을 위한 산행이라고 했다. 나의 첫 반응은 "웃기는 소리!"였다. 아무도 웃는 사람이 없었다. "반드시 참석해야 하는 일이라면 왜 근무시간 중에 하지 않는가요?" 등등 두서없이 몇 가지 까칠한 질문을 던졌지만 아무 소용이 없었다. 산행은 예정대로 진행됐고, 참석은 필수였다. 근무시간 외 단합대회는 한국 기업에서 통상적으로 이루어지는 일이고, 그건 미국 회사들도 마찬가지다. 나는 기자 출신이다 보니 그런 관행을 몰랐던 것이다. 미국 기자 나부랭이들에게 토요일 아침에 단합대회 산행을 한다고 공지했다고 치자. 며칠 동안 트위터에 대고 온갖 불평불만과 조롱을 쏟아내 경영진은 결국 행사를 취소하고 말 것이다.

토요일 아침에 모이라고 한 산으로 갔다. 화창하고 선선한 날씨였다. 춥지는 않았다. 나는 전형적인 미국식 하이킹 복장으로 갔다. 집에서 입는 반바지와 티셔츠 차림이었다. 첫째, 산에 온 사람 가운데 반바지 차림은 나밖에 없었다.(뉴질랜드에서 온 현대차 임원 한 명이 반바지 차림이었는데, 그는 시내에 우연히 나왔다가 재미삼아 따라온 것이었다.) 둘째, 한국인 직원들은 하나같이 K2봉이라도 정복하러 가는듯한 복장을 하고 왔다. 최고급 브랜드인 라이크라*Lycra* 등산복에다 최고급 등산화, 등산스틱까지 들었다. 2000피트 높이의 작은 산봉우리를 올라가려고 모인 사람들의 복장이 그랬다.

팀별로 열을 맞춰 선 다음 집단체조를 시작했다. 성격이 쾌활하고 붙임성이 좋은 동료 직원이 앞에 나가 체조를 리드했다. 해병대에서 군복무를 했다는 그 직원은 확성기를 손에 들고 구령을 붙였다. 공산국가의 집단체조와 핸드 마이크를 든 독재자들의 모습을 담은 흐릿한 비디오 영상을 보며 자란 나는 만화에 나오는 장면처럼 일사불란하게 따라 움직이는 집단체조를 보고 웃음이 터져 나오는 것을 억지로 참았다. 하지만 그것은 만화가 아니라 현실이었다. 그 다음 업무를 하듯이 정상을 공격하기 시작했다. 열심히, 그리고 신속하게 해치우는 것이었다. 나는 도저히 보조를 맞출 수가 없었다. 씩씩거리며 처지는 나 때문에 흐름이 자꾸 느려지자 미안한 마음이 들었다.

등산에 참가한 3백 명이 넘는 현대차 직원들 가운데 정상에 꼴등으로 도착한 것은 유일한 미국인 나였다. 우리 팀장은 고맙게도 끝까지 내 옆에 바짝 붙어서 함께 올라가는 바람에 뒤에서 2등을 차지했다. 근무시간 외에 이런 일을 해야 한다니 하며 나는 한걸음씩 힘들게 옮길 때마다 분개했다. 그러면서 사실은 그렇게 경쟁력이 떨어지는 나의 저질 체력에 화가 났다. 간단히 말하자면, 그날 나는 현대가 추구하는 목표, 그리고 한국인들이 추구하는 삶의 목표 같은 것을 향해 그들과 함께 땀 흘리며 올라간 것이었다. 위를 향해 쉬지 않고 올라가는 것이 바로 그들의 목표였다. 그들은 그렇게 해서 그 자리까지 왔고, 앞으로도 그런 식으로 정상을 향해 계속 올라갈 각오였다. 나는 물론이고, 현대차와 경쟁하는 다른 자동차 메이커들, 아시아 지역에 있는 한국의 라이벌 국가들은 위를 향해 올라가는 길에 몇 번씩 쉬며 숨을 돌려야 한다. 주위를 둘러보니 한국 동료들은 쉬지 않고 계속 올라갔다.

산을 내려온 다음 우리는 야외에서 오리구이 요리로 점심식사를 했다. 정오밖에 안 된 시간인데도 소주잔이 오가고, 사람들은 의자 위에 올라가서 흥을 돋우고, 술잔을 주고받고, 러브샷을 했다. 하지만 나는 오리구이도 싫어하고, 동료애를 나누는 데도 동참하기 힘들었다. 온몸이 땀투성이에다 발은 화끈거리고 퉁퉁 부어 있었다. 얼른 집에 가고 싶은 생각밖에 들지 않았다. 팀원들에게 말했더니 "보스가 가기 전에는 우리도 못 갑니다."라고 하는 것이었다. 판매 부문을 총괄하는 임원을 가리키는 말이었다. 하지만 그 임원은 신이 나서 계속 술잔을 들어 올리며 쉽게 떠날 기색을 보이지 않았다.

"하지만 나는 죽을 것만 같아요." 이렇게 우는 소리를 해보았다.

"우리도 모두 죽을 맛입니다." 여성 팀원이 이렇게 단호하게 말했다.

나는 이런 행동을 좋아하지 않고, 또한 좋아하지 않는다는 것을 애써 감추려고도 하지 않는다. 그것은 옹졸한 태도이며, 기독교 정신에 맞지 않는다는 것도 잘 안다. 나 스스로도 나의 이런 태도를 정말 바꾸고 싶다. 아내는 이런 나를 보고 이렇게 말한다. "당신은 마음속에 매운 고춧가루를 한 사발 안고 있는 사람이에요."

그 무렵, 내가 결국 현대차 생활을 포기하고 미국으로 돌아가려고 한다는 소문이 돌았다. 소문이 어디서 나왔는지 몰랐고, 알려고도 하지 않았다. 그런 소문이 돈다는 사실 자체가 나한테는 좋지 않은 일이었다. 어쨌든 적어도 앞으로 2년 동안 나는 외국인으로서 현대차에서, 그리고 대한민국에서 이들과 함께 부대끼며 살아야 했다.

두 번째 오르막길이 눈앞에 나타나기 전에 나 스스로를 어떻게든 바꿀 필요가 있었다.

7

눈치 보기

전체를 위해 다른 사람과 보조를 맞춘다는 것은 오래 전부터 한국인들의 문화에 녹아 있는 개념이다. '스타 트렉' *Star Trek*에 나오는 대사를 한 번 더 인용하자면 이렇다. "다수가 원하는 것이 소수가 원하는 것에 우선한다." 한국인 여성 친구가 내게 이런 말을 했다. "한국에서 우리는 아이들에게 너무 앞서가지 말라고 가르칩니다." 한국인들이 자녀 교육에 얼마나 열의를 갖고 있는지 알기 때문에 나는 그 말을 듣고 놀랐다. 잠시 그 말의 뜻을 생각해 본 다음 이렇게 물었다. "아이들에게 '무리 가운데서 두드러지려고 하지 말라.'고 가르친다는 말입니까?" 그녀는 웃으며 그렇다고 했다. 그 말에 나는 미국에서는 아이들에게 '최선을 다해 무리 가운데서 두드러지도록 노력하라.'고 가르친다고 했다.

서양에서는 이런 한국식 가르침을 '무조건적인 순응'*mindless conformity*
이라고 부르고, 동양에서는 이를 '조화'라고 부른다. 내가 '조화'가 아니
라 '순응'이라고 하면 한국인들은 그렇지 않다고 반박한다. 미국의 근
로자들은 자신이 하는 업무와 관련해 상사들로부터 긍정적인 피드백을
공개적으로 받고 싶어 한다. 잘한다고 격려하는 경영기법을 한국에 적
용시켜서, 팀원 가운데 한 명을 꼬집어서 칭찬했더니 팀원들이 의아하
다는 반응을 보였다. 개인에게 칭찬하면 '팀이 잘해서 된 것'이
라는 답이 돌아온다. 개인의 공을 특정해서 표현하거나, 혼자서 칭찬을
받으면 미국에서처럼 독립적이고 업무성과가 뛰어난 사람으로 보이는
게 아니라, 예의가 없거나 주위에 대한 배려심이 부족한 사람으로 비쳐
지는 것이다.

내 상사와 팀원들에게 아내와 함께 2011년 여름휴가를 5월에 2주 동
안 다녀오겠다는 말을 했을 때 그런 분위기가 느껴졌다. 우선 한국에서
직장에 다니는 사람치고 휴가를 2주 동안 가는 사람은 드물고, 2주를
내리 이어서 가는 경우는 더더욱 없다. 자기 일을 그렇게 오랜 기간 다
른 팀원들에게 맡기는 것은 바람직하지 않다고 생각하기 때문이다. 더
구나 현대차 직원들은 휴가를 7,8월에 가는 게 관례로 되어 있다. 한 가
지 더 덧붙이자면 출세의 사다리를 위로 올라갈수록 휴가는 더 적게 쓰
는 게 당연시되어 있다. 미국에서도 이와 다르지 않다. 미국의 CEO치
고 2주 연속 자리를 비우는 경우는 많지 않다. 하지만 아내가 여름철에
대사관 영사업무를 2주씩 손 놓고 휴가를 가기는 거의 불가능했다. 미
국으로 가는 한국 여행객들의 비자업무 처리가 가장 피크인 시기이기
때문이다. 그래서 5월에 가겠다고 한 것이었다.

상사는 나의 휴가계획에 대해 별 말없이 그렇게 하라고 했다. 그런데 캄보디아와 태국을 돌아보는 2주 휴가를 마치고 돌아오자 팀원들이 소위 한국의 '눈치 보기'에 대해 가르쳐주었다. 눈치란 '눈으로 측량하기' *eye measure*라는 뜻인데, 영어로 표현하면 'reading the air'분위기 살피기쯤 된다. 'reading body language'표정 살피기로 번역해도 될 듯싶다. 하지만 한국에서 통용되는 눈치는 이보다 더 복잡 미묘하다. 상사에게 월차를 내서 하루 쉬겠다고 했을 때 상사가 좋다고 답하더라도 눈치를 동원해 살펴봐야 할 일이 한두 가지가 아니다. 그 사람의 얼굴표정, 목소리 톤, 그 사람이 맡고 있는 직책, 품고 있는 야심, 팀원들의 능력과 태도를 어떻게 평가하고 있는지, 그 사람의 사회적 지위, 그와 그의 상사와의 관계, 그가 처한 개인적인 사정 등등. 이런 점들을 다 따져본 다음 그 사람이 사실은 노No라고 말한 게 아닌지 판단해야 한다. 직장생활을 현명하게 하려면 이런 눈치를 잘 살필 줄 알아야 한다.

태국과 캄보디아 여행은 너무 좋았다. 눈이 휘둥그레질 정도로 멋지고 신기한 여행이었다. 동료들에게 들려주고 싶은 이야기가 많았다. 나는 휴가를 마치고 월요일 아침에 출근해서 팀원들이 일하는 좁은 방으로 걸어 들어가며 환한 목소리를 인사를 건넸다. "굿모닝, 여러분!" 몇 명이 낮은 소리로 "굿모닝!"이라고 답했고, 두어 명은 잠간 고개를 들어 어색한 미소를 지어보였다. 그게 다였다.

나는 누군가가 '휴가는 어땠어요?'라고 물어오기를 기다리며 잠간 서 있었지만 아무도 반응이 없었다. 그 순간 눈치 초보자인 나도 얼른 분위기를 알아차렸다. 이렇게 한 수 배우고 내 방으로 돌아와서는 혼자 이렇게 중얼거렸다. '아주 멋진 휴가였어요! 물어봐줘서 고마워요!'

하지만 팀원들의 입장에서 사태를 바라보지 못한 책임은 내게 있었다. 외국인으로서 뿐만 아니라 관리자로서도 잘못한 것이다. 햇볕에 그을린 거구의 미국인이 저 혼자 기분 좋아서 거들먹거리며 사무실로 들어와서는 2주 동안 얼마나 멋진 휴가를 보냈는지 사진도 보여주고 자랑 삼아 떠들려고 했을 때 팀원들은 이런 생각을 했을 것이다. '우린 뭐지? 당신이 무려 2주 동안 휴가를 즐길 때 우리는 여기 남아서 뼈 빠지게 일만 하고 있었는데.'

배울 것도, 변해야 할 것도 너무 많다는 게 분명해졌다. 그렇지 않으면 앞으로도 내내 좌절과 분노 속에서 보내게 될 것이었다. 이곳에서 앞으로 2년 더 근무하려면 '무리와 함께' 한다는 데 대해 그동안 내가 가진 생각을 완전히 바꾸어야 한다는 것을 알았다. 무례함, 순응, 사려 깊음, 팀플레이가 어떤 의미인지에 대해서도 완전히 새로 배워야 했다. 그밖에도 하루 빨리 배워야 할 일들이 수없이 많았다.

동아시아 전문가인 아내는 행동거지를 조금 작게 해보라고 권했다. 나는 목소리가 크다. 어릴 적에도 엄마가 '네 목소리가 제일 먼저 들려.'라고 하셨다. 처음 만난 사람들과도 큰 소리로 웃고 떠드는 걸 좋아한다. 사람들은 나보고 '말이 많다.'고 했다. 특히 워싱턴 포스트에서 기자로 일할 때는 우스갯소리를 즐겨 했다. 수시로 특정 주제를 가지고 비꼬고, 신랄한 농담을 하고, 도무지 종잡을 수 없는 의견을 내놓았다. 한마디로 나는 아내가 표현한 대로 동양적이고, 조화롭고, 격식을 중시하는 사무실 문화 한복판에 투하된 '미국 폭탄'이었다.

한恨과 정情

현대차의 동료 임원들은 한국을 찾는 외국 기자들이 한국 문화를 제대로 이해하게 되기를 바랐다. 장시간 버스를 타고 이동하면서, 회식자리에서, 그리고 유적지를 답사하면서 외국 기자들과 나는 한국인의 정서 밑바닥에 흐르는 매우 중요한 두 가지 개념을 알게 되었다. 그것은 바로 한과 정이다.

한은 수많은 외세의 침략을 받으며 약탈당하고 수모를 겪고, 도저히 상대할 수 없는 압도적인 힘을 가진 적의 손에 반복적으로 유린당하면서 생긴 정서인 것 같다. 어떤 작가는 이를 '집단 우울증'이라고 했다. 집단 정서를 언급한 것은 한의 개념을 제대로 이해하는 데 도움이 된다고 본다. 한국인들의 한은 개개인이 느끼는 감정이기는 하지만 집단적인 경험에 의해 만들어진 것이라고 생각되기 때문이다. 그것은 불행을 모두 함께 겪었다는 정서이다. 시련을 함께 했으며, 좋은 날이 오기를 함께 기다린다는 감정이다. 그런 감정을 염세적이라고 단정 짓는 것은 무리이다. 한국이 근대화를 향해 나아간 놀라운 성장 스토리의 바탕에는 낙관주의가 자리하고 있기 때문이다. 위에서 주도한 하양식 개발 방식이고, 일사불란하게 밀어붙이는 식으로 이룬 성장이지만 비극적인 방식은 아니었다. 한국의 성장 스토리를 연구한 많은 사람들이 한의 역할에 대해 언급한다. 역사상 수백 번의 외침을 이겨낸 한국인들은 도요타와 애플을 꺾는 것을 '누워서 떡먹기' 쯤으로 생각한다.

2014년에 《코리안 쿨》*The Birth of Korean Cool:How One Nation is Conquering the World Through Pop Culture*을 출간한 저자 유니 홍*Euny Hong*은 '한의 분노'라는 장에서 이렇게 쓰고 있다.

한은 여러 세대에 걸쳐 자신을 괴롭힌 자들에 대한 증오심이 아니다. 살면서 누구든 우리에게 한의 불꽃을 지필 수 있다. 운전하는 데 끼어들기 하는 자, 절교를 선언하는 자도 오랜 세월 지속적으로 분노를 자아내게 할 수 있다. 한국에는 너무나 많은 사람들이 도로에서 서로 욕지거리를 하고, 친구로 지내다 헤어지면 얼굴도 마주치지 않으려고 한다.

한은 한국인의 정서 밑바닥에서 서성거리다 2014년에 일어난 세월호 페리 침몰 사건처럼 큰 재앙이 나라를 덮치면 엄청난 슬픔과 함께 끓어오른다. 한국은 매우 획일화 된 사회이기 때문에 침몰한 여객선에서 사망한 고등학생 250명은 모두의 자녀들이다. 참사가 일어나자 많은 국민들이 한꺼번에 애도에 나섰다. 한이 애도로 분출된 것이다. 국민들의 눈물 뒤에 숨은 것은 '왜 하필 우리 아이들이냐? 왜 우리냐? 왜 우리만 당해야 하느냐?'는 한의 표출이다.

음양의 이치에서 '음'의 기운인 한이 밝은 쪽인 '양'으로 나타나는 것이 정情이다. 한번은 외국 기자들을 초청해 만찬을 하는 자리에서 가까이 지내는 현대의 임원 한 명이 자리에서 일어나 기자들에게 한국을 알려면 정이라는 감정을 이해해야 한다는 말을 했다. 그는 외국 여러 나라에 파견 나가 근무한 경험이 있는 사람이었다. 외국인에게 영어로 정에 대해서 제대로 설명하기란 거의 불가능하다. 정이라는 감정을 정확하게 나타내는 영어 단어는 없다. 하지만 한국인들에게 그런 감정이 있으며, 또한 매우 중요한 감정이라는 점은 반드시 알아야 한다. 한국인 친구는 내게 한국 문화에서 너무 분석적이고 합리적인 성격은 결함으로 친다는 말을 해주었다. 감정이나 열정이 메마르면, 다시 말해 정이 없으면 매우 중요한 윤리적인 품성이 결여된 사람으로 간주된다는 것이었다.

그 현대 임원은 명쾌한 영어로 기자들에게 이렇게 설명했다. "정이란 어떤 사람이 싫더라도 그 사람이 처한 사정을 이해해 주는 것입니다." 그냥 사랑이라고 표현하기에는 부족한 그 무엇이다. 정에 대해 알고 나니 한국인들이 북한을 대하는 감정을 조금은 더 잘 이해할 수 있게 되었다. 이성적으로는 북한을 신뢰하고 끌어안는다는 게 말이 안 되며, 북한 정권의 붕괴를 위해 강경하게 맞서야 한다고 주장한다. 하지만 한국인들이 갖고 있는 정이 북한에 대한 강경한 자세를 누그러뜨린다. 논리적으로는 말이 안 되는데, 감정적으로는 말이 되는 것이다.

여러 해 동안 한국계 미국인 환자들을 진료한 캘리포니아의 정신과 의사 크리스토퍼 K. 정Christopher K. Chung과 샘슨 조Samson Cho는 〈한국 문화에서 정의 의미와 심리치료〉Significance of 'Jeong' in Korean Culture and Psychotherapy라는 제목의 논문에서 이런 주장을 했다.

정은 '원심력'을 갖고 있다는 점을 이해할 필요가 있다. 한국인들은 '정을 느낀다.'는 말보다 '정들다.'는 표현을 더 즐겨 쓰는데, 영어로 직역하면 '정이 스며들다.' jeong has permeated.는 정도가 될 것이다. 정은 사랑, 우울함, 증오, 근심 같은 감정들과 비교해서 이해할 필요가 있다. '나는 당신을 사랑합니다.' '나는 불안합니다.' '나는 우울합니다.'와 같은 문장을 예로 들어보자. 사랑이 구심력을 가진다면, 정은 그 반대로 원심력을 갖는다. 정은 타인의 자아경계ego boundary에 영향을 미치며,

개인의 세포막*cell membrane*을 침투해 들어가기 쉽게 만든다. 다시 말해 자아경계를 옅게 만드는 것이다.

개인의 자아경계가 옅어지는 것은 대단히 중요한 현상으로, 이는 유교에서 말하는 화합의 개념과 딱 들어맞는다. 유교의 화합은 '우리'를 위해 '나'의 생각을 줄이는 것이다. 화합의 개념은 겉으로는 친구에 대한 우정, 가족에 대한 조건 없는 사랑으로 나타난다. 이러한 사랑은 대부분 뚜렷한 이유도 없고, 아무런 보상도 바라지 않는다.

서양에서는 타인에 대한 이런 사랑을 계약을 통해 제도화하는 반면, 한국에서는 정을 통해 사랑이 자연스레 서로 이해된다. 하지만 정이 모든 이들에게 스며드는 것은 아니라는 점을 이해하는 게 중요하다. 한국에 오고 나서 초기에는 한국인들이 서양인들이 공공예절이라고 부르는 예의를 지키지 않는 것을 보고 놀랐다. 길거리에서 몸을 서로 부딪쳐도 사과하는 법이 없었다. 차선을 변경하려고 하면 다른 차들이 양보를 잘해주지 않는다. 엘리베이터 안에서 낯선 사람과 담소를 나누는 것은 생각지도 말아야 한다. 낯선 사람에게 말을 거는 것은 예의가 아니라고 생각하기 때문이다.

주한미군 장교 한 명이 아내와 어린 아이를 유모차에 태우고 붐비는 슈퍼마켓에 가서 겪은 이야기를 해주었다. 그는 앞장서서 걸어가 아내에게 문을 열어주었다. 그런데 아내가 유모차를 끌고 남편이 잡고 있는 문을 통과하기 전에 다른 한국인들이 아내를 지나쳐 지나가더라는 것이었다. 나는 한국인들이 타인에게 이중잣대를 갖고 있다는 사실을 알게 되었다. 친구나 가족들에게는 해주지 못할 일이 없다. 하지만 낯선 사람에게는 아무런 주의나 관심도 기울이지 않는다. 안중에 없는 듯이 행동하는 것이다. 그 사람을 미워해서가 아니라, 정식으로 친분 관계가 없기 때문에 그렇게 하는 것이다.

한국에 살며, 그리고 현대차에서 근무하는 동안 나는 어떤 소식을 전해 듣지 못해서 좌절감을 느끼는 경우가 많았다. 그런 경우에는 내가 이방인임을 절감하게 된다. 주니어 팀원들보다 소식이 더 어두운 경우들도 있었다. 중요한 일에서부터 사소한 일에 이르기까지 나중에 소식을 접하고 놀라게 되는 경우가 많았다. 현대에 와서 첫 번째 맞이하는 5월 어느 날, 출근해서 보니 임원 아닌 일반 남자 사원들 모두가 짧은 소매 셔츠에 단추를 단정히 채우고 있었다. 흰색 아니면 옅은 청색이고, 노타이에 재킷은 입지 않았다. 단체로 복장이 갑자기 바뀌다니 도대체 무슨 일이지? 내가 회사를 제대로 찾아온 게 맞나? 뒤늦게 나는 한국은 여름이 무덥기 때문에 정부에서 대기업들에게 여름철 안정적인 전력수급을 위해 실내온도를 섭씨 26도 이상으로 유지하라는 지시를 내렸다는 사실을 알게 되었다. 그래서 대기업에서는 남자 사원들에게 편한 복장을 하고, 여름에는 셔츠 차림으로 일할 수 있도록 허용한 것이다. 여사원들의 경우는 남자 사원들처럼 제약을 두지는 않지만, 연중 내내 별 차이 없이 사무직원 분위기가 나는 복장을 한다.

내가 놀란 것은 복장이 바뀌는 방법이었다. 한국에서 일어나는 변화는 대부분 이런 식으로 무대에서 장면이 바뀌는 것처럼 한꺼번에 싹 바뀌어 버린다. 어느 날 몇 천 명의 남자들이 거의 비슷한 짙은 색 양복에 흰 와이셔츠, 타이 차림으로 현대 건물로 출근했는데, 바로 이튿날 그 수천 명의 남자들이 거의 똑같이 짙은 바지와 옅은 짧은 소매에 단추를 단정히 채운 셔츠 차림을 하고 나타난 것이다. 마치 외국인인 나를 놀리기 위해 집단으로 장난을 치는 것 같았다.

한국에서의 근무를 마칠 때 쯤 되어서야 나는 비로소 이런 원리를 이해할 수 있게 되었다. 공식적으로 설명을 듣지 않아도 어떤 일이 있다는 사실을 알게 되고, 다른 사람들도 모두 그렇다고 가정해 보자. 그러면 그 일에 대해 사람들에게 굳이 설명을 해줄 필요가 없는 것이다. 하늘이 푸르다고 친구에게 굳이 말해 줄 필요가 없는 것과 같은 이치이다. 그냥 하늘이 푸른 것이다.

8

경쟁
또 경쟁

한국인들은 알게 모르게 삶이 끊임없는 경쟁의 연속이라는 사실을 일찌감치 터득한다. 모두들 오랜 시간에 걸쳐 한 가지 목표를 추구하는데, 그것은 바로 사회적 지위가 높고 봉급도 많은 재벌회사에 들어가거나 고위공무원, 의사나 법조인 같은 전문직 종사자가 되는 것이다. 한국은 전 세계 어디에서도 볼 수 없는 높은 교육열을 보여 왔다. 아이들은 초등학교 때부터 학원에 다니기 시작해 고등학교를 졸업할 때까지 그런 생활을 계속한다. 당국에서 밤 10시 이후 학원수업을 금지시켰으나, 학원들은 여러 편법을 동원해 밤늦게까지 수업을 계속한다. 학부모들이 그렇게 해달라고 요구하며 돈을 내니 편법이 사라지지 않는다. 자기 아이가 경쟁에서 뒤질까 겁나기 때문이다.

학원비가 비싸기 때문에 학부모들은 봉급을 탈탈 털고 빚까지 내서 아이들을 학원에 보낸다. 이 모든 노력이 매년 가을에 치러지는 대입수능시험에 대비하기 위해서이다. 한국 아이들은 운명을 좌우할 이 하루를 위해 몇 년을 공부하는 것이라고 해도 과언이 아니다. 미국에서도 대입수능시험인 SAT에 대한 부담이 크지만 이 정도는 아니다. 한국 교육제도 아래 치러지는 대부분의 시험이 그렇듯이 수능시험 문제도 암기식 위주로 출제된다. 많은 한국인들이 비판적 사고력을 키우는 대신 암기력에 집중하는 이런 출제 방식에 문제를 제기한다.

엄마들은 아이의 공부 스케줄을 챙기는 데 온 정성을 다 쏟는다. 주중에 아버지들은 종일 사무실에 나가 일하고, 저녁시간은 술 마시는 데 보낸다. 그리고 주말에는 가끔 윗사람들을 따라 골프 치러도 가야 한다. 한국은 역사적으로 남성 위주의 문화를 갖고 있지만, 재벌기업에도 여성 임원의 수가 매우 적은 큰 이유 가운데 하나가 바로 아이들 교육 때문이다. 미국 여성들처럼 한국 여성들도 한 자녀를 두고 곡예하듯이 직장생활을 한다. 둘째 아이를 갖게 되면 직장생활을 계속하기는 사실상 불가능해진다.

대입수능시험에서 좋은 성적을 받으면 한국의 아이비리그라고 할 수 있는 소위 '스카이'SKY 3개 대학에 진학할 수 있게 된다. 국립 서울대와 고려대, 연세대를 가리키는 말이다. 전공 불문하고 이들 3개 대학을 졸업하면 삼성, 현대, LG 전자를 비롯한 대기업에 입사하거나 공무원으로서 첫발을 시작하기가 수월하다. 대입수능을 거쳐 스카이대를 졸업하고, 그런 다음 재벌기업에 입사하면 '스펙이 좋다.'는 말을 듣는다. 한국 학생들은 대학 선택도 전략적으로 한다. 일류대 졸업장과 그곳에서 쌓은 인맥은 평생 써먹을 수 있는 소중한 자산이기 때문이다.

한국 젊은이들이 미국의 고등교육제도와 한국 교육제도의 차이점이 무엇이냐고 물으면 나는 이렇게 대답한다. 한국에서는 학생들이 재벌 회사에 취직하기 위해 일류대 졸업장을 따는 것을 목표로 삼고 있다. 회사에 들어가면 아무리 싫어도 회사에서 시키는 일을 한다. 직장을 통해 자신의 위신을 세우고, 안정된 생활을 즐기기 위해서이다. 그러니 큰 회사에 들어가는 것이 무엇보다도 중요하다. 미국의 아이비리그 대학들도 영향력이 크다는 것은 부인할 수 없지만, 대부분의 학생들이 이렇게 생각한다. '해양생물학을 전공하고 싶은데, 어느 대학으로 가는 게 제일 좋을까?' 그 대학이 아이비리그이건 아니건 상관하지 않는다. 그리고 졸업하면 해양생물학 관련 분야에서 일자리를 구한다. 중요한 건 자신이 좋아하는 일을 하는 것이다. 항상 그렇게 되는 것은 아니지만, 그렇게 하는 걸 이상적이라고 생각한다.

매년 실시되는 대입수능시험은 한국 청소년들에게 가혹한 관문이다. 재수를 하는 학생도 있고, 더 이름 있는 대학에 진학하기 위해 20대 후반까지 수능시험 공부에 매달리기도 한다. 국내외에서 한국의 신세대들을 대상으로 실시한 조사결과를 보면, 많은 젊은이들이 자신과 국가의 미래에 대해 비관적인 생각을 하는 것으로 나타났다. 2015년에 실시된 한 조사를 보면 한국의 십대들이 선진국 30개국 가운데서 제일 스트레스를 많이 받는 것으로 나타났다. 현대 한국은 근면과 성실 위에 세워졌다. 그런데 십대들은 오늘날 한국에서 노력만으로는 성공할 수 없다고 말한다. 그 이유 가운데 하나는 정부의 교육 중시 정책 때문에 4년제 대학이 너무 많이 세워졌기 때문이다. 25세부터 34세 사이 대한민국 국민 가운데 65퍼센트가 4년제 내지 2년제 대학 졸업자이다. 놀라운 수치이다. 미국의 경우는 이 수치가 40퍼센트 정도에 불과하다.

하루는 에두아르도가 신문을 가져다주러 내 방에 왔다. 그런데 무슨 할 말이라도 있는 듯 멋쩍은 표정을 지었다. 잠시 분위기를 살피는가 싶더니 이렇게 말하는 것이었다. "이사님, 저 모발이식 했어요!" 에두아르도는 20대 중반인데 머리칼이 목과 두 귀, 이마를 덮을 정도로 길고 숱도 많다. 더 이상 모발을 이식해 심을 자리는 없어 보인다. "뭐라구? 어떻게? 어디다 심었는데?" 나는 이렇게 물었다. 병원에 갔더니 의사가 잔디 뗏장을 옮겨 심듯 뒷머리 쪽에서 머리칼을 한 움큼 뽑아서 앞이마 머리선 바로 앞에 심었다고 했다. 그는 앞머리를 들어서 이식한 머리칼과 실밥자국을 보여주었다. 3000달러가 들었는데 자식을 위하는 마음에서 부모가 비용을 대주었다고 했다.

나는 이렇게 말했다. "에두아르도, 너는 대머리가 아니잖아. 대머리 근처에도 가지 않았어. 도대체 무슨 생각으로 그랬어?" 그는 나중에 대머리가 될까 봐 걱정이 되었다고 했다. 샤워할 때면 머리칼이 눈에 띄게 빠진다는 것이었다. 나는 샤워할 때 머리칼이 빠지는 건 당연한 일이라고 해주었다. 하지만 누이가 대머리가 될 것이라고 그를 놀렸고, 본인도 자세히 보니 앞이마 머리선이 자꾸 뒤로 물러나는 것 같았다고 했다.

그는 한국인들이 즐겨 쓰는 경영 전문용어로 '대비책'을 세우고 싶었다. 그래서 동료 팀원들과 상의하고 충고를 들었다. 동료들은 미리 손을 쓰는 게 현명한 처사라는 말을 해주었다고 했다. 에두아르도는 자기가 잘했다는 점을 내게 이해시키려고 애를 썼다. 내가 '외모지상주의'라는 현상을 가까이서 겪은 첫 번째 사례였다. 한국인들의 외모 집착 현상을 가리키는 말이다. 아마도 세상에서 제일 맑고 고운 피부를 갖고 싶어 하는 게 한국 여성들일 것이다. 그건 좋은 일이다. 이들은 피부를 그렇게 가꾸기 위해 실제로 많은 노력을 한다. 로레알L'Oréal의 임원 한 분은 내게 한국 여성들은 피부 손질하는 데 서양 여성들보다 매일 세 배의 시간을 들인다고 했다. 한국에서 제일 부자는 삼성 회장이다. 그 건 놀랄 일이 아니다. 그러면 두 번째로 부자는? 현대자동차나 LG전자 회장이 아니라 바로 화장품을 만드는 아모레퍼시픽 회장님이다. 남녀 가 모두 사용하는 색조화장품 BB크림은 국내시장 점유율이 15퍼센트 나 된다.

외모 중시 풍조는 성형수술 바람을 불러 일으켜, 한국 성형수술 시장 은 세계 최대, 최고 가운데 하나로 성장했다. 성형수술은 한국의 생활 상에 그치지 않고 경제의 성장 동력이 되고 있다. 인천국제공항에는 의 료관광 부스가 별도로 마련돼 있으며, 의료관광객들이 아시아 전역에 서 모여든다. 한국은 세계에서 인구 당 성형외과의 수가 가장 많고, 성 형수술 비율 또한 세계 최고이다. 서울에서 운행되는 버스와 지하철 곳 곳에 성형수술 전과 후를 비교해 보여주는 광고판이 나붙어 있다. 거듭 말하지만 성형수술 바람이 한국만의 독특한 현상은 아니다. 할리우드 도 마찬가지이다. 각국에서 우선시하는 수술 부위가 다른 것은 각자의 문화적 차이를 말해준다. 미국에서는 지방흡입술과 가슴확대수술이 제 일 많은데, 동북아시아 대부분을 포함해 한국에서는 핵심 부위가 얼굴 이다. 나는 이것을 아시아인들의 '얼굴' 중시 문화가 그대로 드러난 현 상이라고 생각한다. 한국인들에게 백설같이 희고 곱고, 흠 하나 없이 완벽한 여성의 얼굴은 거의 민족적인 자존심이나 마찬가지이다. 미국인들의 완벽하게 가지런히 정렬된 빛나는 치아, 브라질 여성들의 둥그스름한 엉덩이와 비슷한 존재 의미를 갖는다.

최근 들어 한국 여성들 사이에서 부는 성형수술 열풍에 대해 사회적인 자성과 자기비판의 목소리가 커지고 있다. 가장 흔하게 하는 수술은 '쌍꺼풀 수술'인데, 윗눈꺼풀을 새로 하나 더 만들고, 눈을 더 크게 보이도록 하는 것인데, 그렇게 함으로써 백인 얼굴처럼 보이게 만들려는 것이다. 내가 한국에 있을 때 새로 인기를 모은 수술은 생전 처음 들어보는 턱수술이었다. 턱뼈를 깎아서 턱 모양을 갸름하게 만드는 것인데, 그게 더 매력적으로 보인다고 생각한다. 비평가들은 이런 성형 열풍을 문화적 자기부정, 아시아적 미의 기준을 포기하고 서구식 미의 기준을 따라가는 것이라고 말한다.

이와 같은 성형 바람 뒤에도 한국 사회의 고질병인 과열경쟁이 자리하고 있다. 아시아 전역에서 비슷한 현상이지만, 한국에서도 구직 이력서에 얼굴 사진을 붙이도록 되어 있다. 세계 어디서나 마찬가지이겠지만, 한국에서 구직자들은 지원자들의 자격이나 능력이 비슷할 경우 외모가 뛰어난 사람이 합격될 가능성이 더 높다는 점을 잘 안다. 한국인들은 미국인들을 가리켜 외모를 중시하지 않는 것처럼 위선을 부린다고 지적한다. 그래서 자신들은 위선을 부리는 대신 구직 지원서에 잘 나온 얼굴 사진을 붙여서 합격 가능성을 높이려고 한다고 말한다.

경쟁에서 질 것에 대한 두려움. 현대자동차를 이끄는 힘도 바로 이 경쟁심이다. 한국을 이끄는 힘도 이것이다. 더 잘사는 사람보다 뒤처지지 않고, 더 공부 잘하는 아이들에게 뒤지면 안 된다는 두려움이다. 일본에게 뒤지지 않겠다는 두려움도 마찬가지이다.

이런 특성과 유교 문화 덕분에 한국은 사람들이 엄청나게 단정하고, 예쁘고, 세련되게 옷 잘 입고, 젊게 보이는 나라가 되었다. 한국을 처음 방문하는 사람들은 이런 분위기를 보고 놀랄 것이다. 성격이 까칠한 호주 기자 한 명은 며칠 동안 서울 시내를 둘러보고 나서 내게 화난 목소리로 "꾀죄죄한 한국 사람은 다 어디 갔어요?"라고 했다.

한동안 나는 치열한 경쟁과 일사분란함이 공존하는 한국 사회의 패러독스를 이해하기 힘들었다. 모든 사람이 최신, 최고로 좋은 폰을 가져야 하고, 인기 브랜드의 겨울 재킷을 입어야 하고, 최신 유행의 명품 프라다Prada 백을 들어야 하는 것 같았다. 궁금증은 이렇게 풀렸다. 한국 친구가 이런 말을 해주었다. "미국에서는 많은 사람 가운데서 뛰어나기 위해 노력하겠지만, 한국에서 우리는 무리들 속에 끼어들기 위해 경쟁합니다."

고래싸움의 새우등과 단일 민족 DNA

프리미엄 브랜드로 거듭나겠다는 현대차의 오랜 꿈은 우여곡절을 겪으면서 더 간절해졌다. 현대 엔지니어들은 하루 15시간 일을 마친 후에도 어려운 문제들을 해결하기 위해 감기는 눈을 부비며 이런 저런 시도를 계속했다. 이러한 열정의 뿌리에는 오래 된 열등감이 자리하고 있는데, 타당한 열등감인 경우도 있고, 근거 없는 열등감인 경우도 있다. 그런가 하면 오만에 가까울 정도로 놀라운 자신감을 보이는 경우도 있다.

2백년의 건국 역사를 가진 미국인들은 천년 단위로 생각하는 한국인들의 역사인식을 쉽게 이해하지 못한다. 미국인들은 몇 세대에 걸쳐서 반복되는 경제적 호황과 침체의 주기를 생각하는 반면, 아시아인들은 몇 백 년을 단위로 그런 주기를 상정한다. 몇 세기 동안 번성을 누린 왕조가 있는가 하면, 그보다 더 오랜 기간 동안 폭압과 무질서로 점철된 왕조들이 있다. 한국에서 일어나는 많은 일이 그렇듯이, 이러한 역사인식에도 역설적인 면이 있다. 오늘날 한국인들은 패션에서부터 스마트폰에 이르기까지 새로운 것, 미래지향적인 것에 열광한다. 그러면서도 왜 역사에 그렇게 집착하는지 의문이 들 것이다. 한국인들은 절대로 과거를 부정하거나 가볍게 생각하지 않는다.

고고학자들은 한반도에 인류가 처음 등장한 시기를 10만여 년 전으로 추정한다. 오늘날과 같은 현생인류가 등장한 것은 기원전 수메르인들이 세계 최초로 문자를 사용하기 몇 백 년 전인 기원 전 6천 년 경이다. 전설에 의하면 한반도 최초의 왕국은 기원전 2333년 하늘을 다스리는 천제天帝 환인의 손자인 단군이 세웠다. 하지만 지금의 한국에 대해서는 건국신화를 더 깊이 들여다 볼 필요 없이 가까운 역사만 살펴봐도 이해할 수 있다. 한국이 스스로를 어떻게 생각하는지, 이웃한 두 나라를 어떻게 생각하는지를 알기 위해서는 한국의 역사에서 가장 위대한 왕조였던 조선시대 상황을 되짚어 볼 필요가 있다.

1392년부터 20세기 초까지 조선왕조는 한반도를 통일하고, 오늘날 쓰고 있는 한글을 만들었다. 한국 역사에서 가장 위대한 왕이 통치하면서 과학이 꽃을 피우고, 효율적인 행정관료 체제가 정비됐다. 유교가 문화적 규범, 사실상 국교로 자리 잡았다. 그리고 쇄국정책을 고집함으로써 외부 세계에 '은둔의 나라'hermit kingdom 조선으로 알려졌다. 서구 제국주의 열강들은 조선왕조의 황혼기인 19세기 중엽에 아시아와 함께 조선을 집어삼킬 기회를 노렸고, 당시 조선은 부패와 당쟁으로 내부에서부터 무너져 내리고 있었다. 프랑스와 미국은 선교사들을 조선에 파견했고, 러시아와 독일은 함대를 파견해 교역을 요구했다. 1866년에 미국은 중무장한 증기 상선인 제너럴 셔먼*General Sherman*호에 주석, 유리, 목화를 싣고 조선에 보내 개항을 요구했다. 제너럴 셔먼호는 당시 조선 조정의 퇴각명령을 무시하고 평양을 향해 대동강을 거슬러 올라갔다.

전투가 벌어졌고, 제너럴 셔먼호는 침몰됐다. 조선과 미국 양측에 사상자가 발생했다. 그로부터 5년 뒤 미국은 이 사건을 조사한다는 핑계를 내세워 군사조사단을 파견했다. 여러 의혹이 제기되고 오해가 겹치며 미군은 조선 서해안에 있는 강화도의 군사요새들을 공격했다. 당시 강화도는 수도 한양으로 통하는 조선의 관문이었다. 미군은 수병과 상륙병력을 보내 250여명의 조선인을 사망케 했고, 요새 몇 곳을 파괴한 뒤 철수했다. 이런 역사를 되짚어보면 조선이 쇄국정책을 취한 것이 그렇게 터무니없는 짓은 아닌 것 같기도 하다.

미국이나 독일이 조선에 대해 알기 수백 전부터 중국과 일본은 한반도에 눈독을 들이고 있었다. 중국과 일본 사이에 놓인 완충지대인 이 작은 나라는 중국에 조공을 바치고 일본을 두려워했다. 그래서 조선은 항상 자신의 위치를 '고래싸움에 새우등 터진다.'는 말로 표현했다. 북한이라는 말은 한국 역사에서 새로 생겨난 개념이다. 대부분의 한국 역사에서 한반도는 하나의 민족으로 통일된 상태였다. 한반도가 분단된 것은 1948년에 와서이다. 한국인들은 분단을 한국 역사라는 버킷에 비정상적인 상황이 한 방울 떨어진 것이라고 생각한다. 그래서 시간이 지나면 반드시 다시 통일이 될 것으로 믿는다. 북한 정권의 붕괴나 외국의 개입, 내부 쿠데타 등과 같은 특별한 이유가 아니더라도 그렇게 될 것이라고 믿는다. 남북한은 원래 같은 DNA를 가진 하나의 민족이고, 같은 유교문화를 숭상하고, 같은 언어를 사용하기 때문에 통일은 불가피하게 일어날 일이라고 믿는다.

수천 년에 걸쳐 그러했던 것처럼 오늘날도 중국과 일본은 한반도를 양쪽에서 노리는 두 거인이다. 전자, 중공업, 대중문화, 심지어 국가 이미지 면에서까지 한국이 일본을 능가했다고 생각하는 사람들이 있지만, 모든 면에서 한국과 일본은 서로를 의식하지 않을 수 없는 입장이다. 한국은 중국이라는 권위주의 체제의 강대국을 능가하겠다는 생각은 하지 않는다. 한국의 목표는 외교적으로 중국을 설득해 이 지역에서 동등한 외교 파트너로 인정받는 것이다. 그래서 한반도 통일에 중국이 한국과 공동보조를 취해 주기를 바란다.

이 두 나라와의 관계 설정은 한국의 앞길에 놓인 큰 과제이다. 하지만 이 두 나라와의 경쟁관계를 통해 한국은 중년의 위기 앞에 놓인 장애물을 뛰어넘을 동력을 얻어나가게 될 것이다.

9

이순신 장군과
현대차 정신

이순신 장군은 조선왕조의 촉망받는 젊은 무관이었다. 일본은 1592년에 대군을 이끌고 한반도를 침공했다. 임진왜란을 일으킨 일본은 조선에 이어 중국까지 차지하겠다는 큰 목표를 세워놓고 있었다. 조선을 침략한 지 5년 만에 일본은 한반도 대부분을 점령했다. 조선은 지원군으로 온 명나라 군대와 함께 일본에 맞서 싸웠다. 전쟁은 조선 전역에 엄청난 상흔을 남겼고, 마침내 휴전협상이 시작되었다. 하지만 휴전협상은 쌍방의 입장에 대한 오해와 오역이 겹치며 초반부터 난항을 거듭했다. 명나라 협상단은 황제에게 일본이 패전의 책임을 지고 명의 조공국이 되겠다는 의사를 표명했다고 보고했다. 일본이 얼마간의 독립성만 유지한 채 명의 속국이 되기로 했다고 보고한 것이다. 반면에 일본 조정은 명나라가 항복 의사를 나타냈다는 보고를 받았다. 이런 엉뚱한 일들이 벌어지면서 휴전협상은 결렬되고, 일본은 1597년에 조선을 다시 침략했다. 윌리엄 셰익스피어의 희곡 〈윈저의 즐거운 아낙네들〉*Merry Wives of Windsor*이 발표된 해이고, 영국이 신대륙 제임스 타운에 북미 최초의 식민지를 건설하기 10년 전의 일이었다.

그 무렵 이순신은 일본 수군을 상대로 많은 전공을 세우며 제독의 지위인 전라좌수사에 올라 있었다. 그는 조선 최고의 수군 전략가로 조선왕조의 자랑이었다. 하지만 일본의 음모와 조정의 무능, 모함으로 파직되어 심문을 당하는 등 심한 고초를 받았다. 그가 쫓겨난 자리에는 원균이 대신 앉았다. 아무런 전략도 없고, 싸울 준비도 안 돼 있던 원균은 1597년 8월 적의 유인전술에 빠져 전멸에 가까운 패배를 당하고 말았다. 선조는 이순신 장군을 삼도수군통제사로 서둘러 다시 임명해 왜군의 진격을 막으라고 했다. 당시 그의 수중에 남은 것은 불과 13척의 전선과 사기가 극도로 떨어진 수군 2백여 명뿐이었다. 그는 불과 두 달 뒤인 1597년 10월 26일 일본군과 최후의 결전인 명량해전을 벌여 대승을 거두었다. 일본군은 133척의 전선과 보급선 200선을 이끌고 왔고, 이순신의 수중에는 13척의 전선만 있었다.

압도적인 전력 우위에 있는 적을 좁은 해협으로 유인해 승리를 거둔 전략은 기원전 480년 그리스 연합군이 페르시아 대군을 상대로 벌여 장렬하게 전멸당한 테르모필레 전투로 거슬러 올라간다. 이순신 장군은 울돌목 해협에 대해 잘 알고 있었다. 그곳은 물살이 세서 아무리 강한 일본군이라고 해도 많은 전함을 이끌고 대규모 작전을 벌이기가 불가능했다. 소규모 함대로 작전을 펼 수밖에 없기 때문에 열세에 놓인 조선 수군으로서도 맞붙어 볼만하다는 계산을 한 것이다. 이순신 장군은 그곳의 조류 방향이 세 시간 단위로 바뀐다는 것을 알았고, 일본군은 이를 몰랐다. 이순신 장군은 해협 북단에 전선을 대기시킨 채 133척의 일본 수군 전선이 올라오기를 기다렸다. 이순신 장군은 출전 명령을 내리고 최선두에 서서 울돌목으로 향했다. 일본 수군은 이순신이 타고 있는 전선을 포위하려고 했으나, 그 순간 조선 수군이 적진으로 돌진해 격렬한 전투가 벌어졌다. 때마침 조류의 방향이 바뀌며 소수의 전선이 움직이는 조선 수군에 비해 많은 전선을 거느린 일본 수군이 상대적으로 불리한 위치에 놓이게 되었다. 일본 수군은 진형陣形과 대오가 흐트러지기 시작했다.

또다시 조류가 바뀌자 일본군 전선들은 서로 부딪치며 큰 혼란에 빠졌다. 기세를 잡은 이순신 장군은 포와 불화살을 쏘며 총공격을 가했다. 전선 31척이 부서지고 침몰하자 일본 수군은 도주하고 말았다. 조선 수군의 전선은 한 척도 피해를 입지 않았다. 이곳의 해협은 물살이 빠르고 소리가 요란하여 바닷목이 우는 것 같다고 하여 '울돌목', 한자어로는 명량鳴梁으로 불렸기 때문에 이날의 대승을 명량대첩이라고 부른다. 이 승리는 전쟁의 흐름은 뒤바꿔놓았고, 조선 수군은 다시 서해의 통제권을 잡았다. 명나라는 본국이 일본의 위협으로부터 벗어남에 따라 조선을 지원하기 위해 더 많은 전단을 파병할 수 있게 되었다. 해상에서 일본 수군력은 봉쇄되었고, 육로로 조선을 침략한 일본군은 보급로가 차단되기에 이르렀다. 일 년 뒤 이순신 장군은 전쟁을 끝내기 위해 조선, 명나라 연합군의 봉쇄망을 뚫고 퇴각하는 일본 수군을 상대로 마지막 공격을 가했다.

이번에도 이순신 장군은 홈코트의 이점을 효과적으로 살려 일본 수군을 좁은 해협으로 몰아넣었다. 현지 어부들을 활용해 정보를 취합하며 조선 수군의 전투능력을 최대한 살린 작전이었다. 이 전투에서 일본 수군은 전선의 절반 이상을 잃고 대패했으며, 전쟁은 사실상 막을 내리게 되었다. 하지만 이순신 장군은 승리를 눈앞에 두고 적탄에 맞아 전사했다. 숨을 거두기 전 장군은 옆을 지키던 큰아들과 조카에게 이렇게 마지막 말을 남겼다. "지금 싸움이 한창 급하니 나의 죽음을 알리지 말라." 장군의 조카는 장군의 갑옷을 대신 입고 지휘선을 이끌어 전투를 승리로 이끌었다.

영국 해군 준장으로 역사학자인 G. A. 발라드G. A. Ballard는 저서 《바다가 일본 정치사에 미친 영향》 In The Influence of the Sea on the Political History of Japan, 1921에서 이순신 장군에 대해 이렇게 쓰고 있다. "영국인들은 해군 전사에서 넬슨에 필적할 만한 인물이 있다고 인정하지 않으려고 한다. 하지만 만약에 그런 인물이 한 명이라도 있다면, 그는 패배를 모르는 장수였고, 적과 맞서 싸우다 전사한 아시아의 위대한 해군 지휘관이었던 바로 이분일 것이다."

대통령 관저인 청와대가 보이는 서울 중심가 대로에 당당한 모습의 이순신 장군 동상이 서 있다. 이순신 장군은 한국에서 가장 존경받는 장군이고, 많은 한국인들이 그의 정신을 높이 받든다. '우리는 작은 나라이지만, 총명하고 용감하며, 절대로 적에게 굴복하지 않는다.'는 것이 바로 이순신 장군의 정신이다. 이순신 장군은 서울 시민들이 그의 동상 앞을 지날 때만 올려다보는 역사 속의 인물이 아니다. 2014년, 한국의 한 영화사가 많은 제작비를 들여서 이순신 장군이 1597년 왜적과 맞서 싸운 해전을 소재로 한 영화 〈명량〉을 만들었다. 영화는 그동안 한국 영화 박스오피스 최고 기록을 깨뜨렸을 뿐만 아니라, 북미에서도 현지에서 개봉한 한국영화 가운데 최고 흥행을 기록했다.

　이순신 장군의 이야기에 담겨 있는 또 다른 의미 가운데 하나는 바로 한국인들의 생활 속에 남아 있는 일본의 잔재이다. 그 잔재는 끈질기고 짜증스럽게, 때로는 폭력적인 형태로 한국인들의 일상에 남아 있다. 일본과의 역사는 많은 한국인들이 잊거나 그냥 흘려보낼 수 없는 기억이다. 한국인들 가운데는 1910년부터 1945년까지 일본의 식민지배를 겪은 사람들이 아직 많이 생존해 있다.

　19세기에 한국은 명나라에 조공을 바치는 중국의 속국이었다. 1868년 일본이 메이지유신明治維新을 통해 새 정부가 등장했다는 사실을 통보해 오자, 조선 조정은 외교적 두려움과 불쾌감에 휩싸였다. 일본의 외교문서는 우호적인 어조를 담고 있었으나 당시 조선은 그것을 심대한 모욕으로 받아들였다. 칙서의 발신자가 '천황'으로 되어 있었기 때문이다. 조선은 중국 황제를 제외하고는 황제 칭호를 누구도 쓸 수 없다고 생각하고 있었기 때문에 일본의 그런 행동을 무례하고 오만하기 짝이 없는 도발로 받아들였다. 일본 조정이 자신들을 중국 황실과 같은 위치에 올려놓겠다고 한 것이다. 그래서 조선 조정은 일본의 새 정부를 인정할 수 없다며 칙서 수령을 거부했다.

　양국의 외교적 대치가 계속되는 가운데 1875년 일본의 소형 군함 한 척이 강화도에 접근했다. 조선은 이들의 행위를 도발로 규정하고 포격을 가했다. 쇄국정책으로 은둔의 나라였던 조선과 달리 일본은 서양에 문호를 개방하고 신무기를 비롯한 신기술을 받아들였다. 훨씬 더 우세

한 화력으로 맞선 일본군은 조선군 진지를 파괴하고, 병력을 상륙시켜 약탈을 자행한 뒤 퇴각했다. 이듬해 조선은 일본에 문호를 개방한다는 내용의 불평등조약인 강화도조약병자수호조약을 체결할 수밖에 없게 되었다. 조선에 첫발을 내디딘 일본은 영향력을 계속 늘리며 정치적으로 불안정한 상태에 있던 조선과 여러 건의 불평등조약을 체결했고, 1910년 마침내 한반도를 강제합병하기에 이르렀다.

대부분의 경우와 마찬가지로 조선에 대한 일본의 식민지배도 근대화와 잔혹함을 결합한 통치였다. 일본은 조선에 신기술을 도입하고 인프라를 구축했다. 그와 함께 조선인들은 일본식으로 이름을 개명하고, 일본어를 배우고, 1백만 명에 달하는 일본인들을 받아들였으며, 토지소유권이 넘어가는 것을 지켜보아야 했다. 2차세계대전이 시작되면서 수백만 명에 달하는 조선인이 끌려가 조선과 일본을 비롯한 여러 곳에서 강제노역을 통해 일본의 전쟁준비에 동원됐다. 이밖에도 수십 만 명에 달하는 조선 청년들이 일본군에 강제징집 당했으며, 그 가운데 일부는 태평양전쟁에서 미군을 비롯한 연합군과의 전투에 투입되기도 했다. 하지만 대부분은 전쟁이 끝날 때까지 비전투 요원으로 강제노역에 종사했다. 강제징집 당한 조선인들은 적군과 싸우다 전사한 게 아니라 일본군의 학대로 목숨을 잃은 경우가 허다했다.

조선 여성들이 당한 고통도 컸다. 일본군은 당시 외국 영토를 정복하면 관례처럼 군위안소를 설치했다. 그곳에서 조선과 중국을 비롯해 점령지에서 강제로 끌고 오거나 납치한 여성들을 일본 군인들과 강제로 성관계를 갖도록 했다. 이들은 '위안부'로 불렸으며, 힐러리 클린턴Hillary Clinton 전 미국 국무장관은 이들이 '성노예'sex slaves였다고 규정했다. 이 문제는 지금까지 한국과 일본의 관계 개선을 가로막고 있는 핵심 이슈 가운데 하나이다. 2015년 초에 양국은 처음으로 이 문제 해결을 위해 진지한 대화를 하기 시작했으며, 그해 연말을 며칠 앞두고 교착상태를 타개할 합의사항을 발표했다. 그동안 충분한 사과를 했으며, 일본 정부는 이 일에 관여하지 않았다는 입장을 고수해 온 일본은 합의문을 통해 한 번 더 사과 의사를 밝히고, 군이 관여한 사실을 인정했다. 일본은 이와 함께 40명 안팎에 달하는 생존 위안부들에게 8백 만 달러 정도를 지불키로 합의하고, 양측이 서로 비방행위를 중단키로 합의했다.

한일 관계는 2012년 아베 신조 총리 집권 이후 계속 악화되어 왔다. 한국인들은 아베 총리의 등장을 일본 제국주의의 부활로 받아들이며 엄청난 거부반응을 보였다. 2006년부터 2007년 사이 첫 총리 재임 기간 중에 아베 총리는 우익성향을 본격적으로 드러냈다. 총리가 되기 전부터 그는 다른 총리들처럼 한중일 3국 관계에 있어서 '제3레일'이라 할 정도로 민감하고 금기시되는 장소인 야스쿠니 신사를 참배했다. 이곳에는 2차세계대전 중에 사망한 전범 1천 여 명을 비롯해 여러 시대에 걸쳐 사망한 일본군 전몰자들의 위패가 보관되어 있다. 일본에서는 정치인의 신사 참배를 애국행위로 받아들이는 반면, 일본 군국주의의 피해국인 한국과 중국에서는 일본이 이웃나라의 뺨을 때리는 것과 마찬가지 행위로 받아들인다.

2차세계대전 종전 이후 일본의 군사정책은 평화주의 노선을 고수해 왔다. 평화헌법은 외부 세력의 무력 공격을 받을 경우에만 반격할 수 있도록 규정하고 있다. 아베 총리는 취임하자마자 일본의 군사력 사용의 허용 범위를 상징적인 방법으로 조금씩 유연하게 적용하기 시작했다. 2차세계대전 종전 이후 처음으로 일본 자위대를 해외에 파견할 수 있도록 길을 텄고, 그로부터 1년 뒤에는 수색구난 비행정 여러 대를 인도에 판매했다. 2차세계대전 이후 처음으로 군사용 하드웨어를 다른 나라에 판매한 것이다. 일본은 또한 필리핀에도 해양 경비정과 해상 초계기 등을 임대해 주고 재난구조 활동에 협력하는 문제를 논의 중이다. 한국이 반대하기 힘든 분야들에서 활동 범위를 넓혀가고 있는 것이다.

두 나라 관계가 너무 냉각되어 있고, 또한 현대차와 같은 국내 자동차 메이커들을 보호하기 위해 수입 자동차에 높은 관세를 물리기 때문에 최근까지도 한국에서 일본 자동차를 구입하기란 거의 불가능에 가까웠다. 2000년에 한국에 처음으로 판매 대리점을 연 일본 자동차 브랜드는 렉서스였다. 고급 브랜드에 대한 한국인들의 호감도가 빠르게 높아지던 시기였다. 2013년 한국에서 자동차 전문기자들이 '올해의 차'로 도요타 캠리를 선정하자 현대차를 비롯해 많은 사람들이 깜짝 놀랐다. 이제는 한국인들, 특히 젊은 층이 일본 자동차를 많이 산다.

현대차도 일본에서 많은 차를 팔고 싶어 하지만 지금까지는 별 실적을 올리지 못하고 있다. 한국보다 더 단단한 보호주의 장벽 때문이다. 하지만 안 되는 걸 알면서 그냥 시도해 보는 것은 아니다. 현대차는 일본에 기술연구소를 설립했다. 필요해서 세운 것이기는 하지만, 장기적인 진출 계획을 가지고 있는 나라에 좋은 인상을 심는 효과도 노렸다. 하지만 수출 환경이 워낙 좋지 않다 보니 현대는 2009년에 일본 승용차 시장에서의 철수를 결정했다. 일본 자동차 시장 진출에 실패한 것은 현대차뿐만이 아니다. 일본에서 판매되는 자동차의 90퍼센트는 일본 메이커가 만든 것이다. 반면 미국의 빅3 메이커가 만든 차의 미국 시장 점유율은 45퍼센트에 그치고 있다.

현대차는 1999년에 고급화 정책을 채택하면서 일본을 벤치마킹했다. 자동차 업계에서 도요타, 혼다, 닛산은 성능 좋은 고급 *high-quality volume* 자동차 메이커들이 벤치마킹하는 브랜드이다. 이들은 뛰어난 외관과 마무리, 놀라운 기술혁신, 우수한 엔지니어링으로 명성을 유지해왔다. 현대차는 글로벌 경쟁자로 부상하기 위해 최소한 이들이 생산하는 수준까지는 도약하겠다는 의지를 밝힌 것이다.

2010년에 현대차는 마침내 그 수준에 도달하게 되었다. 품질 개선과 특히 미국 시장에서의 판매 호조에 힘입어 긴장한 일본 자동차 업계로부터 주목을 받기 시작했다. 당시 일본 자동차 업계는 자체 문제로 어려움에 처해 있었다. 도요타는 미국 시장에서 품질결함으로 대규모 리콜사태를 겪으며 이미지에 엄청난 타격을 입고, 이를 벗어나기 위해 사력을 다하고 있었다. 리콜에 이어 집단소송과, 결함으로 인한 사고 발생, '가속페달 결함'에 대한 대대적인 언론 보도가 이어지면서 도요타의 위상에 금이 가기 시작했다. 일부 기자와 전문가들은 현대차가 뉴 도요타의 자리를 차지하게 될 것이며, 한국이 일본 대신 새로운 강자로 등장하게 될 것이라는 전망을 내놓기 시작했다.

그로부터 1년 뒤, 도요타가 여전히 비틀거리고 있을 때 엄청난 비극이 일본을 강타했다. 아내와 내가 한국에 오고 5개월 뒤인 2011년 3월 11일에 동일본 지진이 일어났다. 일본이 1백여 년 전부터 지진 관측을 시작한 이래 최대 규모의 지진이었다. 지진의 여파로 몇 시간 뒤 쓰나미가 밀어닥치며 센다이 인근에 있는 후쿠시마 원전이 침수되어 다량의 방사능 물질이 누출되어 바다와 공기를 오염시켰다. 최종 집계 결과

1만 6천 명 가까운 사망자가 발생하고, 실종자도 2600명에 이르렀다. 이렇게 밀어닥친 이중삼중의 재앙은 일본뿐만 아니라 이 지역 전체에 큰 영향을 미쳤다. 일본 경제는 그해 내내 거의 마비 상태에 놓였고, 특히 자동차 산업은 엄청난 피해를 입었다.

일본 지진의 여파는 우리 가족에게도 미쳤다. 지진 발생 이틀 뒤, 아내와 함께 자동차를 타고 서울에 있는 미군부대 주변을 지나고 있는 데 주한 미국대사관에 있는 아내의 상사로부터 전화가 걸려왔다. 그 상사는 재난 국가에 내려진 국무부 총동원령에 따라 아내에게 다음 날 일본으로 갈 수 있겠느냐고 물었다. 아내는 좋다고 대답했다. 그러자 그 상사는 머뭇거리며 이렇게 물었다. "당신 몸무게가 얼마이지요?" 아내를 비롯해 긴급 투입된 직원들이 도쿄 주재 미국대사관에서 센다이 현지로 날아가 미국인들을 찾아내 실어 나르는 일을 할 것인데, 그 경우 헬기 몇 대가 필요할지 알아보기 위해 탑승자의 몸무게를 파악하는 것이었다.

이튿날 아내는 도쿄 주재 미국대사관에 마련된 재난상황실에 도착했다. 아내를 비롯한 국무부 직원들에게 주어진 가장 큰 임무는 재난 지역에 있는 미국인들을 수색하는 것이었다. 일본 내 몇 군데 지역은 외부 세계와의 통신이 두절되었다. 그래서 주일 미국대사관에는 미국 전역에서 일본에 있는 친구와 친지들의 안부를 확인하는 전화와 이메일이 폭주했다. 바로 이런 이유 때문에 미국 국민들은 외국에 나가면 그 나라에 주재하는 미국대사관에 신원등록을 하라는 권고를 받는다. 그래야 비상시에 당국이 이들의 신원을 확인해 고국에 있는 가족들에게 알려줄 수 있기 때문이다. 우리도 아내가 방사능 위험이 어느 정도인지도 모르는 재난 지역에 가 있다는 것 때문에 걱정이 많이 되었다. 하지만 아내는 일본에서 교사로 일할 때부터 익힌 일본어 회화실력 때문에 재난 지역에 꼭 필요한 인력이었다.

물론 그런 이유만으로 차출되는 것은 아니다. 해외에 파견된 국무부 직원들이 맡은 임무 가운데 하나는 위기 시에 제대로 된 대응을 하는 것이다. 아내는 서울에 근무하면서 어려움에 처한 미국인들을 돕는 일을 했다. 많은 미국인들이 여러 가지 동기로 전 세계를 여행하는데, 그 가운데는 서울에 와서 돈이 떨어지거나 정신적으로 지치거나 해서 지하철에서 노숙하는 경우도 많다. 미국에 있는 가족들과 연락이 끊기고, 가족들은 걱정이 되어서 어쩔 줄 몰라 하는 일들도 벌어진다. 그러면 가족들은 마지막에 지푸라기라도 잡는 심정으로 미국대사관으로 전화를 한다. 아내는 대사관 동료들과 함께 이런 미국인들을 돕는 일을 했다. 연락이 끊어진 자녀들을 부모들에게 연결시켜 주고, 강제추방 위기에 몰린 미국인들을 위해 한국 정부에 제출해야 하는 엄청난 분량의 서류작업을 대신해 주었다.

하지만 아내의 주 근무지는 대사관 비자 창구였다. 아내는 미국에 가서 유학하거나 일하고 싶어 하는 사람들에게 비자를 발급해 주는 것이 중요한 업무라는 것을 알고 있었고, 많은 사람들이 꿈을 이루도록 도와주었다. 머릿속으로는 중요한 일이라고 생각했지만, 실제로 그 일은 따분하게 반복되는 업무였고, 자기가 한 일이 실제로 어떤 결실을 맺는지 알지도 못했다.

도쿄에서 아내는 서울을 비롯해 인근 지역에서 차출되어 온 동료들과 똘똘 뭉쳐서 일하는 게 좋았다. 일본에 유학 온 미국 유학생을 울먹이는 미국의 부모와 전화 연결시켜 주는 일도 보람 있었다. 아내는 자신이 맡은 업무가 중요한 일이라는 자부심을 느꼈다. 한밤중에 호텔 방안이 수시로 여진으로 흔들리면서 자기가 위험 지역에 와 있다는 사실을 일깨워 주었다.

쓰나미가 물러난 다음 며칠 동안 아내는 동료들과 함께 이재민 수용소 근처를 배회하는 미국인들을 많이 찾아냈다. 주인 잃은 핸드폰도 하나 주웠다. 일본에 와 있는 미국인들 가운데서 미국대사관에 등록하지 않은 사람이 많았기 때문에 아내와 동료들은 일본 관리들의 도움을 받아야 했다. 그러나 일본 관리들은 수만 명에 이르는 자국민 실종자를 찾는다고 정신이 없었다. 아내와 동료들은 일본에 영어를 가르치기 위해 와 있던 24살의 미국 여성 가족과 급박하게 전화통화와 이메일을 주고받았다. 그녀의 가족은 딸의 친구나 딸을 안다는 사람들과는 연락이 되었지만, 딸과는 연락이 두절되었다고 했다. 참다못한 가족들은 더 이상 기다릴 수 없어서 비행기를 타고 일본으로 오려고 했다. 그런데 출국하기 직전에 아내와 동료들은 그 젊은 영어교사의 사체가 발견되었다는 안타까운 뉴스를 들었다.

2주 만에 아내는 집으로 돌아왔다. 인천공항 입국장에서 방사능 측정검사를 받고 안전하다는 판정을 받자 우리는 안도의 한숨을 크게 내쉬었다. 아내는 그곳에서 정서적으로 매우 힘든 시간을 보냈다. 일본 국민들은 물론이고 일본에 와 있던 미국인 가족들 모두 엄청난 슬픔과 기쁨을 함께 겪은 시간이었다.

아내가 그곳에서 받은 정신적인 충격은 심각했다. 아내도 25살 때 일본에서 영어교사 생활을 한 적이 있다. 쓰나미로 폐허가 된 바로 그

센다이에서 살고, 그곳에서 일했다. 미국대사관으로부터 그 안타까운 전화 연락을 받은 사람이 자기 가족일 수도 있었다는 생각이 그녀의 뇌리에서 사라지지 않았다. 아내는 그곳에서 영어를 가르치던 때부터 일본을 좋아하게 되었다. 국무부 직원이 되어 그곳을 다시 찾아가 처절하게 파괴된 현장과, 끔찍한 인명피해를 눈으로 보는 것은 너무도 가슴 아픈 일이었다.

아내는 나중에 이렇게 말했다. "방사능 공포에 사로잡힌 일본 국민들이 미국대사관으로 전화를 걸어 '우리 정부가 방사능에 대해 진실을 말해 주지 않아요. 제발 우리를 도와주세요.'라고 하소연했어요."

아내는 낯선 사람들이 겪은 이러한 절망감과 공포로부터 쉽게 벗어나지 못했다. "방사능이 문제가 되면 즉각 우리를 태우고 그곳을 떠날 항공기들이 공항에서 대기하고 있었어요. 하지만 그 사람들은 그렇지 못했어요." 아내는 이렇게 말했다. 일본이 비극을 겪으면서 재난 시에 일본인과 한국인들이 보이는 차이점이 선명하게 부각되었다. 재난을 보도하면서 전 세계 신문들은 수백 명의 일본인들이 식수를 받으려고 질서 있게 한 줄로 길게 서서 차례를 기다리는 믿기 힘든 사진들을 내보냈다. 일본을 제외한 다른 곳에서는 도저히 상상할 수 없는 장면들이었다. 현대차의 한국인 팀원 가운데 한 명은 이 사진들을 보면서 이런 말을 했다. "한국인들 같았으면 아무도 줄을 서지 않을 겁니다. 서로 먼저 받으려고 밀치고 난리가 났을 거예요."

일본인들을 '아시아의 영국인'이라고 부르는 게 괜히 그러는 게 아니다. 그들이 보이는 태도와 문명적인 행동이 너무도 깔끔하기 때문에 그렇게 불리는 것이다. 하지만 그들의 속마음이 어떤지는 누구도 모른다.

일본인들은 면전에서 '아니다.'라고 하는 것을 상대에 대한 예의가 아니라고 생각하기 때문에 무조건 '그렇다.'고 하는 문화를 갖고 있다. 그러다 보니 도저히 실천할 수 없는 일도 하겠다고 약속하는 일이 수시로 생기게 된다.

반면에 한국인들은 '아시아의 아일랜드인'이라고 불리기도 하는데, 술을 많이 마신다고 붙은 별명인 것만은 아닌 듯하다. 일본이나 중국인들도 이들 못지않게 많이 마시기 때문이다. 보통의 경우 한국인들은 속마음을 그대로 드러낸다. 만약에 얼굴에 무슨 흠집이 나 있으면, 그걸 보는 동료들마다 어찌 된 일이냐고 묻는다. 걱정하는 마음에서 그러는 것이다. 반대로 안색이 특별히 좋아 보이는 날은 사람들이 "오늘 얼굴 좋아 보이네요."라고 인사를 한다.

나는 한국인들의 이런 솔직하고 직설적인 면이 맘에 든다. 만약에 관광객으로 어떤 나라를 간다면 일본 같은 나라가 좋다. 전 세계에서 가장 예의바른 나라가 일본일 것이기 때문이다. 그곳 사람들이 겉으로 나타내는 태도만 보면 되지, 그들의 나를 진짜로 어떻게 생각하는지, 본심이 어떤지는 굳이 알 필요가 없다.

하지만 어떤 나라에 가서 일을 하고, 매일 그곳 동료들과 어깨를 부딪치며 살아야 한다면, 그들이 어떤 말을 할 때 진심은 어떤지 제대로 알 수 있는 게 좋다. 내가 보기에 한국인들은 대개 그렇다. 그렇기 때문에 한국인과 외국인 모두 지내기가 힘들지는 모르지만 어쨌든 이들이 솔직한 건 사실이다. 세계 곳곳에서 일하는 현대차의 비非 한국인 동료들이 수시로 서울에 있는 내게 이메일을 보내거나 전화를 걸어 함께 일하는 한국인 상사들이 무슨 일이 잘못되면 '왜 일을 이따위로 망쳤느냐.'*failed*는 식으로 꾸짖는다며 하소연한다. 좀 더 부드럽게 말하거나, 서양식으로 '앞으로 더 잘하면 돼.' 하는 식으로 말해 주면 얼마나 좋으냐는 불만이다. 그런데 사실 한국인들은 이런 식의 솔직한 표현을 좋아한다. 한국이 이처럼 빠른 기간에 성장한 것도 이런 언어 습관과 무관치 않다.

경쟁 관계인 나라들의 대표적인 자동차 메이커들이 가진 기업문화를 비교해 보면 민족성과 관련해 많은 점을 알 수 있다. 현대와 도요타는 일본에서 창안한 '적기에' 공급과 생산을 맞추어 재고비용을 줄이는 생산 시스템을 적용하고 있다. 두 기업 모두 유교식 서열 위주의 조직을 유지하고 있고, 두 기업 모두 창업주의 자손들이 경영에 참여하고 있다.

하지만 같은 것은 여기까지이다. 여기서부터는 각자의 민족성이 드러난다. 예를 들어 도요타의 CEO인 도요타 아키오豊田章男가 2020년 디트로이트 모터쇼에서 연설하기로 예정되어 있다고 치자. 그 전에 죽지 않는 한 그는 그 연설을 예정대로 할 것이다. 그리고 현대차의 정의선 부회장이 내년 디트로이트 모터쇼에서 연설하기로 되어 있다고 치자. 그가 실제로 연단에 올라 연설을 시작하기 전까지는 그 연설이 예정대로 행해질지에 대해 아무도 모른다. 아마도 정의선 부회장의 참석은 행사 시작 바로 한 달 전까지 예정되었다가 취소되기를 열 번은 반복될 것이다. 임원과 스태프들이 허겁지겁 행사장으로 달려가 연설 준비를 하다가 별안간 준비 작업을 중단하기를 몇 번은 반복할 것이다. 행사가 진행될 그 시점에 정 부회장이 과연 어디에 있는 게 회사를 위해 가장 바람직할지를 보고 최종 결정을 내리는 것이라면 이런 식의 일처리도 꽤 일리가 있다고 생각된다.

현대차는 일을 매우 계획적으로 진행하지만, 모든 일이 사실상 마지막 순간에 결정된다. 위기관리 시스템을 철저히 가동시키는 것이다. 사실 이렇게 하면 그 이득은 소비자에게 돌아간다.

현대차의 전직 임원 한 명은 퇴사한 뒤 다른 경쟁 회사에서 몇 년 동안 근무한 다음 이렇게 말했다. "자동차 업계에서 차 한 대를 개발하려면 4년 정도는 걸려야 합니다. 아이디어를 내고 나서 완성품이 조립라인에서 굴러 나오기까지 걸리는 시간을 말합니다. 대부분의 자동차 메이커들의 경우 최종 디자인은 완성품이 조립라인에서 굴러 나오기 18개월 전에 마무리해서 더 이상 손볼 수 없도록 합니다. 이 18개월은 마케팅과 광고, 딜러 교육 등에 필요한 시간으로 쓰는 것입니다. 하지만 우리 현대차에서는 조립라인에서 차가 굴러 나오기 한 달 전까지도 바꿀 것은 바꿉니다."

물론 그렇게 하다 보니 혼란도 불가피하게 일어난다. 하지만 달리 생각해 보면 이는 어떤 고객이 현대의 라이벌 회사에서 나온 신차를 구입하는 경우, 18개월 전에 만들어진 차이기 때문에 최신형이라고 하기는 힘들다는 말이기도 하다. 현대의 신차를 구입하면, 그 차는 말 그대로 페인트도 채 안 마른 최신형이다. 현대차의 한국인 근로자 몇 천 명이 잠 안 자고, 녹초가 되도록 악착같이 차에 매달린 덕분이다.

10

세종대왕과
중국의 자동차 시장

　　중국과 한국은 일본과 한국의 관계와는 많
이 다른, 훨씬 더 가부장적인 관계를 유지했다. 동해(일본은 동해를 일본
해라고 부른다.)를 사이에 두고 떨어져 있는 일본과 달리, 한반도는 중국
과 연결돼 있다. 두 민족의 경계는 적어도 기원전 4세기부터 들락날락
하기를 거듭했다. 중국은 다양한 왕조와 부족 깃발 아래 한반도를 침범
했고, 한반도에는 여러 왕조가 부침을 거듭하며 이들을 상대했다. 역대
중국 왕조들은 한반도를 교역 상대로서 뿐만 아니라 외세의 침략을 막
을 중요한 방어선으로 생각했다.

　17세기에 한반도 최초의 통일국가였던 신라는 당나라에 조공을 바치
는 관계였다. 당시 중국은 자신들이 세상의 중심이며, 세상을 지배하는
황제국이라고 생각했다. 신라는 중국 황제에게 매년 조공을 바치고, 그
대가로 어느 정도 보호를 약속받는 관계를 유지하지 않을 수 없었다.

한국인들 스스로 중국보다 작고 열등한 나라임을 인정한 것이다. 교역과 문화는 중심국인 중국으로부터 한국으로 흘러들어왔다.

양측의 관계는 조선시대에 들어와서 더 확고해졌다. 1392년부터 1398까지 재위한 태조 이성계는 두 나라 관계를 더 공고하게 다졌다. 태조는 당시 명나라로부터 앞선 기술과 학문을 적극적으로 받아들였다. 중국에서 받아들인 문물 가운데서 가장 강력하고 지속적으로 영향력을 행사한 것은 유교였다. 유교는 한국 문화 전반에 제도적으로 깊게 뿌리를 내렸다. 유교가 한국으로 전파된 것은 6세기였으며, 그로부터 800년 뒤 태조 이성계는 유교를 국교로 공식 인정하기에 이르렀다.

태조 이성계의 손자인 세종대왕은 한국에서 가장 위대한 인물 가운데 한 명이다. 세종은 1397년 조선의 제3대 국왕 태종의 막내인 셋째 아들로 태어났다. 학문을 좋아하고 호기심이 많았던 세종은 당초 왕위 계승 서열에서는 벗어나 있었다. 왕위는 원래 큰아들이 물려받게 되어 있었으나, 큰아들은 행실에 문제가 있는 것으로 여겨져 왕위 계승 후보 대열에서 밀려났고, 둘째아들은 스님이 되었다. 그리하여 세종은 만 21세 때인 1418년에 왕의 자리에 올랐다.

조선도 당시는 다른 많은 문화권과 마찬가지로 출생 때 신분이 결정되는 신분사회였다. 신라시대 때는 골품제로 불렸다. 타고 난 신분을 벗어나 위로 올라가기는 불가능했다. 세종대왕은 이러한 신분제도의 벽을 부수려고 했다. 그는 즉위하자마자 모든 신분의 인재를 골고루 등용하겠다고 말해 신하들을 놀라게 했다. 그리고 실제로 신분이 낮은 사람들을 관직에 등용했다. 그는 국민들의 소리를 직접 듣는 게 매우 중요하다고 생각했다.

이를 위해 세종은 고유문자인 한글을 창제했다. 그때까지는 오직 지배계층만이 읽고 쓸 줄 알았다. 한국어로 말은 했지만 그것을 글로 옮기는 것은 중국의 한자어를 차용했는데, 극소수의 식자층만 한자를 배워서 썼다. 당시 조정에서는 신분이 낮은 사람이 글을 깨우치면 조정에 불만을 품게 되고, 결국 정치적으로 위험한 일이 벌어질 것이라고 생각했다. 세종의 신하들 가운데 일부도 농민 등 하위 신분의 사람들이 글을 배우도록 하는 데 반대했다. 그래서 세종은 한글 창제 작업을 집현전의 믿을 만한 학자들에게 맡겨 은밀히 진행했다. 사료에 따르면 세종은 즉위 28년인 1446년에 표음문자인 한글 28글자를 반포했다.(이 가운데 4자는 현재 쓰이지 않고 있다.) 한글은 단순한 구조로 이루어져 있기 때문에 교육 받지 않은 농민이나 심지어 미국인 비즈니스맨들도 쉽게 배울 수 있다. 민주주의가 이루어지기 500년 전이었지만, 그때 이미 한글을 통해 민주주의의 씨앗이 뿌려진 것이다. 세종은 사람은 신분이 아니라 각자의 자질에 의해 등용될 수 있다는 뜻을 널리 알리려고 했다.

세종 치하에서 천문과 농업, 무기, 금속, 미술 분야 등 예술과 과학이 꽃을 피웠다. 세종 때 가장 위대한 발명가 가운데 한 명인 장영실은 매우 비천한 신분 출신이었다. 그 전 다른 왕의 치세 때 태어났더라면 장영실은 기껏해야 시골마을의 이름 없는 서생으로 지냈을 것이다. 하지만 세종은 그의 천재성을 알아보고 관직을 내려 조정에서 일할 수 있도록 했다. 장영실은 물시계인 자격루를 발명하고, 시간을 알려주는 해시계와 천체의 운행을 관측하는 천문기구도 발명했다. 이탈리아에서 레오나르도 다빈치가 놀라운 발명품들을 선보인 것보다 한 세대 앞선 일이었다.

세종은 맹자孟子의 가르침을 열심히 읽었다. 중국의 철학자 맹자는 유교를 통치에 적용시켜 인의仁義의 덕을 바탕으로 하는 왕도정치를 주장했다. 세종은 백성을 귀하게 여기며 조화로운 국가를 만들려고 했다. 세종은 신분에 대해 개혁적인 생각을 하면서도 유교주의에 입각해 서열제도 자체를 철폐하지는 않았다. 대신 그는 서열제도를 투명하고 합리적으로 운용하려고 했다. 세종과 그의 부친인 태종은 오늘날까지 이어져 내려오는 한국식 유교의 기본 이론을 확립했는데, 그 가운데 하나가 바로 신상필벌信賞必罰의 용인술이다. 훌륭한 생각을 가지고 규율에 따라 행동하는 사람에게는 그에 합당한 보상을 내리는 원칙이다.

신상필벌의 용인술은 오늘날 한국의 재벌기업들에서 가장 분명하게 지켜지고 있는 원칙이다. 재벌기업들은 우수한 대학을 졸업한 인재들을 채용한 다음 이들을 상명하복의 서열구조에 따라 배치한다. 겉으로 보면 이는 창의력을 죽이는 시스템처럼 보인다. 그리고 이런 시스템이 새로운 아이디어를 묵살하는 데 아주 효과적인 토양이 되는 것도 사실이다. 하지만 이 시스템은 그대로 두면 자칫 목표의식도 없이 이리저리 떠돌다가 아무런 결실도 맺지 못하고 끝날지 모를 창의성에 규율과 열정을 불어넣어 줄 수도 있다. 수많은 미국의 벤처기업들이 의욕만 앞세우다 그런 식으로 사라졌다. 한국 기업의 유교문화는 새로운 아이디어를 보면 어떻게 활용할 수 있을지를 놓고 씨름하고, 이리저리 가늠해 보고, 일단 활용 가치가 있다는 판단이 서면, 재벌 아니면 불가능한 자원을 모두 동원해 결실을 맺도록 밀어붙인다.

예를 들어 현대차에서 스포츠 쿠페 벨로스터를 개발할 때 이런 식으로 했다. 2011년 디트로이트 모터쇼에서 정의선 부회장이 무대 위에서 직접 소개한 벨로스터 쿠페는 운전석 문은 하나에 옆자리 문은 두 개인 독특한 디자인을 하고 있다. 거기다 날렵하고 독특한 모양의 해치백을 하고 있어 과연 생산라인에 들어갈 수 있을지 회의적인 의견이 많았던 모델이다. 그런데 2007년 서울 모터쇼에서 눈요깃거리 컨셉트카로 선을 보였더니 한국 언론들의 반응이 아주 우호적이어서 현대 측을 놀라게 했다. 현대는 시장 진출 가능성, 특성과 가격, 잠재적인 경쟁상대 등에 대한 조사에 착수했다. 조사결과 경쟁상대로 프리미엄 소형차인 복고풍의 미니*Mini* 한 종밖에 없고, 섹시한 모던 스타일의 모델이 치고 들어갈 여지가 있다는 결론이 내려졌다. 현대 고위층에서는 벨로스터에 대해 좋은 시각을 가진 것은 아니었지만 조사결과에 승복했다. 현대는 2012년에 벨로스터 생산 모델을 내놓아 창의적인 디자인으로 비평가들의 입이 벌어지도록 만들었고, 결국 성공한 모델이 되었다.

자동차 업계에서 '헤일로'*halo* 카는 대부분 해당 브랜드에서 제일 값비싼 모델이다. 판매가 썩 좋지 않더라도 다른 모델들에게 '헤일로', 다시 말해 '후광효과'를 주는 역할을 한다. 헤일로의 '마법의 가루'*fairy dust*처럼 다른 모델들에게 이득을 안겨다 줄 것으로 보는 것이다. 고전적인 의미에서 헤일로 카는 쉐보레 코르벳*Corvette*을 꼽는다. 세계 최고 수준의 슈퍼카로 브랜드 네임만 같을 뿐이지 픽업트럭과 육감적인 세단, SUV 등 셰비 라인업의 다른 일반 모델들과는 아무런 공통점이 없는 차이다. 많은 비평가들이 벨로스터를 역발상의 의미를 담은 '리버스 헤일로'*reverse halo*라고 불렀다. 2만 2천 달러짜리 하이 마일리지*high-mileage* 카로 디자인과 섹시함이 너무 강렬해 사람들로 하여금 현대차의 전체 라인업과는 전혀 맞지 않는 차라는 생각을 갖게 만들었기 때문이다.

여러 면에서 벨로스터는 중국과 한국이 공유하는 유교주의 버전을 극대화한 모델이었다. 유교는 시민사회와 관료조직에 질서를 유지하고, 일이 제대로 진행되도록 만들어 주는 효과적인 수단이다. 일본이 6세기에 한국을 통해 유교를 받아들일 당시 일본 학자들은 화합과 인의仁義를 중시하는 유교의 덕목을 높이 받들었다. 하지만 일본은 유능한 관료를 선발하기 위해 실시하는 유교의 정교한 과거제도는 채택하지 않았다. 중국과 한국에는 지금까지 이 제도의 뿌리가 남아 있다. 일종의 관학官學협력 시스템인 것이다. 이와 달리 일본에서는 유교가 국수주의를 정당화하는 데 이용되었다. 사무라이를 유교 서열의 맨 위에 올리고, 전사戰士 관료주의를 구축한 것이다. 중국과 한국의 유교는 부모에 대한 효孝와 통치자에 대한 충忠을 높은 가치로 받든다. 이 두 가치 사이에 충돌이 일어나면 일반적으로 효를 충보다 우위에 둔다. 하지만 일본식 유교문화에서는 둘 사이에 충돌이 일어나면 통치자에 대한 절대적인 충이 효보다 우선시된다. 이러한 가치관은 강력한 쇼비니즘 문화와 합쳐져서 일본 특유의 국수주의적이고 군국주의적인 유교주의를 만들어냈다.

나는 한국과 중국의 유교식 사회조직 사이의 유사성을 보고, 일본의 침략과 지배로 함께 고통을 당한 아픈 경험이 이 두 나라를 한데 묶어 주고 있다는 생각이 들었다. '내 적의 적은 나의 친구'라는 식의 동류의식이다. 현대차가 전 세계 시장 가운데서 중국에 가장 많은 차를 파는 사실이 이 이론과 무슨 연관이 있을지는 한번 따져볼 만한 주제라고 생각한다. 중국은 현대차의 가장 큰 시장으로(2위는 미국시장, 3위가 한국 내수시장) 전 세계 판매량의 25퍼센트를 차지한다. 현대차는 2002년 베이징 인근에 최초의 중국 공장을 세운 다음 이어서 두 곳을 더 추가했다. 2014년에는 제4공장, 제5공장 건립해서 중국 내 생산능력을 연간 140만 대로 끌어올리겠다는 계획을 발표했다.

중국의 자동차 구매자들은 다른 여러 수입차들과 마찬가지로 현대차도 선호한다. 중국은 179개가 넘는 생산업체를 거느린 엄청난 규모의 자체 자동차 산업을 갖고 있다. 규모 면에서는 크게 차이가 나지만, 실질적인 면에서 보면 미국의 초기 자동차 산업과 별로 다른 점이 없다. 당시 미국에서는 수십 개의 자동차 생산업체가 난립해서 서로 경쟁하고 도태되고 했다. 빅3라는 개념이 자리 잡은 것도 상대적으로 최근 들어와서이고, 정확한 시점은 크라이슬러가 아메리칸 모터스American Motors를 인수한 1980년대이다.

서구의 자동차 분석가들은 중국의 자동차 시장도 앞으로 몇 년 사이에 급속히 정리과정을 거쳐 비야디BYD, 상하이자동차SAIC, 지리Geely, 체리Chery 등 상위 5~8개 브랜드가 중소 브랜드들을 인수해서 몸집을 불리며 살아남게 될 것으로 보고 있다. 중국 정부는 국내 자동차 시장의 나아갈 방향에 대해 원대한 구상을 갖고 있다. 우선 앞으로 10~20년에 걸친 중장기 플랜으로 전 세계적으로 판매량 톱10에 드는 브랜드 가운데 5개를 중국 브랜드가 차지하겠다는 목표를 세워놓고 있다.

물론 아직 갈 길은 멀다. 자국 소비자들의 신뢰를 확보하는 게 우선 과제이다. 중국의 자동차 소비자들 대부분이 신흥 부유층들이고, 전 세계적으로 신흥 부유층의 특성이 그러하듯이 대부분 외국 브랜드가 고급스럽다고 생각해서 더 선호하는 경향을 보이고 있다. 현재 중국에서 가장 많이 팔리는 외국 자동차 브랜드는 GM과 폴크스바겐이다. 폴크스바겐과 메르세데스, BMW, 아우디Audi 등 독일 브랜드의 총 판매량이 전체 매출의 4분의 1을 차지한다. 170여 개에 이르는 중국 브랜드가 시장 전체에서 차지하는 매출은 40퍼센트 정도이다. 그리고 현대차와 기아차의 시장점유율은 합쳐서 약 9퍼센트에 이른다.

다른 자동차 메이커들처럼 현대차도 중국 소비자들의 취향을 재빨리 간파했다. 한마디로 중국인들은 차를 과시용으로 생각한다. 이들은 할인가격으로 패밀리카를 살 때조차 조금이라도 더 고급스러워 보이는 차를 사고 싶어 한다. 중국 소비자들을 끌어들이기 위해 현대는 2013년에 중국형 엘란트라를 출시했다. 엘란트라(한국 시장의 아반테 MD)는 현대차 중에서 전 세계적으로 가장 많이 팔린 모델이다. '랑동'朗动이라는 이름으로 내놓은 중국형 엘란트라는 차체가 약간 더 길다. 그보다 더 중요한 사실은 현대차의 상징인 헥사곤 그릴을 반짝이는 크롬 그릴로 바꾸었다는 점이다. 랑동은 중국 시장에 내놓은 현대차 가운데서 많이 팔리는 모델 가운데 하나이다.

중국의 모든 부문 시장이 다 그렇지만 특히 1억 명에 달하는 잠재적 고객이 있는 자동차 시장은 외국 자동차 기업들에게는 거역하기 힘든 황금시장이다. 더구나 이 고객들 대부분이 하루가 다르게 더 부유해지고, 더 글로벌화 되고 있다. 하지만 외국 기업들이 이 고객을 잡으려면 중국의 관료 조직이라는 좀처럼 넘기 힘든 벽을 넘어야만 한다. 부패를 상대해야 하고, 지적재산권을 뺏길 각오도 해야 한다. 특히 자동차 산업의 경우, 중국 측 파트너로 등장하는 자동차 메이커들 대부분이 국가 소유이다.

중국 당국은 모든 외국 자동차 업체들에게 중국에서 장사를 하고 싶으면 중국 국내 자동차 기업과 50대 50으로 합작법인을 만들 것을 요구한다. 그런데 이 합작관계가 반드시 1대1로 이루어지는 게 아니다. 중국 자동차 회사나 지주회사 하나를 놓고 외국 자동차 기업 한 곳 이상이 합작관계를 맺는 것이다. 그리고 이러한 합작관계는 반드시 정부의 승인을 받도록 해놓았다. 그러다 보니 이상한 협력관계가 만들어지게 되었다. 어떤 외국 자동차 메이커가 자신과 경쟁관계에 있는 다른 외국 업체와 합작관계를 맺은 중국 자동차 메이커와 중복해서 합작관계를 맺는 것이다. 예를 들어 중국의 동풍자동차그룹은 서로 경쟁관계에 있는 닛산, 혼다, 기아와 동시에 합작관계를 맺고 있다.

지리Geely를 비롯한 중국의 많은 국영 자동차 기업이 국가의 지원금과 합작 파트너한테서 얻어내는 수익으로 운영해 나간다. 이는 경제적인 목표보다 사회안정을 더 중시하는 중앙통제 계획경제에서 나타나는 매우 비효율적인 시장 기능이다. 그리고 외국 기업들로서는 중국에서 비즈니스를 하기 위해 치러야 하는 대가이기도 하다.

서울에 3년 넘게 살다 보니 한국 문화에 젖어서 지내게 되었지만, 나의 지정학적인 관심의 무게 중심은 중국에 쏠려 있었다. 그건 어쩔 수 없는 일이다. 나는 한국에 있는 기간 중에 과거 그 어떤 때보다도 더 많이 중국에 관해 읽고 생각했다. 중국은 아시아 전역을 밝게 비추는 거대한 태양이었다. 주위에 많은 별을 거느리고 있다가, 이따금씩 초신성超新星처럼 어느 순간 극적으로 소멸해 버릴지 모른다는 막연한 위협을 가하기도 하는 나라였다.

나는 2011년 봄, 긴 주말을 이용해 아내와 함께 처음으로 중국에 가 보았다. '주말에 상하이로 훌쩍 건너갈 수 있다니.' 우리는 새로운 생활에 신기해했다. 제트족 기분을 낼 정도는 아니지만, 아마도 제트족 생활이 그럴 것이라는 생각은 들었다. 금융 중심지인 상하이는 뉴욕 같은 느낌을 주었다. 풍요를 구가하던 1980년대의 뉴욕 같았다. 풍요롭고, 빠르게 움직이고, 깔끔하고, 거의 독립된 수도 같았다. 상하이는 물질적인 탐욕으로 요동치고 있었다. 아내와 함께 유행의 첨단을 걷고 물가가 비싼 신천지新天地 거리 쇼핑구역에 있는 야외 카페에서 점심식사를 했다. 웨이터는 활달한 중국 청년이었다. 영어가 아주 훌륭했고, 얼굴에 친절을 가득 담고 있었다.

그는 우리가 미국인이라는 사실을 알고는 자기가 조지 W. 부시, WWF세계레슬링연맹 레슬러인 존 시나John Cena 등 남자다운 미국인들을 얼마나 좋아하는지 신이 나서 떠들었다. 그리고는 카메라 폰을 휙 하고 꺼내더니 세계 최고 부자로 선정된 바 있는 카를로스 슬림Carlos Slim과 함께 찍은 셀카 사진을 보여주었다. 한 달 전 그 카페 손님으로 왔을 때 찍은 것이라고 했다. 그러더니 이번에는 아내를 추켜세웠다. 많은 미국 여성들을 보았지만, 자기가 보기에는 내가 '제일 최고 여성'을 찍었다는 것이었다. 그러고는 이렇게 덧붙였다.

"선생님은 성공한 사람임이 분명하시군요. CEO세요?" 영화배우처럼 잘 생긴 내 외모를 못 본 게 분명했다.

그날 저녁 아내와 나는 황푸강黃浦江 서안에 있는 레스토랑에서 꽤 괜찮은 저녁식사를 했다. 강 건너 색색의 조명이 춤을 추는 푸동浦東지구의 초고층 건물군이 바라다 보이는 곳이었다. 레스토랑 발코니에는 대형 중국 국기들이 미풍에 나부끼고 있었다. 중국 음식과 정성스레 만든 서양 음식이 함께 나왔고, 맛있게 먹었다. 식사 후에 우리는 손을 잡고 강 서안의 부두를 일컫는 번드Bund를 따라 산책했다. 왼편으로는 프랑스 조계租界의 유럽 건축물이 늘어서 있고, 오른편으로는 멀리 푸동 지구의 스카이라인이 윌리엄 한나William Hanna가 제작한 공상 만화 시리즈 '젯슨 가족'The Jettsons의 무대처럼 펼쳐져 있었다. 2월이지만 기온은 화씨 60도나 되었다. 과거 세계를 걸으면서 미래를 바라보는 기분을 느끼지 않을 수가 없었다. 중국은 매혹적인 관광지였다.

상하이는 로맨틱한 코스모폴리탄 도시였다. 하지만 호텔방으로 돌아오면 우리가 중국에 와 있다는 실감이 곧바로 들었다. 아내의 전자책 리더기 킨들Kindle에 누가 손을 댄 것 같았다. 누군가가 방에 들어와서 리더기 가죽 케이스를 벗겨내고 뒤쪽에 손을 댄 다음, 케이스를 대충 도로 씌워놓은 것이었다. 서울에 근무하는 국무부 소속 외교관 친구들로부터 소련 말기 시절 그곳에서 겪은 이야기를 들은 적이 있다. 하루는 외출했다 돌아왔더니 아파트 변기에 담배꽁초가 둥둥 떠 있더라고 했다. 국가에서 감시하고 있으니 조심하라는 경고였다는 것이다. 이런 일을 직접 겪고, 또한 중국에 출장 다니는 외국 비즈니스맨들이 전자기기에 누가 손을 대고, 해킹당한 경험을 쓴 글들을 보고 나서부터 전자기기는 꼭 몸에 직접 지니고 다녔다. 모터쇼 내내 아이패드를 손에 들고 다니다 보니 사람들 눈에 너무 젠체하는 것으로 비칠 거라는 생각은 들었다. 하지만 그렇게 해야 마음이 놓였다.

중국에 가면 왠지 기분이 편치가 않았다. 나는 소련공산당이건 중국 공산당인건 공산당은 모두 무섭고 나쁘다고 배우며 자란 냉전시대 어린이였다. 하지만 중국에 대한 불신은 어릴 때 배워서 그런 것만은 아니고, 실제로 좋지 않은 뉴스를 많이 접했기 때문이다. 나도 중국식 공산주의가 소련식 공산주의와는 다르다는 점을 잘 안다. 중국공산당은 중국 역사상 처음으로 수억 명의 인구를 기아에서 해방시켜 주었고, 미국에게는 엄청나게 큰 수출시장을 만들어 주었으며, 소련공산당과 비교하면 외부 세계에 훨씬 더 개방적이라는 사실도 안다. 하지만 중국은 여전히 전체주의 국가이며, 정치적 반대세력을 용납하지 않고, 언론자유와 종교의 자유를 억압한다. 꼭 하지 않아도 될 주말여행에 돈을 쓰면서 복잡한 생각이 들었다. 물론 말도 안 되게 작은 액수이기는 하지만, 내가 상하이에 와서 쓰는 돈이 국민을 억압하는 정부에 손톱만큼이라도 도움을 주는 게 아닌가 하는 생각이 들었기 때문이다.

하지만 호기심이 그런 편치 않은 생각을 눌렀고, 우리는 실컷 구경을 하기로 했다. 젊은 중국인 여성 가이드 줄리를 따라 상하이 시내에서 한 시간 거리에 있는 1700년 된 고대 도시 주자자오朱家角를 보러 갔다. 주자자오는 여러 개의 하천과 운하, 호수가 있는 '물의 도시'로 '상하이의 베니스'로 불리며 많은 관광객이 찾는 곳이다. 이탈리아 르네상스와 동시대에 지어진 주택과 다리를 구경하고, 나룻배를 타고 운하도 돌아보았다. 값싼 장신구와 중국 음식을 파는 노점상이 늘어선 좁은 골목길을 따라 인파 속을 비집으며 걷는데 노점상 노파들이 매대 뒤에서 나와 우리를 마구잡이로 끌어당겼다. 결사적으로 황금을 추구하는 상하이의 모습이 이곳에까지 진출한 것 같은 광경이었다. 번데기가 솥에서 지글지글 끓고, 머리칼을 태우는 것 같은 자극적인 냄새가 공기를 가득 채웠다. 팡셩차오放生桥에서는 방생할 잉어새끼를 물을 채운 비닐봉지에 담아 팔고 있었다. 그곳에서 물고기를 방생하면 행운을 가져다주고, 불운은 사라지게 해준다고 한다. 방생으로 어떤 사람의 불운이 다른 고객에게 넘어가는 건 아닌지 궁금했다. 왜냐하면 하천 아래쪽에서는 사람들이 그물을 들고 방생한 잉어를 잡고 있었기 때문이다. 그렇게 잡은 물고기를 방생용으로 되판다고 했다.

반나절 투어 동안 가이드인 줄리에게 정치적 자유, 인터넷 통제, 해킹 등 현안들에 대해 물어볼 기회가 있었다. 아내는 내가 줄리를 '심문'했다는 표현을 썼다. 나는 그녀가 서양 관광객들의 가이드로 활동하기 때문에 이런 문제들에 대답할 준비가 되어 있을 것이라고 생각했다. 그 준비된 대답이 어떤지 듣고 싶었던 것이다.

당국이 페이스북을 차단하는 문제에 관해 물었더니 그녀는 런런왕人人網 Renren을 가리키며 이렇게 대답했다. "그런 건 필요 없기 때문입니다. 우리 페이스북이 있으니까요." 런런왕은 2005년에 페이스북을 엉성하게 모방해 샤오네이Xiaonei.com 校內網라는 이름으로 시작됐다. 페이스북의 레이아웃을 흉내 내고, 페이스북처럼 청색을 바탕색으로 쓴다.

화제가 정치로 옮겨가자 그녀는 중국에도 언젠가는 복수 정당 시대가 올 것이라는 의견을 내놓았다. 하지만 그런 변화는 '위에서부터 내려올 것'이라고 했다. 대부분의 중국인들처럼 그녀도 1989년 톈안먼天安門 학살사건에 대해서는 들어본 것이 없다고 했다. 교과서에서도 톈안먼 사건은 다루지 않는다. 민주주의에 관한 질문에 그녀는 농촌 지역의 가난하고 교육받지 못한 사람들은 '아직 민주주의를 누릴 준비가 돼 있지 않다.'고 했다. 당의 공식 입장을 그대로 내게 말해 준 것이다. 그녀는 최상의 정치제도는 '통제된 자유'라고 하면서 이렇게 덧붙였다. "우리는 충분한 자유를 누리고 있습니다." 몇 년이 지난 지금까지 내 뇌리 속에서 사라지지 않고 있는 것은 바로 이 말이었다. 중국 당국이 고안해 낸

기막힌 말이었다. 만약 많은 사람이 이 말이 사실인 양 믿도록 만든다면 중국 당국으로서는 성공한 것이다.

나는 우리, 특히 미국인의 입장에서 볼 때 '충분한 자유'라는 말은 있을 수 없다는 식으로 설명해 보았지만 소용이 없었다. 정치적 자유라는 것은 자유롭거나 자유롭지 못하거나 둘 중의 하나라고 나는 생각한다. 국가안보국NSA을 비롯한 미국 정부 기관들의 비밀 활동이 알려지면서 이런 이분법적인 시각은 다소 누그러진 게 사실이다. 하지만 미국 국민들은 투표소에 들어가서 정말 자유롭게 선택할 권리를 보장받는다. 이는 결코 순진한 생각이라고 치부할 일이 아니다.

중국 정부는 국민들에게 정치적 자유는 제한하면서 경제적 자유는 보장해 주는 식으로 교묘한 줄타기를 하고 있다. 바로 덩샤오핑鄧小平이 고안한 정책 노선이다. 그는 개방 경제는 효율적인 시장을 만들어 주지만, 개방적인 정치체제는 혼란을 조장할 뿐이라는 확신을 갖고 있었다. 덩샤오핑이 그랬듯이 지금의 중국 지도부도 국민들이 안정과 경제적 번영을 누리기 위해 정치적 자유를 포기할 것이라고 믿고 정치적 도박을 벌이고 있다. 중국은 오랜 역사를 지나는 동안 야만과 빈곤의 시대를 차례로 겪으며 발전해 왔다. 그렇기 때문에 중국공산당 지도부는 안정을 최상의 목표로 둔다. 안정을 우선 가치로 두고 모든 결정이 내려지며, 중국과 교류하는 나라들은 이 점을 이해해야 한다.

유독 중국만 이런 식으로 국가를 경영하는 것은 아니다. 웨스트 버지니아에서 자란 촌놈인 나는 미국 바깥을 여행하면서 많은 사람이 경제적 번영과 안정을 누리기 위해 개인의 자유는 어느 정도 기꺼이 유보할 자세가 되어 있다는 사실을 알고 정말 놀랐다. 빈곤하고 불안정한 나라에 사는 사람들이라면 미국인이 느끼는 것보다 이 말이 더 실감나게 와 닿을 것이다. 싱가포르의 예를 들어보자. 그 나라에서는 법만 어기지 않으면 현대적이고 번영된, 천국에서와 같은 삶의 질을 누릴 수 있도록 국가와 국민 사이에 타협이 이루어져 있다. 국민이 국가의 법에 종속되는 것인데, 서양 사람들은 이를 불평등하고 개인에게 가혹한 관계라고 받아들이지만, 싱가포르 국민들은 문명화 된 나라에서 살기 위해 감수해야 할 정당한 대가라고 생각한다.

중국은 확실히 사람을 사로잡는 매력이 있고, 현대차를 비롯한 모든 자동차 메이커들에게 매력적인 시장임이 분명하다. 나는 중국 시장에 대해 거의 무한한 낙관론을 가졌고, 중국의 차세대들에게서 분방함과 열정을 느꼈다. 이들은 다가오는 큰 기회의 물결에 자신들이 올라타게 될 것이라고 자신하고 있었다. 나는 자동차 전문기자 일행을 톈안먼 광장 인근에 있는 레스토랑에 초청해 멋진 식사를 대접했다. 멀리 중국 인민의 영웅인 마오쩌둥毛澤東의 대형 초상화와 자금성紫禁城이 바라다보이는 멋진 전망이었다. 자금성 일대는 야간 조명을 받아 휘황찬란하게 빛나고 있었다. 영광과 비극을 함께 간직한 600년의 중국 역사와 힘차게 고동치는 21세기의 중국이 바로 우리 눈앞에 펼쳐지고 있었다.

11

통일 특수 기다리는 현대차

한국에 정착하고 나서 몇 달이 지난 뒤 아내와 나는 남북한을 가르는 분단선인 비무장지대DMZ를 방문할 기회가 있었다. 그곳은 전 세계에서 가장 삼엄한 경계가 펼쳐지고 있는 국경이다. 1953년에 체결된 정전협정이 유지되고 있기 때문에 이론상으로 그곳은 아직 전장인 동시에 관광명소이다. 매일 서울에서 출발하는 주한미군 연합봉사기구USO의 판문점 일일 버스 투어는 이곳의 기괴한 상황을 한 번 더 상기시켜 준다. 워싱턴을 출발해 피크닉 점심을 먹으며 북부 버지니아 일대의 전장을 둘러보는 남북전쟁 버스 투어가 생각났다.

아내와 함께 토요일에 판문점과 비무장지대 안에 있는 '자유의 마을'을 둘러봤다. DMZ는 남북으로 각 2킬로미터씩 폭 4킬로미터로 38도선을 따라 국토를 동서로 가로지르는 비무장 지대이다. 대부분 사람이 살지 않는 지역이지만, 황폐하지는 않고, 수목이 우거지고 여러 종의 희귀 동식물이 서식하는 야생동물의 보고이다. 남한 당국은 전시효과를 위해 약 250명의 농부를 DMZ 안에 살도록 허용하고 있다. 북한군이 남침할 경우 제일 먼저 점령당할 토지를 경작하는 대가로 정부에서 농부들 개개인에게 연간 9만 달러 정도를 지원한다.

판문점에서는 단조로운 단층 건물 여러 동이 실질적인 남북한 경계선 역할을 한다. 건물에는 남쪽과 북쪽에 출입문이 하나씩 달려 있다. 이 단층 건물들이 내려다보이는 곳에 현대식 대형 건축물이 남과 북에 한 채씩 있다. 남쪽에 있는 이 대형 건물에서 바깥으로 나가 몇 발자국만 가면 단층 건물에 다다른다. 우리는 절대로 양팔이 북쪽으로 넘어가지 않도록 하고, 손가락으로 무엇을 가리키지 않도록 주의하라는 당부를 받았다. 북측에서 우리 사진을 찍을 터인데, 손가락을 가리키는 모습이 포착되면 쉽게 선전에 이용되기 때문이라고 했다.

긴장과 우스꽝스러움이 한데 뒤섞인 곳이었다. 단층 건물 한 곳에 들어가 보았는데, 안에는 회담 테이블 하나가 건물을 이등분하는 경계선 양쪽으로 걸쳐 놓여 있다. 바닥에는 줄이 그어져 있고, 테이블 너머는 북쪽 지역이다. 가이드는 북쪽으로 난 문에 너무 가까이 가지 말라고 주의를 주었다. 북한 군인들이 갑자기 문을 확 열어 제치고 끌어당겨 잡아갈지 모른다는 것이었다. 과거 남북회담 때 북한 요원들이 회담 전날 밤 회담장에 몰래 들어와 남측 대표가 앉을 의자들의 다리를 톱으로 자른 일도 있다고 했다. 회담 때 남측 대표들이 북측 대표보다 앉은 자리가 더 낮게 보이도록 하기 위해서였다는 것이다.

건물 바깥으로 나가면 땅에 나지막하게 만든 콘크리트 턱이 적대 중인 두 나라 사이의 분계선을 표시해 주고 있다. 우리가 방문하기 전날 눈이 내렸는데, 남북 양측에서 쌓인 눈을 경계 턱 위로 치웠는데, 아직 눈이 덜 녹은 채 쌓여 있었다. 북한은 들으면 웃음이 날 정도로 유치한 일들을 많이 저질렀다. 여러 해에 걸쳐 한국은 북한이 DMZ 일대에 간첩 침투용으로 판 지하땅굴 여러 곳을 찾아냈다. 땅굴을 파는 현장이 직접 발각되기도 했는데, 북한은 간첩 침투용이 아니라 석탄 채굴 작업을 위한 것이라고 우겼다. 한국이 그 말을 믿을 것이라고 생각했는지, 터널 벽을 검은 색으로 칠해놓기도 했다. 아마도 역사상 가장 궁색한 변명이었을 것이다.

보다 최근인 2014년에는 할리우드 코미디 영화 '인터뷰'The Interview가 제작되었을 때 북한이 발끈해서 제작사인 소니 픽처스Sony Pictures를 해킹했다. 북한 지도자를 암살하는 내용을 담고 있지만 별 감동을 주지 못하는 플롯이었다. 소니 픽처스는 이 때문에 내부 이메일 등 민감한 정보가 유출되고, 브랜드 이미지에 손상을 입었다. 보안 강화에 수백만 달러를 써야 했고, 스튜디오 책임자까지 경질했다.

하지만 한국인들에게 북한은 웃음거리가 아니다. 1968년에는 북한 무장공비들이 당시 박정희 대통령 암살지령을 받고 내려와 대통령 관저인 청와대 반경 100미터까지 접근했다가 격퇴당한 일이 있었다. 그로부터 6년 뒤에는 박정희 대통령의 생명을 노린 두 번째 도발이 일어났다. 이번에는 북한에 동조하는 암살자가 박대통령을 향해 총을 쏘았으나 미수에 그쳤고, 영부인의 목숨을 대신 앗아갔다. 1983년, 북한은 당시 미얀마 수도 랑군수도 양곤의 당시 이름을 방문 중이던 전두환 대통령을 암살하려고 했다. 그가 방문하기로 되어 있던 장소의 건물 천장에

시한폭탄을 설치해서 터트린 것이다. 하지만 전두환 대통령은 교통체증으로 도착시간이 늦어졌고, 그가 도착하기 전에 폭탄이 터져 그곳에 도열해서 대통령을 기다리던 한국의 고위 보좌관 여러 명이 목숨을 잃었다. 또한 1987년에 북한은 1988년 하계올림픽이 서울에서 열리는데 대한 불만의 표시로 대한항공기에 폭발물을 설치해 공중 폭발시켜 탑승객 115명 전원을 사망케 했다. 그리고 2006년에 핵실험을 감행한 이래, 2009년, 2013년, 2016년에 연이어 핵실험을 강행했다. 우리가 한국에 오기 전인 2010년 봄에는 대한민국 해군의 초계함인 천안함이 북한 잠수함의 어뢰공격을 받고 침몰해 해군장병 46명이 전사하는 도발이 일어났다.

우리가 DMZ를 방문할 당시 김정일은 부친인 김일성에 이어 17년째 북한 최고지도자 자리를 지키고 있었다. 김일성은 1945년 일본이 패망한 뒤 한반도 북쪽에 진주한 소련군이 북한 지도자로 앉힌 인물이다. 김일성은 자립을 강조하는 주체사상을 내세워 사실상 외부 세계와 단절된 정치, 경제정책을 추구했다. 그는 자신을 우상화하고, 많은 집단수용소를 세워 주민들을 통제하는 공포정치를 펼쳤다. 김정일은 1994년 김일성이 사망하자 통치권을 이어받았다. 하지만 무능한 통치는 계속 이어져 그의 재임 기간 중 60만 명이나 되는 북한 주민이 기아로 사망했다. 북한을 방문한 보건 전문가들은 북한 주민들이 만성적인 영양실조에 시달려 유전적으로 같은 민족인 남쪽 주민들보다 평균 신장이 3인치 더 작다고 했다. 김정일은 군을 최우선시하는 선군정책을 내세우면서도 거짓 화해 제스처를 계속 내보내 한국 사회를 혼란스럽게 만들었다.

따라서 한국에 살아 보면 북한이 하는 짓을 보고 웃을 수가 없다. 호전적인 북한은 툭하면 남한을 '불바다'로 만들겠다고 위협한다. 북한의 전면적인 남침은 이론적으로는 가능하지만 현실적으로는 가능성이 희박하다. 내가 보기에 더 걱정스러운 일은 우발적이거나 아니면 강경파 북한군 지휘관이 남쪽의 주요 목표물을 향해 미사일을 한 발, 혹은 동시다발적으로 발사하는 것이다. 아내가 일하는 미국대사관이 있는 서울 시내 중심가, 우리가 사는 주한미군부대 등이 주요 목표물에 포함된다. 세계 사람들은 북한을 예측불가능한 미치광이 정권이라고 생각하지만 한국은 그렇게 생각하지 않는다. 북한이 철저한 계산에 따라 행동하고 있다고 보는 것이다.

한국의 입장을 짧게 정리하면 이렇다. 북이 말로 위협하거나 연평도 포격 때처럼 무력도발을 해와도 침착하게 대응한다. 왜냐하면 남은 북이 대규모 공격을 감행할 만큼 무모하지 않다고 생각하기 때문이다. 북이 대규모 공격을 해 오면 한미연합군이 힘을 합쳐 북한 정권을 멸망시켜 버릴 수도 있다. 그래서 한국은 간간이 계속되는 북한의 도발을 참아내고 있다. 옆집에 불한당이 사는 것과 마찬가지이다. 서울에 사는 우리 같은 사람들에게 직접 피부로 느껴지는 위협 못지않게 끔찍한 것은 북한의 수용소이다. 북한에서 탈출해 나온 사람들의 증언에 의하면 강제수용소는 북한 정권에 반대하는 정치범들을 가두는 곳이다. 하지만 대부분은 자신이 왜 그곳에 보내지는지 이유도 모른 채 잡혀 간다. 북한의 수용소는 지구상에서 가장 오래 운영되고 있는 집단수용소이다. 그 열악한 환경에서 아이들이 태어나고 사람이 살고 죽는다. 엄마들은 아이를 굶기지 않으려고 자기한테 배급되는 얼마 되지 않는 식량을 아이한테 먹인다. 왜 잡혀 왔는지, 수용소 바깥세상이 어떻게 돌아가는지도 모른다. 이들은 배움의 기회도 박탈당한 채 비참한 생활을 이어간다. 탈출구도 없고 아무런 설명도 듣지 못한 채, 그저 우리에 갇힌 짐승처럼 살아가는 것이다.

한국전쟁이 멈춘 이후 지금까지 한국의 대통령들은 다양한 대북정책을 펴왔다. 보수적인 입장의 이명박 대통령은 미국의 강경노선을 따라 핵무기 개발을 포기하지 않는 한 북한에 단 한 푼도 주지 않겠다고 했다. 북한과의 대화도 중단했다. 하지만 진보정권인 김대중 대통령은 북한과의 화해노선을 추구했다. 소위 '햇볕정책'을 통해 북한을 포용하고, 금강산 관광단지 개발과 개성공단 건설을 성사시켰다. 남북한 경계선에 인접한 북쪽 땅에 남의 기업인들이 공장을 짓고 북한의 값싼 노동력으로 제품을 생산했다. 햇볕정책은 2000년 김대중 대통령과 북한 최고지도자 김정일의 정상회담으로 정점을 맞이했다. 많은 이들이 불가능하다고 생각한 일이 성사된 것이었다. 이에 대한 공로로 김대중은 그해 노벨평화상을 수상했고, 한국 사회는 자부심으로 넘쳤다.

하지만 노벨상위원회의 결정은 너무 성급한 것이었다. 범죄자들이 그렇듯이 북한은 남한의 선의를 이용만 했다. 북한은 합의사항을 어기고 개성공단을 정치적인 도구로 이용해 수시로 한국 기업인들의 출입을 막았다. 거기다 한국 관광객 한 명이 총격을 받고 숨지는 사건이 일어났고, 이후 금강산 관광은 중단되었다. 남북정상회담 3년 뒤 진행된 조사에 의해 김대중은 김정일을 대화 테이블에 불러내기 위해 1억 5천만 달러를 비밀리에 지불한 사실이 드러났다. 이 일이 밝혀짐에 따라 노벨평화상도 웃음거리로 전락하고 말았다. 2010년 한국 정부는 햇볕

정책은 실패했다고 공식 선언하기에 이르렀다.

서양에 사는 많은 이들은 북한에 유화적인 입장을 취하는 게 효과가 없음을 보여주는 명백한 증거가 있는데도, 한국 정부가 왜 수시로 그런 입장을 취하는지 이해하지 못한다. 한국에 와 있는 서양인들은 왜 한국인들이 북한의 수용소와 인권유린 행위에 무관심하고, 이를 문제 삼지 않는지 이해하지 못한다.

나는 북한 정권은 단 하루도 존속할 가치가 없는 정권이라고 생각한다. 북한의 핵위협이 이 지역 전체에 실질적인 긴장을 조성하고 있고, 그 긴장감은 점점 더 고조되고 있다. 그리고 북한은 국가가 테러를 지원하는 집단이다. 그리고 현대 역사에서 자국민을 상대로 가장 오랜 기간 동안 인권유린을 자행해 온 정권이다. 한국은 북한에 이용당하거나 너무 유화적인 입장을 취한다는 비판을 받고 있다. 북한의 끔찍한 수용소에 대한 가장 혹독한 비판의 소리가 왜 한국이 아니라 한국 외부에서 나오는지 의아하게 생각하는 이들도 많다.

하지만 이곳에 와선 3년 넘게 살며 사람들이 끊임없이 계속되는 위협 속에서 사는 여러 모습을 지켜보니 이곳 사람들이 북한에 대해 어떻게 생각하든지, 북한을 어떻게 대하든지 이렇다 저렇다 판단할 권리가 내게는 없다는 생각을 하게 되었다. 이들은 미국에 사는 그 누구보다도 북한으로부터 더 많은 위협에 노출되어 있는 사람들이다. 과거 여러 세대 동안 러시아와 미국은 인류를 멸망시켜 버릴 수도 있는 글로벌 핵위협을 머리에 이고 지내왔다. 마찬가지로 이곳 사람들 역시 북한의 위협을 지척에 둔 채 어떻게든 삶을 영위해 나가야 하는 것이다.

김정일 사망과 통일 특수

2011월 12월 19일, 낮 12시 가까이 되어서 점심식사를 하러 나가려고 하던 참이었다. 사무실에 늘 켜놓은 BBC 방송에서 김정일이 사망했다는 뉴스가 흘러나왔다. 곧바로 경계경보가 발령됐지만 현대차는 평상시와 다름없는 분위기였다. 만약 미국에서 이런 일이 일어났다면, 사람들이 자리에서 일어나 삼삼오오 모여 이야기를 나누느라 정신없을 것이다. 그런데 우리 사무실은 그렇지 않았다. 모두들 자리에 얌전히 앉아 있었다. 자리에서 바쁘게 메시지를 서로 주고받고 있을지도 모르겠다. 그럴 수도 있고, 아닐 수도 있을 것이다. 현대차는 북한에 자동차 판매점이 없다. 팀장인 벤과 김정일 사망에 대해 간단히 몇 마디 나누었다. 그는 김정일 이후가 걱정스럽다는 말을 했다. 김정일은 흉포하지만, 그래도 어떤 자인지 알려진 인물이었다는 것이었다.

그날 저녁, 집이 있는 주한미군부대로 들어가는 출입문의 보안 체크 포인트에 신분증을 보여주기 위해 차를 세우자 경비원인 헨리가 특유의 환한 미소를 보이며 나를 맞아주었다. 우리 가족 모두 잘 지내느냐는 인사도 했다. 나이가 제법 든 그는 붙임성이 많은 한국인으로 신분증을 받아 아주 진지한 태도로 인식기에 대고 신원을 확인하는 일을 한다. 그는 처음 만났을 때 나더러 "내 이름은 헨리입니다. 그냥 헨리라고 불러주세요."라고 했다. 한번은 내게 이런 말을 했다. "내가 하는 일은 아주 중요한 일이지요!" 그는 영어 실력을 늘리려고 열심히 공부하는데 아내나 나를 만나면 새로 배운 영어단어에 대해 질문을 했다. 그날 저녁 나는 그에게 이렇게 물었다. "김정일 뉴스는 대단한 거지요. 그렇지 않습니까?"

"무슨 뉴스요?" 헨리는 이렇게 되물었다.

"김정일이 죽었다고요." 나는 이렇게 말했다. "오늘 낮 12시에 발표됐어요."

"그래요?" 그는 놀라는 표정으로 이렇게 물었다. "몰랐네! 세상에. 그놈이 죽었다니 기분 좋은 소식이군요!"

정말 놀랐다. 전국 뉴스를 통해 한국의 가장 큰 적이 사망했다는 소식이 전해진 지 여덟 시간이 지났는데도 어떻게 아직 그 사실을 모를 수 있단 말인가? 뉴스를 못 본 것일까? 그 소식을 전해 준 사람이 아무도 없었단 말인가? 아니면 한국인들에는 그게 그다지 큰 소식이 아니란 말인가? 아무리 생각해도 답이 나오지 않았다. 차를 몰고 집에 도착하고서도 수수께끼는 풀리지 않았다. 도대체 이곳 사람들에게는 무엇이 중요한 소식이고, 정보는 어떻게 흘러 다니는가? 아니면 정보가 아예 흘러 다니지 않는다는 말인가? 미군부대를 둘러싼 담장 바깥에 존재하는 거대한 문화권은 그림자에 가린 채 내가 이해할 수 있는 범위를 벗어나 있었다. 한국에 아무리 오래 살고, 한국말을 배우더라도 한국을 이해하기는 힘들 것이라는 생각이 들었다.

김정일의 아들인 김정은이 뒤를 이어 북한 지도자가 되었다. 그는 미스터리에 싸인 인물이었다. 뉴스 기관들도 그의 나이가 20대 후반이니 30대 초반이니 하며 오락가락했다. 북한의 새 독재자는 어렸을 때 스위스 기숙학교를 다녔고, 마이클 조던의 열렬한 팬이라는 사실이 밝혀졌다. 하지만 그렇다고 그가 새로운 세대의 지도자, 서양에 우호적인 개혁적인 지도자가 될 것이라는 기대는 이내 사라졌다. 그는 곧바로 권력 상층부의 자신에게 적대적이거나 충성심이 약한 세력을 처단하며 자신의 권력을 공고히 하는 일을 단행했다. 그러면서 결국 입에 담지 못할 정도로 참혹한 일까지 저질렀다. 고위 관료 한 명을 대공포로 쏘아 산산조각 내 처단한 것이다. 정적들을 굶주린 개떼에 던져 뜯어 먹히게 했다는 이야기까지 나돌았다. 기괴하고 확인 불가능하지만 이런 이야기들은 북한 사회 내부에 김정은에 대한 개인숭배 분위기를 만들고, 그의 예측불가능한 성품을 전 세계에 알리는 역할을 했다. 두 가지 모두 그가 교묘하게 노리는 효과들임이 분명했다.

김정은은 1백만에 달하는 북한군을 장악하기 위해 이런 일을 저지른다. 그리고 군을 장악하는 한 누구도 내부 쿠데타는 꿈꿀 수가 없다. 내게 이런 질문을 하는 사람들이 더러 있다. "김씨 일가가 북한에서 하고자 하는 것이 무엇입니까? 남한을 침공하는 것입니까? 핵무기로 위협해 외부 세계로부터 원조를 뜯어내겠다는 것입니까?" 북한의 건국자인 김일성은 김씨 왕조의 창시자이다. 항일투쟁을 했던 그는 실제로 진정한 마르크스주의 국가를 건설하고 싶어 했는지도 모르겠다. 그는 중국공산당원이었고, 소련 붉은군대에 들어가기도 했다. 하지만 그의 아들과 지금 통치자가 된 그의 손자는 오직 한 가지밖에 생각하지 않는다. 그것은 바로 정권의 생존이다. 북한의 움직임을 정권유지라는 맥락에서 들여다보면 흐릿하기는 하지만 비로소 논리적인 그림이 그려지기 시작한다.

하지만 언젠가, 그리고 어떤 식으로든 김씨 왕조도 무너지는 날이 올 것이다. 많은 수혜자들이 있겠지만 그 중에서도 가장 크게 기뻐할 사람은 강제수용소에 갇혀 있는 수감자들일 것이고, 나머지 2500만 북한 주민들도 자유를 누리게 될 것이다. 현대차도 혜택을 보게 될 것이다. 북한은 그동안 군사비로 엄청난 비용을 지출하고, 평양을 전시용 '포템킨 빌리지'로 만들기 위해 그곳에 비정상적으로 많은 예산을 쏟아 부었다. 하지만 나머지 지역에는 인프라가 대부분 폐허가 되거나 아예 존재하지 않는다.

통일이 되면 수십 억 달러에 이르는 대한민국 정부와 민간 부문, 외국의 건설지원 자금이 북한 지역으로 흘러들어갈 것이다. 이런 건설 작업을 진행하는 데 필요한 트럭을 만드는 선두 메이커는 바로 현대차이다. 현대의 상용차 부문은 그동안 별 관심을 받지 못했지만 통일이 되면 전성기를 누리게 될 것이다. 현대차그룹 계열사들은 세계 곳곳에서 핵발전소 건설과 항만, 고층건물, 고속도로, 댐을 만드는 엔지니어링과 건설 경험을 갖고 있다. 이런 경험들이 북한 재건에서 요긴하게 활용될 것이다.

12

현대차 홍보해 준
폭스바겐 CEO

2011년에 나는 디트로이트 북미 모터쇼에 참석했다. 자동차 산업에서 북미시장은 소비자의 취향을 선도하는 중요한 시장이다. 그곳에서 현대차는 프리미엄 자동차 메이커로 도약하겠다는 과감한 선언을 했다. 당시로서는 실현 불가능해 보일 정도로 높은 목표를 세운 것이었다. 그로부터 9개월 뒤 유럽 공략에 나섰다. 진짜 목표는 유럽이었다. 현대차는 당시 품질과 가치 면에서 이미 빅3에 버금가는 제품을 생산하고 있었다. 진정한 프리미엄 브랜드가 되고자 한다면 포드나 쉐보레 정도에 만족할 일이 아니었다. 폭스바겐, 메르세데스, BMW에 필적할 브랜드가 되고 싶었던 것이다. 디트로이트에서 웃음거리가 되지는 않았지만, 독일차는 버거운 상대였다. 독일인들은 마치 미국인들이 자유를 수호하는 것처럼 자기들이 만드는 차의 우수성을 지켰다. 우수한 차를 만드는 것은 원래 타고난 권리이고, 국가 정체성의 가장 기본적인 요소라도 되는 것처럼 행동했다.

국제 모터쇼는 대개 대형 컨벤션 센터 건물 여러 동에서 개최된다. 2011년 프랑크푸르트 모터쇼는 죽 이어진 여러 개의 홀에서 열렸는데, 독일 자동차 메이커들은 홀 외부에 각자 거대한 독립 전시장을 별도로 만들었다. 아우디 전시장이 제일 규모가 컸는데, 전시장 내부에 2단계 트랙이 꾸며져 있었다. 진열대 위에서는 아우디 신차들이 기자들이 볼 수 있도록 빙글빙글 돌았다. 나는 행사장을 돌아다니며 그해 유럽 경제와 자동차 판매량 모두 엉망으로 내려앉은 사실을 떠올렸다. 스페인에서는 청년 실업률이 50퍼센트에 달했고, 그리스의 디폴드 가능성은 시시각각 다가오고 있었다. 하지만 독일 경제는 유럽 전역의 침체에 아랑곳하지 않고 견고하게 버티고 있었다.

현대차로서는 엄청나게 중요한 모터쇼였다. 유럽에서 가장 많이 팔린 차종인 i30의 완전 뉴 버전을 소개하게 되어 있었던 것이다. i30는 유럽에서 여러 해 동안 판매해 온 5도어 해치백에다 경제적이고 합리적인 가격의 '어포더블'affordable 모델이다. 하지만 뉴 i30는 완전히 새로운 모델이었다. 유럽에서 어포더블 카의 골든 스탠더드로 꼽히는 폭스바겐 골프Golf와 정면 승부를 하려고 개발한 모델이었다. 골프는 수많은 자동차 전문가들이 입을 모아 세계 최고의 차로 꼽는 모델이다. 넉넉한 실내 공간과 디자인 등 실용적인 부분뿐만 아니라 실제로 가장 운전하고 싶은 차로 꼽힌다. 열렬한 자동차광들이 환호하는 타이트한 서스펜션suspension, 힘찬 엔진, 탁월한 스티어링감을 갖추고 있다. 자동차 업계 용어로 골프는 도로 표면으로부터 멋진 '피드백'을 받도록 해주는 차이다. 운전자들도 이런 평가에 동의한다.

골프는 여러 해 동안 계속해서 유럽 베스트셀러 카의 자리를 지키고 있었다. 표면적으로 현대 i30는 골프의 경쟁차종이었다. 같은 세그먼트segment, 다시 말해 같은 사이즈이다. 하지만 같은 건 거기까지였다. 사람들이 i30를 싫어하는 건 아니지만, 그렇다고 골프의 진정한 경쟁차종으로 간주해 주는 것도 아니었다. 전 세계적으로 폴크스바겐은 거대한 기념비 같은 존재였다. 대부분의 미국인들도 이러한 사실에 놀란다. 폴크스바겐은 유럽시장 전체 판매량의 4분의 1을 차지하며 점유율 1위를 달리고, 도요타와 세계 최대 자동차 메이커 1위 자리를 다투고 있었다. 폴크스바겐이 도요타를 2위 자리로 완전히 밀어내지 못하도록 막는 최대 관건은 바로 미국 시장이었다. 왜 폴크스바겐을 사야 하는지 미국 소비자들을 제대로 설득하지 못했기 때문이다. 폴크스바겐의 미국 자동차 시장 점유율은 2퍼센트에 머물렀다.

유럽에서 폴크스바겐은 하나의 왕국을 이루고 있다. 정의선 부회장이 그해 초 디트로이트에서 발표한 '모던 프리미엄' 브랜드로 브랜드 이미지를 끌어올리겠다는 계획을 제대로 실행에 옮기기 위해 현대차는 유럽 소비자들의 마음에 강렬한 인상을 심어 주어야 했다. 십년 전 일본차의 품질을 벤치마킹했던 것처럼 이제는 유럽 브랜드를 벤치마킹하게 된 것이다. 연금술사처럼 품질과 성능, 전통과 명성, 멋진 디자인을 모두 포괄하는 브랜드를 만들어 내야 했다. 그런 면에서 i30는 유럽의 고급차 시장을 제대로 공략할 수 있을지 가늠케 하는 주요한 시금석이었다. 프리미엄 브랜드를 향해 나아가는 현대차의 앞길에 하나의 이정표가 될 모델이었다.

그러면 현대차는 이런 디테일을 제대로, 그리고 확실히 갖추기 위해서 i30에 얼마나 많은 공을 들였을까? 현대로서는 사력을 다해 매달렸다. i30 개발팀의 한 여성 팀원은 여러 달 동안 실제로 i30 뒷좌석에 웅크리고 들어가 살다시피 했다. 그곳에서 호스로 물세례도 받고, 영하의 기온에서 오돌 오돌 떨었으며, 열대 사막의 무더위 속에서 땀을 있는 대로 흘리기도 했다. 왜 그랬느냐고? 뉴 i30는 후방 해치에 교묘한 전자장치를 갖추어 놓았다. 후진 기어를 넣으면 현대의 로고 H가 들어 올려지며 숨어 있던 소형 후방 카메라가 나오는데, 마치 제임스 본드의 애마인 애스턴 마틴의 헤드라이트 뒤에서 삐져나오는 자동소총 같다. 이런 기능들은 복잡한 전자장치를 이용해 개폐식으로 만들어서 외부 요인들로부터 영향을 받지 않도록 해놓았다. 파손될 우려나 추위에 동파될 우려도 없도록 해놓았다. 더위에 녹아서 흘러내리거나 끈적끈적해져서도 안 되는 일이었다.

차가 수명이 다할 때까지 이런 일이 일어나지 않도록 하기 위해서 사람이 실제로 해치백 안에 들어가 수백 시간에 걸쳐 모든 기후에 견디는 테스트를 수행한 것이다. 현대차의 여성 팀원이 수행한 실험도 바로 이런 테스트의 일환이었다. 현대차는 프랑크푸르트 모터쇼에서 기자회견을 통해 i30를 소개할 예정이었다. 9월이었는데 계절에 맞지 않게 더웠다. 현대차 부스는 이탈리아 부스들이 늘어선 긴 홀 끝 쪽에 자리하고 있었다. 그리로 가려면 페라리, 마세라티, 람보르기니, 그리고 가죽 의상을 입은 여성 모델들을 지나가야 하는데, 변태성욕자들이 벌이는 호화 BDSM결박, 구속, 사디즘, 마조히즘 파티에서 갓 빠져나온 여자들 같았다. 약 300명의 기자들이 i30를 보기 위해 현대차 부스를 가득 메우고 있었다. 덕분에 부스 안 기온은 땀이 비 오듯 흐를 정도로 올라 가 있었다. 무대 양 옆의 문을 모두 열어놓았지만 아무 도움이 되지 않았다.

정의선 부회장이 기자회견 기조연설을 하기 위해 대기하고 있었다. 현대차가 뉴 i30에 얼마나 큰 의미를 두고 있는지 보여주는 장면이었다. 정 부회장은 무대 위로 걸어 나가 자리를 잡은 다음 연설을 시작했다. 그런데 아무 소리가 나지 않았다. 무선 마이크가 작동하지 않은 것이다. 몇 초가 마치 영원처럼 지나갔다. 행사준비를 총지휘한 현대차 유럽 총괄 사장이 정 부회장에게 유선 마이크를 건넸고, 다행히 그것은 작동됐다. 우물쭈물하지 않는 타입의 정 부회장은 전혀 당황하는 기색 없이 다시 연설을 시작해 무사히 마쳤다.

기자회견이 끝나고 기자들이 i30 주위에 몰려들었다. 뉴 i30는 기존 모델과는 디자인이 완전히 달라졌고, 현대의 기본 디자인 철학인 플루이딕 스컬프처 스타일링을 따랐다. 5도어 해치백이면서도 우아한 외관과 공격적인 특징을 동시에 구현했다. 강인한 모양의 후방 혼치haunch는 다이내믹하고 비스듬한 각도에서 차가 앞으로 내달리는 느낌을 준다. 나는 지금도 이 i30를 현대의 플루이딕 스컬프처 제1시대에서 가장 아름다운 모델이라고 생각한다.

i30는 현대의 동급 다른 모델들과 같은 플랫폼으로 시작했다. 하지만 플랫폼만 공유했지 나머지는 완전히 새로운 것이었다. 실내와 외부 디자인은 프랑크푸르트에 있는 현대차 유럽디자인센터에서 제작했고, 조립은 체코에 있는 현대차 공장에서 유럽 기술자들의 손으로 했다. 유럽 소비자들을 상대로 막강한 골프와 대등한 위치에서 겨룰 수 있는 경쟁자로 뉴 i30가 등장한 것이다.

현대차는 유럽인들이 i30가 유럽 대륙에 사는 자기들을 위해, 그리고 자기들의 손으로 직접 만든 차라는 사실을 알아주기 바랐다. i30는 현대차의 디자인과 생산 철학을 거의 완벽하게 구현한 차이다. 제품이 팔릴 시장에서 차를 만든다는 게 바로 현대차의 생산 철학이다. 어떤 자동차 메이커들은 소위 '월드 카'world car 철학을 갖고 있다. 이론상으로 세계 어디서나 팔릴 수 있는 무난한 차를 만든다는 것이다. 현대차는 회사 특성도 그렇지만 이와 반대 전략을 구사했다. 특정 지역을 겨냥한 차를 만들 때 디자이너, 엔지니어, 그리고 여러 생산 팀들이 타깃 시장에 직접 가서 몇 달씩 작업했다. 소비자들의 취향이 어떤지도 배우고, 해당 지역의 문화와 정서까지 익히는 것이다. 예를 들어 인도에서 경차 이온Eon을 출시할 때는 여러 해 전부터 디자이너들이 수주씩 인도 전국을 순회하며 고대 건축물을 둘러보고, 사원을 스케치하고, 심지어 연꽃잎의 곡선까지 연구했다. 그리고 여러 부류의 인도인들과 대화를 나누고, 그곳에서 보편적으로 통용될 수 있는 디자인 요소가 무엇인지 알아내기 위해 매달렸다. 인도 문화에 녹아 있는 그 공통적인 디자인 요소를 찾아내 참고하고, 인도 소비자들이 자동차를 고를 때 그들의 눈을 사로잡을 특징을 녹여 담기 위해서였다.

이온은 같은 세그먼트의 경쟁 차종들보다 실내 천정이 더 높다. 왜 그렇게 했을까? 시크교도들이 쓰는 터번에서 영감을 얻은 것이다. 러시아, 중국, 브라질에서 각국의 시장 특성에 맞는 신차를 내놓을 때도 같은 전략을 썼다. 심지어 미국 시장에서도 시장 특성에 맞게 수정을 가해서 출시했다. 내가 한국에서 탄 차는 대형 그랜저 세단이었는데, 센터 콘솔에 '피아노 블랙'으로 부르는 광택 나는 검정색 마감을 했다. 같은 모델이 미국 시장에서는 아제라*Azera*라는 이름으로 팔리는데 무광택으로 처리했다. 첫 선적 때 피아노 블랙으로 마감한 아제라를 실어 보냈는데, 미국 소비자들로부터 지저분한 손자국이 너무 많이 난다는 불만이 대거 나왔다. 그래서 미국 수출용은 손자국이 겉으로 드러나지 않도록 무광택으로 마감을 바꾸었다. 그러면 곧바로 '한국 소비자들은 손자국이 나도 신경 쓰지 않는다는 말인가?'라는 의문이 생길 것이다.

내가 생각하기에 한국 운전자들은 운전할 때 손에 무엇을 잘 묻히지 않는다. 우선 자동차 안에서 음식물을 먹지 않는다. 반면에 미국 운전자들은 자동차 안에서 편하게 먹는 문화를 가지고 있다. 현대차에서 같이 일한 어떤 여성 동료가 미국에서 교환학생으로 공부할 때 이야기를 해주었다. 호스트 가족과 함께 저녁을 시켜 먹기 위해 맥도날드 드라이브 쓰루로 갔다고 했다. 그녀도 저녁식사를 맥도날드로 하는 일은 흔히 있었다. 그런데 호스트 가족이 주문한 메뉴를 차 안에서 먹기 시작하는 것을 보고 그녀는 '말문이 막혔다.'고 했다. 특정 시장에 맞는 차를 성공적으로 출시하기 위해서는 그 나라의 문화와 사회상에 관한 논문을 한 편 쓰는 것과 같은 정도의 노력이 필요하다고 나는 생각한다.

i30에 대한 자동차 전문매체들의 초기 반응은 긍정적이었다. 자동차 메이커로서의 성숙함과 고급시장에 대한 야심을 잘 보여주었다는 평가들이 나왔다. 우리의 메시지가 잘 전달된 것이다. 하지만 자동차 전문기자들의 어떤 칭찬도 다음에 일어난 충격적인 일과는 비교할 수 없었다. 그것은 두고두고 잊을 수 없는 실로 대단한 사건이었다. PR 담당자로서 나는 그것을 나의 공이라고 하고 싶었다. 일생일대의 공적이 될 것이기 때문이다. 하지만 그럴 수는 없었다.

라이벌 자동차 메이커의 CEO들이 고위 임원을 여러 명 거느리고 모터쇼 전시장을 돌아다니며 경쟁 모델들을 구경하는 것은 흔한 일이다. 이런 모습은 뉴스거리가 되지 않는다. CEO들은 경쟁 모델 주위에서 어느 정도 거리를 두고 살펴보는데, 너무 많은 질문을 하거나 지나치게 높은 관심을 나타내지 않는 게 보통이다. 보통은 그렇다.

그런데 i30 신형 모델을 소개하는 기자회견이 끝난 직후 폴크스바겐의 CEO인 마르틴 빈터코른*Martin Winterkorn*이 우리 전시 부스에 나타났다. 그는 키가 6피트에 달하는 장신에다 흑림*Schwarz wald*의 참나무로 만든 판자처럼 날씬한 몸매를 한 사람이다. 은발에 비즈니스맨의 풍모를 물씬 풍기는 그는 게르만족 특유의 활기찬 걸음걸이로 성큼성큼 걸어들어왔다. 그는 자동차 업계의 거물이다. 정확히 말하면, 도저히 믿기힘든 스캔들이 폴크스바겐을 뒤흔들고, 그의 경력도 끝장내기 전까지는 거물이었다.

2015년에 폴크스바겐이 전 세계적으로 디젤 배기가스 저감장치 소프트웨어를 조작한 사실이 밝혀졌다.(조작 사실을 밝혀낸 사람들 가운데 일부는 내가 졸업한 웨스트 버지니아대 졸업생들이다. 역시!) 폴크스바겐 엔지니어들은 디젤 차량의 배기가스 배출을 줄이는 장치가 배출가스 검사를 받는 동안만 작동되도록 하는 교묘한 알고리듬*algorithm*을 고안해 냈다. 차량이 검사장치에 올려지면 알고리듬이 배기가스 저감장치를 작동시켜서 배기가스가 깨끗해지도록 만드는 것이다. 검사가 끝나면 알고리듬이 배출가스 저감장치를 꺼서 차량의 마일리지와 성능을 끌어올리도록 했다. 그렇게 해서 대기오염물 농도는 40퍼센트까지 늘어났다.

폭스바겐으로서는 최악의 선택을 한 것이었다. 배기가스 저감장치를 조작한 사실이 드러나자 자동차 업계 전체가 충격에 빠졌고, 폭스바겐 디젤 차량을 구입한 수천 명의 소비자들은 허탈감에 빠졌다. 많은 이들이 폭스바겐 디젤 차량이 휘발유 차량보다 대기오염 물질을 적게 배출한다는 말을 믿고 산 사람들이었다. 이들에게는 이 조작행위가 부품 결함을 감추거나 리콜을 미적거리는 행위와는 다른 차원의 심각한 문제였다. 그것은 폭스바겐이 자신들이 종교처럼 믿는 신념을 저버린 것이나 마찬가지였다.

지금까지도 앞으로 폭스바겐의 운명이 어떻게 될지 가늠하기 어렵다. 도요타는 위기를 딛고 다시 판매량이 회복되었지만, 이 경우는 그보다 훨씬 문제가 심각하다. 폭스바겐 주가는 급락했고, 회사는 여러 정부로부터 수십억 달러에 이르는 벌금을 부과 받게 될 것이다. (전 세계적으로 조작 알고리듬을 장착해서 팔린 차량이 최소한 1100만 대에 달했다.) 브랜드 이미지는 만신창이가 되었고, 디젤 차량 전체에 먹구름이 덮였다. 폭스바겐의 관련자 몇 명은 감옥행을 피할 수 없을 것 같았다.

나중에 알고 보니 빈터코른이 프랑크푸르트에 있는 우리 전시 부스로 걸어 들어온 2011년에 이미 디젤 배기가스 조작행위는 2년 넘게 진행되고 있었다. 다른 자동차 메이커의 엔지니어들은 폭스바겐이 어떻게 그토록 클린 디젤 차량을 만들 수 있는지 궁금해 하면서도, 그들이 보유한 엔지니어들이 자기들보다 더 우수한 덕분일 것이라는 생각만 했다. 폭스바겐은 세계 최고의 기술과 엔지니어링을 보유한 회사라는 명성을 누렸다.

빈터코른은 세계 최고 기술을 자랑하는 폭스바겐을 대변하는 인물이었고, 사람들은 그의 일거수일투족을 지켜보았다. 우리 전시 부스에 올 때 그는 수석 디자이너인 클라우스 비쇼프Klaus Bischoff를 대동했다. 빈터코른은 청색 신모델 i30 주위를 빙빙 돌며 귀티가 흐르는 매부리코 위로 눈을 내리깔고 이모저모 유심히 살펴보았다. 마치 사자가 쓰러뜨려 놓은 영양羚羊 한 마리를 앞에 두고 살피는 것 같은 장면이었다. 그러더니 호주머니에서 펜을 꺼내 들고 열어놓은 해치백을 꼼꼼히 살폈다. 그리고는 자동차 앞쪽으로 가서 운전석 문을 열고 들어갔다.

그는 운전석에 앉더니 자기가 어떤 자리에 와 있고, 자신의 신분이 무엇인지 잠시 잊은 듯이 행동했다. 상상하기 힘든 일이 벌어지고 있었다. 수십 명에 달하는 자동차 전문기자들의 눈이 휘둥그레졌다. 모두들 믿겨지지 않는다는 표정으로 눈앞에서 벌어지는 일을 지켜보았다. 마호메드가 산으로 간 게 아니라, '산이 마호메드에게 다가온 것' 같은 일이 벌어진 것이다. 세계 2위 자동차 메이커 CEO가 아니라 젊은 엔지니어 시절로 되돌아간 것처럼 보였다. 앞뒤 분간하지 않고, 학생 시절 친구가 만든 신기한 물건을 흥미진진하게 살펴보는 것 같았다.

그는 i30의 핸들을 잡아 보고는, 왼편 아래쪽으로 한 손을 넣어 핸들 고정 레버를 젖힌 다음 핸들을 밀고 당기며 조절해 보았다. 다시 레버를 젖혀 제자리로 돌려놓더니 수석 디자이너를 불러 독일어로 질문을 마구 해대기 시작했다.

"어이, 비쇼프!" 하고 부르자 비쇼프가 그에게 다가 갔다.

그러자 빈터코른은 이렇게 말했다. "이건 덜거덕 거리지 않고 부드럽게 잠기는데."

비쇼프가 나서서 고정 레버를 조작해 보니 정말 덜거덕 거리지 않았다. 빈터코른은 다소 심각한 어투로 이렇게 덧붙였다. "BMW도 이건 못해. 우리도 할 수 없고." BMW나 폴크스바겐 모두 핸들 고정 레버를 덜거덕 거리지 않고 조작할 수 있게 하는 기술이 없다는 말이었다. "우리도 솔루션은 있습니다만. 비용이 너무 많이 들어 못하고 있습니다." 비쇼프는 이렇게 대답하고는 곧바로 자기가 한 말을 후회하는 표정을 지었다. 좋았어! 바로 그것이었다. 현대의 기술력을 이보다 더 간단명료하게 보여주는 말이 있을 수 없었다. 빈터코른이 곧바로 되물었다. "바룸 칸스 데어?"*Warum kann's der?* '그러면 이 사람들은 어떻게 해낸 거지?'라는 말이었다. 그는 i30 운전석 위쪽의 화장용 배니티 미러*vanity mirror*를 내려서 거울 커버를 좌우로 짜증스럽게 한번 열었다 닫고는 차에서 내렸다.

그 자리에 자동차 전문기자들과 눈이 휘둥그레진 현대 관계자들만 모여 있었다면 '상당히 화제가 될 사건' 정도로 끝났을지 모른다. 하지만 그렇지가 않았다. 당시는 몰랐지만 그 장면이 고스란히 필름에 담긴 것이었다. 빈터코른이 운전석에 앉은 직후 비디오 카메라를 든 어떤 사람이 뒷좌석에 올라타고 빈터코른의 오른쪽 어깨너머로 현장을 고스란히 필름에 담았다. 그리고 그 필름은 곧바로 유투브*YouTube*에 올려졌다. 빈터코른은 그런 일이 벌어질지 꿈에도 생각지 못했을 것이다. 아니면 어떻게 되든 개의치 않았을지도 모르겠다. 이후부터는 현대차에서 일하는 누구도 감히 꿈꾸지 못했고, 생각지도 못한 일들이 벌어지기 시작했다. 어떤 게릴라 마케팅 팀이 작심하고 덤벼들었어도 해내지 못할 일이었다. 이튿날 유투브 조회수가 마구 늘어나며, 볼프스부르크에 있는 으리으리한 폴크스바겐 본사에서는 아마도 사무실 창밖으로 의자들이 핑핑 날아다녔을지 모른다.

자동차 업계에서 일하지 않는 사람에게는 그게 어느 정도로 놀라운 일인지 설명하기가 쉽지 않다. 유투브 조회수는 지금까지 2백만 건을 넘겼고, 관련 기사들이 쏟아졌다. 이 사건은 모터쇼 흥행에 있어서 전설 같은 이야기가 되었다. 자동차 전문기자들은 몇 년이 더 지난 지금까지도 그때 일을 내게 이야기한다. 되돌아보면 내가 와서 일하는 3년 동안 현대차는 고급차 시장으로 올라서겠다는 열망으로 넘쳤고, 적시에 '빈터코른 사건'이 일어나 준 것이었다.

마르틴 빈터코른이 우리 때문에 자신의 모터쇼는 엉망으로 망치고 나서 몇 시간 뒤, 우리는 미디어 리셉션을 열었다. 2백 명 가량의 기자들이 모여들어 다과를 했고, 한국과 유럽의 자동차 업계 임원 몇 명이 함께 어울렸다. 정의선 부회장이 참석해 사람들을 놀라게 했고, 그는 그 자리에서도 두각을 드러냈다. 그는 프로처럼 리셉션을 리드했고, 기자들의 질문에 일일이 답해 주면서 현대차의 강점과 약점에 대해 솔직하게 이야기했다. 빈터코른 사건에 대한 기자들의 질문에는 폴크스바겐 브랜드를 추켜세우며 부드럽고 겸손하게 대답했다. 나는 그가 기자들을 능수능란하게 대하는 모습을 보고 감탄했다. 그러면서도 조금은 아쉬운 생각도 들었다. '내가 계속 옆에서 같이 일한다면, 현대차를 세계 최고 인기 브랜드로 만들어 놓을 수 있을 텐데.' 하는 생각이 들어서였다. 물론 그게 불가능한 일이라는 건 나도 잘 알았다.

2013년, 미국에 돌아가서 몇 달 일할 기회가 하늘에서 떨어지기라도 하는 것처럼 갑자기 생겼다. 잠시 동안 미국에 가서 근무하고 싶다는 말은 입 밖에 꺼낸 적도 없었다. 그럴 욕심도 내지 않았다. 내 계약은 2012년 10월에 끝나기 때문이었다. 그때 아내의 서울 근무가 끝나고, 다른 임지로 가게 되어 있었다. 다시 다른 지역으로 해외 근무를 나가기 전에 그 나라 말을 배우기 위해 미국으로 돌아가서 몇 달 간 있게 될 가능성이 매우 높았다.

아마 지나가는 말로 이런 이야기를 내가 상사에게 했던 모양이다. 그랬을 것이다. 회사 측에서는 그 말을 새겨 두었다가, 내 근무와 관련해 장기 계획을 세웠던 게 분명했다. 그날 저녁 상사인 미스터 리가 나를 한쪽으로 데리고 가더니 이렇게 말하는 것이었다. "부인이 2년간 서울서 대사관 근무를 마치면 미국으로 돌아가시게 되지요? 부인이 미국에 머무는 동안 그곳에 가서 일할 수 있도록 조치해 보겠습니다."

그 말을 듣고 내 귀를 의심하지 않을 수가 없었다. 너무도 관대한 조치였기 때문이다. 현대차가 서구적이고 진취적인 기업이 되기 위해 얼마나 노력하는지 단적으로 보여주는 사례였다. 진심으로 고맙다는 인사를 하고 곧바로 아내에게 전화를 걸어 그 기쁜 소식을 전했다. 어떻게 그런 행운이 우리한테 떨어졌는지 믿을 수가 없었다.

나는 한국에 있고, 아내는 다른 곳에서 근무하게 될 앞으로 남은 2년이 어떤 모습일지 그려보았다. 제대로 잘 해낼 수 있을까? 국무부에서 아내의 사정을 조금이라도 고려해 줄까? 아내에게 서울 근무를 더 하라고 해줄 가능성은 없을까? 이런 고민들을 해봐야 할 것 같았다. 하지만 지금 당장은 전화기를 들고 아내와 신나게 떠들며 웃었다. 나는 독일에 있고, 아내는 한국에 있었다. 마치 내년에도 크리스마스가 온다는 말을 듣고 좋아서 깔깔대는 어린아이들 같았다.

13

우리 집으로 온 회장님,
체어맨

　　진돗개 릴리를 데려오고 몇 달 뒤인 어느 일
요일 저녁, 아내와 나는 주말여행을 마치고 집 앞에 멈춰 섰다. 여행 떠
나기 전에 이웃에 사는 남자 아이에게 하루에 몇 번 릴리 산책을 시키
고 먹이도 챙겨주라고 부탁해 두었다. 집안에서 릴리는 콤비네이션 키
친과 간이식탁 있는 곳에 두었는데, 타일 바닥이 깔린 널찍한 공간으로
양쪽에 잠그는 문이 달려 있었다. 우리 딴에는 릴리에게 잘해주려고 그
곳에 둔 것이었다.

　　아내가 먼저 집안으로 들어가고 나는 옷가방을 들고 뒤따라 들어갔
다. 릴리를 보려고 주방이 있는 집 뒤쪽으로 사라진 아내의 비명소리가
갑자기 들렸다. 옷가방을 얼른 내려놓고 소리가 들리는 쪽으로 달려가
보니 아내는 겁에 질린 채 무엇인가를 쳐다보고 있었다. 처음에는 우리

두 사람 모두 발걸음이 떨어지지 않았다. 잠겨 있는 나무 부엌문 오른편 아래쪽에 구멍이 하나 나 있었다. 아래위 길이가 9인치, 너비가 12인치 쯤 돼 보이는 구멍이었다. 구멍 가장자리에 날카로운 나뭇조각들이 삐져나와 있고, 문 안팎 바닥에는 나무 가루가 쌓여 있었다.

누가 릴리를 해치려고 문을 부수고 들어갔을 것이라는 생각이 제일 먼저 들었다. 나는 놀라서 "릴리! 어디 있니?" 하고 소리쳤다. 릴리는 부엌에 있었다. 머리를 문에 난 구멍으로 내밀더니 반갑다는 듯이 풀쩍 뛰어 달려왔다. 무슨 일인지 금방 알 수 있었다. 이웃 소년이 산책을 시키고 먹이까지 주고 간 다음 스물네 시간이 지나기 전에 또 바깥으로 나가고 싶어서 부엌문을 쉴 새 없이, 끈질기게 물어뜯은 것이었다.

놀라운 일이었다. 문틀 주위를 비롯해 곳곳을 물어뜯어 놓았다. 스팀 드릴과 맞서 싸우는 존 헨리*John Henry*처럼 결사적으로 물어뜯었지만 나무판을 한 군데도 뚫지는 못했다. 단단한 나무문이 아니고, 그렇다고 속이 빈 것도 아니었다. 릴리와 그 녀석이 원하는 것 사이에 문이 가로 놓여 있었다. 녀석이 원하는 것은 바로 문 저편의 바깥세상이었다. 나는 물어뜯긴 문 사진을 찍어서 현상해두었다. 사진을 보여주지 않으면 누구도 내 말을 믿으려 하지 않을 것 같아서였다.

이제는 릴리가 진짜 어떤 녀석인지 성향이 확실히 드러났다. 그놈은 터미네이터였고, 그런 놈을 우리가 집안에서 키우고 있었던 것이다. 〈터미네이터〉제1탄에는 킬링머신인 아놀드 슈워제네거가 어떤 존재인지 말해주는 대사가 나온다.

내말 들어봐. 터미네이터가 바로 저기 와 있어. 저놈은 타협도 모르

고, 타이르는 것도 소용없어. 자비도, 후회도, 두려움도 모르는 놈이
야. 네가 죽을 때까지 놈은 절대로, 절대로 멈추지 않아.

진돗개 릴리가 바로 그런 존재였다. 놈이 얼마나 야만적이고 냉혹하
게 약탈을 감행하는지 지켜보면 등골이 오싹해졌다. 사냥감을 보면 짖
지도 않고, 위협적인 행동도 하지 않았다. 놈은 그저 신속하고 은밀하
게 목표물을 덮치는 냉혹한 사냥개였다.

미군의 데프콘DEFCON급 전투준비태세를 한국군에서는 '진돗개'로 부
른다는 사실을 주목할 필요가 있다. 진돗개 1호는 가장 높은 경계단계
로 적의 공격이 임박했음을 의미한다. 릴리는 항상 진돗개 1호가 발령
된 상태였다. 2011년 추수감사절 이튿날 아내와 나는 부대 안에서 쇼
핑을 하고 돌아왔다. 릴리는 뒤뜰에 매어 놓았다. 들어 옮길 짐이 몇 개
되었기 때문에 나는 현관문을 열어서 받쳐놓았다. 그런데 아내가 현관
문이 열린 것을 모르고 뒤뜰에 매어놓은 릴리의 목줄을 풀어주었다. 나
는 자동차 트렁크 앞에 서 있어서 그런 사실을 몰랐는데 릴리가 갑자기
앞에 나타나 혀를 내밀어 흔들며 나를 올려다보는 것이었다.

오싹한 냉기가 등골을 스쳤다. 순간적으로 온갖 끔찍한 시나리오가
머릿속을 스쳤다. 나는 놈이 놀라지 않도록 천천히 물건 봉지를 내려
놓았다. 마치 장전된 총을 가지고 있는 두 살짜리 아이를 앞에 두고 있
는 기분이었다. "자, 릴리, 괜찮아. 괜찮아." 나는 이렇게 말하며 천천
히 목덜미를 잡으려고 했다. 그 순간 놈은 풀쩍 뛰어 달아나기 시작했
다! 먼저 이웃집 뒤쪽으로 내달렸다. 나와 게임을 하자는 것이 분명했
다. 5분 동안 놈의 뒤를 쫓으며 잡으려고 해봤으나 허사였다. 놈은 나

를 가지고 놀듯이 잡힐 만하면 잽싸게 내달리기를 반복했다. 그러다 이
웃집 앞으로 훌쩍 뛰어 시야에서 사라지더니 보도 쪽으로 달렸고, 나는
그 뒤를 쫓았다. 보도 저 위쪽에 작은 여자아이 셋이서 흰색 몰티즈 한
마리를 앞에 두고 노는 모습이 눈에 들어왔다.

'오, 갓! 안 돼!' 나는 속으로 이렇게 외쳤다. 진돗개 1호가 발령된 것
이었다. 첫 번째 공격은 직접 보지 못했고, 비명소리부터 들었다. 여자
아이 셋이 공포에 질려 비명을 질렀다. 아마도 그보다 더 끔찍한 비명
소리는 세상에 없을 듯 싶었다. 집 모퉁이를 돌아서자 릴리가 몰티즈를
물고 마구 흔들어대는 모습이 눈에 들어왔다. 물어 죽일 작정이었다.

어떻게 했는지도 모르겠고, 기억나는 것이라고는 릴리가 이빨을 드
러내고 하얀 털을 마구 흔들어대고 있고, 그 와중에 자그마한 몰티즈,
'포키'를 놈의 턱에서 겨우 빼낸 것뿐이었다. 한 손으로 릴리의 목덜미
를 잡고 포키를 바닥에 내려놓았다. 그때까지 릴리는 아무 소리도 내지
않았다. 짖지도 으르렁거리지도 않았다. 여자아이들은 발작증세를 보
였고, 포키는 겨우 목숨을 부지한 채 보도에 쓰러져 달달 떨고 있었다.
그제서야 아내도 소동이 난 것을 알고 달려왔다.

이웃집은 거의 초토화가 된 상황이었다. 우리는 아마도 여러분이 상
상할 수 있는 최악의 이웃이 되었다. 우리 개가 이웃집 어린 딸 셋이 보
는 앞에서 그 집 강아지를 공격한 것이다. 그 아이들은 평생 정신적 외
상에 시달릴지도 몰랐다. 한국계 미육군 대령인 아이들의 아버지는 군
인답게 위기의 순간에도 냉정을 잃지 않고 이성적으로 대처했다. 포키
는 수의사 병원에 데려가 치료를 받았다. 이후 몇 주 동안 우리는 대령
의 집을 여러 번 찾아가 포키의 안부를 물었다. "포키야 제발 죽지 말아

다오!" 그 집 딸아이들에게는 거듭 거듭 미안하다는 말을 했다.

다행히 포키는 완전히 회복되었고, 그 집 가족들도 우리한테 좋지 않은 감정을 갖지는 않았다. 하지만 신고를 해야 하는 일이었고, 미국대사관은 신속하게 조치를 취했다. 릴리는 더 이상 부대 안에 살 수 없게 되었다. 마음이 아팠다. 범죄자나 마약중독자의 부모 심정이 그럴 것이다. 하지만 현실을 외면할 수는 없었다. 릴리는 킬러였다. 릴리가 우리와 함께 지내는 마지막 날 밤, 나는 볼 일이 있어 잠간 나가면서 현관쪽 창문을 들여다보았다. 내가 집에서 나가고 돌아올 때 항상 그랬던 것처럼 릴리가 거기 있었다. 앞발을 소파 등에 걸치고 뒷발로 선 채로 나를 내다보고 있고, 몇 발자국 뒤에 아내가 울먹이며 서 있었다.

불과 50달러를 주고 릴리를 데려온 뒤 1년 동안 릴리 밑에 적게 잡아도 5천 달러는 들어갔다. 물건 부순 값, 훈련비, 집 수리비, 수의과 병원비 등등. 우리는 릴리를 개 쉼터에 데려다 주었다. 누가 봐도 수긍할 수 있는 일을 우리도 마침내 받아들였다. 그것은 바로 릴리는 애완견으로 데리고 있기에는 너무 사납다는 사실이었다. 한 가지 다행인 것은 어떤 농부가 릴리를 데려가 목줄을 매서 집 지키는 개로 쓰기로 한 것이었다. 최상의 결과였다. 나중에 우리는 1년 동안 늑대 한 마리를 집안에 데리고 있었다고 우스갯소리를 했다. 어쩌면 릴리 일생에서 최고의 한 해를 우리 집에서 보내게 해주었다고 위안을 삼았다. 안락한 쉼터와 풍족한 먹이, 따스함, 그리고 사냥감까지 풍족한 환경이었다.

릴리를 떠나보내고 난 다음에는 다른 개와 친해지고 싶은 생각이 들지 않았다. 하지만 아내에게는 개가 필요했다. 이 일은 아내를 이해하는 데 매우 중요한 한 가지 교훈을 깨닫게 해주었다. 아내가 사랑하는 물건을 갑자기 잃게 되면, 다른 대상을 얼른 구해다 주어야 한다는 것이었다. 릴리가 떠나고 나서 아내는 여러 모로 달라진 모습을 보였다. 나는 아내가 우울증에 빠질까 걱정이 되었다.

집안이 너무 조용하고 활기가 없는 것 같았다. 생각을 바꾸어 개를 또 데려오기로 했다. 하지만 어디서 구한다지? 아내는 미국대사관에서 일하는 한국계 미국인 외교관을 통해서 세계적인 전자회사 삼성이 기업의 사회적 책임 활동의 일환으로 맹인을 비롯해 개가 필요한 사람들을 위해 맹인견 훈련을 시켜준다는 말을 들었다. 서울 외곽의 최첨단 시설에서 자라는 삼성의 맹인견들은 대부분 래브라도 레트리버 종으로 생후 2년 간 훈련 받은 다음 맹인들에게 인도되었다. 훈련을 끝까지 마치는 비율이 30퍼센트에 불과할 정도로 안내견이 되기까지의 훈련과정은 혹독하다. 우리는 그 중의 한 마리를 운 좋게 분양받을 수 있었는데, 순전히 아내의 한국계 미국인 친구의 어머니가 삼성 회장 부인의 조카인가 하는 사람과 잘 안다는 인연 덕분이었다.

아내는 그 친구를 따라 2011년 크리스마스 며칠 전 안내견 훈련장으로 갔다. 추천받은 래브라도는 네 마리였는데, 그 가운데 '채움'이라는 이름의 생후 1년 반 된 수컷 골든 래브라도가 있었다. 아주 잘 어울리는 이름이었다. '채움'이는 아내를 보더니 곧바로 달려와 무릎에 머리를 부비더니 발밑에 앉았다. 그런 다음 아내를 핥기 시작했다.

둘은 금방 친해졌다. 채움이는 훈련을 아주 잘 받고 온순했으며, 래브라도견들이 전통적으로 가진 사랑스러운 특징을 모두 갖추고 있었다. 장난을 어찌나 좋아하는지 안내견으로 부리기에는 적합지 않을 정도였다. 릴리와는 완전 딴판으로 누구와도 잘 지냈다. 뿐만 아니라 릴리를 잃은 상처를 아물게 해 주는 연고 같은 역할을 했다.

채움이를 집으로 데려오고 나서부터 아내는 다시 기분이 밝아졌다. 개가 한국말로 훈련을 받았기 때문에 우리도 "앉아!" 하고 한국말로 부르기로 했다. 그렇지만 영어 이름을 지어주기로 했다. 개가 혼란을 겪지 않도록 영어 이름 발음이 '채움'과 비슷하도록 해주여야 했다. 그래서 '찰리' '칩스' 등등을 후보로 생각해 보았다.

채움이를 데려오고 나서 며칠 뒤 어느 날 저녁 퇴근해 오는 길이었다. 사무실에서 특별히 힘든 하루를 보낸 뒤였다. 나는 그런 날을 '코리안 데이'라고 불렀는데, 팀원들과 소통도 잘 안 되고, 팀원들은 그들 나름대로 나와 소통이 안 되어 답답함을 겪는 날이었다. 회사의 서열구조 모두가 도무지 이해하기 힘들고, 어떻게 해 볼 수도 없어 좌절감 속에 보낸 하루였다. 내가 외국인이라는 사실이 실감나고, 그래서 짜증스러운 날이었다. 심장에 청양고추라도 뿌려놓은 것 같은 기분이었다.

집안으로 들어서며 아내에게 큰 소리로 말했다. "여보, 이 개 이름이 생각났어요. '체어맨'으로 부릅시다." 그것은 우리 회장님에 대한 존경의 표시이자 동시에 약간의 불손함이 완벽하게 조화된 작명이었다. 게다가 발음이 '채움'과 아주 흡사했다. 개는 새 이름을 금방 알아듣고 반응을 보였다. 우리 개를 '회장님'으로 부르니 너무 재미있었다.

팀원들 대부분이 릴리를 본 적이 있고, 비극으로 끝난 릴리의 이야기도 알고 있었다. 그리고 릴리 대신 새 강아지를 데려왔다는 것도 알았다. 팀원들에게 새 강아지의 이름이 무엇인지 알려주면서 장난기가 발동한 것도 사실이다. 팀원들의 반응은 재미 반 두려움 반이었다. 어떤 동료들은 내게 체어맨의 안부를 묻는 메시지를 보내면서 'How is Ch*****n?'체어맨은 잘 지내고 있나요?라고 썼다. 자기들이 보내는 메시지를 누가 감시한다고 생각한 때문인지, 아니면 하느님에 대해 최고의 경의를 표하기 위해 'God'의 스펠을 'G-d'라고 쓰는 유대교 원리주의자들처럼 한 것인지도 모르지만 그렇게 표기했다.

체어맨은 릴리가 비워놓고 간 우리 삶의 빈자리를 메워주었다. 우리는 릴리 때처럼 체어맨을 자동차 뒷자리에 태우고 부대 안을 여기저기 돌아다녔다. 체어맨이 오고 나서 몇 주 뒤, 나는 아내와 개를 데리고 버거킹 드라이브 쓰루로 갔다. 주문 창구에는 자주 보는 유진이라는 이름의 싹싹하고 예쁜 아가씨가 앉아 있었다. 열아홉 쯤 돼 보이는 유진은 주문한 음료를 건네주면서 예의 그 쾌활한 목소리로 "헬로, 써!"라고 인사했다. 항상 재잘재잘 말이 많은 아가씨였다. 우리가 막 출발하려고 하는데 유진의 밝은 얼굴 표정이 갑자기 일그러졌다. 좀 과장해서 말하면 만화 캐릭터가 짓는 슬픈 표정을 지으며 이렇게 물었다. "써, 근데 릴리는 어떻게 됐어요?" (유진은 릴리의 L을 R 발음으로 불렀다.)

릴리가 왜 안 보이는지 궁금해서 던진 질문이었다. 유진은 사회적으로 나이가 더 많은 데다 외국인인 우리를 몇 주 동안 지켜보다가 한껏 용기를 내서 사적인 질문을 던진 것이었다.

나는 평생 한번 할까 말까 한 멋진 대답을 해주었다. "릴리는 시골농장으로 보냈어요." 아주 틀린 말은 아니었다. 내 말에 그녀의 얼굴은 다시 환해졌다. 그곳을 빠져나오며 아내와 나는 내가 한 거짓말 때문에 깔깔 웃었다. 우리는 방금 있었던 그 장면에 놀라움과 감동을 함께 느꼈다.

14

콩글리시,
영어 비슷한
영어

이른 아침 현대차 본사로 출근해 매일 되풀이하는 진기한 습관처럼 코리아헤럴드와 아시아판 월스트리트저널, 파이낸셜타임스를 차례로 펴들고 읽었다. 물론 이들 신문에 현대차와 관련된 기사가 실렸는지 여부는 전날 저녁에 이미 안다. 하지만 신문기자 출신이라서 그런지는 모르겠지만 나는 새로운 뉴스를 찾아 신문 페이지를 넘기는 재미를 즐긴다.

타블로이드판 아시안 월스트리트저널을 넘기다가 현대차의 전면광고와 마주쳤다. 회사 광고에서 어떤 특정 주제를 다루거나 뉴스거리를 내보내는 경우가 아니면 PR 부문에서 신문이나 TV에 나가기 전에 광고 내용을 미리 보는 일은 드물다. 대형 글로벌 이미지 캠페인 광고인 경우에는 홍보팀에서 보도자료를 내보내야 하기 때문에 미리 내용을 안다. 하지만 그런 경우를 제외하고는 홍보팀에서 관여하지 않는 게 우리 업계의 관행이다. 중요한 정책 결정은 다른 부서에서 내리고, 홍보쪽에 올 때는 이미 기정사실로 굳어진 다음이다. 우리는 전달 받은 정보를 보도자료로 만들어 언론에 우호적으로 실리도록 작업하면 된다.

월스트리트저널에 멋진 현대차 광고가 실린 것을 보니 기분이 좋았다. 현대 SUV 차량 투싼의 장점인 높은 잔존가치*residual value*를 홍보하는 광고였다. 잔존가치는 차량을 구매할 때 매우 중요한 고려사항이다. 헤드라인을 보기 전까지는 기분이 좋았다. 헤드라인은 큼지막하게 이렇게 적고 있었다.

Years doesn't diminish the value of a Hyundai.
(세월이 흘러도 현대차의 가치는 줄어들지 않습니다.)

"오, 노." 나는 이렇게 소리를 냈다.

월스트리트저널 오른편에 놓인 파이낸셜타임스로 얼른 눈길을 옮겼다. 회의실 탁자 위에 놓인 신문들이 갑자기 위협적인 존재로 다가왔다. 파이낸셜타임스는 판형이 월스트리트저널의 두 배이다. 나는 겁에 질린 채 얼른 신문을 펼쳐 페이지를 넘겼다. 역시나, 오, 노! 신문이 크니 헤드라인도 두 배는 더 컸다. 같은 문구였다.

Years doesn't diminish the value of a Hyundai.

현대차가 열심히 하고 있는 일, 새롭고 더 나은 브랜드 이미지를 만들고, 현대차의 품질을 끌어올리기 위해 노력하고 있다는 사실을 구매자들에게 알리기 위한 노력이 이 광고 때문에 큰 타격을 입게 되었다. 현대차는 디트로이트 모터쇼와 빈터코른 사건 등을 겪으며 프리미엄 브랜드를 향한 큰 걸음을 내디뎠다. 이런 엉터리 광고문구 때문에 바깥으로 드러난 나무뿌리에 걸려 넘어지는 꼴이 되고 만 것이다. 이런 문제를 고치는 것은 프리미엄 브랜드를 지향하는 현대차가 해야 할 일에 들어 있지 않을지 모르지만 그것은 분명히 내가 할 일이었다.

지나친 과민반응이라고? 정말 그럴지도 몰랐다. 하지만 신문기자와 에디터로 20년을 정확하고 간명한 영어를 쓰는 일을 하며 보낸 사람으로서 책임감을 느끼는 것은 당연했다. 잘못된 영어 표현을 바로잡는 것은 내 의무라고 생각했다. 잘못된 영어를 보면 나는 체질적으로 반응했다. 엉터리 표현을 보면 실소를 머금으며 바로잡아 주어야 직성이 풀렸다. 그 광고 헤드라인을 보며 나는 실소 대신 마음이 무거웠다. 사소하지만 나의 잘못이라는 생각 때문이 아니라, 세계적인 자동차 메이커로서는 도저히 저지르면 안 되는 잘못이라고 생각했기 때문이다.

한국 기업에서 영어 작문을 하는 과정은 정해져 있다. 어쩌면 전 세계 비非영어권 기업들이 모두 마찬가지일 것이다. 자국어로 내용을 적은 다음 현지 번역회사에 보내 영어로 바꿔달라고 의뢰하는 것이다. 이번 경우에는 한국어로 적은 다음 영어로 번역했을 것이다. 서울에 있는 번역회사들의 경우 실력이 천차만별이다. 많은 번역회사들이 영어 원어민을 두고 있지만, 그 가운데는 미국 원어민도 있고, 호주 원어민, 캐나다 원어민도 있다. 문제가 있다는 걸 알 수 있다. 영어와 한국어를 모두 구사하는 한국인을 둔 곳들도 있다. 이런 경우에는 두 가지 문제가 있다. 우선 미국식 영어와 영국식 영어 가운데 어떤 영어를 구사하느냐이다. 그 다음, 한국어 문장은 영어 문장과 구조가 다르다. 예를 들어 한국어로 동사는 영어와 달리 문장 맨 끝에 온다. 한국어를 영어로 옮기면 대부분 능동태가 아니라, 문장이 질질 늘어지는 수동태로 번역되는 이유도 이 때문이다. 수동태 문장은 핵심을 곧바로 표현하기 어렵다. 그리고 이런 요인이 콩글리시를 만드는 데 일조한다.

번역회사가 의뢰받은 내용물을 '영어 비슷한' 언어로 바꾸어서 돌려주면, 번역을 부탁한 현대차의 담당 팀에서 그것을 브로슈어나 광고, 혹은 영상으로 제작하고 웹사이트에 올린다. 회사에서 자체적으로 두 개 언어를 구사하는 한국인이 영어로 쓰는 경우도 있다. 하지만 이런 경우에도 그 이중언어 구사자가 쓰는 영어가 원어민처럼 읽고 쓸 줄 아는 수준이 아닌 경우 콩글리시가 되기 쉽다. 여기다 본사에서 제작하는 영어 표현의 경우 하나의 단일 필터를 통해 걸러지는 게 아니기 때문에 단일 표준 영어가 만들어질 수 없는 구조이다. 부정확한 영어로 만든 광고를 여러 사람의 목소리로 내보내는 것이다.

한국인들은 어릴 적부터 학교에서 영어를 배우기 때문에 많은 이들이 자기가 영어를 제법 잘한다고 생각한다. 하지만 이들이 쓰는 영어는 '시험 영어'이다. 대부분 영어 원어민이 아니라 한국인 영어 선생님한테서 배운 것이다. 그리고 대입수능시험에서 좋은 성적을 받기 위한 공부이지, 원어민과 일상적인 대화를 위해 공부하는 게 아니다. 에두아르도가 내게 이런 말을 했다. "써_sir_, 우리는 서양 영어를 쓰고 말하는 건 제대로 못하지만, 아무리 어려운 문장이라도 문장구조는 정확하게 파악해 낼 수 있습니다." 그래서 콩글리시는 영어 사용자들에게 의사 전달이 잘 안되고, 이상한 영어처럼 들리지만, 한국인들은 그 이유를 잘 이해하지 못한다.

다음은 현대차에서 영어 문장 다듬기를 해주면서 마주친 문장들이다.

I am confident to say that the greatest dedication you have made would be a stepping—stone for the exceptional total brand experience before and after sales as well as during the ownership of Hyundai car.

(당신이 해주신 지대한 공헌은 뛰어난 토털 브랜드 경험을 만드는 데 필요한 징검다리가 되어 줄 것이라고 나는 확신합니다. 당신이 현대차를 소유하는 동안은 물론이고, 판매가 이루어지기 전후에도 마찬가지입니다.)

이런 문장도 있다.

Recognizing such desperate efforts for quality improvement, many customers are turning to Hyundai.

(품질향상을 위한 필사적인 노력을 알기 때문에, 많은 고객들이 현대차를 찾고 있다.)

웃음거리로 삼거나 비꼬기 위해 이 두 예문을 소개하는 것이 아니다. 영어를 모국어로 쓰지 않는 사람들이 표준 영어를 구사하기가 얼마나 어려운지 보여주려는 것뿐이다. 미로 찾기 같은 번역작업의 어려움은 차치하고, 더 큰 문제는 한국인들이 자신들의 고유 언어가 아닌 영어로 출판물에서 쓰는 수준의 문장을 작문하려고 애쓴다는 점이다. 외국어로 작업하는 것은 누구에게나 어려운 일이다. 나는 외국어를 배운 적이 없기 때문에 이게 얼마나 힘든 일인지 가늠하지 못한다. 한국 사람이 영어를 배우는 것은 영어권 사람이 스페인어를 배우는 것과는 다르다. 영어와 스페인어는 최소한 철자와 음은 같다. 영어권 사람이 한국어를 배워서 쓰는 것은 중국어를 배워서 비즈니스에서 활용할 수 있을 정도로 능숙하게 구사하려는 것과 마찬가지로 어렵다.

두 문화의 차이도 문제가 된다. 한쪽에 익숙한 일들이 다른 문화에는 생소하고, 기본적인 정서도 크게 다르다. 동양인들이 마음 깊은 곳에 들어 있는 감정이나 정서를 표현하는 것이 서양 고객들에게는 유치하거나 지나치게 감상적으로 보일 수가 있다. 더 심각한 것은 동서양이 특정 단어의 뜻을 어느 정도 이해하더라도 해당 단어가 암시하는 의미, 전후맥락 등 여러 뉘앙스가 번역과정에서 사라져 버리는 것이다. 예를 들어 2012년 여름, 대한항공*Korean Air*은 케냐 직항로를 신설하고 광고 문구를 이렇게 했다.

Fly to Nairobi with Korean Air and enjoy the grand Africa savanna, the safari tour, and the indigenous people full of primitive energy.

(대한항공을 타고 나이로비로 가서 광활한 아프리카 사바나와 사파리 투어를 즐기고, 원시적인 에너지가 넘치는 아프리카 토착민들을 만납시다.)

케냐인을 '원시적인 에너지가 넘치는' 사람들로 묘사한 이 문구는 트위터에서 조롱거리가 되며 비난을 받았다. 대한항공은 '원시적'이라는 표현이 한국어를 영문으로 번역하는 과정에서서 생긴 실수라는 내용의 사과성명을 부랴부랴 내야 했다.

한번은 연세대 MBA 수업에 가서 강의를 하며 현대차그룹의 족벌경영에 대해 개략적인 설명을 했다. 나는 눈에 띄는 아무 색의 마커나 집어 들고 정씨 일가의 대표적인 이름을 보드에 쓰기 시작했다. 그런 다음 설명을 하려고 몸을 돌리는데 학생 한 명이 손을 들었다.

"예?" 나는 이렇게 물었다.

"사람 이름을 왜 빨간 글씨로 쓰십니까?" 그 학생은 이렇게 물었다.

'오, 아뿔싸.' 이런 생각이 번뜩 스쳤다. 학생이 그 질문을 하는 순간 내가 실수했다는 것을 알았기 때문이다. 한국을 비롯한 일부 아시아 국가들에서는 죽은 사람을 나타낼 때만 빨간 글씨로 쓴다. 나는 학생들에게 깊이 사과하고, 교실에 있는 서양 학생들에게도 내가 결례를 했다고 설명했다. 그런 다음 빨간색으로 쓴 이름을 모두 지우고, 검정 글씨로 다시 쓰고 강의를 진행했다.

모국어가 아닌 다른 언어로 일을 한다는 게 얼마나 어려운지 새삼 실감했다. 비즈니스 업무에서는 더 말할 필요가 없다. 그래서 나와 영어로 커뮤니케이션을 해야 하는 우리 팀원들에게 내가 얼마나 큰 부담을 주는지 충분히 알았다. 한번은 영어를 그런대로 잘하는 젊은 직원에게 물어보았다. 작문 실력도 우수하고, 영어 실력을 늘리려고 꾸준히 노력하는 직원이었다. "내게 영어로 써서 보내면 한국어로 쓸 때보다 50퍼센트 더 어려운가요, 아니면 500퍼센트 더 어려운가요?" 그는 잠시도

망설이지 않고 이렇게 대답했다. "500퍼센트 더 어렵습니다, 이사님."

회사가 공식적으로 쓰는 영어 편지를 손질하는 것도 내 일이었다. 나의 상사들이 공무로 쓰는 영어편지를 손질해 주고, 연설문을 대신 써주는 것도 내가 맡은 일이었다. 상사들이 쓰는 영어는 모두 내가 돌봐주었다. 나는 그 일을 좋아했다. 하지만 본사에서 외부용으로 영어를 쓰는 팀이 10곳도 넘었다. 나나 우리 팀이 그들을 모두 다 돌봐주는 것은 불가능할 뿐만 아니라, 그렇게 해서도 안 된다고 나는 생각했다. 그 일을 전담할 전문 영어 에디터가 따로 있어야 했다.

팀장에게 아시안 월스트리트저널과 파이낸셜타임스에 실린 현대차 광고 헤드라인이 잘못된 사실을 알려주었더니, 그는 광고 담당 팀에 전달하겠다고 했다. "그러면 어떻게 되는데?"라고 물었더니, 그는 이렇게 대답했다. "우리 팀이 책임질 일이 아닙니다."

맞는 말이지만 그 말을 들으니 기분이 언짢았다. 사람들이 버스에 치이려고 하는데 그걸 보고 "그건 우리 팀 책임이 아니야."라는 말만 하지는 않을 것이다. 얼른 나서서 사람들을 버스에 치이지 않도록 밀어낼 것이기 때문이다. 한국 재벌기업들 사이에 이런 말이 있다. 사실은 한국의 기업 문화 전반에 통용되는 말이기도 하다. "일을 안 했다고 쫓겨나는 사람은 없다." 대기업에서는 모험을 감행했다가 칭찬받는 경우가 드물다. 그래서 직원들은 팀을 위해서 열심히 일하고, 팀이 목표를 달성하는 데 도움이 되는 일을 묵묵히 하는 게 최선이라고 생각한다.

영어 에디터를 채용하자는 것은 여러 변수와 리스크를 각오하고, 부정적인 결과가 생기면 관련 인사들이 책임을 지는 시스템을 도입하자는 말이었다. 영어 에디터가 채용되면 우리 팀 외에 여러 팀과 의견을 주고받아야 하기 때문에 보고체계에도 문제가 생길 것 같았다. 나는 부서 마다 존재하는 부서 이기주의를 허무는 사람, 즉 '사일로 브레이커' *silo breaker*를 채용하는 데 대해 부정적인 인식이 있다는 사실을 뒤늦게 알았다. 외부에서는 회사 내 부서 이기주의에 대해 부정적인 생각들이 많지만, 지켜주어야 할 부서의 특성들이 있는 것도 사실이다. 그렇지 않으면 각 팀이 부여받은 임무가 수시로 바뀌거나 팀 목표가 명확해지지 않고, 아무도 책임을 지지 않고, 그래서 결국 되는 일이 하나도 없는 상황이 벌어질 수 있기 때문이다.

하지만 나는 회사 생활을 시작한 지 정말 얼마 되지 않았기 때문에, 관료주의적인 업무절차 때문에 내가 옳다고 생각하는 일이 방해 받는 것을 받아들일 수가 없었다. 나는 영어 에디터를 채용하는 게 백번 옳은 일이며, 현대차에서 내놓는 영어 문건 대부분을 우리가 작성하기 때문에 영어 에디터는 우리 팀 소속으로 두어야 한다는 생각이 확고했다. 또한 나는 본사 전체를 통틀어 영어를 모국어로 쓰는 유일한 임원이기 때문에 영어 에디터를 내 소속으로 두자는 게 일리가 있었다.

하지만 팀장을 비롯해 팀의 고참들 모두 이 제안에 반대했다. 이들은 몇 가지 이유를 댔고, 나름대로 일리 있는 말들이었다. 그러나 영어 에디터가 필요하다는 주장을 꺾지는 못했다. 지금 그 일을 한다면, 영어 에디터 채용은 포기하지 않고 밀어붙이겠지만, 추진하는 방식은 달리 했을 것 같다. 우선 본사에 있는 여러 부서에서 정확하지 않은 영어로 작성한 문서들을 사례로 들며 짤막하고 설득력 있는 보고서를 만들 것이다. 영어 문장을 제대로 구사한 경쟁사들의 영어 문건도 참고로 첨부한다. 엉터리 영어 문건 때문에 입는 브랜드 가치 손상에 대한 전문가의 설명도 제시할 것이다. 그렇게 만든 보고서를 내 상사에게 제출하고, 영어 에디터는 어느 팀 소속으로 하는 게 좋을지에 대해 의견을 나눈다. 영어 에디터를 우리 팀 소속으로 둔다는 결정이 일단 내려지면, 팀장과 상의해 팀 내에서 영어 에디터의 역할을 어떻게 부여할지에 대해 정한다.(내 상사가 결정한 사안이기 때문에 팀장도 영어 에디터를 두는 데 대해 더 이상 반대하지 못할 것이다.) 팀 내에서 영어 에디터가 할 역할이 정해지면 다른 팀들에게도 모두 알려준다.

이런 식으로 하려면 두세 달 쯤 걸릴 것이다. 그렇게 하는 대신 나는 몇 달 동안 이 문제를 놓고 팀장과 밀고 당기기를 계속하다가, 마침내 팀장을 제치고 엉터리 영어 문건 사례를 챙겨서 상사에게 직접 보고했다. 그는 바로잡아야 할 문제라는 점에 동의하고, 인사팀을 통해 영어 에디터 자리를 신설하도록 했다. 나중에 보니 팀원들은 영어 에디터 자리를 만드는 데만 반대한 것이 아니라, 내가 그 생각을 제시하는 방법에도 반대했다는 것을 알 수 있었다. 당시 나는 무슨 내용을 말하고 행동하느냐에 못지않게 그것을 표현하는 방식도 중요한 위치에 올라 있었던 것이다. 나는 단순히 영어 에디터가 절실히 필요하다고 생각하기 때문에 그 생각을 밀어붙였을 뿐이었다.

나는 일을 밀고 나갔고, 인사팀으로부터 자리 신설 결정을 얻어내서 채용 인터뷰 절차를 시작했다. 마침내 최종 후보자를 정하고 면접을 보기로 했다. 면접을 보러 온 지원자의 서양식 이름은 오렐리아*Aurelia*였다. 이력서를 보니 한국 외교관의 딸로 고등학교 과정과 대학을 미국에서 마쳤다. 미국의 주요 방송국 여러 곳에서 인턴을 한 경력도 있었다. 이력서에 붙은 사진을 보니 젊은 여성이었다. 본사 면접장에서 오렐리아를 처음 봤는데, 한국에서 면접 받으러 오는 데 걸맞은 복장을 하고 있었다.

무난한 진회색 정장에 흰색 버튼업 셔츠 차림으로 몸을 떨 정도로 긴장해 있었다. 면접장은 회사 사무실처럼 배치돼 있었다. 테이블 두 개를 8피트 정도 떨어져서 마주보게 놓고, 그 중 하나가 내가 앉을 자리였다. 오렐리아는 나를 마주보고 맞은 편 테이블에 앉았다. 둘 사이에는 어색함이 그랜드 캐니언처럼 넓게 자리하고 있었다.

'이 불쌍한 아가씨를 이런 식으로 계속 겁을 줄 필요야 없지.' 나는 이런 생각을 하고 그 여성 옆으로 가서 의자를 빼서 앉았다. 인사 담당 매니저가 놀라서 말했다. "이사님 자리는 저쪽에 있습니다." "여기가 좋습니다. 괜찮습니다." 나는 이렇게 말하고 그 사람을 내보냈다. 현대차가 채용과정에서 지키는 모든 격식을 무시해 버린 것이다. 오렐리아는 긴장을 풀고 면접을 잘 마쳤다. 나중에 그녀는 내가 자기 옆으로 와서 앉은 덕분에 마음의 안정을 찾을 수 있었다고 했다. 부활절 달걀 두어 개를 함정으로 감춰놓은 문장 바로잡기 시험을 내주었다. 예리한 눈을 가진 에디터라야 찾아낼 수 있는 오류들인데, 그녀는 정확하게 잡아냈다.

오렐리아가 팀원으로 자리 잡는 데는 어려움이 있었다. 많은 비난들이 오갔고, 거기에는 내 책임도 어느 정도 있지만 팀원들도 그녀를 편하게 대하지는 않았다. 나는 팀원들과의 관계에서 그녀의 역할이 어디까지인지 정확하게 선을 그어 주지 못했다. 팀원들은 이런 질문들을 쏟아냈다.

"우리 팀에서 작성하는 영어 문장만 손봅니까?"

"아니요. 자기를 필요로 하는 다른 팀에서 만든 영어 문장도 손봐줄 겁니다." 나는 이렇게 대답했다.

"다른 팀에서 그녀에게 일을 어떻게 부탁하라고 할까요?"

"우리가 이래라 저래라 할 수는 없어요. 다른 팀에게 그녀에 대해 알려주고, 많이 활용하라고 말해주는 거지요."

"절차가 없잖아요."

"절차는 만들어 갈 것입니다."

"계약직이니까 민감한 회사 정보는 보여주지 말아야겠네요."

"무슨 소리. 당연히 보여줘야지요. 그래야 그걸 손질할 수 있지요. 그녀도 우리 팀원입니다."

"팀원 아니잖아요."

"팀원 맞아요."

"영어는 잘하는지 몰라도 한국말은 잘 못하잖아요."

"한국어 에디터로 뽑은 게 아닙니다."

이런 말도 나왔다. "그 여자는 아직 어리고, 제대로 된 직장은 이곳이 처음입니다. 현대차에 입사하는 신입사원이면 누구나 해야 하는 잡일도 시켜야 되지 않습니까. 아침마다 우편함에 가서 신문 챙겨오는 일 같은 것 말입니다."

"그 여자는 전문적인 업무를 하라고 뽑은 겁니다."

"우리는 전문적인 일을 하는 게 아니지 않습니까."

"바로 전까지 우리도 전문적인 일을 했지요."

이런 식이었다. 기본적으로 고집불통의 외국인 임원과 평생 현대차에 몸담을 직원들 간의 대결이었다. 직원들은 현대식 일처리 방식을 알고 따랐는데, 이번 일은 현대식 일처리가 아니라고 생각한 것이다. 이들이 오렐리아를 팀원으로 받아들이지도 않을 것이고, 그녀를 활용하라는 소문도 퍼트리지 않을 것임이 분명해 보였다. 이런 식이면 그녀의 채용은 실패로 끝날 것 같았다. 그런 가운데 오렐리아는 마음의 상처를 입을 것이었다.

솔직히 말해 힘든 출발이었다. 어떻게 해야 할지 오락가락 했고, 모두들 냉담한 태도를 보였고, 여럿이 마음의 상처를 받았다. 하지만 오렐리아의 성실함과 뛰어난 유머감각, 그리고 회사에 꼭 필요한 그녀의 존재가치가 결국 이런 어려움을 이겨냈다.

나도 겸손한 자세로 배운 게 많았다. 내가 그녀의 업무 분담을 깔끔하게 처리하지 못했음을 팀장에게 솔직히 인정했다. 그리고 팀장도 그녀의 가치를 알아보기 시작하고, 다른 팀들에게 그녀의 존재를 알려주었다. 오렐리아는 자신의 능력을 입증해 보였고 유연한 일처리 능력을 발휘했다. 그녀의 영어 구사 능력은 내 영어와 같은 수준이었다. 수십 개의 팀들이 그녀의 도움을 받으려고 찾아 왔으며, 그녀의 능력에 감탄했다. 기술팀에서 기술 전문잡지에 논문을 기고했다가 엉터리 영어 때문에 거절당한 일이 있었다. 이들이 오렐리아에게 도움을 청하자 그녀는 곧바로 제대로 된 영어문장으로 고쳐주었고, 논문은 받아들여졌다. 그녀가 근무를 시작한 첫해 말에 나는 그녀가 다른 팀과 가급적 많은 일을 했으면 좋겠다는 생각을 했다. 워낙 뛰어난 재능에다 악착같은 근성, 거기다 나이보다 한결 성숙한 사람 됨됨이 덕분에 그녀는 내 기대를 두 배 넘게 충족시켜 주었다.

한번은 오렐리아에게 이런 말을 해주었다. "당신은 단순히 영어 문장 고치는 일을 하면서 브랜드 가치로 따져 수백 만 달러를 이 회사에 벌어주었어요." 신문광고에 등장한 잘못된 영어 문장으로 인해 받은 당혹감은 순간이었지만, 그로 인해 시작된 긍정적인 변화, 다시 말해 영어 에디터 채용은 오래 계속될 것이다.

오렐리아를 채용함으로써 내가 받은 만족감은 이것뿐이 아니다. 한국을 떠나기 그리 오래 전이 아닌 어느 날이었다. 팀의 젊은 직원 몇 명과 함께 점심을 먹기 위해 회사 부근의 식당으로 가는 길이었다. 도중에 뒤를 돌아보니 우리 팀의 다른 젊은 여성이 오렐리아의 목에 팔을 두르고 같이 깔깔거리며 따라오고 있었다. 마침내 그녀는 우리 팀원으로 받아들여진 것이었다.

영문 웹사이트가 왜 필요합니까

내가 입사하기 전 현대차에 대한 정보를 찾아보려면 보통 힘든 게 아니었다. 기자로서 어떤 회사와 관련된 정보를 찾으려면 우선 그 회사 웹사이트에 들어가 보도자료를 보고, 사진, 비디오, 재정, 기업 역사, 임원 정보, 기업정책을 찾아보고, 홍보팀 담당자 이메일주소와 전화번호 등을 알아본다. 현대자동차 미국법인Hyundai Motor America의 언론 사이트는 쉽게 찾을 수 있었다. 하지만 본사의 언론 사이트는 도저히 찾을 수가 없었다. 당황스럽기 짝이 없었다.

2010년 10월 일을 시작하고 불과 5분도 안되어서 나는 현대차 본사의 언론 사이트를 찾지 못한 이유를 알아냈다. 그런 게 없기 때문에 못 찾은 것이었다. 현대차는 메이저 글로벌 자동차 메이커 가운데서 영어 미디어 사이트가 없는 유일한 회사였다. 한국 언론을 위한 한국어 사이트는 있는데 영어권 언론을 위한 사이트는 없는 것이었다. 영어로 쓰인 것이라고는 영문 보도자료 모아놓은 것뿐이었다. 기자들에게 미디어 사이트는 그 회사의 현관 같은 역할을 한다. 현대차는 그 현관문이 잠겨 있는 셈이었다.

나는 제일 먼저 이 일부터 해야겠다고 생각했다. 진정한 프리미엄 자동차 메이커가 되는 데 그게 가장 큰 방해물이었다. 그리고 프리미엄 브랜드가 되기 위해 나아가는 데 있어서 그것은 아주 쉽게 달성할 수 있는 목표였다. 적어도 나는 그렇게 생각했다. 팀원들 가운데 고참 직원 일부가 영문 미디어 사이트 만드는 데 반대 의사를 내놓았다. 그런 걸 만들 필요가 있느냐, 그걸 들어와서 볼 타깃 오디언스*target audience*가 어디 있겠느냐 등등의 말을 했다. 일일이 대꾸하기가 쉽지 않았다. 사람한테 산소가 왜 필요한지 일일이 따져봐야 아나? 팀원 중 한 명은 이런 말까지 했다. "우리 연락처를 인터넷에 올려놓으면, 기자들이 그걸 보고 연락해 오지 않을까요?" 나는 뭐라 할 말이 없었다. 우리가 PR 팀 맞아?

나는 불신과 분노에 눈이 먼 나머지 수레를 말 앞에다 매려고 했다. 당시 나는 회사에서 어떤 일이 어떤 식으로, 왜, 어떤 속도로 진행되는지에 대해 전혀 알지 못했다. 그저 단순히 '문제가 있어? 그러면 고치면 되지.' 라는 생각만 한 것이다. 하지만 처음에 생각했던 것과 달리 팀원들 가운데 일부는 내 생각을 말리려고 하지 않았다. (두어 명은 말리려고 했다. 영어 미디어 사이트를 만들면 팀 업무가 더 늘어나고, 그리고 더 중요한 것은 잘못을 저지를 가능성도 그만큼 더 커지고, 따라서 욕먹을 일도 더 많아진다는 핑계를 댔다.)

팀원들 대부분은 사이트를 어떻게 해야 잘 만들 수 있을지, 어떤 식으로 만들지, 누구를 대상으로 만드는지와 같은 똑똑한 질문들을 했다. 그리고 그런 사이트를 추가로 만들 경우 돌아올 이득과 위험요인을 비교하는 등 제기할 만한 질문들을 했다. 기업문화에 문외한인 나는 그런 점들을 몰랐다. 그때까지도 여러 모로 기자의 입장에서 생각할 뿐이었다. 기자들이 정보를 쉽게 접할 수 있도록 해주자는 것이었다. 얼마 지나지 않아서 나는 기업에 몸담은 사람처럼 생각하기 시작했다. 이게 과연 회사에 가장 이익이 되는 일일까? 직업에 따라 생각하는 방식이 따로 있다는 사실을 깨달은 것이다.

몇 달 동안 좌절의 시간을 보낸 다음 나는 마침내 일을 진행하는 방법을 터득했다. 짤막하고 효과적인 파워포인트 프레젠테이션을 만들어서 우리가 그동안 만든 밋밋한 보도자료 목록과 우리 경쟁사들이 제작한 세계 수준의 미디어 사이트들을 내 상사에게 보여주었다. 특히 일본 경쟁사들의 사이트를 집중적으로 보여주었는데, 모두 정교하게 만들어져 원활하게 서비스되고 있었다. 그는 총명한 사람이라 금방 핵심을 파악하고, 현대차 사상 처음으로 영문 미디어 사이트를 제작하라는 지시를 내렸다.

웹디자이너와 계약을 맺은 다음 회의를 시작했다. 물론 웹디자이너들은 한국어만 할 줄 알았다. 그래서 젊은 팀원들 중에서 제일 영어를 잘하는 아이크와 에두아르도를 제작 작업에 투입해 디자이너들에게 내 생각이 어떤지 이해시키고, 내 지시사항이 제대로 전달되도록 했다. 그들은 기대 이상으로 일을 잘했다. 이들은 훌륭한 사이트를 만드는 데 필요한 귀중한 아이디어들을 제시했고, 시작하고 1년 뒤에는 자진해서 사이트를 업그레이드시켜 주었다.

웹사이트 구축 작업이 시작되고 몇 개월 뒤, 주요한 모터쇼를 코앞에 두고 마침내 사이트가 가동되었다. 이와 함께 나는 본사의 트위터 계정도 개설하고 조금씩 신중하게 끌어나갔다. 모두가 우려하는 위험한 영역이었다. 하지만 우리 팀원을 비롯한 직원들은 빠른 속도로 영어 미디어 사이트의 중요성을 깨우쳐 갔다. 그렇더라도 팀원들 누구도 자기 연락처를 사이트에 공개하려고 하지 않았다.

나는 유리한 전선戰線을 택하는 법을 터득했다. 나는 트위터의 가치를 누구보다 잘 알았다. 현대차 미국법인도 트위터를 사용해 크게 효과를 보았다. 하지만 효과가 크다는 점은 인정하지만, 트위터를 사용하는 데 있어서 조심해야 할 부분이 있다는 점도 분명히 알았다. 트위터 계정을 통해 현대차는 부정적인 공격에도 스스로를 드러내는 셈이 되기 때문이다. 그건 우리 마음대로 지울 수도 없는 내용들이다. 브랜드를 관리하고 보호하기 위해 신경 써야 할 부분이었다.

글로벌 영어의 힘

영어 에디터를 채용하고, 영어 웹사이트를 구축하면서 나는 거의 매일 영어 때문만이 아니라, 힘들고 우스꽝스러운 일들과 수시로 부딪쳤다. 그러다 보니 내 안에서 철학적인 의문이 보글보글 솟아났다. 한국에서는 콩글리시라는 이름의 엉터리 영어가 사용되고 있었다. 영어를 모국어로 쓰는 사람들에게 아무리 거슬리는 영어라도 이곳에서는 별 문제없이 쓰이고 있었다. 수백 만 명이 일하고 있고, 주식회사 대한민국은 그런 영어로 엄청나게 많은 비즈니스를 하고 있다. 전 세계적으로도 영어를 모국어로 쓰지 않는 엄청나게 많은 사람들이 글로벌 비즈니스를 하며 어떤 식으로든 영어를 구사하고 있다.

나는 다음과 같은 철학적인 의문에 직면하게 되었다. '그렇다면 영어의 진짜 주인은 과연 누구인가?' 영국, 미국 같은 영어 사용 국가에서도 자국에서 사용하는 '올바른'correct 영어에 일어나고 있는 여러 가지 일들 때문에 많은 사람들이 걱정한다. 이민자들이 늘어나면서 영어가 이상하게 변형되고 있기 때문이다.

영어를 사용하는 사람들에게 나는 바깥세상에서 어떤 일들이 일어나고 있는지 알 필요가 있다는 말을 해주고 싶다. 한 번씩 미국에 돌아가면 어머니는 외국어들이 영어를 '망쳐놓고'corruption 있다고 탄식하셨다. 어머니는 독서를 많이 하시지만, 웨스트 버지니아 바깥에서는 살아본 적이 없고, 자기와 다르게 생긴 사람들을 많이 만나 본 적이 없는 분이다. 그리고 자기처럼 나이든 사람들이 대부분 그렇듯이 많은 것이 바뀌는 것에 대해 두려운 생각을 갖고 있다.

나는 이런 우스갯소리로 어머니를 놀리곤 했다. '어느 날 아침 눈을 뜨면 어머니 혼자만 빼고 나머지 사람들 모두가 스페인어를 쓰는 날이 올지도 몰라요.' 그러면서 언어라는 게 그렇게 하루아침에 싹 바뀌는 것은 아니라고 어머니를 안심시켜 드렸다. 어머니는 레스토랑에서 파스타를 주문하면서 '페투치니'pettuccine가 마치 영어인 것처럼 사용한다. 나는 어머니에게 영어가 훌륭한 것은 포용성이 뛰어나기 때문이며, 그것이 바로 영어의 힘이라는 말을 해드렸다. 미국이 그런 나라인 것처럼 영어도 외부의 변화 요인들을 흡수함으로써 급격하게 혁명적인 변화가 일어나지 못하게 막아 버린다.

한국에 오고 나서 내가 쓰는 영어에 대해 그렇게 유연한 생각을 갖지 못했다. 적어도 처음에는 그랬다. 사방에서 빗발치는 엉터리 영어의 세례 속에서 갑자기 나 혼자 영어를 지키는 외로운 수호자가 되어 있었던 것이다. 사람들은 영어를 앞뒤가 맞지 않게 멋대로 바꾸고, 무분별하게 써댔다.

영어가 모국어가 아닌 사람들이 쓰는 영어도 인정하고, 격려해 주어야겠다고 생각했다. 그게 합리적인 태도였다. 미국 안에서 영어가 변화하는 것을 받아들인다면, 미국 바깥에서도 영어의 변화를 받아들이는 게 맞다고 생각한 것이다. 미국의 레스토랑에서는 '퀘사리또'*quesarito* 같은 스페인어 단어들이 통용되고 있고, 미국 여행 전문잡지들은 '글램핑'*glamping*이라는 신조어를 만들어 통용시킨다. 퀘사리또는 퀘사디아와 브리또의 맛을 동시에 담은 새로운 메뉴이고, 글램핑은 글래머*glamour*와 캠핑*camping*의 합성어이다. 미국 바깥에서는 영어가 이렇게 변형되어 쓰이는 데 대해 아무도 문제 제기를 하지 않는다.

나는 아무래도 자제력이 많이 부족한 것 같았다. 미국 바깥에서는 모두가 영어를 대수롭지 않게 쓰고, 영어에 특별한 의미를 부여하지 않는다. 지구촌 다른 곳에서 영어는 그냥 하나의 도구일 뿐이다. 나도 처음에는 이런 상황을 받아들일 수가 없었다. 영어는 나의 존재 자체이고, 나의 뼈대인 양 생각했다.

한국인들은 '빨리빨리' 정서 때문인 듯 보이지만, 자기들이 접하는 모든 언어를 변형시키고 축약한다. 한국은 인구의 대부분이 단일 매스미디어 전달체계 속에서 사는 단일 사회이기 때문에 축약어가 순식간에 만들어지고 사회 전반에 전파되며, 모두가 금방 그걸 배운다. 영어도 마찬가지다. 한국인들은 '에어콘'*aircon*, '비즈'*biz*처럼 알기 쉬운 축약어를 만들어 쓴다. 유래를 알기 힘든 축약어들도 있다. '백댄서'는 뮤직 그룹의 백업 댄서*backup dancer*를 줄인 말이고, '콤비'는 스포츠 코트와 슬랙을 콤비내이션하는 데서 유래한다. 디지털 카메라를 '디카'라고 부르는데, 이는 '디지털'과 '카메라'를 합해서 줄인 말이다. 셀프 카메라 포토는 '셀피'*selfie*가 아니라 '셀카'로 줄여서 부른다. 맥주집을 '호프'*Hof* 집이라고 하는데, 이는 유래를 짐작하기가 대단히 어렵다. 호프브로이하우스*Hofbräuhaus*는 뮌헨에 있는 유명하고 오래된 술집이다. 하지만 '호프'는 '맥주'가 아니라 '궁정'이라는 뜻이고, '브로이'가 맥주라는 뜻이다. 처음에 잘못 번역된 것이 그대로 굳어져서 쓰이게 된 것 같다.

한국의 문화를 제대로 배우려면 한국식 영어도 배워야 했다. 현대차에 근무하는 많은 이들이 영어를 말할 줄 안다고 하면 맞는 말이다. 하지만 이는 어느 면에서 틀린 말이 아니기는 하지만 반드시 그런 것도 아니다. 예를 들어 한국 사람이 영어를 말한다고 해서 그 사람이 내가 쓰는 영어단어와 숙어, 조크를 모두 안다고 간주할 수는 없기 때문이다. 그래서 한국 사람과 영어로 이야기하기 위해서는 한국 사람들이 아는 영어를 배워야 했다. 한국 사람들이 쓰는 한-영 어휘를 알아야 한다는 말이다.

한국인들이 '다이어리'*diary*라고 할 때는 영국에서처럼 개인 캘린더나 스케줄을 가리키지 '사적인 기록'*personal journal*을 의미하지는 않는다. '팬시'*Fancy*는 예쁜 문구류를 가리키고, '글래머'*Glamor*는 가슴이 풍만한 여성을 가리킨다. 그리고 미케니컬 펜슬*mechanical pencil*은 무조건 '샤프'*Sharp*라는 제품명으로 통일해서 부른다. 그리고 오버코트도 브랜드에 상관없이 '버버리'*Burberry*로 통칭한다. 탄산수가 들어간 청량음료는 모두 '사이더'로 부른다. 실제로 사이더는 사과즙으로 만드는데, 그렇지 않은 경우에도 사이더이다. 그리고 한국에서 '마인드 콘트롤 북'*mind control book*이라면 '세뇌'에 관한 책이 아니라, 스스로의 마음을 다스리는 법을 가르치는 자기계발서를 가리킨다. 윈도쇼핑*Window-shopping*을 '아이쇼핑'*eye-shopping*이라고 바꿔 부르고, 남성 정장 셔츠*dress shirts*를 '와이셔츠'*Y-shirts*라고 부른다. 정장 셔츠는 대부분 흰색이기 때문에, 식민지 시절 일본식 발음으로 '화이트'를 '와이트'로 부른 것이 그대로 와이셔츠로 굳어진 것이다.

매력적인 몸매를 가진 여성을 '에스 자 몸매'*S-shape*라고 부르는데, 한번은 저녁식사 자리에서 동료 한 명이 술이 약간 취해서는 아내 레베카에 대해 듣기 좋은 말을 한다고, 그녀가 자리를 잠간 비웠을 때, '완벽한 에스 자 몸매!'라고 추켜세웠다. '스태미나'*Stamina*는 내가 좋아하는 콩글리시이다. 한국 근무 첫 해에 삼계탕 같은 특정 음식을 '스태미나'에 좋은 음식이라고 하는 말을 많이 들었다. 그런 말을 하면 함께 있던 남자들은 낄낄거리며 웃는다. '좋아, 당신들은 그렇게 일을 오래 하니 스태미나 음식을 먹어둘 필요가 있을 테지.' 나는 속으로 이렇게 생각하며 따라 먹었다. 한국 남자들이 스태미나 이야기를 할 때는 성性적인 스태미나인 정력을 의미한다는 것을 나중에야 알았다.

미국에서는 군대와 연방정부가 줄임말을 즐겨 쓰는 편이지만, 한국에 와서 보면 그건 아무 것도 아니다. 아내와 함께 일하는 미국대사관 직원들은 "이번 파티 때 BGM 가져올 사람?"이라는 말에 아내가 'BGM'이 무슨 말인지 모른다고 하자 기가 막힌다는 표정을 지었다. BGM은 '백그라운드 뮤직'*background music*을 줄인 말이다. 나는 한국 동료들에게

BGM의 뜻을 아는지 슬쩍 떠보았더니 당연히 알고 있었다. 그러면서 나보고 '아는지?' 물어보는 것이었다. 나는 스스럼없이 안다고 대답했다. 미국인들은 백그라운드 뮤직이 무엇을 가리키는지 안다. 다만 일상 대화에서 그렇게 자주 쓰는 단어가 아니기 때문에 굳이 줄임말을 만들 필요성을 느끼지 않는 것뿐이다.

스마트폰 이용이 보편화 되면서 아시아인들은 문어체를 없애는 일에 선두를 달리고 있다. 아시아에서는 미국보다 문자 어플*Texting apps*이 더 빠르게 보급되고 있고, 통신수단으로 이를 더 선호한다. 기자 생활을 할 때 나는 신기술에 대해 많이 취재했지만, 한국에서처럼 '업테이크' *uptake*, 다시 말해 신기술 활용이 많이 이루어지는 경우는 보지 못했다. 카카오톡*KakaoTalk*이 2010년 3월 한국에서 무료 메시징앱을 시작하고 불과 3년 만에 한국 내 스마트폰 사용자의 93퍼센트가 이 앱을 내려 받았다. 미국 청소년들은 'SMH'*shake my head* 고개를 절래절래 흔들기 'LOL'*laugh out loud* 크게 웃기 같은 텍스트 언어로 어른들을 어리둥절하게 만들지만, 아시아 청소년들은 약어를 사용하는 정도가 그보다 훨씬 더 심하다. 이들은 이모티콘 같은 그림으로만 의사소통을 한다. 미국 아이들이 대화 내용을 강조하기 위해 감정을 표현하는 작은 이모티콘을 곁들이는 반면, 아시아 아이들은 문장은 사용하지 않고 이모티콘만 가지고 대화를 이어간다. 예를 들어 일본의 메시징앱 '라인'*Line*은 사용자들이 문장을 치면 그것을 웃거나 찡그린 얼굴 그림으로 바꾸어 준다. 사용자가 '생일을 축하합니다.'라고 치면 앱이 생일축하 이모티콘을 골라서 그걸로 바꿔주는 것이다.

이런 추세로 간다면 생각은 빼고, 감정만 주고받는 시대가 올 것이라는 생각이 든다. 아내는 우리가 상형문자 시대로 되돌아가고 있다고 했다. 그리고 '나의' 언어인 영어로 말할 것 같으면, 나는 여전히 보도자료 등 현대차에서 내보내는 공식 영어 문건들을 손질하는 작업을 계속했다. 하지만 다른 데서는 나도 시대의 흐름을 따라갔다. 나는 그동안 글쓰는 일로 먹고 살아 왔다. 언어의 매력에 빠져 있었기 때문이다. 외국인들이 영어를 가지고 하는 일들을 보면 흥미롭고 재미있다. 예를 들어 영어를 외국어로 배운 한국인과 터키인이 나와 영어로 소통하는 것보다 자기들끼리 영어로 소통이 더 잘된다는 것은 흥미로운 일이다. 일종의 글로벌 영어라는 게 따로 있는 것 같다. 영어 원어민들도 외국에 나가 비즈니스를 하려면 이 글로벌 영어를 배워야 한다.

15

'올해의 차'
아반테

동아시아 사람들이 사용하는 음력으로 2012
년은 흑룡의 해였다. 12가지 동물이 해마다 번갈아가며 등장하기 때문
에 12년마다 같은 동물의 해가 돌아온다. 중국의 천문학에서 용은 좋은
기운을 가져다주는 최고의 상징이다. 흑룡의 해는 60년마다 돌아오는
데, 드물게 돌아오기 때문에 행운을 가져다주는 힘은 더 배가된다고 믿
는다. 우연인지는 모르지만 2012년은 나와 현대차에도 상당히 괜찮은
해였다. 취업한 지 1년이 조금 더 지나자 사내 분위기를 어느 정도 파악
할 수 있게 되었다. 과외선생님을 모시고 한국어 공부도 시작했다. 현
대차 판매는 상승세이고, 브랜드 전반이 순항하고 있었다.

팀을 관리하는 요령도 터득하고 있었다. 열심히 일하는 사람과는 협
력하고, 상대하기 버거운 사람들은 일정한 거리를 두었다. 신혼 1년 반

동안 깨어 있는 시간은 아내보다 팀장 벤과 함께 보내는 시간이 더 많았다. 결혼생활을 어떻게 꾸려가야 할지 고심하는 신혼부부처럼 벤과 나는 서로의 단점은 덮고, 장점은 부각시키려고 노력했다. 사무실에서 좋은 친구도 몇 명 만들었다. 은주씨는 현대자동차에서 드문 여성 임원 가운데 한 명이었다. 서로 비주류라는 점에서 그녀와 나는 금방 가까워졌다. 그녀는 한국인이지만 외교관의 딸로 대부분 해외에서 자라고 살았고, 한국어도 아주 유창하지는 못했다. 그녀는 직장에서 내가 갖지 못한 문화적 이점을 갖고 있었지만, 대신 나는 그녀가 누리지 못하는 남성으로서의 이점을 누렸다. 그녀는 직설적이고 유쾌한 성격이고, 우리는 함께 식사를 자주 했다. 또 다른 친구는 진호씨인데 직장에서 만난 제일 가까운 친구라고 할 수 있다. 중년의 매니저인 진호씨는 부드러운 목소리에 아는 것이 많았다. 해외근무를 해서 영어도 훌륭하게 했다. 그는 파워포인트로 프레젠테이션 하는 요령을 가르쳐 주는 등 힘든 고비 때마다 나를 도와주었다.

생전 처음으로 나는 현대차에 와서 임원이 된 기분을 실감했다. 다시 말해 직원들을 이끌고 실적을 내는 자리에 오른 것이다. 흑룡의 상서로운 기운은 2012년이 시작되자 곧바로 현대차에 행운을 가져다주기 시작했다. 1월에 시작된 디트로이트 모터쇼에서 현대 엘란트라아반테의 수출명가 전 세계 자동차 상 가운데 가장 중요한 상 가운데 하나인 '2012 북미 올해의 차'에 선정됨으로써 사람들을 깜짝 놀라게 한 것이었다. 1년 전 현대차가 프리미엄 자동차 메이커로 발돋움하겠다는 야심찬 계획을 발표한 바로 그 전시 홀이었다. 나는 오전 7시 30분에 자동차 업계 인사 500여명과 함께 디트로이트 다운타운에 있는 코보센터 지하층에 마련된 시상식에 참석했다. '북미 올해의 차' 선정은 미국 자동차 산업의 연례행사이다. 모두들 현대차 바로 앞에 자리 잡은 포드 포커스 *Focus*가 수상자로 선정될 것이라고 예상했다. 엘란트라와 함께 폴크스바겐 파사트*Passat*도 최종 후보에 올라 있었다.

포커스는 한 해 내내 언론에서 호평을 받았으며, 특히 성능과 핸들링 면에서 극찬을 받았다. 나는 우리가 이기기 힘들 것이라고 믿었기 때문에 결과를 알리는 봉투가 개봉되고 사회자가 "현대 엘란트라!"라고 소리쳤을 때, 분명히 "포드 포커스!"라고 한 것처럼 들렸다. 10억분의 1초쯤 환청이 들린 것이다.

행사장에 있던 20여 명의 한국인들이 한꺼번에 환호성을 질렀고, 다른 사람들은 모두 놀라움에 입을 다물지 못했다. 전혀 예상치 못한 결과였다. 모두들 엘란트라는 전반적으로 무난한 'B 플러스' 레벨인 반면, 포커스는 A 레벨의 로드 춉*road chops*을 발휘한다고 생각했다. 그런데 심사위원들은 같은 가격대의 다른 경쟁 차종들에게서 볼 수 없는 엘란트라의 전반적인 패키지와 프리미엄급 외관에 깊은 인상을 받았다. 뒷좌석의 열선 처리도 대표적인 강점 가운데 하나로 꼽혔다. 엘란트라는 현대차가 과거와 어떻게 다른지, 그리고 고급차 시장에 진출할 역량을 갖추고 있음을 보여주기 위해 오랜 시간 노력해 온 결과물이었다.

엘란트라의 '북미 올해의 차' 수상은 평범한 자동차 판매회사로서의 현대와 고급 브랜드로서의 현대를 구분 짓는 하나의 분기점이 되었다. 이 상을 받음으로써 현대차는 프리미엄 브랜드를 향해 가는 오르막길에서 큰 걸음을 여러 번 내딛는 효과를 얻게 되었다. 현대차라는 기업이 많은 관심을 받기 시작했고, 나한테도 자동차 전문기자들로부터 질문세례가 쏟아졌다. 갑자기 우리에 대해 기사를 쓰겠다는 사람이 많아진 것이다. 하나같이 이런 질문을 했다. "도대체 어떻게 일하고 있나요?" "현대차의 비결이 무엇입니까?"

엘란트라 스토리는 2007년에 시작됐다. 당시 현대차의 디자이너들은 막강한 발언권을 가진 재정 관련 부서들과 열띤 논쟁을 벌였다. 재정 관련 부서는 내부 논란이 있을 경우 항상 최종 발언권을 행사했다. 포브스Forbes를 비롯한 비즈니스 매체들에 따르면 현대차가 전 세계적으로 가장 수익을 많이 내는 자동차 메이커가 된 것도 이런 구조 덕분이다. 도로 위에 굴러다니는 모든 자동차는 디자이너와 엔지니어, 그리고 제품 개발 팀들의 의견이 모여져서 만든 타협의 산물이다. 그리고 재무 부서가 최종 발언권을 행사한다. 모든 자동차 메이커가 예외 없이 이런 시스템을 따른다.

내가 말하고자 하는 뜻을 좀 더 분명하게 전달하기 위해 다소 과장되게 설명해 보겠다. 실은 크게 과장하는 것도 아니지만. 만약 현대, 포드 같은 자동차 회사에서 디자이너들이 최종 발언권을 갖는다면, 그곳에서 만들어지는 자동차는 모두 배트카Batmobile 같은 외양에다 도로를 파헤치고, 연료를 마구 잡아먹는 900달러짜리 22인치 타이어를 장착할 것이다.(대부분의 자동차 차이어는 17인치 내외이고, 가격은 여러분이 알고 있는 그 정도 수준이다.) 거기다 바퀴는 차대 바깥으로 돌출되도록 달아서 차체가 넓고 위압적인 분위기를 풍기도록 만들 것인데, 그러면 주차하기가 거의 불가능해진다. 그리고 모든 자동차들이 벨트라인belt line을 높일 것인데, 다시 말해 사이드 윈도의 바텀bottom을 높인다는 말이다. 그렇게 하면 외양은 미끈하게 보이겠지만, 차창 유리가 손바닥 만해져서 바깥이 거의 보이지 않을 것이다. 마감도 광택 나는 글로시 피니시*glossy finish* 가 아니라 무광인 매트 피니시*matte finish*로 할 것이다. 그렇게 하면 보기 는 좋지만 매번 손세차를 해야 한다. 모든 제품이 미래 콘셉트로 만들 어져 멋진 외양을 자랑하겠지만, 가격이 너무 비싸고 실용적이지 않다.

그리고 엔지니어들에게 맡겨 두면 엔진을 모두 터보 차지로 할 것이 고, 서스펜션은 모조리 포뮬러 1 레이서처럼 작동되도록 할 것이다. 포 뮬러 1은 전방 주시 레이더로 도로면 상태를 미리 감지해 드라이빙 감 을 자동으로 조절해 준다. 그리고 자동차를 안전하고 가볍게 만들기 위 해 초강도 재질을 쓸 것이다. 내부는 시선과 제스처를 인식하는 센서들 이 운전자로 하여금 차창의 홀로그래픽*holograph* 로고들을 쳐다보거나, 대시보드 앞에서 손을 흔들어서 곡목을 선택하고, 볼륨을 조절하며, 실 내 온도를 바꿀 수 있도록 할 것이다. 2013년 디트로이트 모터쇼에서 현대차는 손의 움직임과 시선을 인식하는 이런 시스템을 적용한 콘셉 트 카를 선보였다. 언젠가는 우리가 타는 승용차에도 이런 인식 기능이 적용될 수 있겠지만 지금 당장은 제작비가 너무 높다.

디자이너와 엔지니어들을 현실 세계로 끌어내려서 여러 장점과 최첨 단 기술력을 가능한 많이 선보이면서도 동급의 경쟁 차종들에게 가격 경쟁력이 있는 자동차를 만들도록 하는 게 바로 제품 개발자들이 할 일 이다. 예를 들어 제품 개발자들은 엔지니어들에게 이렇게 말할 것이다. "여러분이 드래그*drag*를 줄이고 연료 마일리지를 높이기 위해 자동차의 하부를 봉인하고 싶어 한다는 것을 잘 압니다. 하지만 그렇게 하면 경 쟁 차종들에 비해 가격이 너무 비싸집니다. 따라서 그렇게 할 수가 없 는 것입니다."

그리고 회사의 전반적인 수익 증대를 위해 모두의 꿈을 깨트리는 게 재무팀의 역할이다. 현대차에서 회장은 거의 신격화 되어 있는 존재인데, 회장도 재무팀의 말은 들어야 한다. 회사의 손익을 챙기는 사람이 바로 이들이기 때문이다. 재무팀의 의견을 뒤집는 결정이 회사 상층부에서 내려지는 경우는 드물다.

뉴 엘란트라의 경우, 2007년에 재무팀 직원들이 디자이너들에게 비용을 적게 들여 조금만 바꾼 페이스리프트*face-lift* 모델을 출시하라고 주문했다. 그런데 디자이너들은 회사에서 이미지 메이킹을 위해 새로 도입한 디자인 철학인 플루이딕 스컬프처에 기초해서 완전히 새로운 풀 체인지 모델을 밀어붙였다. 쏘나타의 경우도 그렇게 했다. 자동차 업계에서는 자동차의 '사이클'*cycle*로 알려진 5년 주기로 완전히 새로운 모델을 내놓는다. 이 5년 주기의 중간쯤에 그릴을 새로 바꾸거나 휠과 테일 라이트, 혹은 내부 특징을 새로 바꾸는 식으로 '페이스리프트' 모델을 선보인다. (미국은 뉴 모델이라는 이름으로 신차 아닌 신차를 계속 소개하는 세계 유일의 시장이다. 2016년 혼다 어코드와 2017년 셰비 말리부도 미국시장에만 내놓았다.)

모양을 살짝 바꾼 페이스리프트 엘란트라는 비용절감 면에서는 의미가 있었다. 완전히 새로운 모델을 만들려면 비용이 너무 많이 들고, 이미 저가 경쟁으로 이윤폭이 좁아진 자동차 메이커들에게 큰 부담이 될 것이었다. 그때까지는 이렇게 겉치레만 살짝 바꾸는 페이스리프트를 하기로 결정된다면 재무 담당자들 입장에서는 덩크슛을 성공시키는 것이나 마찬가지였다. 하지만 디자이너들이 고집을 꺾지 않았다. 만약 앞으로 플루이딕 스컬프처를 현대의 브랜드 디자인으로 자리 잡게 하고,

아우디, BMW, 메르세데스, 그리고 쉐보레처럼 일관된 패밀리 룩을 제대로 구축하고 싶다면, 그리고 나아가 '모던 프리미엄' 브랜드가 되고 싶다면, 단순히 엘란트라를 페이스리프트 하는 것만으로는 안 된다고 디자이너들은 고집을 부렸다. 문제는 엘란트라의 플랫폼이었다. 다시 말해 카 프레임과 서스펜션, 액셀, 그리고 기본적인 인프라를 손볼 필요가 있었던 것이다. 현대차 디자이너들은 엘란트라의 플랫폼이 너무 짧아서 과감한 커브 스트로크curving strokes와 새로 도입한 플루이딕 스컬프처 디자인의 독특한 라인을 담아낼 수 없다고 주장했다.

기존의 플랫폼에 페이스리프트만 한 엘란트라에다 플루이딕 스컬프처 디자인을 결합시키는 것은 디자인 면에서 재앙이 될 것이라고 디자이너들은 경고했다. 우선 소비자들이 보기 흉한 차를 사지 않을 것이라고 했다. 그래서 새로운 플랫폼을 적용해야 한다는 것이었다. 현대차는 비용절감을 위해 기아와 플랫폼을 공유하는데, 기아와 공유하더라도 새 플랫폼을 만들려면 비용이 엄청나게 많이 들었다. 플랫폼을 새로 바꾸면 부품도 계속 쓸 수 없는 것이 많았다. 새 플랫폼을 만들려면 스틸 몰드steel mold가 새로 있어야 하고, 조립라인에서 일하는 로봇 용접기사들에게 전달하는 용접 지시도 새로 준비하고, 작업 인력 훈련도 새로 시켜야 했다. 이런 추가 부담에도 불구하고 결국 디자이너들의 의견이 받아들여졌다. 최고 경영진이 장기적인 안목으로 투자를 하기로 결정한 것이었다. 이들은 플루이딕 스컬프처를 '모던 프리미엄'으로 만들고, 이를 통해 궁극적으로 브랜드 이미지를 끌어올리겠다는 의지를 확실히 보여주었다.

엘란트라는 쏘나타보다 더 과감한 스타일링을 채택했다. 깊은 주름의 특장선이 미끈하게 측면을 가로질러 미등까지 이어지는데, 미등은 자동차의 뒷부분 코너를 유기체처럼 부드럽게 곡선으로 감싸 안고 있다. 공격적인 앵글을 보면 쿠페라는 착각이 들 정도인데, 포 도어라는 점이 다르다. 그리고 물리적인 비법을 동원해 내부 공간을 넉넉하게 만들었으며, 덕분에 미국 환경보호청EPA은 엘란트라를 쏘나타와 동급인 중형차midsize로 분류했다.

당시 디자인 센터장이었던 오석근 전무는 기자들에게 엘란트라 스토리를 자랑스럽게 들려주었다. 미소 핀 얼굴에 검은 테 안경을 쓰고, 여려 보일 정도로 호리호리한 몸매를 한 그는 애스턴 마틴 애호가이며 플루이딕 스컬프처의 대부로 불리는 사람이다. 그때까지 현대는 남의 기술을 빠르게 쫓아가는 전략을 써왔다고 그는 말했다. 대부분의 아시아 자동차 회사들이 그런 식으로 기반을 닦았다. 다른 기업이 혁신적인 제품을 개발하면, 신속하고 값싸게 그것을 모방한 제품을 만들어내는 것이었다. 하지만 뉴 엘란트라를 내놓으면서 현대차도 이제는 자신들이 직접 혁신을 해낼 수 있음을 보여주었다고 그는 말했다. 대한민국도 현대차와 마찬가지로 중요한 전환점에 서 있었다. 일본은 그보다 한 세대 전에 혁신의 추종자에서 혁신을 실천하는 위치로 발전했다. 이제는 대한민국이 삼성 곡면 TV와 디자인을 주도하는 자동차로 일본의 뒤를 이어 혁신자의 위치로 올라서고 있었다.

2012년이 되자 엘란트라의 제품 개발자와 디자이너들은 빨라야 2015년은 되어야 나올 다음 버전에 대해 생각하기 시작했다. 기존의 방식대로 경쟁 차종들을 벤치마킹하면서 엘란트라를 경쟁 차들의 수준까지 끌어올리려면 어떤 점들을 개선해야 할지 연구했다. 지난 40년 동안 현대차는 모든 차에 이런 과정을 적용시켰다. 업계 최고 모델들의 뒤를 쫓아서 작은 발걸음을 내디뎠던 것이다. 그러면서 그들보다 훨씬 뒤쳐진 위치에 남아 있었다.

엘란트라 생산에 관여한 임원 가운데 한 명은 이런 방식에 대해 이렇게 말했다. "이제 경쟁 차종 중에서 엘란트라와 견줄만한 차는 없을 것입니다." 자만심이 아니라 스스로 생각해도 놀랍다는 마음을 나타낸 말이었다. 현대차는 이처럼 많은 발전을 이룩해 왔다. 뉴 엘란트라를 개발하기로 한 결정은 모든 면에서 그에 상응하는 보상을 가져다주었다. 2011년에 내놓은 플루이딕 스컬프처의 뉴 엘란트라는 전 세계적으로 현대의 베스트셀러 카가 되었다. 2011년 말에 포브스*Forbes* 매거진은 엘란트라를 전 세계에서 두 번째로 많이 팔린 차라고 발표했다. 엄청나게 많이 팔린 도요타의 코롤라*Corolla*에 이어 2위를 차지한 것이다.

엘란트라가 디트로이트에서 큰 히트를 치고 나서 얼마 되지 않아 서울에는 봄이 찾아왔다. 봄이 되자 매년 하는 토요일 아침 단합 산행이 돌아왔다. 지난해 나를 쩔쩔매게 한 행사였다. 나는 이번에도 반바지와 대학 티셔츠 차림으로 나타났다. 하지만 복장만 제외하면 나는 전혀 다른 사람이 되어 있었다. 한국 생활에 있어서 바뀐 점을 꼽으라면 한국 문화를 배우고, 영문 웹사이트를 구축하고, 모터쇼에서 수상하고 등등이 있겠지만 그것은 아무 것도 아니다. 가장 큰 변화는 나의 등산실력이 완전히 바뀌었다는 사실이다. 1년 사이에 몸무게가 20파운드 줄고, 동료들과 한결 잘 어울리는 사람이 되었다. 몸 풀기 체조도 확성기에서 흘러나오는 구령에 맞춰 스스럼없이 따라 했다. 단체 체조도 이제 전혀 우스꽝스럽게 보이지 않았다. 정상에 도착하는 순서도 중간은 되었다. 에두아르도를 비롯해 우리 팀의 젊은 친구 두어 명은 내 뒤에 처졌다. 나는 헉헉 거리며 뒤따라 올라오는 에두아르도를 실컷 놀려주었다.

점심은 지난해 갔던 바로 그 야외식당에서 오리고기 구이로 했다. 보스는 내게 다른 임원들과 함께 헤드 테이블에 앉으라고 했다. 그리고 내 손에 확성기를 건네주며 건배사를 해달라고 했다. 나는 엉망진창인 한국어로 몇 마디 내뱉어서 사람들의 배꼽을 잡게 했다. 집으로 돌아오는 차안에서 '재미있었다.'는 생각을 했다.

16

기러기
아빠

2012년 여름이 다가올 무렵, 아내와 나는 런던 시내의 한 호텔에 묵고 있었다. 옆방에는 아내의 부모님이 묵었다. 두 분은 결혼 40주년을 기념해 여행중이셨다. 아내는 가족 중에서 뉴질랜드에서 태어나지 않은 유일한 사람이다. 나머지는 모두 뉴질랜드 출신들이다. 아내의 부모님과 오빠, 언니는 1976년에 미국으로 건너왔다. 장인이 미시시피에 있는 신학교에 입학하면서였다. 이들은 미국으로 오기 전에는 흑인을 실제로 본 적이 한 번도 없었다. 흑백갈등이 절정기를 지난 불과 한 세대 뒤에 지리적으로 미국 민권운동의 핵심부에 자리를 잡은 것이다. 장인과 장모는 오래 전에 미국 시민이 되어 노스캐롤라이나에 정착했지만 영국령 제도에 있는 뿌리와의 관계를 계속 유지하고 있었다.

우리는 아내의 친정 식구들과 함께 현대차 스테이션 왜건에 함께 타고 한 주일 동안 너무 너무 재미있게 잉글랜드 북서부의 레이크 지방Lake District, 코츠월드 언덕Cotswolds, 런던 등 영국 내 이곳저곳을 돌아다녔다. 런던의 호텔 방에서 책을 읽고 있는데 아내가 그게 늦어진다고 했다. "뭐가 늦어진다고?" 나는 컴퓨터에서 눈을 떼지 않은 채 이렇게 물었다. "잘 준비는 다 마쳤잖아." "그 말이 아니고." 아내는 몸을 과도하게 흔들며 "그게 늦어진다고."라고 했다. "아! 아! 알았어. 그게 늦어진다고." 나는 뒤늦게 이렇게 맞장구를 쳐주었다. '그래, 이 형광등 남편아!' 이 말을 밖으로 내뱉지는 않았지만, 아내는 분명 속으로 이렇게 말했을 것이다.

옆방의 장인, 장모님께는 알리지 않고 아내와 함께 호텔을 몰래 빠져나와 가까운 약국으로 갔다. 조기임신검사키트EPT를 찾아 약국 진열대 통로를 훑어나갔더니 피임약과 성인용품 진열대 옆에 놓여 있었다. 나는 속으로 '원스톱 쇼핑이군.' 하고 생각했다. 아내는 호텔로 돌아오자 곧바로 테스트를 했다. 그러고는 전에 본 적이 없는 환한 미소를 가득 머금고 욕실에서 나왔다. 느긋하고, 날아갈 듯이 기쁘고, 넘어갈 듯 웃고 싶은 표정이 역력했다. 작은 하얀색 막대가 아내에게 그런 환희를 안겨준 것이었다.

테스트는 양성이었다. 벅찬 감정을 주체할 수 없었다. 내색하지 않으려고 애썼는데, 나중에 아내는 당시 내가 감정을 전혀 감추지 못했다고 했다. 아내는 아무 탈 없이 아이가 태어날 때에 맞춰 심리시계를 9개월 쯤 앞으로 돌렸다. 2013년 1월이 출산예정 달이었다. 나는 심리시계를 18년 앞으로 돌렸다. 태어날 아이가 대학에 들어가고 나는 68살이 되는 해였다. '어서 오십시오.' 2031년 우리 아들 아니면 딸을 데리고 가자 대학 관계자는 유쾌한 표정으로 이렇게 인사를 건넸다. '할아버지 되십니까?'

힘든 것은 남은 휴가 기간 며칠 동안 아이 외할아버지와 외할머니가 될 분들께 그 소식을 비밀로 하는 일이었다. 임신 첫 3개월을 무사히 넘기는 게 쉽지 않기 때문에 우리는 몇 주 동안 누구에게도 아내의 임신 사실을 알리지 않기로 했다. 그래서 태어날 아기를 가리키는 암호를 따로 했다. 임신 중 태아의 크기를 알려주는 웹사이트를 찾아보니 임신 4주인 우리 아이의 크기는 양귀비씨 만하다고 나와 있었다. 나는 그 말에 귀가 번쩍 뜨이는 것처럼 충격을 받았다. 하느님의 섭리가 너무도 생생하게 마음에 와 닿았다. 그래서 우리는 아이를 양귀비라는 뜻의 '포피'Poppy로 부르기로 했다.

서울로 돌아오자 아내는 미국대사관에서 혈액검사를 통해 임신 사실을 확인했다. 출산예정일은 2013년 1월 24일이라고 했다. 대사관에는 산부인과 의사가 없기 때문에 우리는 한국인 산부인과 의사를 찾아야 했다. 우리를 검사해 준 의사가 닥터 최라는 한국 여의사를 소개해 주었다. 우리가 사는 부대 바로 옆에 있고, 영어를 할 줄 아는 의사였다.

닥터 최를 찾아갔더니 산부인과와 성형외과의를 겸하고 있었다. 한국식 실용주의였다. 아기를 받아준 의사가 산후 터미 턱tummy tuck 비만 수술까지 해준다고 생각하면 이해해 줄만했다. 우리는 이런 어색한 조합이 당연히 마음에 걸렸다. 그것은 스시와 갈비를 함께 하는 레스토랑에 가서 식사하고 싶은 마음이 안 생기는 것과 마찬가지였다. 둘 다 제대로 못할 것 같아 보이기 때문이다.

하지만 달리 선택의 여지가 없었다. 닥터 최의 영어실력은 제법 괜찮고 정확했다. 하지만 그녀는 서양 사람들이 병실에서 기대하는 것을 제대로 보여주지는 못했다. 미국에서는 환자가 의사를 고른다. 온라인을 통해 의사들의 수준을 평가하고, 그들을 서비스 제공자로 생각하는 것이다. 우리는 의사와 정보를 공유하고, 의견을 나누며, 지적으로 동등한 상대로 대접받고 싶어 한다. 진료를 받기 전에 의사가 무엇을 할지 미리 알려주기를 바란다. 한국에서는 환자가 의사에게 물어보는 경우가 드물다. 의사를 마치 유교 서열의 제일 꼭대기에 있는 사람처럼 대우하는 것이다. 환자는 그저 의사가 시키는 대로만 하면 된다고 생각한다. 아내가 미국대사관에서 함께 일하는 한국인 동료들이 병원에서 약을 한보따리 들고 오는 것을 보고 "무슨 약이예요?" 하고 물으면 이렇게 대답한다. "몰라요. 의사가 먹으라고 해서 지어왔어요." 미국대사관 직원들이 한국인 전문의들을 찾아가면 이런 식의 태도 때문에 문화충돌을 겪게 되었다. 한국 의사들은 미국인 환자들이 질문을 하는 도중에 진료실 밖으로 나가 버린다는 것이었다.

한국 의사들은 이처럼 환자들에게 치료를 어떻게 할지에 대해 친절하게 설명해 주지 않는다. 임신 초기에 닥터 최의 병원에서 이런 일이 있었다. 우리는 닥터 최의 진찰실 책상 앞에 함께 앉아서 출산 전에 주의할 사항을 적은 복사물을 쳐다보고 있었다. 그런데 닥터 최가 우리더러 "이리로 오세요."라고 하면서 진료실 옆방으로 들여보냈다. 그 방이 무엇을 하는 곳인지, 그 방에 가서 무엇을 할 것인지에 대한 설명은 한마디도 해주지 않았다. 방에는 한쪽 모서리가 비스듬하게 기울어지고 발걸이가 달린 검사 테이블이 놓여 있었다. "올라가서 속옷을 벗으세요." 닥터 최는 미소를 지어 보이며 아내에게 이렇게 말했다. 그 말을 듣고 우리는 '아, 무슨 검사를 할 모양이다.'라고 생각했다.

아내는 의사가 시키는 대로 하면서 "무엇을 하시려고…"라고 말을 꺼냈다. 그때 닥터 최는 두 가지 일을 함께 하기 시작했다. 아기 분만 때 산모가 지켜야 할 주의사항에 대해 알려주는 것이었다. 매우 중요한 내용인 것 같았다. 그러면서 동시에 차갑고 감촉이 좋지 않은 현미경을 대고 아내를 살펴보았다.

바로 그 순간, 벽에 걸린 컬러 텔레비전 화면이 번쩍이더니 축축한 분홍색 물체가 나타났다. 순간 우리는 충격 속에 아내의 가장 내밀한 부분을 눈앞에 라이브로 바라보고 있다는 사실을 깨달았다. 나는 숨이 멎는 듯했고, 아내는 내 손을 꼭 잡았다. 그러자 닥터 최는 카메라 청진기를 특정 부위에 갖다 대며 수축contractions과 푸싱pushing에 대해 다정한 말투로 설명했다. 의학적으로는 신기하게 여겨졌을지 몰라도, 그것은 우리 부부가 겪은 가장 기괴한 경험이었다.

여름이 끝나갈 무렵, 아내의 2년 서울 근무도 끝나가고 있었다. 몇 달 전에 아내의 다음 근무지 후보 명단이 나왔다. 아내가 국무부에서 외교 분야 근무를 계속하면 이런 일은 2년마다 되풀이 될 것이었다. 우리는 후보지 명단을 훑어보면서 아내에게 제일 좋은 도시가 어디일까 생각하며 좋은 결과가 나오기를 기도하게 될 것이다. 처음에는 아내의 대사관 2년 근무에 맞춰 나도 현대차에서 딱 2년만 근무할 생각이었다. 그런데 이제는 내가 하는 일이 아내 일보다 더 괜찮은 것처럼 보였다. 나의 상사인 미스터 리는 내게 아내가 미국에 있는 동안 미국에서 일할 수 있도록 해주겠다고 했다. 그 말을 하면서 앞으로 몇 년 더 현대차에서 일했으면 좋겠다는 제안도 했다.

나도 하는 일이 제대로 손에 익기 시작했고, 하고 싶은 일을 하려면 2년으로는 부족하다는 생각을 하고 있었다. 아내와 함께 심사숙고하고 기도한 끝에 2년 더 계약 연장을 하기로 했다. 문제는 아내의 다음 근무지가 어디로 정해질 것인가 하는 점이었다. 알고 보니 국무부에서는 초임 해외 근무자에 대해 한 나라에서 연이어 근무하는 것을 허용하지 않는다는 방침을 갖고 있었다. 그래서 우리에게 가장 이상적인 해결책인 서울 근무 연임은 물 건너가고 말았다. 다른 방안들을 생각해 보았다. 하나는 아내가 이라크나 아프가니스탄, 파키스탄으로 1년짜리 근무를 신청하고, 그 근무가 끝나면 다시 2년짜리 서울 근무로 이어지도록 해달라고 신청하는 것이었다. 그렇게 되면 이후 3년은 같이 있을 수 있게 되는 것이다. 좋지 않은 점은? 위에 열거한 3개국 모두 하루하루 지내는 데 엄청난 위험을 감수해야 했다. 그리고 적의 포탄이 날아들 수 있고, 삼엄한 경비가 펼쳐지는 미군 부대 안에서 사실상 감옥에 같인 죄수처럼 생활해야 한다. 아내는 이 연계 근무 신청을 냈지만, 결국 이라크 행의 꿈은 이루지 못했다.

돌이켜 보면 잘된 일이었다. 가까운 중국이나 일본에는 아내에게 돌아올 자리가 없었다. 아내가 갈 수 있는 차선의 적임지는 서울에서 비행기로 6시간 반 걸리는 인도네시아 수도 자카르타였다. 몇 년 전 아내는 자카르타에 단기 출장을 다녀온 적이 있었다. 내가 이 나라에 대해 갖고 있는 유일한 인상은 영화 '가장 위험한 해'The Year of Living Dangerously에서 받은 것으로, 그렇게 고무적인 인상이 아니었다. 아내는 자카르타 주재 경제 담당관 자리를 신청했다.

몇 달 동안 초조하게 기다린 끝에 마침내 통보가 왔다. 국무부에서 우리의 소원을 들어주어서 아내가 자카르타로 가게 되었다는 소식이었다. 정말 멋진 자리였다. 아내는 매우 중요한 환경 및 해양관리를 포함한 과학 분야 경제 담당관으로 가게 됐다. 비자 창구 앞에서 힘들고 따분한 시간은 이제 더 이상 보내지 않아도 되었다. 두 번째 해외 근무지에서 미국의 핵심 전략 동맹국과의 중요한 상호 관심사를 다루게 된 것이다.

아내는 우선 워싱턴으로 돌아가 몇 개월 동안 인도네시아의 표준어인 바하사Bahasa를 배우고, 인도네시아 정세 전반과 새로 맡을 업무에 관해서도 배워야 했다. 임신한 몸으로 남편이 곁에 없는 가운데 지내야 하는 것이었다. 하지만 워싱턴에는 친구들이 있고, 친정 부모도 노스캐롤라이나에 살고 계셨다. 우리는 스카이프로 국제통화를 하기로 했다. 그리고 나도 2012년 크리스마스부터 2013년 5월까지는 워싱턴으로 가서 아내와 함께 지낼 수 있게 되었다. 내 상사가 고맙게도 재택근무인 워싱턴 텔레커뮤팅telecommuting 근무를 주선해 주었기 때문이다. 모든 게 술술 잘 풀려나갔다. 내가 서울로 돌아오기 전에 아내는 출산할 것이고, 그런 다음 4개월 정도 더 함께 지낼 수 있게 되었다. 그 다음부터는 서울과 자카르타를 가능한 한 자주 왔다 갔다 하며 지낼 것이었다.

겉으로는 만사가 순조로워 보였다. 이제 모든 계획이 마무리되었다고 생각했다. 우리는 따로 떨어져 지내는 게 힘들지만 견딜 만할 것으로 생각했다. 주위에 결혼한 부부들이 해외근무 때문에 몇 년씩 떨어져 사는 경우를 숱하게 보았다. 가족의 미래를 위해 참아내야 하는 일이라고 스스로 위안하기도 했다. 아마도 해외근무에서 얻는 제일 큰 혜택은 집값이 따로 안 든다는 점일 것이다. 미국 정부나 해외의 고용주가 집값을 부담해 주기 때문이다. 우리 같은 미국인들이 가족과 친구들, 심지어 부부가 잠깐 동안 서로 떨어져 지내는 부담을 경제적인 보상과 맞바꾸는 일에 선뜻 나서는 것에는 그런 이유도 있다.

아내는 8월 말에 한국을 떠났다. 체어맨도 데리고 가 버렸다! 나는 우리 가족이 2년 동안 산 안락한 미군부대 내 숙소에서 쫓겨났다. 미국 정부에서 쓰는 용어를 빌리면 '경제적'인 숙소를 찾아야 했다. 당시 내 형편으로는 서울 시내에서 제일 국제적이고, 미군부대와 인접한 동네인 이태원에 괜찮은 현대식 아파트를 구할 수 있었다. 제일 아쉬운 것은 부대 안 PX점이나 연금매장인 코미서리commissary를 이용할 수 없다는 점이었다. 미군부대는 나의 피난처이자 위안을 주는 고향의 맛 같은 곳인데, 이제 그게 날아가 버린 것이다.

기지 안에 사는 친구들에게 부탁해 나를 손님으로 등록해 달라고 했다. 하지만 PX와 코미서리 이용권을 얻을 방법이 없었다. 아내가 떠나자 미군부대 측에서는 내 레이션 카드ration card를 곧바로 회수해 가버렸다. 그래서 나는 부대에서 나오기 전 그곳에서 살 수 있는 물건을 잔뜩 사두었다. 그렇다고 내가 한국 물건을 싫어한다는 말은 아니다. 한국 물건도 많이 사서 썼지만 미국산 제품을 한국 시장에서 사려면 값이 엄청 비쌌다. 부대 안에서 2달러면 살 수 있는 퀘이커 오츠Quaker Oats 시리얼을 이태원에 있는 소매점에서는 박스 당 12달러에 팔았다. 미국 제품을 온라인으로 구매할 수도 있으나, 그렇게 하려면 구입한 물건의 수신처를 대사관으로 해놓고, 아내의 동료에게 큰 박스를 부대로 옮긴 다음 나를 손님으로 등록해 물건을 가져갈 수 있도록 해달라고 부탁해야 했다. 그보다는 앞으로 2년 동안 쓸 만큼의 물건을 PX와 코미서리에서 미리 구해서 새로 이사하는 아파트로 옮겨다 놓는 편이 훨씬 수월했다.

2014년 10월까지 현대에서 일한다는 가정 하에 그때까지 얼마나 필요할지 계산했다. 예를 들어 욕실 화장지는 몇 롤이나 들어갈지 계산해 보니 한 롤로 일주일을 썼다. 그것을 104배로 곱하고, 거기다 배탈이 나는 경우 등을 감안해 20퍼센트를 추가시켰다. 그런 다음 그 많은 욕실 화장지와 치약, 면도용 크림, 탈취제를 비롯해 세면도구를 모조리 구입했다. 약국에서 살 수 있는 필수 의약품도 모두 사 모았다. 작은 약국 하나 차릴 정도의 양이었다. 50인치 평면 스크린 TV도 한 대 사고, 전기 트랜스포머도 한 다발 샀다. 한국은 110볼트를 쓰는 미국과 달리 220볼트를 쓰기 때문에 내가 가지고 있는 미디어, 가전제품, 램프를 쓰려면 그게 필요했다. 번잡스런 이태원 거리가 내려다보이는 아파트에 작은 PX 점을 하나 차린 셈이었다. 암시장에 내다 팔아도 될 정도였다.

그렇게 준비를 갖춘 다음 2012년 8월 말에 나는 아내와 함께 미국으로 돌아가는 비행기를 탔다. 현대차에서는 아내를 돌보며 몇 주 동안 워싱턴에서 일하도록 허락해 주었다. 이듬해 1월부터 워싱턴 재택근무를 시작할 수 있도록 텔레커뮤터를 설치해서 시험가동도 해봐야 했다. 워싱턴 D.C.에서 처음 두 주일은 멋진 시간을 보냈다. 우리는 좋아하는 레스토랑에 가서 맛있는 음식도 먹고, 가족과 친구들도 만났다. 체어맨을 데리고 미국 구경도 시켜주었다. 개 공원에 데리고 가면 그곳 사람들에게 한국어 명령어를 가르쳐 주어야 했다. 나는 2주 동안 파리 모터쇼 준비로 팀원들과 각종 서류를 주고받았다. 우리가 개발한 혁신적인 수소 연료 전지차를 선보이고, 파리 모터쇼를 겨냥해 랠리카를 개발하고, 월드랠리에 복귀하기로 했다는 뉴스도 발표할 예정이었다.

2주 뒤에 아내는 체어맨을 태우고 나를 덜레스 국제공항에 내려주었다. 눈물을 흘리며 우리는 작별인사를 나누었다. 나는 크리스마스와 아이 태어날 때 다시 오겠다고 하며, 석 달 반은 금방 지나간다고 했다. 그 정도는 참을 수 있다는 말도 주고받았다. 마지막 작별 포옹을 나누는데, 아내의 잔뜩 부른 배가 내 배를 눌렀다. 나는 포피를 살짝 눌러준 다음 출국 터미널을 향해 걸어갔다. 아내는 차를 몰로 떠나고, 체어맨이 차창 밖으로 나를 바라보고 있었다. 그 모습을 보고 있자니 기분이 별로였다. 팀장 벤처럼 나도 이제 기러기 아빠가 되는 것이었다.

17

공황발작

헤어지는 게 슬펐지만, 처음에는 그걸 슬퍼할 겨를도 없었다. 우리 두 사람은 결혼 뒤 그때까지 일주일 이상 떨어져 지낸 적이 없었다.

아내는 버지니아 교외에 있는 국무부 외교연수원*Foreign Service Institute*에서 곧바로 바하사어 교육과정을 시작했다. 바하사어는 한국어보다 배우기가 쉬웠고, 아내는 언어에 자질이 있었다. 하지만 임신 중기에 들어선 아내에게 긴 수업시간은 고역이었다. 그러면서 한편으로는 체어맨을 데리고 살 준비를 갖춰야 했다. 임신 8개월의 몸으로 가재도구를 끌고 아파트 입구의 3단 계단을 어떻게 오르내렸는지, 성탄트리는 어떻게 세웠는지 지금 생각해도 미스터리이다. 해야 한다고 생각하니 해냈을 것이다.

서울에 돌아온 다음 그때까지 가본 것 중에서 제일 긴 출장 준비를 했다. 이제 출장에는 이력이 나 있었다. 2012년에 나는 15만 마일을 날아다녀 여권에 비자 도장 찍을 여백이 없을 정도가 되었다. 주로 일만 보고 곧바로 되돌아오는 식의 출장이었다. 장시간 비행기를 타고 가서 잠간 머물렀다가 다시 돌아왔다. 2012년 9월의 델리 출장은 끔찍했다. 비행기를 17시간이나 타야 했다. 서울에서 파리 모터쇼로 날아가, 그곳에서 며칠을 보냈다. 그런 다음 그곳에서 오만의 무스카트로 날아가 산타페 중동 출시 기념식에 참석했다. 그리고 나서는 두바이의 현대차 중동 본사로 가서 몇 차례 회의를 하고, 이스탄불로 가서 인근에 있는 현대차 터키 공장을 둘러보도록 돼 있었다. 그리고 나서 프라하로 날아가 체코 공장을 둘러보고 마침내 서울로 돌아오는 일정이었다.

파리 모터쇼는 내가 입사하고 진행한 모터쇼 가운데서 최고로 잘 치른 행사였다. 내 상사인 미스터 리는 발표를 멋지게 해냈다. 2년 전 처음 모터쇼 연설 때는 긴장한 탓에 무슨 말인지 알아듣기 힘들었다. 발음도 이상하고, 강조한다고 음절을 어색하게 뚝뚝 끊어지게 발음했다. 하지만 파리 모터쇼에서는 편안한 모습으로 대화하듯이 연설을 해냈다. 몇 달 동안 내가 그의 언어를 배우려고 낑낑대는 사이, 그는 나의 언어를 훌륭하게 마스터해가고 있었던 것이다. 파리의 언론은 우리가 적청백의 3색 프랑스 국기에 맞춰 i30 세 대를 선보인 데 대해 극찬했다. 언론의 평은 대단히 호의적이었다. 현대차가 드디어 시장점유율을 끌어올리는 것 이상의 중대한 모멘텀을 맞고 있다는 느낌이 들었다.

기자회견을 마친 다음 전화를 하기 위해 조용한 장소를 물색했다. 같은 시각 워싱턴에서 아내는 산부인과 진료 약속시간에 맞춰 병원으로 가고 있었다. 임신 5개월이었고, 의사는 우리 아기의 성별을 알 수 있을 것이라고 했다. 워싱턴은 파리보다 시차가 5시간 늦기 때문에, 아내가 병원에 있는 시간에 맞춰 서로 통화하기로 시간을 맞췄다. 현대차 전시 부스 근처나 홀 안에서는 조용히 통화할 수 있는 장소를 찾지 못해서 나는 거대한 컨벤션홀 뒤쪽으로 슬그머니 빠져나와 눈에 보이는 카페테리아로 갔다. 웨이트리스들이 받침대를 쌓는 소리로 시끄럽고, 프랑스어로 떠드는 사람들이 계속 옆을 지나갔다. 어쨌든 전화를 걸 시간이 됐다. 한쪽 구석에 쭈그리고 앉아 폰을 귀에다 바짝 댔다. 아내가 전화를 받았다.

"오케이, 나 여기 있어요." 아내는 이렇게 말했다. "지금 찐득찐득한 액체를 내 위 속에 붓고 있어요." 나는 두 눈을 감고 초음파 변환기가 잔뜩 부풀어 오른 아내의 배 위로 미끄러지는 모습을 상상했다. "이제 사진이 나올 거예요." 아내가 이렇게 말했다. 그때 뒤쪽에서 간호사의 목소리가 들렸다. "준비 되셨어요?" "예." 아내가 대답하고 잠시 정적이 흘렀다. "딸입니다!" "딸이래요!" 아내가 말했다. 나는 폰을 귀에다 더 바짝 대고 아내 말을 따라했다. "딸이라고? 딸이야!"

아이가 없는 사람은 출산을 앞둔 사람에게 딸이면 좋을지 아들이면 좋을지 물어서 "상관없습니다. 건강하게만 나와 주면요."라는 대답을 들으면 '거짓말'이라고 생각하기 쉽다. 어느 쪽으로든 선호하는 쪽이 있을 것이라고 믿기 때문이다. 본인 스스로 아이의 출산을 앞두고 있다면, 그리고 우주의 오묘한 조화에 충분히 놀라움을 받았고, 또한 아이든 산모이든 혹시라도 잘못될 수 있다는 끔찍한 경우에 대해 알고 있다면, '아이의 성별' 같은 것은 여러분이 생각하는 일들에서 순번이 103번째쯤 뒤로 밀려날 것이다.

우리는 딸을 갖게 되었고, 그것은 멋진 일이었다. 그리고 안도했다. 아들이면 이름 짓는 게 불가능할 뻔했다. 내가 지은 이름과 아내가 지은 이름을 벤다이어그램에 올려놓고 보면, 두 집합이 겹치기는커녕 서로 맞닿는 일도 없을 것이었다. 우선 아내는 스타트렉Star Trek 캐논에 등장하는 남자 이름은 모조리 제외시킬 것이었다. 티베리우스 같은 실존 인물의 이름도 예외가 아니다. 하지만 여자애 이름에는 두 사람이 타협할 여지가 조금은 있었다.

그 기쁜 소식 덕분에 나는 출장 기간 내내 기분이 좋았다. 딸에게 줄 선물도 몇 개 샀다. 나중에 선물을 전해주며 이렇게 말해줄 참이었다. '아빠가 네가 딸이라는 소식을 듣고 출장 때 산 선물들이란다.' 파리에서는 자연스레 작은 에펠탑 모형을 사고, 두바이에서는 낙타 인형을 샀다. 프라하에서는 작은 보헤미안 크리스털 지구본, 이스탄불에서는 수제 유리그릇을 샀다.

아내와 떨어져 살기 시작하며 내 인생을 이끄는 두 개의 큰 물줄기에 예상치 못한 분화가 생겨났다. 현대차에서 내가 하는 일은 아주 순조롭게 잘 진행되었는데, 개인 생활은 좋지 않은 쪽으로 흘러들어가고 있던 것이다. 서울에서 지내는 나의 개인 생활은 하나의 패턴을 이루었다. 아침에 눈을 뜨면 아내와 페이스타임Face-Time으로 영상통화를 했다. 13시간 늦은 워싱턴의 아내는 잠자리에 드는 시간이었다. 하루 열한 시간 근무를 마치고 퇴근하면 이태원의 집으로 돌아왔다. 테이크아웃 저녁을 사들고 집으로 와서 아침에 막 눈을 뜬 아내와 스카이프Skype로 통화했다. 그런 다음 한 시간 정도 애플 TV를 보고 잠자리에 들었다. 매일 같은 날이 되풀이되었다.

토요일이 되면 친구들에게 미군 부대 안에 게스트로 불러달라고 부탁해서는 그곳에 들어가 세탁도 하고 체육관에서 운동도 했다. 그리고 푸드 코트에 가서 점심을 먹고, 와이파이를 쓰고, 머리 손질 하고, 영화관에서 영화도 봤다. 일요일에는 오전에 교회에 가고, 저녁에는 부대 안에 있는 성경공부 교실에 갔다. 가끔은 부대 안에 사는 친구들이 야외 파티나 식사에 초대해 주었다. 하지만 시간이 지나면서 부대 안에 사는 친구의 수는 자꾸 줄어들었다. 아내처럼 한국 근무 기간이 끝나서 다른 곳으로 전출돼 가는 경우도 있었다. 한국 안에 나를 미국 생활과 연결시켜 주는 고리들이 하나둘씩, 그리고 확실하게 내 손에서 빠져나가고 있었던 것이다. 한국 생활에 온전히 빠져들어 보는 것도 하나의 대안이 될 수 있었다. 하지만 꼭 참석해야 하는 경우만 제외하고, 시끌벅적한 야간 회식문화를 더 이상 감당할 자신이 없었다.

서울 중심가에 있는 거대한 코엑스 몰은 너무 붐비고 소란스러워서 가기 싫었다. 외톨이처럼 반복되는 일상은 순전히 내가 선택한 것이지만, 그러다 보니 다른 일은 거의 하지 않게 되었다. 하지만 우리는 스스로 4개월만 그렇게 버티자고 다짐했다. 12월이면 내가 아내가 있는 워싱턴으로 갈 것이기 때문이었다.

10월에 상파울루 모터쇼에 참석하기 위해 브라질로 날아갔다. 정의선 부회장도 참석하기로 되어 있었다. 브라질은 현대차 해외 부문에서 근무하는 사람에게는 제일 멀리 가는 출장길이다. 지구를 떠나지 않고 갈 수 있는 제일 먼 출장길이었다. 서울에서 12시간 비행기를 타고 로스앤젤레스나 파리로 간 다음 그곳에서 곧바로 상파울루까지 12시간을 더 날아갔다. 출장기간은 5일이지만 호텔에서 잠자는 시간은 이틀 내지 사흘밖에 안 된다. 힘들고 스트레스로 꽉 차는 출장이다.

하지만 이번에는 단순한 출장이 아니었다. 아내와 떨어져 지낸 지 6주 정도 지난 시점이었다. 일에 파묻혀 살려고 애를 써 봤지만, 근무 시간 내내 아내와 아이 생각이 뇌리에서 떠나지 않았다. 밤에는 더 힘들었다. 이태원 아파트에 있는 침대에 누우면 너무 허전해서 견디기 힘들었다. 부대 안에 살 때는 아내와 함께 쓴 침대였다. 아내의 자리를 느껴 보려고 일부러 침대 한쪽은 남겨 두고 반쪽만 썼지만 별 도움이 되지 않았다. 마치 절단된 팔다리가 그대로 달려 있는 것처럼 느껴진다는 환각지幻覺肢 증상을 겪는 것 같았다.

총각 때도 그랬고, 결혼하고서도 나는 스스로를 행운아라고 생각했다. 총각 때는 외동아들이라서 그런지, 아니면 결혼 생각이 없어서였는지 모르지만 외롭다는 생각이 들지 않았다. 자신에게만 몰두하다 보면 동반자가 없어서 허전하다는 생각은 든 적이 없었다. 절반이 비었다는 느낌은 전혀 없었다. 그러다 결혼하고 나니 누군가와 함께 행복하게 산다는 게 어떤 것인지 알게 되었다. 하지만 오르막이 있으면 내리막도 있는 법이다. 나는 지금 아내와 떨어져 있고, 아내는 내가 없는 가운데 혼자서 임신의 어려움을 감당해 내고 있었다. 그 때문에 외롭다는 생각뿐만이 아니라 나 자신이 나쁜 남편이라는 생각까지 들었다.

갖가지 생각이 속에서 부글부글 끓어올랐다. 브라질 출장을 떠나기 전날 밤 집에 돌아와 혼자 있을 때는 뇌의 화학작용이 폭발 일보 전 상황까지 가 있었다. 그날 나는 출장 준비 때문에 사무실에 늦게까지 남아 있었다. 집에 돌아와서는 짐을 꾸려놓고, 이튿날 아침 출발하기 전에 잠간이라도 눈을 붙이려고 했다. 아내와 스카이프로 잠간 통화했다. 아내가 괜찮으냐고 물었을 때 나는 그냥 건성으로 아무 일 없다고 대답했다.

녹색 여행가방을 꺼내 출장 준비 때 늘 하던 식으로 짐을 챙겼다. 그런 다음 불을 끄고 침대에 올라가 누워 이불을 끌어당겨 덮고 눈을 감았다. 침실 문이 제대로 닫기지 않은 것을 보고는 일어나 제대로 닫고 다시 침대로 돌아와 누웠다. 여전히 덜 닫긴 것 같았다. 다시 일어나 손을 본 다음 도로 누웠다. 이불을 끌어당겨 제대로 덮었다. 사방이 고요했다. 이를 갈고 있다는 것을 깨달았다. 아무래도 카페인을 너무 많이 섭취한 것 같았다. 저녁식사 때 다이어트 소다를 큰 컵으로 마셨으니 그것 때문이라고 생각하고 몸을 한번 뒤척인 다음 잠을 청해 보았다.

그때 발이 또 문제를 일으켰다. '오,노! 지금 이러면 곤란해. 지금 여기서 이러면 안 돼.' 나는 속으로 이렇게 외쳤다. 그게 시작되면 곧바로 느낌이 오는데, 멈출 방법이 없다는 것을 잘 알고 있었다. 공황발작panic attack인데 항상 발에서 시작해 몸 전체로 퍼져나갔다. 뭐라고 말로 표현하기 어려운 느낌이었다. 가만히 있어도 두 다리가 제멋대로 떨리는 하지불안증下肢不安症이었다. 단번에 다리 전체가 떨리는 게 아니라 처음에는 두 발에서부터 시작된다. 그런 다음 무릎, 허벅지 순으로 올라온다. 누워 있다가 이 증세가 시작되면 얼른 일어나 앉아야 한다. 하지만 곧바로 다시 드러눕게 된다. 바깥으로 나가야 하는데, 문밖을 나서는 순간 견딜 수 없게 되어, 얼른 도로 들어와야 한다. 어디도 안전하거나 편한 곳이 없다.

그런 다음 증세가 몸통으로 퍼진다. 창자를 쥐어짜는듯하다가 가슴으로 올라간다. 심장 주위가 꽉 차고 팽팽하게 굳는 느낌이 든다. 자신도 모르는 사이에 횡경막으로 숨을 쉬게 되는데, 증상이 목구멍으로 올라오지 못하도록 막아 보겠다는 생각 때문이다. 이것은 대단히 중요한 대목이다. 만약에 증상이 계속 퍼져서 머리까지 올라가면 죽는다는 확신이 들기 때문이다. 이성적으로는 이런 증상 때문에 죽지 않는다는 것을 알면서도 죽음의 공포는 어찌할 수가 없다. 이런 일련의 과정이 불과 몇 분 사이에 벌어진다.

시간이 지나며 공포감은 더 커진다. 실제로 죽음이 닥치기 전까지는 죽을 때의 느낌이 어떤지 모른다. 하지만 공황발작을 당해 보면 이게 바로 죽는 것이구나 하는 느낌이 든다. 삶에서 죽음의 세계로 스르르 미끄러져 들어가는 기분이다. 극적인 드라마가 있는 것도 아니고, 뇌출혈을 당한 것처럼 갑자기 숨이 멎지도 않는다. 서서히 숨이 꺼지는 가운데 가물거리는 의식으로 혼자 다짐한다. 그것은 '이 고약한 기분을 끝낼 수만 있다면 차라리 여기서 그만 끝내자.'라는 기이한 다짐이다.

1997년 초에 처음으로 공황발작을 겪었다. 워싱턴에서 살며 워싱턴포스트에 근무하던 때였다. 부모님은 웨스트 버지니아주 찰스턴의 고향집으로 내려가 사셨다. 당시 일흔 셋이던 어머니는 두어 달 전 백내장 수술을 받게 되어 있었다. 거의 25년 만에 처음으로 병원 문턱을 넘으신 것이었다. 수술을 감당할 수 있을지 여부를 결정하는 검사까지 받았다. 그 과정에서 엄마의 콜레스테롤 수치가 355로 나왔다. 목숨을 부지하고 있는 게 놀라울 정도라고 했다. 게다가 동맥경화가 조직 전체에 퍼져 있었다. 의사들은 곧바로 바이패스 수술을 받으라고 권했다. 그때부터 두 달 동안 엄마와 나는 그 문제를 놓고 힘든 대화를 나누고 심하게 다투기도 했다. 전화로 통화하고, 내가 찰스턴으로 가기도 했다. 나는 수술을 받자고 조르고, 엄마는 내 말을 듣지 않으려고 했다. 어머니는 대수롭지 않은 듯 이런 말만 하셨다. "내 나이에 수술은 무슨." "얼마를 더 살겠다고 수술을 하니?" 아무리 다 큰 자식이라도 부모 입에서 이런 말을 들으면 기분이 좋지 않다.

이런 와중에 아버지가 가슴통증 때문에 병원에 가셨는데, 심장 대동맥의 90퍼센트가 막혔다는 진단이 나왔다. 아버지는 바로 다음 날 바이패스 수술을 받으셨는데, 예순 넷이던 아버지는 어머니와 달리 쌍수를 들고 기꺼이 수술을 받겠다고 하셨다. 아버지는 4중 바이패스 수술을 받고 열흘 만에 집 계단을 걸어 오르고, 최근 수년 사이에 제일 좋은 컨디션을 갖게 되었다. 그러면서 바이패스 수술 전도사가 되셨다.

아버지를 보고 엄마도 용기를 얻어 바이패스 수술을 받기로 하셨다. 나는 엄마 수술을 보려고 워싱턴을 출발해 찰스턴으로 운전해 갈 준비를 했다. 그리고 가방을 꾸리기 바로 전날 밤 첫 번째 공황장애가 찾아왔다. 삼십분 동안 증상이 계속되자, 심장마비가 일어나는 것이라고 누군가 내 귓전에 대고 속삭이는 소리가 또렷하게 들렸다. 나는 곧바로 직접 차를 몰고(이건 좋은 방법이 아님) 메릴랜드 교외에 있는 병원으로 달려갔다. 뇌파검사EEG를 포함해 여러 가지 검사를 하고 나서 의사들은 공황장애가 일어났다는 진단을 내렸다. 불과 몇 시간 전까지만 해도 상상도 못한 일이었다.

병원에서는 신경안정제 발륨Valium 알약을 처방해 주면서 집에 가서 푹 자고 다음 날 다시 병원으로 와서 항불안제antianxiety medication 처방을 받으라고 했다. 이후 여러 해 동안 나는 여러 종류의 항불안제를 처방받아 복용했다. 약에 따라 효능에 조금씩 차이가 있었지만, 이후 공황발작을 본격적으로 일으킨 것은 한 번밖에 없었다. 복용하는 약은 세르트랄린Sertraline으로 정했다.

공황발작에 대해 장황하게 설명하지는 않겠다. 병에 대한 설명은 이미 많이 알려져 있다. 발작의 증상은 사람마다 다 다르지만 모두 일정한 특성을 갖고 있다. 내 경우에는 많은 사람들이 그런 것처럼 증상이 아주 심각하거나 빈도가 잦은 것은 아니다. 그래서 아주 단순하게 생각하기로 했다. 심한 경우에는 치료를 받고, 그렇지 않은 경우는 그냥 받아들이며 살기로 한 것이다. 발작은 양 발바닥 밑에 자리를 잡고 있다가 기회만 되면 언제든지 타고 올라오려고 나를 노리고 있다. 가끔 이 놈이 세력을 모은다는 낌새를 알아채고 내 의지로 그것을 억누른 적도 있지만, 완전히 물러나는 법은 절대로 없는 것 같다. 이 글을 쓰는 지금도 놈이 나를 흔들려고 한다는 느낌이 온다.

항불안제의 문제는 약효를 모른다는 것이다. 약을 복용하는 동안 공황발작이 일어나지 않는다고 해도 그것이 약효 덕분인지, 아니면 다른 어떤 이유로 그런 것인지 알 수가 없다. 2012년 초에 나는 10년 넘게 발작을 겪지 않았다. 그래서 매일 복용하던 약을 끊어도 되겠다는 생각이 들었고, 대사관 의사의 처방에 따라 한 달 간 세르트랄린 복용을 중단했다. 몇 달 동안 아무런 증상이 없었다.

그러다 갑자기 10월의 그날 밤, 문제가 생긴 것이다. 미군부대를 떠나 살면서 갖게 된 제일 무서운 공포는 병원에 실려 가야 할 응급상황이 발생하는 것이었다. 한국의 의료 수준을 믿지 못해서가 아니다. 한국은 의료 시설과 의료진 실력 면에서 세계 최고 수준이다. 한국의 병원으로 실려 가도 좋은 진료를 받게 될 것이라는 데는 의문의 여지가 없었다. 두려운 것은 고립이었다. 만약 아파트에서 넘어져 머리를 다쳤다고 치자. 누가 나를 발견할 것인가? 사람들이 나를 발견하기까지 시간은 얼마나 걸릴까? 공황발작이 시작되고 날카로운 통증이 내 왼쪽 팔을 뒤흔들기 시작한다고 치자. 내 손으로 119에 전화를 할 수 있다. 미국 911의 한국 버전이 119이다. 하지만 영어를 할 줄 아는 교환원을 만날 수 있을까? 교환원이 영어를 알아듣는다고 해도 과연 내가 사는 아파트 주소를 제대로 알려주어서 병원으로 실어갈 수 있을 것이며, 병원에는 영어를 할 줄 아는 의료진이 있을까? 아니면 비틀거리며 거리로 나가 택시를 타고 병원에 데려다 달라고 할 수 있을까?

부대 바깥으로 나와 혼자 살면서부터는 마치 아랫집에 아무도 살지 않는 것 같은 기분이 들었다. 아내와는 이런 문제에 대해 이야기를 해본 적이 없지만, 두 사람 모두 그럴 것이라는 점을 알고 있었다. 그래서 2년 동안 우리는 절대로 심하게 아프거나 다치는 일이 없게 해달라고 기도했다.

그날 밤, 끔찍한 시간이 흐르면서 공포는 내 몸 곳곳을 들쑤시고 다녔다. 금방이라도 의식을 잃을 것 같은 느낌이었다. 정신을 똑바로 차리려고 애를 썼다. 워싱턴이 낮시간이지만 아내한테 전화를 하지 않았다. 걱정시키고 싶지 않았고, 아내가 그곳에서 할 수 있는 일도 없었다. 아내뿐 아니라 누구한테라도 알릴 용기가 없었다. 공황발작의 악마 같은 면이 바로 이런 것이다. 놈들은 가만히 당하는 것 외에는 다른 아무 짓도 할 수 없도록 피해자를 완전히 녹초로 만들어 버린다.

두 손을 덜덜 떨면서 나는 웹사이트에서 찾은 병원 전화번호를 내 폰에 옮기고, 병원을 찾아가는 길도 옮겨놓았다. 택시 기사에 보여주고, 위급한 상황에 도움을 청할 경우, 놀라서 당황해 하는 이웃에게 보여주기 위해서였다. 혼자 가만히 누워서 기도하고, '이건 그저 단순한 공황발작일 뿐이야.' 하며 스스로를 진정시키는 것 외에는 다른 도리가 없었다. 그러면서 아침 먼동이 트기만을 기다렸다. 시간이 지나면 가라앉는다는 것을 알고 있었기 때문이다.

한참 그렇게 기다린 끝에 마침내 날이 새고 최악의 시간이 지나갔다. 그런데 다른 문제가 생겼다. 브라질로 가는 비행기 출발시간이 불과 몇 시간밖에 남지 않은 것이었다. '미안합니다. 공황발작이 일어나서 출장을 갈 수 없게 되었습니다.'라고 핑계를 대면 순순히 받아들이고 넘어갈 기업은 없다는 점을 나는 너무도 잘 알았다. 그리고 발작은 한번으로 그치지 않고, 여진처럼 여러 번에 걸쳐 사람을 괴롭힌다는 사실도 알고 있었다. 그래서 특별한 도움 없이는 24시간 동안 밀실공포를 자아내는 비행기 기내 공간에 갇혀 지낼 수 없다. 신경안정제 아티반*Ativan* 몇 알을 준비하면 정오에 출발하는 비행기를 탈 수 있을 것 같았다. 아티반은 신속하게 강한 약효를 나타내 공황발작을 멈춰 주는 약이다. 몸을 나른하게 만들지만 그래도 움직이는 데는 지장이 없도록 해준다.

유일한 희망은 대사관 주치의였다. 그동안 근무했던 대사관 의사는 다른 근무지로 떠나고 후임 의사가 왔는데, 우리 부부는 한번밖에 만난 적이 없었다. 그리고 엄밀히 말하면 지금은 아내가 대사관 소속이 아니기 때문에 그 의사가 나를 치료해 줄 근거는 없었다. 팀장인 벤에게 전화를 걸어서 자초지종을 이야기했다. 그리고 비행기를 타려면 그 약이 필요한데 약을 구할 방법이 없다고 했다. 약이 없으면 비행기를 탈 수 없다는 말도 했다. 평소의 그답게 벤은 몸을 돌보는 게 우선이라며, 상사들에게 내가 출장을 가지 않아도 되도록 잘 설명해 보겠다고 했다. 그에게 고맙다는 인사를 했다.

그런 다음 의사가 출근할 시간에 맞춰 곧바로 대사관에 전화를 걸었다. 밤새 겪은 일을 설명하자 천만다행으로 의사는 어떤 상황인지 금방 알아듣고 곧장 자기한테 오라고 했다. 그는 작은 콩알만한 아티반을 몇 알 지어주었다. 발작은 가라앉았지만 한 놈이 또다시 나를 공격할 기회를 엿보고 있었다. 나는 두 알을 먹고 그에게 진심으로 고맙다는 인사를 하고 집으로 와서 짐을 마저 꾸렸다.

그가 도와준 덕분에 두 시간 후에 나는 비행기 좌석에 털썩 들어가 앉아서 24시간의 브라질 출장길에 나섰다. 완전히 물에 젖은 솜 같은 몰골이었다. 브라질로 가는 내내 아티반을 옆에 끼고 있었다. 오렌지색 플라스틱 약병을 바지 주머니에 넣고 간 것이다. 여전히 칼날 위를 걷는 것이나 마찬가지였다. 잘못해 약을 호텔방에 두고 나와 제때 못 먹으면 다시 발작이 일어날 수 있었다. 서울로 돌아가면 곧바로 약을 처방받아 죽을 때까지 손에서 놓지 않을 것이라고 다짐했다.

서울에 나와 있는 외국인들도 한국인들처럼 깊은 정은 아닐지 몰라도 나름대로 자기들끼리 정이라는 게 있다. 같은 처지의 사람들끼리 느끼는 동병상련 같은 것인데, 그래서 어느 지역을 가든 이민자 사회가 만들어져서 서로 도우며 지내는 것이다. 특별히 잘 아는 사이가 아니라도 어려움에 처한 같은 처지의 해외거주자를 만나면 가던 길을 멈추고 도와주게 된다. 내가 사랑하는 사람과 나를 사랑해 주는 사람들을 떠나와, 그리고 나를 지켜주는 안전망으로부터 멀어져서 자신이 직접 해외 거주자가 되어 보면, 같은 해외거주자가 나한테 베풀어 주는 사소한 친절이 마치 로또복권에라도 당첨된 것처럼 반갑게 받아들여진다. 그 미국대사관 의사가 나에게 베풀어 준 친절은 영원히 잊지 못할 것이다.

미국에 있는 아내는 임신 8개월째를 맞고 있었다. 엄마와 아기 모두 건강하고 특별한 문제는 없었다. 한 가지가 걸렸다. 우리 공주님이 얼굴을 바깥으로 향한 채 똑바로 앉아 있는 것이었다. 우리는 그걸 보고 우리 딸이 엄마 배 속에 앉아서 바깥세상 구경을 하는 것이라고 웃었다. 하지만 만약 얼굴을 안쪽으로 돌리지 않고 그대로 있으면 제왕절개를 하는 수밖에 없었다. 우리는 분만방법에 대해서는 아는 게 없이, 그저 첨단 기술과 최고의 의료진, 최고의 의약품만 있으면 아무 문제 없겠거니 하는 생각만 했다. 철학적으로 보면 자연분만과 제왕절개에 무슨 차이가 있나 하는 생각도 했다. 하지만 제왕절개는 큰 수술이다. 산모의 배를 절개하기 때문에 자칫하면 합병증이 생길 수 있는 것이다.

불안한 생각을 떨쳐버리기 위해 우리는 태어날 딸아이의 이름 짓는 일에 몰두했다. 출산예정일을 앞둔 다른 부모들처럼 우리는 '이 이름 어때?'라는 식의 이메일을 수도 없이 주고받았다. 하루는 서울에서 점심시간에 차를 운전해 가면서 영어 라디오 방송을 틀었는데, 진행자 가운데 한 명의 이름이 애너밸Annabelle이었다. 영어로 진행되는 라디오 방송 채널은 두 개가 있었다.

'어, 이것 봐라. 애너밸 에이렌스라.' 이런 생각이 드는 것이었다. 조합이 괜찮은 것 같았다. 입으로 읊조려 보니 점점 더 좋은 이름인 것 같았다. 고전적이지만 그렇다고 케케묵은 분위기가 나는 이름은 아니었다. 딸이 자라면서 자아가 형성되면 여러 모로 유연하게 변형시켜 부를 수도 있는 이름이었다. 애너벨, 애나, 벨, 벨라 등등 여러 선택지가 있을 것이다. 아내에게 보냈더니 곧바로 좋다는 답이 왔다. 이제는 중간 이름middle name을 지어줄 차례였다.

아이에게 우리의 믿음을 담은 중간 이름을 지어주고 싶었다. 먼저 신약에 나오는 페이스Faith, 호프Hope, 채리티Charity 등 덕목과 관련된 이름들을 생각해 보았다. 하지만 너무 흔한 이름이고 구식이라는 느낌이 들었다.

12월 어느 날 퇴근 후 아파트에 돌아와 아내와 전화 통화를 하고 있을 때였다. 5층의 거실 창을 통해 이태원 일대가 내려다보였다. 미군부대와 인접해 있다 보니 이태원은 한때 서울의 홍등가로 알려져 있었다. 아직도 후커힐Hooker Hill이라는 이름의 가파른 언덕길을 따라, 그리고 지저분한 술집거리에 그런 집들이 조금은 남아 있다. 하지만 최근 들어서 이태원은 분위기 있는 동네로 바뀌고 있다. 나이키, 아디다스를 비롯한 서양 제품 아울렛과 고급 취향의 피부관리점, 레스토랑, 바, 커피숍이 속속 들어서고 있다. 매일 쇼핑 나온 아줌마, 아저씨들로 활기찬 쇼핑가의 모습을 연출하고 있다.

가게들이 들어서며 대부분의 아시아 대도시들처럼 거리 곳곳에 밝은 색상의 간판들이 빼곡히 들어찼다. 한국어와 영어로 쓴 간판들이 이태원의 밤을 환하게 밝히고 있다. 우리 아파트 거실 창으로도 '리오'Rio, 'DVD', '미스터 케밥'Mr. Kebab, '리처드 카피캣'Richard Copycat, '코지 마사지'Cozy Massage 등등의 간판 불빛이 환하게 보였다. 아내와 통화하면서 나는 천천히 간판들을 훑어보고 있었다. 그러다 '카페 주빌리'Café Jubilee

라는 글자가 눈에 확 들어왔다. 다행히 마사지숍이 아니고 초콜릿 가게였다. 갑자기 웃음이 터져 나왔다. "무슨 일이에요?" 아내가 물었다. "애너벨 주빌리는 어때?" 아내도 웃음을 터뜨리며 맞장구를 쳤다. "오, 그거 좋아요! 맘에 들어요!" 유대 기독교 전통에서 주빌리는 일정한 기간마다 일반사면 식으로 사람들의 죄를 사하거나 부채를 탕감해 주는 특별한 해를 가리킨다. 구약의 〈레위기〉에 의하면 주빌리는 50년의 주기로 돌아오며, 이때가 되면 노예와 죄수들을 풀어 주었다.

미국 남부에서는 노예해방을 선포하며 이를 법제화 한 1863년 1월 1일을 주빌리 데이Jubilee Day로 부른다. 그리고 많은 복음주의 교회들이 교회 이름에 '주빌리'를 넣어서 이 말에 신앙적인 의미를 부여한다. 세속적인 의미에서 부채를 탕감해 주는 차원을 벗어나, 예수의 구원을 통해 하느님이 인간의 죄를 용서해 준다는 의미를 담은 것이다. 주빌리는 기독교적인 이름이면서 또한 미국 남부의 이름이다. 그리고 아내와 나는 남부 출신이다. 부르면 고상하면서도 기분 좋게 튀는 맛이 있는 이름이다. 이 말의 유래를 모르는 사람도 여자 아이의 이름이 주빌리라고 하면 재미있다며 환하게 웃는다. 한마디로 행복을 부르는 이름이었다. 그렇게 해서 우리 딸아이의 이름은 최종적으로 애너벨 주빌리 에이렌스Annabelle Jubilee Ahrens가 되었다.

18

외국인
상무

　　현대차와 맺은 2년 계약이 끝나가고 있었
다. 재계약을 하기 전에 내가 원하는 몇 가지 요구사항이 있었다. 현대
측에서 2년 더 재계약을 원했기 때문에 나는 유리한 협상고지에 있었
다. 캐나다인과 영국인인 내 전임자들은 몇 년을 일하면서도 이사보다
더 높은 자리로 승진하지 못했다. 외국인도 현대차 본사에서 승진할 수
있다는 것을 보여주기 위해서라도 나는 상무로 승진하고 싶었다. 나는
그럴 만한 자격이 있다고 생각했고, 내가 승진하면 언론에서도 좋은 평
가를 해줄 것이었다.

　원하는 게 하나 더 있었다. 현대차에 부임하고 난 다음에야 내가 글
로벌 홍보팀의 책임자가 아니라는 사실을 알게 되었다. 내 밑에 팀장인
벤이 있었지만, 그의 직속상사는 내가 아니라 미스터 리였고, 그는 내

상사였다. 나는 이 두 사람 사이에서 옆으로 비켜나 있었다. 수직적으로 움직이는 조직에서 나는 수평적인 위치에 있었던 것이다.

전임자들이 그랬던 것처럼 나에게는 우리 팀원들에 대한 평가권이 없었다. 채찍이나 당근을 휘두를 권한이 없는 것이었다. 다시 말해 내가 원하는 성과를 얻기 위해서는 팀원들을 설득하고 비위를 맞추든가, 아니면 내 상사로부터 내 말을 들으라는 지시가 떨어져야 했다. 팀원들은 예의바르고 내게 많은 도움을 주었다. 현대차에 있는 3년 동안 많은 팀원들이 내가 힘든 시기를 이겨내도록 도와주었다. 사실은 그 이상이었다. 하지만 그들은 나를 도와주면서도 내 위치는 정확히 알고 있었다. 아침에 출근하면 아무도 내게 머리 숙여 인사하지 않았다. 그런 일에 개의하지는 않았지만, 팀원들은 한국인 상사에게는 깍듯이 인사했다. 나는 조직 내에서 내 위치가 어떻게 되는지 부임하기 전까지 몰랐다. 아예 물어볼 생각을 하지 않았기 때문이다. 회사 조직이 어떻게 움직이는지 몰랐고, 아시아 기업들이 회사에서 외국인 직원을 어떻게 대하는지 몰랐다.

내 위치를 알고 나만 놀란 게 아니었다. 내 상사도 몰랐고, 다른 임원들도 몰랐다. 내 위치가 어떤지 알고 오래 지나지 않아서 나는 이렇게 혼자 다짐했다. '계약이 연장돼 2년 더 일하게 된다면 진짜 임원이 될 것이다. 조금만 더 노력하면 될 것이다. 이건 바뀌어야 해. 나도 팀원들에 대한 업무평가권을 가질 필요가 있어.' 그렇게 하지 않으면 내가 가진 권한은 이빨이 빠진 것이나 마찬가지였다. 내 생각을 효과적으로 전달하기 위해 나는 깊은 인상을 심어줄 수 있는 파워포인트 프레젠테이션을 준비했다. 파워포인트 작성 기술은 상당한 수준에 올라 있었다. 내 입장을 일목요연하고 논리정연하게 정리한 다음 인사 부문 책임자와의 면담 자리에서 말할 내용을 집에서 연습했다. 마침내 결전의 날이 왔다. 나는 준비한 파워포인트를 들고 의기양양하게 회사로 향했고, 단호하고도 겸손한 자세로 내 입장을 설명했다.

인사 책임자는 내가 하는 설명을 고개를 끄덕이며 얌전히 듣고 있었다. 내가 생각해도 협상가가 다 되었다! 내 말을 다 듣고 나더니 그는 이렇게 말했다. "부회장님께서 상무로 승진시키기로 벌써 결정하셨어요." 다른 요청사항인 업무평가권도 얻어냈다. 그때까지 현대차에서 외국인이 한국인 직원들에 대한 업무평가권을 가졌다는 말은 들어보지 못했다.

여러 모로 과분한 결정이었다. 나에 대한 평가가 지나치게 부풀려졌다는 생각을 갖지 않을 수 없었다. 그러면서 나는 부회장의 결단에 고마워하지 않을 수 없었다. 그것은 나를 채용한 사람이 내가 일을 잘한다고 생각한다는 말이었다. 갑자기 냉탕으로 뛰어 드는 것처럼 신문기자에서 홍보 업무로, 신문사에서 기업문화 속으로, 미국에서 한국으로 뛰어 들어서 2년 동안 나름대로 잘해내고 있었던 것이다. 부회장과 회사를 위해 더 열심히 일해야겠다는 다짐이 생겼다.

내가 이루고 싶었던 게 이것이었던가? 중년의 삶에 변화를 찾아 모래톱을 헤매다 인생 2모작을 향해 도약한 결과가 바로 이것이었던가? 내가 승진함에 따라 몇몇 사람들에게는 지난 2년 동안 고민스러웠던 문제 하나가 쉽게 풀렸다. 나에 대한 호칭을 어떻게 할 것이냐는 문제였다. '바이스 프레지던트'vice president, 한국 직책으로 '상무'로 승진하면서 팀원들은 프랭크라는 내 이름의 첫 자를 직책에 붙여서 '푸상무'라고 부르기 시작했다.(한국인들은 P와 F 발음을 잘 구분하지 못한다.) 애교스럽게 들리는 호칭이었다. 꼭 내가 아내를 부를 때 쓰는 애칭 같이 들렸다.

하지만 직장에서 일이 잘 풀린다는 기분은 오래가지 못했다. 재계약에 사인하고 한 달이 지나고, 현대차 PR 팀 직원들 월급날이었다. 그날 현대·기아차는 미국과 캐나다에서 차창의 연비 스티커를 거짓으로 부착한 차량 약 90만대를 판매했다고 발표했다. 미국 자동차 소비자들은 환경보호청EPA이 인증하는 도심주행 연비, 고속도로주행 연비, 그리고 이를 모두 반영한 복합연비 수치에 익숙하다. 현대차의 경우는 몇 개 차량 모델이 연비를 1~2MPG씩 높인 것으로 드러난 것이다. 물론 아무리 꼼꼼하게 따지는 구매자라 하더라도 연비라는 것은 이상적인 운전 환경에서 실험할 때 그렇다는 것을 나타내는 수치일 뿐이라는 것은 알고 있다. 하지만 어쨌든 그것은 현대차가 소비자와의 신뢰관계를 깬 것으로 받아들여졌다.

뿐만 아니라 현대차 북미 법인Hyundai Motor America은 그동안 '4×40' 광고 캠페인을 적극 펼쳐 왔다. 현대·기아차의 4개 모델이 고속도로 주행에서 휘발유 1갤런으로 40마일을 주행한다는 것이었다. 업계 최고 연비였다. 연비 과장 사실이 밝혀진 것은 충격이었고, 우리 브랜드 이미지에 재앙을 가져올 수 있는 사태였다. 브랜드를 소비자와 연결시켜 주는 끈이 바로 신뢰인데, 우리의 평판에 큰 문제가 생긴 것이다. 앞으로 EPA의 추가 조사가 실시되면 엄청난 액수의 벌금이 부과될 것이고, 소비자들은 집단소송을 통해 보상금을 받게 될 것이란 점도 알고 있었다. 이로 인해 현대차가 소비자들에게 고급 브랜드라는 이미지를 심어주기 위해 기울여 온 지난 2년간의 노력은 심각한 손상을 입게 되었다. 그것은 영어 어법에 맞지 않은 신문광고에서 언급한 것처럼 긴 오르막길을 올라가는 도중에 튀어나온 나무 뿌리에 채여 넘어진 것 이상의 피해였다. 발밑에서 곧바로 낭떠러지로 굴러 떨어지는 것 같은 끔찍한 기분이었다.

　미국은 정부가 신차의 연비 테스트를 실시하지 않는 유일한 국가라는 사실을 대부분의 소비자들은 모른다. 다른 나라에서는 정부가 직접 하거나 아니면 정부가 지정하는 기관이 신차 테스트를 실시해 연비를 측정한다. 미국에서는 환경보호청EPA이 자동차 메이커들에게 가이드라인을 제시하고 연비 측정을 직접 하라고 맡긴다. 그런 다음 EPA가 자동차 메이커들이 측정한 연비를 '인증'하는데, 측정이 제대로 이루어졌는지 확인하기 위해 무작위로 테스트를 실시한다. 우리가 연비를 높여서 부착한 사실을 발표하기 몇 달 전에 EPA는 고객들로부터 차창에 부착된 연비 스티커의 표기 내용이 실제와 다르다는 불만을 접수하고, 직접 테스트를 실시한 결과 연비 표기가 과장됐다는 사실을 확인했다.

　우리 엔지니어들이 EPA 엔지니어들 앞에서 직접 연비 측정 방법을 재연했다. 그런 다음 현대·기아차는 11월 2일 측정방법상의 오류로 인해 이러한 불일치가 발생했다고 밝히고, 연비를 낮게 조정한 스티커를 새로 부착하겠다고 발표했다. 기술적인 면을 설명하자면 몇 페이지는 되겠지만 핵심만 요약하면 이렇다. EPA는 연비 테스트를 구체적으로 어떻게 실시하라고 일일이 요구하지 않고, 대신 자동차 메이커들에게 '타당한 기술적인 판단'good engineering judgment을 해 줄 것을 주문한다. 현대차 엔지니어들은 EPA의 주문대로 타이어 회전저항 충격 측정

tire-rolling resistance, 공기저항*wind drag* 테스트와 연비 측정을 실시했다. 테스트 자료를 바탕으로 타당한 판단을 내리고, 그 결과를 제출했다. 고려해야 하는 변수와 내려야 할 판단은 무수히 많다. 현대차에 와서 3년 넘게 근무하는 동안 엔지니어와 디자이너, 세일즈 하는 사람들 모두 성과를 내기 위해 열심히 뛰는 것을 보았지만 속이거나, 속이라는 지시를 받거나, 속이는 일에 앞장서는 경우는 단 한 번도 보지 못했다.

하지만 이런 일이 일어나면 정직하다는 사실은 아무런 도움이 되지 않는다. 중요한 것은 우리가 수치를 조작한 것처럼 보였다는 사실이다. 회사에서 내놓는 첫 번째 반응이 무엇보다 중요했다. 문제를 주도적으로 인식하고 해결책을 제시할 필요가 있었다. 현대차 미국 법인은 연비 표기를 낮추겠다는 나쁜 소식과 소비자 보상계획이라는 좋은 소식을 동시에 발표했다. 업계에서 볼 때 최상의 대응책이었다.

구매고객들에게 구매 차량을 보유하는 동안 유효한 직불카드를 발급키로 했다. 구매고객들이 당초 약속받은 연비가 하락해 입은 피해 보상으로 이 카드를 유류 구입에 쓰도록 하고, 소비자들이 겪을 불편함에 대해 15퍼센트의 보상금을 추가로 받을 수 있도록 했다. 이에 따라 구매자들은 매년 88달러씩 유류비를 받게 됐다. 현대차 미국 법인의 CEO인 존 크래프치크*John Krafcik*는 "잘못된 것은 바로잡겠다."고 말했다. 그렇게 해서 현대는 수십만 장의 직불카드를 구매고객들에게 지급했고, 1억 달러의 벌금을 물고, 2억 달러에 해당하는 온실가스 배출 포인트를 추징당했다. 그리고 인증 시스템 개선비로 5천만 달러를 부담키로 했다. 또한 집단소송으로 소비자에게 각각 325달러씩 총 4억 달러를 지급키로 합의했다.

EPA 가이드라인을 위반한 자동차 메이커가 현대차뿐 만은 아니다. 그로부터 1년 뒤, 포드는 C-맥스 하이브리드의 경우 7MPG, 링컨 MKZ 는 7MPG씩 연비를 하향조정해 표기하기로 했다. BMW는 미니 쿠퍼의 연비를 하향조정했고, 고급세단의 선두주자인 메르세데스 벤츠도 2종 에 대해 연비를 낮게 조종했다.

자동차 메이커들도 고객에게 정확한 연비 정보를 알려주고 싶어 한 다. 그러기 위해서는 EPA도 제 역할을 다하기 위해 현행 제도를 개선할 필요가 있다. 이제는 EPA도 다른 나라들과 마찬가지로 직접 인증검사 를 실시하도록 해야 한다. 그렇게 하지 않겠다면 검사절차를 명확히 해 서 자동차 회사들이 EPA의 복잡한 인증 가이드라인 때문에 수억 달러 에 달하는 벌금을 물고, 소송에 휘말리고, 기업 이미지에 타격을 입지 않도록 해주어야 한다. 자동차 메이커들은 자기 나름대로 최선을 다해 '훌륭한 엔지니어링 기준'에 맞추려고 노력하지만, 나중에 EPA의 기준 에 미달된 것으로 드러나 큰 피해를 입게 된다.

2세대 제네시스

자동차 업계에서는 '좋은 제품이 답'이라는 말을 한다. 자동차 메이 커들은 자기들이 만든 제품 라인업을 'product'제품라고 부른다. 관사를 붙여 'the product'라고 하지 않고, 자부심을 담아 그냥 'product'라고 하 는 것이다. 반짝반짝 하는 예쁜 신차는 그것을 바라보는 사람의 정신을 혼미하게 만들 정도로 진한 감동을 안겨준다. 자동차 회사는 멋진 제품 을 계속 생산해 내고, 앞으로도 계속해서 더 나은 제품을 만들어낼 것 이라는 신뢰를 주는 게 무엇보다 중요하다. 신뢰를 줄 수 있다면 리콜을 비롯해 품질이 형편없다는 악평, 연료를 너무 잡아먹는다는 비판 등 공개적으로 제기되는 많은 문제들을 이겨낼 수 있다. 신차에 대한 초기 신뢰를 좌우하는 따끈따끈한 소재가 바로 '스파이 샷'*spy shot*이다.

자동차 매거진들은 자동차 메이커들이 내놓는 신차 모델이 거리를 누비기 전에 사진을 먼저 찍기 위해 사진작가들에게 많은 돈을 지불한다. '스파이 샷' 사진작가들은 긴 망원렌즈를 장착하고 R&D센터와 사막의 테스트 트랙, 자동차 메이커들이 이용하는 스웨덴과 핀란드의 유명한 혹한 테스트 시설 주변에 잠복해 사진 찍을 기회를 기다린다. 이에 맞서 자동차 메이커들은 각종 첨단 위장술을 동원해 신차를 위장한다. 두툼한 검정 위장막을 입혀서 자동차가 특수군 차량처럼 보이도록 하기도 하고, 형체를 알아보지 못하도록 흑백 거미 데칼코마니 필름을 입혀 1960년대 싸이키델릭*psychedelic* 밴드들의 앨범 커버처럼 보이게 만들기도 한다. 마치 슈퍼모델의 몸을 텐트로 덮듯이 가짜 몸체를 차체에 덧씌우기도 한다. 카메라의 자동초점기능을 무력화시켜서 흐릿한 영상이 찍히도록 무광 매트 블랙 페인트도 많이 쓴다.

자동차 메이커들은 스파이 샷 사진작가들과 떼려야 뗄 수 없는 애증愛憎 관계를 유지한다. 스파이 샷이 신차의 정체를 드러내 개발 일정을 망치기도 하지만, 다른 한편으로는 노이즈마케팅처럼 어떤 PR 못지 않게 신차에 대한 관심을 끌어올려 주는 역할도 하기 때문이다. 인터넷 시대에는 특히 더 그렇다.

EPA와 관련된 위기가 터지고 3주 뒤인 11월 말에 우리는 신차와 관련해 작은 선물을 하나 받았다. 현대 2세대 제네시스의 스파이 샷 사진들이 인터넷에 올라오기 시작한 것이다.

2008년에 출시된 1세대 제네시스는 현대차가 처음으로 고급 스포츠 세단을 겨냥해 내놓은 제품이다. 1999년부터 현대차는 플래그십 세단인 에쿠스를 국내 시장에서 팔기 시작했다. 하지만 에쿠스는 기사들이 운전해 사장들을 태우고 다니는 고급 플러시 리무진*plush limousine*이라는 인상이 강했다. 현대는 당시 미국 시장을 석권한 데 이어 한국 시장에도 뛰어든 렉서스 세단과 경쟁하기 위해 제네시스를 개발했다. 현대가 야심작으로 개발한 차이고, BMW와 아우디에 비해 훨씬 낮은 가격으로, 가격 대비 품질이 매우 좋다는 평가를 받았다. 취약한 기반을 딛고 '북미 올해의 차'도 수상했다. 그럼에도 불구하고 제네시스에 대한 사람들의 인상은 상상력이 결여된 준準고급차라는 것이었다. 좋은 차이기는 한데, 그렇게 혁신적인 면은 보이지 않는다는 평가였다.

　　제네시스의 메이크오버*makeover* 시기가 다가오자 업계에서는 현대차가 어떻게 변화시킨 신차를 내놓을지 주목했다. 안전하게 외양만 살짝 바꾸고 몇 가지 특성을 추가하는 선에서 그칠 것인가? 아니면 독일차들을 긴장시킬 정도로 정말 특별한 고급 세단으로 변모시킬 것인가? 현대차 내부에서 신형 제네시스에 대한 기대는 성모 마리아에게 거는 기대만큼 절대적이었다. 현대는 고급 브랜드에 대한 자신들의 여망을 담은 신형 제네시스를 만들기 위해 4년에 걸쳐 노력을 쏟았다. 만약 신형 제네시스가 1세대 제네시스를 보기 좋게 살짝 외양만 바꾼 것이라는 평가를 받는다면 정의선 부회장이 디트로이트 모터쇼에서 연설한 이래 차곡차곡 쌓아 온 브랜드 도약의 동력이 물거품이 되고 만다. 현대차는 말만 앞세우고 행동은 뒷전이라는 말을 듣게 될 것이었다. 뉴 제네시스는 그야말로 현대차가 그동안 만든 자동차 중에서도 가장 중요한 의미를 갖는 모델이었다.

EPA 위기 사태가 터지고 3주가 지난 2012년 11월, 2세대 제네시스 프로토타입prototype의 스파이 샷 사진과 동영상이 인터넷에 올라오기 시작했다. 스파이 샷은 빠르게 번지며 좋은 반응을 얻었다. 전문가들은 위장막에 가린 모형을 보고서도 신차의 스타일이 최고급 독일 럭셔리 세단에 견줄 만하다는 의견들을 내놓았다. 두어 달 뒤, 제네시스 프로토타입이 독일 서부에 있는 뉘르부르크링Nürburgring 레이스트랙의 어려운 커브를 질주하는 모습을 찍은 스파이 샷들이 추가로 공개되며 인터넷을 달구었다. 머리칼이 쭈빗하게 설 정도로 꾸불꾸불한 15마일의 숲속 커브 길을 달리는 이곳은 '녹색 지옥'Green Hell으로 불리는 험난한 코스이다. 제대로 된 스포츠카를 만들겠다는 야심을 가진 자동차 메이커라면 반드시 이 '링'ring에서 테스트 주행을 거쳐야만 한다.(뉘르부르크링은 줄여서 '링'으로 통한다.) '십자가의 길'에 버금갈 만큼 험난한 고난의 길을 달리는 것이다.

자동차 전문기자들로부터 EPA 사태 대신 뉴 제네시스에 관해 묻는 이메일이 날아오기 시작했다. 2세대 제네시스의 출발은 상당히 고무적인 것 같았다.

도약의 해

2012년 크리스마스를 며칠 앞두고 워싱턴 외곽의 덜레스국제공항에 도착했다. 놀랍게도 EPA 사태를 다루는 언론의 보도 내용이 호의적으로 바뀌기 시작했다. 연비 과장과 관련해 소비자들에게 해주기로 한 보상 프로그램이 호의적인 평가를 받았다. 크래프치크는 EPA 사태가 터지고 나서 열린 로스앤젤래스 모터쇼에서 기자회견을 갖고 보상 프로그램에 대해 소비자들에게 다시 환기시켜 주었다. 그는 전시 중인 신차들을 소개하기에 앞서 현대차가 EPA 사태와 관련해 얼마나 많은 소비자들과 접촉했는지, 몇 명이 보상으로 지급되는 직불카드 신청을 해왔는지, 소비자들의 신뢰를 되찾기 위해 현대차에서 어떤 노력을 하고 있는지에 대해 소개했다. 그 사태가 다른 곳이 아닌 미국에서 일어난 게 그나마 다행이었다. 크래프치크는 언론과 항상 좋은 관계를 유지해 왔고, 미국 법인 CEO로 근무하는 동안 내내 기자들과 가깝게 소통하고, 솔직한 태도로 기자들을 대했다. 그는 기자들과 트위터로 소통하는 사람이었다.

그런대로 괜찮은 한 해였다. 영어 에디터를 채용했고, 창사 이래 처음으로 영어 미디어 사이트도 출범시켰다. 홍보팀 소셜미디어도 개설하고, 글로벌 PR 활동을 전 세계적으로 활성화하기 위한 첫발을 확고히 내디뎠다. 새해에 대한 기대도 컸다. 나는 승진과 함께 고위 경영진의 적극적인 후원을 등에 업은 채 2013년을 맞이하고 있었다. 뉴 제네시스가 곧 나올 예정이고, 신차 홍보 업무는 매우 흥미로울 것 같았다. 무엇보다도 집으로 가서 아내를 다시 만나고, 새로 태어나는 딸아이를 보게 될 기대에 부풀어 있었다. 새해는 멋진 한 해가 될 것 같았다.

덜레스공항 바깥에서 나를 태우러 올 아내를 기다리는데 세찬 바람이 몰아치고 있었다. 동영상으로 찍어두고 싶은 생각이 들 정도로 멋진 장면이었다. 우리의 빨간색 작은 현대 벨로스터가 다가오는 것이 보이며 아이폰이 울렸다. 아내가 도로 한쪽으로 차를 세우자, 운전석 옆자리에 체어맨이 타고 있는 것이 보였다. 아내가 조수석 차창을 내리자

볼썽사납게 70파운드는 되어 보이는 녀석이 마치 항공모함 갑판에서 날아오르는 B-25 폭격기처럼 듯이 차창 밖으로 몸을 추켜세우며 뛰어올랐다. 그리고 바닥에 내려앉더니 곧장 내게로 달려와 두 다리 사이로 파고들었다. 아내도 차에서 내린 다음 차 주위를 한 바퀴 돌아서 내 쪽으로 왔다. 와! 임산부 몸이었다. 나는 아내를 꼭 껴안고 배를 내려다보며 말했다. "여보, 우리 둘 사이에 보물이 하나 내려오고 있는 거네."

사랑하는 사람과 오래 떨어져 있는 것이 좋은 점은 딱 한 가지 있는데, 그것은 바로 다시 만나는 순간이 너무도 달콤하다는 것이다. 아파트로 돌아오자마자 너무 힘들어 침대 위에 털썩 드러누웠다. 안도감과 함께 피로가 밀려왔다. 체어맨이 다가오더니 전에 하지 않던 짓을 했다. 누워 있는 내 옆으로 바싹 파고들더니 금빛 털이 숭숭한 머리를 내 뺨에다 대고 가만히 그대로 있는 것이었다. 현대차의 푸상무는 그렇게 행복감과 만족감, 사랑이 충만한 기분이 되어 서울을 떠나 둥둥 허공을 날아다니는 기분으로 빠져들었다. 아파트 어딘가에서 아내가 크리스마스 장식을 하느라 달그락 거리는 소리가 들렸다. 집에 돌아왔음을 알리는 소리였다.

19

다시
혼자가 되다

　　월요일인 2013년 1월 14일 저녁 7시경이었
다. 나는 버지니아주 알링턴에 있는 아파트의 아기 방에 앉아 있었다.
우리는 침실을 아기 방으로 꾸몄다. 컨퍼런스콜로 서울에 있는 팀원들
과 이야기하는 중이었다. 서울 시간으로 이튿날 오전 9시였고, 우리는
임박한 행사준비에 대해 의논했다. 디트로이트 모터쇼에 관한 것이었
는데, 나는 출산이 임박한 아내 때문에 행사에 참석하지 않고 집에 머
물기로 했다. 아내와 함께 밖에 나가 저녁을 먹고 돌아온 직후였다. 딸
의 출산예정일이 아흐레 앞으로 다가왔기 때문에 아내와 나는 그 전에
가능한 한 많이 외식을 하고, 영화를 보러 다녔다.

　　저녁 먹기 직전에 아내는 속옷이 약간 젖은 기미를 느꼈다. 양수가
터진 것은 아니지만 의사에게 전화를 걸어보기로 했다. 내가 팀원들과

컨퍼런스콜로 이야기하는 동안 아내는 의사와 통화했다. 아내는 몇 분 뒤 침실로 들어오더니 뭐라고 휘갈겨 쓴 쪽지를 조용히 내밀었다. "의사가 당장 병원으로 오래요." "오 마이 갓! 지금 바로 병원으로 가야 돼요!" 나는 팀원들에게 이렇게 소리치며 황급히 전화를 끊었다. 아내는 나를 진정시키려고 했다. "별일 아닐 거예요. 검사해 보고 집으로 도로 가라고 할 거예요."

아내는 별일 아니라는 생각이 확고해서 샌들도 갈아 신지 않고 운동복 차림으로 그냥 집을 나섰다. 비상용품을 챙겨 넣은 가방은 한 주일 전부터 자동차에 실어놓았다. 애완견 체어맨은 여행용 박스 안에 들여보냈다. 서울에서 미국으로 올 때 넣어왔던 그 박스였다. 그런 다음 차가운 밤바람을 가르며 병원으로 향했다. 병원에 도착해서 조금 기다렸다 진찰을 받았다. 그리고 조금 더 기다렸다. 새벽 두 시가 되었고, 우리 두 사람 모두 녹초가 되었다. 어서 집으로 돌아가고 싶은 생각뿐이었다. 그때 의사가 들어오더니 이렇게 말하는 것이었다. "양수 양이 줄어들고 있어서 서둘러 아이를 꺼내야겠어요. 오전 6시에 제왕절개수술을 하도록 시간을 잡겠습니다."

아니, 잠간. 이게 무슨 소리야?

드디어 올 것이 왔다. 불과 몇 시간 뒤면 부모가 된다는 말이었다. 우리 딸 애너벨은 1월 23일이 돼야 태어나기로 되어 있었다. 우리는 아직 아이를 맞을 준비가 안 돼 있단 말이야! 억지로 마음을 진정시켜 보려고 이렇게 우스갯소리를 했다. 남은 9일 동안 보기로 한 영화는 모두 어쩌라고! 얼른 마음을 추스르고 나서 나는 이렇게 결론을 내렸다. 마흔아홉에 처음으로 아빠가 되는 처지에 덤으로 아흐레를 더 딸과 함께 보내게 된 것에 감사해야지. 아내의 건강이 제일 큰 걱정이었다.

몇 시간 뒤, 의사들이 와서 아내를 분만실로 옮겼다. 나도 수술복 차림으로 뒤를 따라갔다. 방 안은 의료진들이 유쾌하게 떠드는 소리로 가득하고, 의료기기들이 번쩍이는 불빛과 삐~윙~하는 기계음을 내고 있었다. 필요 없는 기계라도 좋으니 있는 대로 다 방안에 들여놓아 달라고 하고 싶은 마음이 굴뚝같았다. 그래야 마음이 놓일 것 같은 생각이었다. 지푸라기 하나라도 더 잡고 싶은 심정이었다.

나는 아내 뒤를 따라 들어갔고, 아내는 등을 바닥에 대고 반듯이 눕혀졌다. 아내 목 위쪽으로 푸른색 천 커튼이 내려와서 아내와 나 모두 수술 장면은 볼 수 없었다. 마취로 허리 아래쪽은 감각이 없는 가운데서 아내는 나를 보고 몽롱한 목소리로 이렇게 말했다. "오, 세상에, 당신이군요." 나는 앉으라고 내준 의자에 앉아서 아내의 한쪽 손을 잡고 한 손으로는 머리칼을 쓰다듬었다. 아내는 나중에 수술 때 통증은 못 느꼈지만, 복부를 절개해서 아기를 꺼낸다는 사실을 알았기 때문에 걱정이 많이 되고, 불안했다고 했다.

나는 아내가 걱정되는데, 주위에 모여선 의료진들은 전혀 걱정을 안 하는 것 같았다. 몇 년 전, 어머니의 고동맥股動脈에 스텐트 삽입수술을 하는 장면을 X-레이 비디오 같은 투시경uoroscope을 통해 지켜본 적이 있다. 대단한 수술이었다. 푸른색 커튼 뒤에서 의사가 수술 진행을 이야기 해주었지만, 궁금해 견딜 수가 없었다.

"아빠가 봐도 됩니까?" 의자에서 일어서며 이렇게 물었다.

"안돼요!" 8~9명쯤 되는 사람들이 한목소리로 외쳤고, 나는 도로 자리에 앉았다. 지금 돌이켜 보면 쓸데없는 상상이었지만, 아내의 복부가 절개되는 장면이 자꾸 떠올라 걱정이 되었다. 서울에서 닥터 최의 진료실에서 본 아내의 자궁 초음파 사진도 머릿속에서 떨쳐낼 수가 없었다. 불과 몇 분이 지났는가 싶은데 수술은 금방 끝났다. 의사가 우리 딸을 아내의 몸체 중간에서 꺼내 안아들고 간호사에게 건넸다. 아이의 우렁찬 첫 울음소리가 들렸다. 아내 얼굴 쪽 커튼을 살짝 들추고 안을 들여다보니 아내는 수술대 위에 알몸으로 누운 채 몸을 뒤척이고 있고, 몸에는 회색 점액이 뒤덮여 있었다. 딸은 콧날이 오똑했다. 초음파 사진으로 봤을 때부터 콧날이 너무 반듯하고 예뻤다.

"손가락 열 개, 발가락 열 개입니다." 간호사가 유쾌한 목소리로 선언했다.

부모가 갓 태어난 아이와 상봉하는 순간을 엘레지로 묘사할 능력은 내게 없고, 그럴 생각도 없다. 많은 사람들이 이미 썼고, 나는 그렇게 잘 쓸 자신도 없다. 다만 두 가지는 생각이 난다. 내 경우에는 머리와 가슴에서 스위치가 번쩍 하고 켜지는 것 같았다. 눈앞에서 처음 만나는 이 자그마한 인간은 하느님이 자신의 형상에 따라 창조하신 것이라는 생각이 들었다. 물론 하느님의 뜻이 무엇인지 알 방도는 없다. 하지만 나는 이 아이를 지키기 위해서라면 무슨 짓이든 할 것임을 본능적으로 알았다. 아이를 위해서라면 총이라도 대신 맞을 것이다. 이후 며칠 동안 나는 혹시라도 아이에게 좋지 않은 일이 생긴다는 것은 생각조차 하기 싫었다. 혹시라도 그런 생각이 티끌만치라도 생길라치면 두 귓구멍을 통해 내보내기라도 하려는 듯이 머리를 절레절레 흔들었다.

그런 다음 아내에 대한 사랑과 존경스러움으로 가슴이 벅차올랐다. 나는 그동안 그 어떤 사람도 아내가 방금 한 것보다 더 경이롭고, 무섭고, 위험하고, 더 영웅다운 일을 해낸 것을 본 적이 없다. 아무리 생각해도 내가 그동안 한 일들은 신통치 않은 것으로 보였다. 아내가 한 일에 견줄 만한 게 과연 어떤 게 있을까? 1면 톱기사를 쓴 것? 내가 언론계를 떠날 즈음에는 로봇도 신문기사를 썼다. 나는 아내가 임신하고 나서 한 것처럼 위험하고, 힘들고, 자기희생적인 일을 몇 달 동안 감당해본 적이 없다. 임신 5개월째부터 8개월 때까지 나는 한국에 있었고, 아내는 스카이프로 통화할 때 항상 내게 좋은 모습만 보여주었다. 그래서 나는 임신한 여성들이 감내해야 하는 여러 어려움에 대해서는 새까맣게 모른 채 그저 아내가 잘 지내는 것으로만 생각했다.

건강한 임산부라 하더라도 쉽게 지치고, 면역체계가 억눌리다 보니 감기에 자주 걸리고, 축농증도 자주 발생한다. 태아가 자궁의 인대인 원형인대round ligament를 압박하는 바람에 산모는 수시로 콕콕 찌르는 것 같은 복부 통증을 겪는다. 게다가 시도 때도 없이 원인 모를 통증이 찾아와 아침 일찍 잠에서 깨는데, 이런 증상이 며칠씩 계속 되기도 한다.

아내의 영웅적인 행동은 이것뿐이 아니다. 편두통을 심하게 앓았는데, 완전히 기진맥진해져서 사흘 동안 일어서기는커녕 옴짝달싹 못하고 구토를 계속할 때도 있었다. 여러 해 동안 증상을 완화시키기라도 해보려고 좋다는 예방약은 다 구해 먹었다. 그나마 효과를 본 약이 렐팍스Relpax였다. 편두통 증상이 감지되는 즉시 렐팍스를 복용하면, 항상 그런 것은 아니지만 통증이 눈 뒤쪽이나 목에서 시작해 머리로 올라가 눈을 제대로 뜰 수 없을 정도로 아프기 시작하기 전에 진정되는 경우가 많았다. 그런데 문제가 생겼다. 임산부는 렐팍스를 복용할 수 없다는 것이었다. 그래서 아내는 임신 기간의 대부분을 혼자 있으면서,

편두통이 시작되는 낌새가 느껴져도 그것을 멈출 약을 손에 집을 수가 없었다. 의약품 캐비닛 선반에 편두통을 막아 줄 약이 있는데, 손만 뻗으면 꺼낼 수 있는 거리에 약이 있는데도 뱃속의 아이한테 해가 될까봐 약을 먹지 못하는 심정이 어땠을까.

아내는 눈앞에 다가오는 사흘간의 끔찍한 고통을 받아들이기로 하고, 먹어도 통증 완화에 별 도움이 안 되는 타이레놀을 집어 들어야 했다. 우리는 이것을 자기희생이라고 부른다. 하지만 내 눈에는 경이로움 자체였다. 나는 온전히, 그리고 영원히 그녀를 위해 살겠다는 결심을 하지 않을 수 없었다. 독신자들을 보고 그 부모들은 아이를 낳아 보면 인생을 바라보는 생각이 달라질 것이라는 말을 한다. 아이가 태어나면서 전에는 알지 못한 식으로 부모들의 관계, 부모와 자녀의 관계를 다시 맺어준다는 말이다.

애너벨이 태어나고 몇 시간 뒤 아내는 병실로 옮겨져 제왕절개수술 후의 힘든 회복과정에 들어갔다. 간호사들이 아기를 병실로 데려와서 우리는 첫 가족사진을 찍었다. 장인, 장모께도 전화로 알렸다. 그제야 생각이 났다. 아뿔싸! 체어맨이 있었구나! 체어맨에 관해 까마득히 잊고 있었던 것이다. 녀석은 그때까지 14시간 가까이 통에 갇혀 있었다. 부리나케 집으로 달려갔더니 목이 쉰 개의 짖는 소리가 집 바깥에서부터 들렸다. 불쌍한 녀석은 자기가 싼 배설물을 온몸에 뒤집어쓰고 있었다. 앞뒤 안 가리고 얼른 놈을 통에서 꺼냈더니, 오물이 잔뜩 묻은 꼬리를 마구 흔들어 아파트 벽을 오물로 도배질을 했다. 추상 표현주의 화가 잭슨 폴락*Jackson Pollock*이 캔버스를 물감 범벅으로 만드는 모양새였다. 그때부터 우리는 놈을 잭슨 풀락*Jackson Poo-lock*으로 불렀다. 도저히 웃음을 참을 수가 없었다.

장인, 장모님이 첫 외손녀를 보기 위해 곧장 달려오시고, 얼마 뒤 아내와 애너벨도 집으로 왔다. 체어맨은 새로 태어난 어린 여동생을 보고 쿵쿵 거렸다. 그렇게 해서 우리는 어엿한 소가족을 이루었다.

나는 초짜 아빠 노릇을 하느라 열심히 했고, 지나고 보면 아찔한 순간들도 더러 있었다.("뭐라고! 아이 목욕을 매일 저녁 시켜야 한단 말이야?") 현대차의 글로벌 홍보 책임자 직책도 열심히 수행했다. 한국에 있는 팀원, 동료들과도 계속 연락을 주고받았다. 자고 일어나면 밤새 한국에서 동료들이 보낸 이메일이 잔뜩 와 있었다. 어느 날 아침에 나는 에두아르도가 보낸 이메일을 보고 깜짝 놀랐다. 현대차를 떠난다는 것이었다. 금요일 저녁이면 나의 지킴이 노릇을 했고, 한국 문화와 사내 생활의 훌륭한 안내자이자 좋은 친구인 그였다. 어느 직장에서든 진정한 우군들이 있는 법이다. 현대차에서 유일한 미국인인 나에게 그들은 너무도 소중한 존재였다. 이제 그 중의 한 명이 떠나는 것이었다.

에두아르도는 결혼하고 처가에서 하는 사업에 동참할지 모른다고 했고, 호텔에 물품을 납품하는 일을 해볼 생각도 있다고 했다. 재벌 기업 아닌데서 직장생활을 하게 될지도 몰랐다. 그는 현대에서 2년 넘게 근무하며 우리 팀의 믿음직한 일원이었다. 총명하고 아는 게 많았으며, 웹사이트 디자이너와 같은 외부 업체들과의 거래협상도 능숙하게 해냈다. 외국에서 자라 한국어와 영어, 스페인어를 구사하는 뛰어난 언어 실력을 가졌기 때문에 그는 현대차에서 미래가 보장돼 있었다. 몇 년 뒤면 과장으로 승진해 해외 지사에서 근무할 것이고, 50대가 되면 현대차 스페인 법인의 대표 같은 자리에 앉을 수도 있을 것이다.

하지만 바로 그런 점이 문제였다. 하루는 그가 내 사무실로 와서 재벌 회사 생활에서 느낀 좌절감을 털어놓았다. "써, 앞으로 20년 뒤면 내 월급이 얼마나 될지는 압니다." 그는 이렇게 말했다. 1950년대와 1960년대, 1970년대의 가난 속에서 자란 한국의 지난 세대들은 몇 십 년 뒤 자신의 월급이 얼마나 많아지는지 알 수 있다면 큰 위안이 되었을 것이다. 이들은 현대나 삼성 같은 재벌 회사에 취직만 하면 평생 큰 어려움 없이 살 수 있다고 생각했다. 평생의 삶이 이런 사실을 둘러싸고 계획되었고, 자녀들에게도 안정되고 사회적 평판도 좋은 삶의 궤적을 따르라고 가르쳤다. 현대차의 슬로건도 한때 'Hyundai for life'평생 현대였다. 단순히 자동차를 파는 데만 필요한 슬로건 이상이었다. 그것은 여러 세대에 걸쳐 한국인들의 삶을 정확하게 보여주는 구호였다.

하지만 에두아르도에게는 그런 구호가 통하지 않았다. 그는 회사원이 아니라 타고난 사업가였다. 그는 대학에 다닐 때도 간이 바 몇 곳을 운영하며, 스무 살 청년이 맥주 배달업자들과 흥정을 했다. 그는 회사를 그만두면 정확히 무슨 일을 할지 정해놓지 않았지만 무언가 자기 사업을 할 생각이었다. 그가 떠나는 날 나는 워싱턴에 있었다. 그는 내게 보낸 작별 이메일에 이렇게 썼다. "써, 선생님이 현대에 오실 당시 나는 힘든 시기를 보내고 있었습니다…지옥 같은 삶이었어요. 하지만 선생님과 이야기하고, 함께 보낸 날들이 내게는 휴가 같은 시간이었습니다. 잠깐 동안이나마 미국에 가 있는 것 같은 생각이 들기도 했습니다. 나는 선생님의 오른팔 역할을 했지만, 어느 의미에서는 선생님이 내게 많은 힘이 되어 주셨습니다." 그는 작별 편지를 이렇게 마무리했다. "레베카 여사님과 애너벨이 항상 건강하고, 항상 선생님 곁에 함께 있기를 진심으로 빌겠습니다…그리고 어디를 가시든 부디 사장이 되시어, 나중에 내가 쫄딱 망하면 내게 일자리를 주실 수 있게 되기를 바랍니다."

본인은 그렇게 생각하지 않았겠지만, 그가 한 선택은 놀라운 성장 스토리를 만들어 온 한국이 다음 장을 시작하기 위해 나아가야 할 상징 같은 것이었다. 그는 자신도 모르는 사이에 한국이 이룩한 위대한 성장 스토리의 다음 장을 개척해 나갈 첨병이 되겠다는 목표를 갖고 있었는지 모른다. 중진국 위기에 빠진 한국이 찾아야 할 해답에 바로 에두아르도 같은 젊은이에게 있을 수도 있다.

몇 년 전, 나는 나 자신이 중년의 위기를 겪고 있을지 모른다는 생각에 실소를 금치 못한 적이 있다. 기분은 마냥 젊고, 좋은 직장에 내 집, 6단 기어에 270마력의 자동차까지 있는 총각이 40대, 50대가 되면 달라지는 게 무엇일까. 돈을 좀 더 많이 갖고 있을 거라는 점 외엔 달라질게 없었다. 결혼도 하지 않고 아이도 없다. 가진 게 얼마 안 되니 잃을 것도 적고, 따라서 겁날 것도 없었다. 사람이 영원히 살지 못한다는 것은 나도 알지만, 그런 것은 거의 잊고 살았다. 생각하는 것이라고는 더 좋은 집, 더 나은 자리, 그리고 다음 데이트였다. 계속 앞으로 나아갈 생각만 했지, 끝이 있을 것이라는 사실은 잊고 살았다.

아이 아빠가 되고 보니 모든 게 잃을 것투성이였다. 사실은 그보다 더했다. 아이의 탄생은, 우리 딸 본인에게는 삶의 시작이지만, 사실상 내 삶은 끝나기 시작하는 것이었다. 고故 크리스토퍼 히친스Christopher Hitchens는 아들이 태어난 것을 보고 이렇게 썼다. "갑자기 나의 장례식 집행관이 무대 위에 등장한 기분이 들었다. 그것은 필연적인 등장이었다." 애너벨이 태어난 것을 보고 그렇게까지 심각한 생각은 들지 않았지만, 나의 삶이 얼마 남지 않았다는 생각이 갑자기 든 것은 사실이다. 그런 생각은 지금도 마찬가지이고, 앞으로도 계속 그럴 것이다. 그런 생각이 드는 것은 부분적으로는 나이 든 후에 아빠가 된 탓도 있겠지만, 크게 보면 우리의 삶이 그렇기 때문일 것이다. 부모가 되건, 혼자 살건 죽고 싶지 않은 것은 매한가지일 것이다. 하지만 그 이유는 서로 다르다. 부모들은 자식과 영원히 함께 하고 싶은 마음 때문에 그렇다.

내가 믿는 기독교에서는 예수 그리스도의 구원으로 인간은 하느님과 함께 영생을 누릴 수 있게 되었다고 가르친다. 성경에서는 우리 인간이 천국에 가서도 자신의 정체성을 그대로 유지한다고 말한다. 성서에 따르면 모세와 엘리야는 오래 전에 죽은 사람이지만 예수의 산상변형 때 사도들 앞에 나타난다. 나는 무엇보다도 아내와 아이와 함께 영원히 살고 싶다. 그렇게 될 것이라는 데 대한 성서적인 희망도 있다. 하지만 지금 나는 가끔 나와 상관 있는 모든 것을 잃어버리게 될 것이라는 공포감에 사로잡힌다.

집? 자동차? 직장? 하지만 이런 것들은 이제 다른 것에 비하면 아무런 의미가 없다. 이게 바로 부모님이 늘 하시던 말씀, 아이가 태어나면 삶에 대한 생각이 달라진다는 것이었다. 누가 내게 묻는다면, 내 나이보다는 좀 더 일찍 부모가 되라고 권할 것이다. 좀 더 힘 있을 때 부모가 되는 게 낫다는 이유 때문만이 아니다. 물론 그 말도 사실이기는 하지만, 그래야 자녀들과 좀 더 많은 시간을 함께 보낼 수 있기 때문에 하는 말이다. 애너벨이 놀고, 먹는 것을 보면서, 아니면 아무 것도 하지 않고 가만히 있는 것을 보면서도, '너와 10년만 더 함께 있을 수 있다면 얼마나 좋을까.' 하는 생각이 들지 않은 때가 단 한 주도 없다. 아이를 갖기 전에 친구들이 좋은 충고들을 많이 해주었다. 내가 아이를 가지려는 사람들에게 들려주는 말은 이것이다. "모두들 아이가 태어나면 얼마나 힘들지에 대한 말을 많이 합니다. 하지만 아이가 태어나면 얼마나 행복한지에 대해 말해주는 사람은 없어요." 아내와 나는 함께 많이 웃는다. 우리 결혼생활에서 가장 좋은 점이 바로 많이 웃는다는 것이다. 하지만 진짜로 많이 웃게 된 것은 딸이 태어나고부터이다.

워싱턴에서 아내와 함께 새로 태어난 딸을 데리고 잠은 설쳤지만 달콤한 넉 달을 보낸 끝에 서울로 돌아갈 시간이 되었다. 아내는 8월에 새 임지인 자카르타로 떠나기까지 아직 3개월이 더 남아 있었다. 다시 떨어져 살아야 하는 것이다. 그러니 한시라도 더 함께 붙어 있고 싶었다. 그래서 한국으로 돌아가기 전에 체어맨까지 데리고 노스캐롤라이나에 사시는 장인 장모 댁으로 갔다. 우리는 그곳을 장인의 여름 별장이라고 불렀다. 그런 다음 아내와 애너벨, 그리고 나, 이렇게 세 사람은 서울행 비행기에 올랐다. 생후 4개월짜리 애너벨이 비행기를 타고 처음으로 태평양을 넘었다.

'휴가 같은 미국 근무'를 마치고 본사에 복귀하면 동료들이 어떻게 맞아줄지 궁금했다. 한국 본사에서 나의 미국 근무를 '휴가 근무'라고 하는 사람들이 있다는 말을 들었다. 미국에서 재택근무를 시작하고 한 달이 지나자 본사 동료들과의 사이에 거리감이 생긴다는 느낌이 들었다. 14시간의 시차 때문에 서울과 근무시간이 겹치는 때는 워싱턴의 오전과 늦은 밤 시간뿐이었다. 팀 간부들과 매주 한 번씩 갖는 텔레컨퍼런스는 나 때문에 모두들 스피커폰 앞에 모여야 하는 불편함 때문인지 점차 횟수가 줄며 시들해졌다. 회사의 최신 정보에 어두운 나 때문에 회의진행이 더뎌지는 문제도 있었다. 내가 4개월을 떠나 있으면서 팀 단합에 얼마나 많은 해를 끼쳤는지 그때는 미처 몰랐다. 어쩌면 알고 싶지 않았는지도 모르겠다. 한국의 기업에서 팀 단합은 너무도 중요한 요소이다. 모든 팀원이 팀 전체를 위해 희생하고, 적극적으로 나서는 것이 체질화 되어 있다. 회사에서 그렇게 요구해서가 아니라 그런 문화가 자리 잡고 있는 것이다.

휴가를 한꺼번에 2주 동안 다녀왔을 때도 서먹한 분위기를 느낄 수 있었지만, 이번 경우는 다를 것이라는 기대를 했다. 지구 반대편이기는 하지만 그곳에서도 회사 일을 했으니까. 하지만 아무리 그곳에서 열심히 일을 했더라도, 물리적으로 팀원들을 포함한 본사 직원들과 일상 근무를 함께하지 않은 것이었다. 내가 4개월 간 미국에서 근무하기로 했다는 소식이 전해지자 동료들은 처음에 놀랐다. 현대차에서 그런 일이 있었다는 말은 들어본 적이 없기 때문이었다. 그런 다음 서서히 불만이 나타났는데, 어떤 이들은 내게 특별대우를 해준다고 투덜거렸다.

한국으로 돌아오기 전에 나는 사무실에서 믿고 말하는 사이인 진호 씨를 통해 분위기를 알아보았다. 직선적인 성격인 그는 만약 자기한테 회사에서 그런 제안을 해왔다면 거절했을 것이라고 했다. 아이가 태어나는 것을 못 보고, 아내를 혼자 있게 하는 한이 있더라도 그런 대우는 받지 않겠다는 말이었다. 평소 근무 자세를 보면 그러고도 남을 사람이었다. 당시 나는 그의 말을 듣고, 그건 쓸데없이 가혹한 처사이고, 지극히 한국적인 태도라고 생각했다. 하지만 몇 년 간 대기업 근무를 하고 난 지금은 전 세계 어느 나라, 어떤 회사에서 임원에게 나와 같은 특별

재택근무를 허락해 줄지 상상이 되지 않는다.

초고속 인터넷이 폭발적으로 보급되며 재택근무가 붐을 이루었다. 일과 삶이 완벽한 조화를 이룰 수 있게 될 것이며, 유연한 근무형태는 미래의 몫이고, 엄격한 근무시간 준수는 과거의 몫이라는 말도 들린다. 근로자들이 매일 한 자리에 모이는 것은 산업혁명 때와 같은 구시대의 유물이라는 말을 하는 사람도 있다. 하지만 꼭 맞는 말은 아니고, 누구에게나 맞는 말도 아니다.

내가 현대차에서 처음으로 재택근무 실험을 시작한 것과 거의 같은 시기에 마리사 메이어Marissa Mayer는 야후의 CEO가 되고 나서 재택근무를 폐지시켰다. 물론 현대차가 나를 통해 재택근무제 도입 실험을 한 것은 아니다. 메이어는 대면접촉과 공동작업 필요성을 강조했다. 솔직히 말해, 사람은 자기가 일하는 사무실로부터 수만 마일 떨어져 있으면 일을 하는 양도 줄어들고, 업무 강도도 약해지기 마련이다. 고삐가 느슨해지면 일하는 자세가 풀어진다.

현대차는 자동차를 파는 회사에서 브랜드 기업으로 도약하기 위한 노력을 진행 중이지만, 회사의 심장은 어디까지나 조립라인이다. 자동차가 생산되지 않으면 브랜드도 없는 것이고, 조립라인 근로자가 재택근무를 고집한다면 자동차는 만들어지지 않는다. 마케팅이나 PR, 회계 부서처럼 '소프트'한 업무를 하는 곳에는 강도가 덜하지만, 현대차 전체를 관통하는 정서는 여전히 이 조립라인 정신이다. 나도 느끼기 시작했지만 누군가가, 특히 책임자가 사무실에 없으면 무언가 허전한 기분이 든다. 그런데 나는 지구 반대편에 와 있고, 나의 빈자리와 함께 나의 권위도 없어진 것이었다.

하지만 그것은 내가 자진해서 맞은 매였다. 아내와 갓 태어난 딸에게 내가 필요할 뿐만 아니라, 나 역시 그들과 떨어져 지낸다는 것은 상상할 수 없는 일이었기 때문이다. 만약 회사에서 나보고 '지금 당장 복귀하지 않으면 자르겠다.'는 통보라도 해왔다면 어떻게 할지 결정하기가 한결 수월했을 것이다. 그래서 들려오는 험담은 감내하기로 하고, 최선을 다해 열심히 업무에 임하며 아내와 애너벨과 재미있게 보냈다. 5월 초 한국으로 돌아가서는 동료들과의 관계를 다시 회복시키기 위해 노력했다. 한국 동료가 '사촌이 논을 사면 배가 아프다.'는 제로섬식 질시 문화에 대해 장황하게 설명해 주었다. 어떤 회사에서라도 누가 나처럼 특별대우를 받으면 동료들이 곱지 않은 눈으로 바라보았을 것이다.

진호씨는 내가 본사를 떠나 워싱턴에서 4개월이나 근무한 것에 대해 사람들이 좋게 보지 않는다고 솔직하게 말해주었다. "사람들 누구?" 내가 이렇게 묻자 그는 "그 사실을 아는 사람들 모두가요."라고 대답했다.

한편으로는 내가 없는 사이 내 등 뒤에서 험담을 하고, 나의 권위를 깎아내리려고 한 사람들을 잡고 해명을 듣고 싶은 마음도 있었다. 어느 정도는 내가 외국인이라서 그런 일이 벌어진 것도 부인할 수 없는 사실이기 때문이다. 내가 없을 때 팀원 한 명이 다른 팀원들에게 "앞으로 글로벌 PR 팀에 외국인은 필요 없어."라는 말을 했다는 사실도 전해 들었다. 다행히 그 사람은 그 뒤 회사를 떠났다.

나는 그 말을 군대에서 사병들이 지휘관이 없는 자리에서 지휘관 욕을 한 것 정도로 가볍게 넘어가려고 했다. 동서고금을 막론하고 자기 상사에 대해 불만이 없는 사람은 없는 법이니까. 현대차 사람들은 나보고 팀원들을 나무라기보다는 그들과 좋은 관계를 유지하는 게 보스의 책무라는 말을 해주었다. 외국인들은 잘 모르지만 그런 것이 바로 유교적 질서의 상호보완적인 측면이기도 하다. 현대차의 사장을 지낸 어떤 분이 이런 말을 한 적이 있다. "과거의 지도자는 '나를 따라 그곳으로 가자.'라고 하지만, 오늘의 지도자는 '우리 함께 그곳으로 갑시다.'라고 합니다." 나는 아내와 함께 많은 이야기를 나누고, 그런 상사가 되도록 해달라고 기도했다. 그리고 다시 본사로 복귀했다.

고참 팀원들과 회의를 소집했다. 그들은 상사의 사무실에 갈 때 늘 하는 것처럼 노트북 컴퓨터를 들고 와서 내 맞은편에 앉았다. 긴장하는 기색이 느껴졌다. 나는 심호흡을 크게 한번 하고 나서 그동안 내가 한국식, 그리고 현대식 일처리 방식을 무시하고, 서양식 경영 방식을 한답시고 여러분을 불편하게 만든 점에 대해 진심으로 사과한다고 말했다. 크게 불호령이 떨어질 것으로 각오하고 온 팀원들은 내 말에 충격을 받은 모습이었다. 그 중 한 명이 분위기를 대변하듯 "그런 말을 하셔서 놀랐습니다."라고 했다. 팀장 벤은 그렇게 말해주어서 고맙다고 하면서, 내 입장에서는 '외딴 섬에 혼자 떨어진 기분일 것'이라는 점을 이해한다고 했다. 나는 팀원들을 향해 이렇게 말했다. "내가 하고 싶은 말은 그것입니다. 2013년 말까지 남은 기간 동안 잘해 봅시다."

아내는 한국에서 이제 다닐 직장이 없기 때문에 5개월 난 딸애와 함께 서울 도심의 비좁은 아파트에 틀어박혀 지냈다. 자동차도 없고 친구도 거의 없었다. 거리는 비좁은데다 붐볐으며, 우리가 사는 이태원에는 언덕길이 많아 유모차를 끌고 다니기에도 불편했다. 나는 시간이 조금 지나면서 아이의 울음소리를 귀에 거슬리지 않는 백색소음*white noise*으로 받아들일 수 있게 되었다. 하지만 아내는 그렇지 못했다. 아이가 방 안에 있는 아기침대에 누워서 울기 시작하면 아내는 마음이 아파서 아이 울음소리가 안 들리는 아파트 베란다에 나가 쭈그리고 앉아 안절부절 못했다. 비가 오는 날은 머리에 타월을 쓰고 나가 있어야 했다. 그걸 보며 너무 마음이 아팠다.

어느 날 저녁 퇴근해서 집으로 돌아오니 아내가 소파에 쓰러져 누워 있었다. "힘들고 따분해요. 그리고 외로워요." 아내는 이렇게 말했다.

아내가 좀 돌아다닐 수 있도록 자동차를 한 대 렌트했다. 아내는 미군부대 안에 살 때 우리 집안일을 거들어 준 필리핀 청소부 아주머니를 찾아갔다. 아내는 가끔 그 사람에게 아이를 맡기고 외출했다. 그런 다음 서울에 나온 다른 외국인이 베풀어 준 작은 친절 덕분에 아내는 제대로 숨통이 트이게 되었다. 같은 교회에 다니는 사람 중에 독일 여자가 있었는데, 자기 아버지 회사에서 한국지사 관리자로 파견되어 나온 사람이었다. 그 여자는 회사 명의로 시내에 있는 서울클럽*Seoul Club* 멤버십을 갖고 있었는데, 서울클럽은 레스토랑과 바, 헬스장, 그리고 무엇보다도 수영 풀을 갖춘 오래 된 사교클럽이다. 아내는 매주 한 번은 아이를 필리핀 여자한테 맡기고 독일 친구를 따라 풀에 갔다. 별로 대단한 일 같아 보이진 않지만, 그곳에 다닌 덕분에 아내가 두 달의 서울 생활을 버텨낼 수 있었다고 나는 생각한다.

서울에서 함께 지내는 시간이 끝나가면서 우리는 다시 떨어져서 살 마음의 준비를 했다. 아내는 아이를 데리고 워싱턴으로 돌아간 다음, 그곳에서 한 달 동안 인도네시아 근무에 필요한 교육을 받기로 되어 있었다. 아내는 8월 초에 아이와 체어맨을 데리고 자카르타로 떠날 예정이었다. 나는 서울에 남고, 아내와 아이는 내 근무 계약이 끝나는 2014년 10월까지 1년 넘게 자카르타에 따로 떨어져 살게 되는 것이었다. 우리는 스카이프Skype 가족이 되고, 나는 매달 며칠씩 가족을 만나기 위해 자카르타로 날아간다. 그렇게 하면 될 것 같았다. 그런데 우리 딸이 스카이프에서 내 얼굴을 보면 어떤 반응을 보일지 몰랐다.

아이가 컴퓨터 스크린에서 내 얼굴을 보면 알아보고, 나에 대한 기억을 떠올릴 수 있도록 해주는 기억장치인 메모리 키memory key 같은 것을 만들어 주고 싶었다. 노래를 수없이 들려주었고, 베토벤 교향곡9번 '환희의 찬가'Ode to Joy를 들려주면서 제 이름을 부르면 금방 반응을 보인다는 사실을 알았다. 그래서 나는 '환희의 찬가'를 불러주기로 했다.

예정대로라면 아내와 나는 결혼생활 4년을 하면 그 가운데 절반을 서로 떨어져 지내게 되는 것이었다. 우리는 떨어져 지내기로 한 데 대해 나름대로 명분을 챙겨 보았다. 첫째는 두 사람의 직장생활이 모두 중요하기 때문이었다. 돈도 모아야 하고, 둘 다 해외생활 하는 걸 좋아했다. 그리고 무엇보다도 떨어져 사는 걸 감당할 자신이 있었다. 한국에서 어떻게 2년이나 버티나 하는 생각을 한 적도 수없이 있었지만 잘 해냈다. 앞으로 15개월 동안 이렇게 떨어져 지내는 생활도 잘 해낼 자신이 있었다. 그리고 우리 딸이 가족이 떨어져 지내고 있다는 사실을 알기 시작할 즈음에는 다시 모여 살 것이라는 점도 고려했다.

이태원 아파트 벽에 현대차 달력을 걸었다. 2013년 7월이었다. 이 달력이 끝나고 아홉 달만 더 지나면 우리 가족은 다시 함께 살게 될 것이다. 그때까지는 매달 한 번씩 서울에서 자카르타까지 6시간 반 비행기를 타고 긴 주말여행을 가야 한다. 자카르타로 가지 않고 서울에 혼자 있는 날은 똑같은 일을 반복하게 될 것이었다. 일하고 퇴근해서 집에 와서 저녁 먹고, 스카이프 하고, TV 보다가 잠자리에 드는 일상을 반복할 것이다. 동료들은 총각 생활을 즐기라고 농담조로 이야기하지만 나는 그럴 생각이 없었다. 이제는 혼자 있는 생활이 싫었다. 단순히 외롭다는 정도가 아니라, 아무런 책임감을 느끼지 못해 무기력해졌다.

아내와 딸아이와 함께 있을 때는 나 스스로 더 나은 사람이 되고 싶은 생각이 들고, 그에 맞춰 행동했다. 혼자 떨어져 있으면 게으르고 이기적으로 살던 예전의 총각 시절로 금방 되돌아갈 것 같았다. 나를 오랫동안 알던 친구들은 이런 내 모습을 보고 놀랄 것이다. 왜냐하면 예전에는 가족생활을 하고 싶다거나 가장으로서의 의무감 같은 것에 관심을 보인 적이 한 번도 없었기 때문이다. 그런데 이제는 가족 외에 다른 인간관계를 유지하는 데 쏟을 에너지가 없었다. 가족을 지키는 것 외에는 개인적으로 추구할 목표도 따로 없었다. 모든 게 공허하고 무의미했다. 가족과 떨어져 있고, 아내가 나를 필요로 하는 것을 알면서 나 혼자만 잘 지내는 척할 수는 없었다.

사는 게 그저 참고 세월만 가기를 기다리는 정도로 무의미했다. 일요일 밤에 아내와 스카이프 통화를 끝내면 오렌지색 마커로 달력의 그 주에 밑줄을 그어 지웠다. 그러면서 가족과 함께 지낼 시간이 일주일 앞당겨졌구나 하는 생각을 했다. 그렇게 내 인생에서 일주일의 시간을 또 떼어내고는 불을 끄고 잠자리에 들었다.

20

제네시스와
쏘나타

　　　　　　　　흥분으로 몸이 부르르 떨리는 것 같았다.
2013년 한여름, 어느 날 아침이었다. 마침내 2세대 제네시스를 직접 대
면하는 순간이 다가오고 있었다. 현대가 고급 프리미엄 브랜드로 도약
하는 열망을 가지고 추진해 온 바로 그 주인공이었다. 수개월째 무성한
말들이 오가고, 홍보 캠페인 계획을 무수히 수립했으며, 인터넷에는 스
파이 샷 사진이 무수히 떠돌았다. 그 차를 내 눈으로 직접 보려니 마음
이 두근거리지 않을 수가 없었다. 자동차 업계에서는 물론이고, 누구
든 완전히 새로 만든 신차를 자기 눈으로 직접 본다는 것은 세상에 그
어떤 일과도 비교할 수 없을 만큼 가슴 떨리는 일이다. 기존 모델을 약
간 손본 것과 달리, 완전히 새 모델의 신차는 새로운 차를 창조하는 것
이다. 신차의 렌더링Rendering 그림과 스파이 사진도 흥분을 자아내지만,

실물을 직접 눈으로 볼 때 느끼는 전율에 비할 바는 못 된다. 그 반짝이는 산뜻한 모습은 말로 표현하기 힘든 두근거림을 안겨준다.

차 문을 열면 새 타이어 냄새와 가죽 냄새가 한데 어우러져서 머리가 어질할 정도로 강력하고 독특한 향을 풍긴다. 그것은 희망과 풍요로움을 약속하는 향이다. 후드를 들어 올리면 여러 종류의 액체와 윤활유 등이 합쳐져 내뿜는 연한 산업용 향이 이 제품이 기계라는 사실을 새삼 일깨워 준다. 디지털 시대라지만 우리는 우리 손으로 만든 이 기계와 특별한 관계를 맺고 있다. 이 놀라운 기계는 나쁜 일들을 벗어나 좋은 일만 가득한 곳으로 우리를 태워다 준다. 아늑한 좌석 세팅과 쾌적한 실내온도, 삶의 이정표가 되는 사운드트랙 등 우리의 취향에 맞춰 꾸민 내밀한 공간이 우리를 감싸 안는다. 우리는 이 기계와 사랑에 빠지고, 사랑의 단꿈에서 깨어나기도 한다. 삶의 첫 여행과 마지막 여행을 이 기계와 함께 한다. 옆자리에 앉은 사람과 친밀한 공간을 함께 나누며, 침묵 속에서 아무리 먼 길을 달려도 우리는 행복을 느낀다.

엄밀히 말해 제네시스를 언론에 홍보하기 위해 차를 직접 내 눈으로 보거나 운전해 볼 필요는 없다. 홍보 업무는 내가 직접 만난 적이 없는 사람이나 물건을 사람들에게 홍보하는 것이다. 차의 스펙을 정확히 파악하고, 새 모델이 이전의 제네시스보다 얼마나 더 좋아졌으며, 다른 독일 경쟁차들과 당당하게 겨룰 수 있다는 사실을 사람들에게 보여주면 되는 것이다. 하지만 나는 기자들에게 새 차가 얼마나 좋은지 설득력 있게 설명하려면 내 눈으로 직접 보고, 만져보고, 운전석에 앉아 봐야 한다고 생각했다. 서울 남쪽에 있는 현대차 남양연구소로 가서 커다란 디자인 프레젠테이션 홀로 걸어 들어갔다. 태양빛이 그대로 드는 어마어마한 돔 구조물의 유리창을 뚫고 쨍한 햇살이 가득 들어오고 있었다.

큰 전시실로 통하는 문이 활짝 열려 있어서 측면으로 세워둔 차가 한눈에 들어왔다. 첫 번째 받은 인상은 디자이너들이 내게 최면을 걸어서 아우디 A7을 보여준 게 아닌가 하는 것이었다. 아우디 A7은 도로에 나온 자동차들 중에서 가장 아름다운 차 가운데 하나이다. 그런데 이것이 바로 2세대 제네시스였다. 먼저 "와!" 하는 탄성이 절로 나왔다. 차 주위를 몇 번이나 둘러보았는데 어느 각도에서 봐도 멋졌다. 제네시스는 세련된 크롬 마감의 헥사고날 그릴을 하고 있었다. 자동차 회사들은 그릴을 구상하고 완성하기 위해 여러 해에 걸쳐 많은 돈과 시간을 투입한다. 그릴은 자동차가 도로를 달릴 때 제일 먼저 눈에 들어오는 부분이고, 브랜드의 얼굴인 셈이다. 훌륭한 그릴은 두고두고 기억에 남는다.

BMW의 상징인 '트윈 키드니'twin kidney 그릴, '3포인티드 스타'three-pointed star라고 부르는 메르세데스의 삼각별 그릴, 비스듬한 막대가 들어간 볼보 그릴 등이 대표적이다. 현대도 그 브랜드들처럼 알아보기 쉽고 기억에 남는 그릴을 만들려고 했고, 헥사고날이라고 부르는 6각 그릴이 현대차의 얼굴로 결정되었다. 비율과 재료는 다양하게 하더라도 항상 6각형 헥사곤은 유지하기로 한 것이다. 그리고 재규어Jaguars 같은 유럽의 고성능 후륜구동 세단들과 마찬가지로 긴 후드를 자랑한다. 활주로를 연상케 할 정도의 길이이다. 그리고 과감한 패스트백fastback 트렁크를 채택해 우아하면서도 스포티한 외관을 자랑한다. 뉴 제네시스는 '플루이딕 스컬프처 2.0룩'Fluidic Sculpture 2.0 look이라고 이름붙인 현대의 첫 번째 작품이다. 강인하고 고급스러운 세련된 플루이딕 스컬프처 디자인의 등장에 업계는 놀라움을 감추지 못했다.

운전석 사이드 도어를 열어 보니 묵직한 중량감이 느껴지면서 쉽게 열렸다. 운전석에 앉아 차문을 닫으니 쿵 하며 육중하고 견고하게 닫히는 소리가 났다. 가죽 시트는 가속 때 몸을 단단하게 잡아줄 것처럼 밀착감이 좋다. 실내 공간은 넉넉하고, 요란스럽지 않은 재질을 사용해 절제된 가운데 우아하고 고급스러운 느낌을 준다. 운전석cockpit 레이아웃은 합리적으로 배치되었다. 핸들을 잡으니 다른 차들에 비해 손이 한결 더 편안했다. 인체공학적으로 디자인했기 때문이다. 현대차 엔지니어들은 운전자가 핸들을 잡으면 원을 그리며 움직이는 게 아니라는 점에 착안해 제네시스의 핸들을 '각진 타원형'angled oval 모양으로 만들었다. 이렇게 눈에 띄지 않는 세세한 기능까지 꼼꼼하게 개선했다.

제네시스는 2년 여 전 정의선 부회장이 디트로이트에서 발표한 디자인 콘셉트를 실현한 것이다. 당시 정부회장은 현대의 야심찬 계획을 이렇게 밝혔다. "이제 고객들은 불필요한 기술을 장착한 비싼 차를 프리미엄 차라고 생각하지 않습니다." 엘란트라는 정 부회장의 연설 1년 뒤 디트로이트에서 '북미 올해의 차'로 선정되는 쾌거를 이루었다. 폴크스바겐 CEO인 빈터코른이 프랑크푸르트 모터쇼에서 현대 i30 전시차에 올라타고 극찬한 것도 기분 좋은 일이었다. 언론 반응도 좋았다. 하지만 제네시스는 현대의 디자이너와 엔지니어, 생산팀이 힘을 합쳐 완전히 새로 만든 결과물이라 남다른 감회를 안겨주었다. 현대차 브랜드를 다른 차원으로 한 단계 끌어올려 줄 작품이 있다면 제네시스가 바로 그 주인공이었다. 물론 이는 홍보맨 한 명의 생각일 수도 있다. 자동차 전문기자들이 제네시스에 대한 최초 평가를 내놓을 몇 개월 뒤가 중대한 분수령인 것이었다. 나는 한 시간 정도 머문 다음 신차와 브랜드의 앞날에 대한 기대감에 부푼 채 전시홀을 떠났다.

　몇 주 뒤에 나는 같은 기대감을 안고 그곳을 다시 찾았다. 신형 쏘나타와 처음 대면하는 날이었다. 제네시스는 현대가 프리미엄 브랜드의 열망을 담아 대표 디자인으로 제작한 '헤일로 카'halo car였다. 반면에 쏘나타는 가장 많이 팔린 엘란트라에 이은 핵심 브랜드였다. 쏘나타는 미국 시장에서 제네시스 세단보다 연간 10배나 더 많이 팔렸다. 기존의 쏘나타가 인기를 누렸기 때문에 뉴 쏘나타에 대한 기대는 엄청나게 높았다. 많은 비평가들이 궁금증을 가지고 지켜보았다. '현대가 과연 디자인 혁신을 계속 이어갈 수 있을까? 아니면 한번 히트한 것으로 끝나고 말 것인가?' 드디어 홀 주위의 문들이 열리고 햇볕이 쏟아져 들어오며 뉴 쏘나타가 모습을 드러냈다. 나는 아무 소리도 낼 수 없었다. '오!'라는 감탄사 외에는 아무 말도 내뱉을 수가 없었다.

　뉴 쏘나타는 뉴 제네시스 옆에 나란히 세워져 있었다. 현대자동차 역사상 처음으로 이 두 모델이 한 가족이 된 것은 이제 부인할 수 없는 현실이 되었다. 그것은 아우디와 벤츠가 한 가족이라는 사실과 마찬가지이다. 정말 잘 된 일이었다. 뉴 쏘나타는 핸섬하고 강인한 모습의 외관을 하고, 안락하게 장거리 주행을 할 수 있는 유럽형 투어링 카touring car의 느낌을 안겨주었다. 실내는 뉴 제네시스의 고급 캐빈과 비슷하게 만들었다. 전혀 다른 모습으로 나타난 것이다. 성능과 안전도, 연료 경제성, 가격까지 포함해 모든 면에서 이전 모델보다 뛰어났다.

　하지만…기존 쏘나타의 측면 특장 선은 '붓으로 난을 치는 듯' 강인하면서 유연한 곡선을 자랑하는 '오키드 스트로크'*orchid stroke*였다. 메르세데스 C 클래스에 비견되는 선이었다. 뉴 쏘나타는 이 곡선을 직선 가깝게 펴서 혼다 스타일을 연상시켰다. 지나치게 번쩍이는 크롬 그릴은 헥사고날 디자인의 다크 크롬*brushed chrome*으로 바꾸었다. 한층 더 당당해진 외관에 패밀리 룩으로서의 디자인 정체성을 갖춘 것이다. 기존 쏘나타에 대해 호불호가 극명하게 갈리는 것은 사실이지만, 도요타 캠리, 혼다 어코드, 쉐보레 말리부처럼 눈에 띄는 특징 없이 단조로운 경쟁사 제품들에 비해서 돋보였다. 기존 쏘나타는 미국 자동차 전문기자들을 열광시켰고, 미국 소비자들에게 큰 인기를 얻었지만, 한국 소비자들의 눈에는 지나치게 파격적인 디자인이었다. 한국 소비자들은 보수적인 디자인의 기아 옵티마를 더 선호하는 경향을 뚜렷하게 보였다.

나는 뉴 쏘나타가 마음에 들지 않았다. 자동차 전문가와 소비자들 모두 경쟁사들 가운데 두각을 나타내는 게 아니라, 고만고만한 모델이 나온 것으로 받아들일 것이라는 걱정이 앞섰다. 오히려 뒷걸음질을 치는 결과가 되는 셈이었다. 게다가 뉴 제네시스가 미국 시장에 나오게 되는데, 그보다 가격 경쟁력이 몇 십 배나 앞서는 뉴 쏘나타가 훨씬 더 많이 팔리게 될 것이다. 소비자들이 현대라는 브랜드를 보면 뉴 제네시스가 아니라 뉴 쏘나타를 먼저 떠올리게 될 것이라는 점도 걱정이었다.

현대차가 힘들게 올라가려고 하는 프리미엄 브랜드를 향한 집념이 뒷걸음을 치는 것까지는 아니더라도, 최소한 길옆 벤치에 주저앉아 휴식을 취하는 정도는 될 것 같았다. 그것은 현대 본래의 모습이 아니었다. 내가 보기에 그것은 단합대회 산행을 함께 하며 느꼈던 도전적인 현대의 본모습은 분명히 아니었다.

21

서울과 자카르타의
차이

자카르타에서 가족이 함께 보낸 첫날, 아내와 나는 우리가 묵는 아파트 단지 입구의 철통같은 보안 게이트 두 곳을 통과해 바깥으로 나왔다. 자동소총을 든 경비군인은 환하게 웃는 얼굴로 맞아주었고, 우리는 곧바로 끔찍하게 무더운 인도네시아의 아침 열기 속으로 걸어 나왔다. 적도 바로 밑의 9월이었다. 이글거리는 태양이 기온을 섭씨 32도 위로 밀어올리고, 습기가 끈적거리는 울 담요처럼 전신에 달라붙었다. 도로의 소음은 이야기를 주고받기 힘들 정도였다. 자동차, 스쿠터, 바자이*bajaj*라고 부르는 삼륜 택시들이 요란한 엔진 소음을 내며 줄지어 달렸다. 차량들이 자율적으로 움직이는 하나의 유기체처럼 꼬리에 꼬리를 물고 지나가는데, 마치 운전자들끼리 서로 텔레파시가 통하는 것처럼 움직였다.

무리를 지어 날아다니는 찌르레기 수백 마리가 어떻게 일시에 왼쪽으로 방향을 트는지 나는 모른다. 인도네시아 운전자들이 어떻게 서로 부딪치지 않고 자카르타 시내를 돌아다니는지 그것도 불가사의하기는 마찬가지이다. 자동차 휘발유 타는 매캐한 냄새와 나무 타는 냄새, 교외의 들판에서 볏단 태우는 냄새가 한데 어우러져 진동하고 있었다. 망가진 보도를 따라 걷는데, 길이가 6인치쯤 돼 보이는 푸른 도마뱀 한 마리가 구멍에서 기어 나오더니 종종걸음으로 발밑을 지나 다른 구멍으로 황급히 사라졌다.

아내와 나는 마주 쳐다보며 웃었다. 그러면서 두 사람 사이에 흐르던 묘한 긴장이 깨졌다. 우리는 이번이 부부가 되고, 갓 태어난 아이의 부모가 되고 나서 맞이하는 가장 큰 시험대라는 것을 알았다. 수없이 이야기를 나누고, 처음으로 긴 주말을 이용해 서울에서 자카르타까지 날아온 기회를 어떻게 보낼지 철저한 계획을 세웠다. 아는 방법을 총동원해 모든 것을 철저히 준비했다. 우리 가족이 처한 어려움이 이겨낼 만한 난관이고, 충분히 참아낼 수 있는 불편함이라고 냉정하게 생각했다. 미군부대를 떠나야 했을 때 식료품을 사 모으며 난관을 이겨내던 때와 같은 각오로 임했다. 우리는 수천 마일의 물리적인 거리를 두고 서로 떨어져 살기로 결정했다. 자진해서 그런 결정을 내린 것이지만, 두 도시 사이의 감정적인 거리는 미처 감안하지 못했다.

강남에서 길을 걷다가 도마뱀을 떼거리로 보는 일은 없다. 정확히 말해 그럴 가능성은 전무하다. 발밑에서 만나는 새로운 친구인 도마뱀은 서울과 자카르타 사이에 놓인 멀고 먼 거리만 실감시켜 주는 게 아니었다. 그것은 동반구에서 멀리 떠나와 있음을 절감시켜 주는 여러 가지 사실들 가운데 하나였다. '아시아'라는 단어는 사실 거의 아무런 의미가 없다. 외부인의 눈에 동아시아 나라들은 겉으로 비슷비슷하게 보일지 모른다. 하지만 조금만 지나보면 한국과 일본, 중국 사이에도 문화적인 차이, 역사적인 불만, 강한 민족감정이 자리하고 있다는 사실을 알게 된다.

그런데 동아시아를 동남아시아나 남아시아와 비교해 보기 시작하면 '아시아'는 부조화를 이루는 하나의 거대한 버킷으로 변한다. 아시아라는 거대한 버킷 안에 수십 개의 서로 다른 문화와 20억이 넘는 인구가 억지로 한데 구겨 넣어져 있는 것이다. 이들은 '아시아'라는 이름으로 한 곳에 모여 살아야 할 사람들이 아니다. 북미와 유럽인들을 '백인' Caucasian이라고 부를 때처럼 이들을 '아시아인'들이라고 하면 공통적으로 떠오르는 모습이 있는 게 아니다.

서울에는 사계절이 있는데, 자카르타에는 두 계절이 있고, 무덥고 비가 많이 온다. 서울에서는 많은 사람들이 유교를 받드는데, 자카르타는 세계 최대 무슬림 국가의 수도이다. 한국은 지리적으로 작은 영토인데다 하나의 언어를 사용하는 단일 민족으로 꽉 채워져 있지만, 인도네시아는 2천 마일에 걸쳐 펼쳐져 있는 2백여 개의 섬으로 이루어진 군도이다. 그 안에 3백여 개의 민족이 7백 개나 되는 언어를 쓰며 살고 있다. 처음 만나면 한국인들은 예의를 너무 차려서 다소 거리감이 느껴지는 반면에 인도네시아인들은 금방 격의 없이 친근하게 사람을 대한다. 서울에서는 최첨단 비디오 플레이어들이 쇼윈도를 장식하고 있어 쇼핑하러 나온 사람들의 발길을 멈추게 만드는데, 자카르타 거리에서는 걸인들이 원숭이에 줄목걸이를 걸어놓고 춤을 추도록 시키며 동전을 구결한다. 한국이 '제1세계'라면 인도네시아는 개발도상에 있는 '제3세계'이다. 서울 사람들은 나를 '외국인'*waygookin*이라고 부르고, 자카르타 사람들은 나 같은 '백인 외국인'을 '불리'*bule*라고 부른다.

아내는 인도네시아에서 매사를 긍정적으로 받아들였는데, 한국에서 하던 것과는 방식에서 차이가 있었다. 무더운 날씨도 좋아하고, 머리칼을 엉망으로 만드는 높은 습도까지 좋아했다. 사람들이 건네는 따뜻한 미소를 좋아했고, 주한 미국대사관에서 일하던 것처럼 일 년 내내 비자 창구에 붙어 있지 않아서 좋았다. 자카르타에서 아내는 과학 기술 담당 외교관으로 일하며 불법조업, 상어 지느러미 불법포획, 산호초 복원 같은 해양 관련 업무를 맡았다. 인도네시아 정부 관리들을 만나 미국 정부의 입장을 전달하는 일을 했으니 드디어 진짜 외교관이 된 것이다.

집안일 도와줄 사람들을 부리는 일도 아내의 몫이었다. 개발도상국에 나가 있는 해외근무자들은 집안일 도와줄 사람들을 고용해 보는 것도 해외 생활의 좋은 면이라는 말을 자주 한다. 그런데 이곳에서 가사도우미를 고용하는 것은 미국인들이 드라마 '다운튼 애비'*Downton Abbey*에서 보던 것과는 완전 딴판이었다. 아내는 자카르타에 근무하는 대사관 직원과 근무를 마치고 떠나는 직원들을 통해 우리 딸을 돌볼 입주 유모를 미리 구해 두었다. 그리고 주중에 아침 9시부터 오후 5시까지 근무할 가정부와 운전기사까지 구해 놓았다. 모두 합쳐서 자카르타 시세로 월 700달러 정도면 되었다. 그렇게 해서 우리 가족은 생전 처음으로 제1세계와 제3세계의 임금 격차를 직접 실감하게 되었다.

유모인 트리는 싹싹하고 항상 미소를 머금은 싱글 맘이었다. 20대 후반으로 자카르타 외곽의 시골 마을에 살았다. 남편은 가족을 버리고 떠나 버렸고, 자기 혼자 벌어서 아들을 키우며 살았다. 주중에는 우리 집에 와서 머물며 일하고, 주말에는 집으로 돌아갔는데, 주중에는 친정 엄마가 아이를 돌봤다. 그녀에게는 애너벨을 금방 웃게 만드는 재주가 있었다. 우리 딸이 첫 걸음마 떼는 것을 지켜보고, 말하는 것을 처음 들은 사람이 바로 그녀였다. 가정부 사티는 40대 초반의 여성이었는데, 아내로부터 돈을 받아 장을 보고, 체어맨 산책시키기, 평일 저녁식사 준비, 주말에는 점심식사 준비까지 맡아서 하고, 세탁, 집안 청소까지 했다. 우리 집에 오기 전에 사티는 서양 외교관을 도와 일했는데, 휴가도 함께 따라가서 아이들을 돌봐 주었다고 했다. 그녀도 자카르타 외곽에서 아들, 딸과 함께 살았다. 남편은 직장이 없었기 때문에 그녀가 가족을 먹여 살렸다. 그녀는 가끔 털털거리는 삼륜 바자이를 타고 출퇴근을 했다.

운전기사는 파크 완디였는데, '파크'는 바하사어로 '~씨'를 친근하게 부르는 말이다. 파크 완디는 영어는 몇 마디 못했지만 자카르타 거리를 얼마나 빠삭하게 꿰고 있는지 가민Garmin이나 구글 GPS보다 나았다. 많은 제3세계 대도시들처럼 인구 1100만의 자카르타도 도시계획 없이 제멋대로 발달한 도시라 GPS는 무용지물이었다. 운전할 때는 대개 어느 어느 동네를 지나고, 고가도로를 몇 개 지나고 하는 식으로 주요 지형지물을 보고 찾아갔다. 그런 다음 목적지 근처에 왔다고 생각되면 도로변에 차를 세우고 차창을 내린 다음 지나가는 사람에게 길을 물었다. 중년의 파크 완디는 콧수염을 단정하게 손질하고, 애너벨을 보면 얼굴에 자상한 미소를 활짝 띠었다.

면접도 보지 않고 채용했지만 운 좋게 트리, 사티, 완디 세 명 모두 좋은 사람들이었다. 한 가지 걱정은 트리의 영어가 신통치 않다는 점이었다. 사티의 영어는 훌륭했지만, 낮 시간 내내 애너벨과 대부분의 시간을 함께 보내는 것은 트리였다. 해외 근무를 해보면 간단한 어휘와 제스처, 몸짓발짓을 통해 간단한 의사소통은 금방 할 수 있게 된다. 트리도 우리가 하는 말은 제대로 알아들었지만, 문제는 그게 아니었다. 그녀 때문에 애너벨의 언어발달이 지장을 받을까 걱정이었다. 지나고 생각해 보면 그것은 첫 아이를 둔 부모의 지나친 기우였다. 아내가 대사관 친구들과 나누는 대화, 사티가 저녁 스카이프를 통해 자기 아버지와 나누는 대화 등을 통해 애너벨은 복잡한 영어 문장을 충분히 들었다. 게다가 이제 겨우 생후 9개월이었다. 유모의 서툰 영어 때문에 아이가 하버드에 못 들어갈까 봐 걱정할 필요는 없었다. 나의 '촌놈 유전자'가 어떻게든 잘 해결해 줄 것이었다.

아내가 새로 얻은 집은 보안이 철저한 미국 정부 주택단지에 있고, 단지 전체가 서울의 미군부대처럼 가시철조망이 쳐진 높은 벽돌담으로 둘러싸여 있었다. 자동차를 타고 들어가고 나올 때는 12피트 높이의 철제 차단기가 설치된 검문소를 통과했다. 검문소에는 앞뒤 이중으로 슬라이딩 게이트가 있고, 보안요원들이 폭발물 탐지를 위해 거울로 자동차 하부를 비쳐보고, 트렁크와 후드까지 일일이 열어서 검사했다.

인도네시아에는 폭력적인 '이슬람운동'*Islamist movement*이 활동하고 있고, 2002년에는 발리섬에서 일어난 폭탄 테러로 200명 이상이 사망했다. 이밖에도 기생충 감염 우려 때문에 상수도 물을 식수로 쓰면 안 된다는 점 등을 고려해 자카르타는 미국 국무부에서 '험지'로 분류돼 있다. 그 때문에 아내의 봉급은 다소 많아졌다. 단지 안에는 정원이 딸린 4층 아파트 6개 동이 자리하고 있는데, 아파트 건물이 진입로와 작은 정원을 빙 둘러싸고 있다. 정원에는 높이 치솟은 종려나무들이 늘어서서 길이 6피트나 되는 잎을 늘어뜨리고 있고, 정말 예쁜 꽃이 피는 관목들이 자란다. 미국이라면 가든 쇼에서 우수상을 타고도 남겠지만, 이곳에서는 흔해빠진 풍경이었다.

경비를 책임진 미군 해병대원들도 단지에서 함께 지냈는데, 매일 아침 6시가 되면 해병대원들이 정원에 나와서 턱걸이와 푸시업 등 아침운동을 했다. 해병대원들은 서울과 자카르타에서 우리 가족의 안전을 책임졌다. 이들이 아침 6시에 기합소리를 내고, 대사관에서 아내에게 조금 추근거리더라도 나는 개의치 않을 생각이었다. 600에이커가 넘는 넓은 부지 위에서 마치 작은 도시처럼 움직이는 서울의 미군부대와 달리 자카르타의 미군부대는 축구장 두 개 정도의 면적에 다소 답답한 느낌을 주었다. 단지 바깥으로 나가면 보도 곳곳이 깨져 있고, 자동차 매연 때문에 아이나 개를 데리고 산책 나갈 기분이 나지 않았다. 그래서 우리는 애너벨과 체어맨을 데리고 단지 안 진입로 주변만 빙빙 돌아다녔다. 트리와 사티도 마찬가지였다.

아내가 사는 아파트는 방이 세 개에 바닥에는 타일이 깔려 있고, 짙은 색 목재 수납장이 설치돼 있었다. 1950년대에 지은 아파트 같았는데, 자카르타의 습한 기후 때문에 많이 망가져 있었다. 건물 외벽에는 그을음과 땜질 자국이 곳곳에 나 있고, 곰팡이 냄새를 풍겼다. 단지 뒤편에는 아파트 관리인들을 위한 건물이 붙어 있는데 칙칙하고 지저분했다. 하지만 지금은 사람이 살지 않고, 파크 완디를 비롯한 운전기사들이 가끔 그곳에 가서 잡담을 나누고 낮잠을 자기도 했다. 무슬림인 사티는 가끔 그곳에 있는 작은 방을 기도하는 방으로 썼다. 높은 습도와 수시로 쏟아지는 폭우로 인해 자카르타에는 해가 있건 없건 늘 눅눅한 기운이 가득했다.

담장이 둘러쳐진 안전한 단지 안에서도 간혹 예상치 않은 일들이 일어나 우리 가족이 진짜 적도의 기후에서 살고 있음을 환기시켜 주었다. 잠시 자카르타에 와 있는 동안 체어맨을 데리고 단지 뒤편의 작은 공원에서 산책을 할 때였다. 그런데 이 녀석이 갑자기 뜨거운 연탄재 위에 올려놓은 것처럼 한쪽 다리를 번갈아 번쩍 번쩍 쳐드는 것이었다. 무슨 영문인지 알아보려고 하는 찰나에 발목에 따끔한 통증이 느껴지더니 계속 따끔거렸다. 밑을 내려다보니 붉은개미 수십 마리가 양쪽 운동화와 양말을 타고 기어오르고 있었다. 개미들은 체어맨의 다리도 기어올라 털 속을 파고들며 물었다. 공포영화 장면이라면 체어맨과 내가 수천 마리의 불개미 떼가 파도처럼 몰려오는 한가운데 서 있는 장면을 카메라로 확대해 보여주었을 것이다. 나는 체어맨을 얼른 그곳에서 데리고 나와 다리에 기어오르는 붉은 약탈자들을 몇 분 동안 털어냈다.

자카르타의 교통체증은 3마일 거리를 가는데 세 시간이 걸릴 정도로 악명 높다. 다행히 아내가 얻은 집은 미국대사관에서 걸어서 불과 15분 거리에 있었다. 아내에게는 평생 하고 싶은 꿈이 하나 있었는데, 바로 해외 근무를 하거나 외교 업무를 보는 것이었다. 아내는 국무부에서 외교 업무를 하게 되면서 그 꿈을 이루었다. 독특하고 까다로운 국무부의 업무 방식도 이해하게 되었고, 끝없이 이어지는 서류작업도 이제는 마스터했다. 다른 부서 사람들과도 좋은 관계를 유지했고, 직장 내 가십과 힘든 업무 관행도 참아내며 '직장 내 평판'을 잘 유지하고 있었다. 자 카르타에서 아내는 과학 기술 분야의 고위 직급에 있는 인도네시아 정부 관리들과 만났으며, 그들은 아내를 미국 정부를 대리하는 인사로 존중했다. 아내는 새로 맡은 업무를 열정적으로 해냈다.

부임하고 불과 몇 주 만에 아내는 상어 지느러미 남획을 주제로 한 공개 세미나를 성공적으로 개최했다. 세미나는 미국대사관이 수행하는 공공외교*public diplomacy initiative*에서 대단히 중요한 부분을 차지했다. 상어 지느러미 남획으로 인도네시아 근해에 서식하는 여러 종의 상어가 멸종 위기에 처해 있었다. 상어 지느러미 수프는 대부분의 아시아 지역에서 혼인 잔치 같은 큰 행사 때나 맛볼 수 있는 진귀한 요리로 간주된다. 과학적인 뒷받침이 없음에도 불구하고 사람들은 상어 지느러미 수프가 성기능을 강화시키고, 콜레스테롤 수치를 낮추며, 피부도 좋게 만들어 주는 등 다양한 효능이 있다고 믿는다. 상어 지느러미 채취꾼들은 상어 몸통에서 지느러미만 떼어낸 다음 방치해 죽게 만드는데, 실로 변명의 여지가 없이 잔인한 행위이다. 이 때문에 상어 지느러미 요리를 먹지 말자는 움직임이 확산되고 있었다. 나도 현대차에 있을 때 팀원들에게 회식 때 상어 지느러미 요리는 못 먹게 금지시켰다.

아내는 또한 인도네시아 군도 내 여러 지역으로 출장을 다니며 맹그로브 숲 조림사업을 지휘하고, 미국 자본의 투자 적합성 등을 조사했다. 아내가 맡은 일은 대사관 안에서 중요한 분야였고, 그 때문에 사람들의 관심과 함께 좋은 평가를 받았다. 나는 아내에게 새로 나오는 현대차 신 모델에 대해 이야기하는 걸 좋아했고, 아내는 자기가 만나고 상대하는 다양한 사람들에 대해 이야기하는 걸 좋아했다. 아내가 하는 일은 인도네시아 정부 관리, 그리고 미국의 NGO 단체, 민간 기업 사람들과도 관련이 있었다. 미국 외교관으로서, 그리고 타고난 사교술로 아내는 다른 사람이 하지 못하는 가교 역할을 훌륭하게 해냈다. 편한 일은 아니지만 보람 있고 중요한 일이었다. 또한 그곳 일이 대부분 그렇듯이 본인이 직접 나서서 처리해야 하는 일들이었다. 수시로 믿을 수 없을 정도로 아름다운 핑크 산호초를 돌아보고, 멀리 떨어진 외딴 섬으로 출장도 다녔다. 도중에 비행기를 갈아타고 정글 속 산길을 두 시간 넘게 자동차를 타고 가는 경우가 많았다. 꾸불꾸불하게 난 위험한 길을 달리다 보면 점심을 거르는 경우도 허다했다.

아내는 대사관에서 좋은 친구들을 여럿 사귀었는데, 쓰나미 사태 때 도쿄에 가서 일하며 느낀 것과 비슷한 동료애가 생겼다. 휴일에는 부대사의 관저에 모여 파티를 즐겼다. 19세기 초 네덜란드 식민지 시절에 지은 넓은 저택이었는데, 흥미진진한 사연을 담은 이국적인 유물들이 꽉 들어찬 집이었다. 이렇게 아내는 철들고 나서 간절히 꿈꾸어 온 것을 이곳에 와서 이루고 있었다. 그녀에게는 여러 모로 꿈같은 해외 생활이었다.

일에서 얻는 만족감과 열대지방 파견근무 생활의 즐거움 속에서 느끼는 한 가지 아쉬움은 바로 남편과 떨어져 지내야 하는 것이었다. 아내는 우리가 함께 보낼 주말 휴가 장소를 준비했는데, 자카르타 교외로 몇 시간 떨어진 곳에 3층짜리 집을 빌린 것이다. 논으로 둘러싸인 인도네시아 시골집으로 아내와 나, 사티, 그리고 애너벨이 충분히 함께 가서 지낼 수 있을 정도로 큰 집이었다. 낮이면 사티는 애너벨의 두 손을 잡고 바람이 살랑거리는 빌라 안을 돌아다니며 걸음마를 시켰다. 아이는 버드나무 가지로 만든 가구 주위를 뒤뚱거리고, 시원한 타일 마루를 사티의 두 손을 잡고 돌아다녔다. 생후 10개월이 되자 애너벨은 계단을 기어오르고, 혼자서 거의 걸을 수 있게 되었다.

정글에서는 날개 달린 짐승과 네 발 짐승들이 기기묘묘하고 요란한 소리를 내며 울어 댔다. 어떤 짐승인지 알만한 것도 있었지만 대부분은 도무지 알 수 없는 것들이었다. 밤이 되면 이러한 미스터리는 더 심해 졌다. 마치 지난 세기, 문명 시대 이전으로 되돌아간 느낌을 주었다. 아 내가 그런 장면들을 아이폰 비디오로 찍어서 이메일로 보내주었기 때 문에 나는 그곳의 분위기가 어떤지 알 수 있었다. 자카르타로 돌아오면 아내는 내게 그곳 이야기를 해주었고, 애너벨이 하는 짓을 보며 우리는 함께 웃었다. 하지만 아내와 나 두 사람 모두 문제가 시작되고 있다는 것을 느꼈다. 나는 딸이 자라는 것을 스카이프와 30초짜리 아이폰 비디 오를 통해 지켜보았다.

부모 중 하나는 아이와 함께 있고, 다른 하나는 멀리서 그냥 구경만 한 것이었다. 사람들은 이제 스카이프와 애플 페이스타임Apple FaceTime 같은 현대 기기들을 통해 자기 아이가 자라는 모습을 지켜볼 수 있게 되었다. 불과 20년 전만 해도 그것은 공상과학 소설에서나 가능한 기술 발달이 이룬 기적이었다. 사랑하는 아이를 아예 못 보는 것보다는 그렇 게라도 보는 게 더 좋다는 것은 두말할 필요도 없다. 하지만 비디오를 통한 대면은 두 사람 사이에 놓인 거리를 분명하게 확인시켜 줄 뿐이라 는 점도 사실이었다. 그것은 우리 가족이 확실히 서로 떨어져 있다는 것을 생생하게 실감시켜 주는 피할 수 없는 현실이었다. 비디오가 우리 사이에 놓인 그 거리를 부풀려서 아프게 떠올려 주었다.

비디오로 연결된 한쪽 끝에 내 손으로 직접 만져볼 수 없는 이 작고 놀라운 존재가 있었다. 딸은 태어날 때 머리칼이 거의 한 올도 없었는데, 첫돌 될 때까지도 머리숱이 거의 없었다. 그렇다 보니 우리의 관심은 얼굴 전체를 거의 다 차지하다시피한 채 토끼눈처럼 반짝이는 갈색 눈동자에 쏠렸다. 아이는 호기심 가득한 눈초리로 엄마의 컴퓨터 스크린을 응시했다. 아빠의 존재를 알아서가 아니라 움직이는 물체를 뚫어져라 쳐다보는 것이었다. 딸에게 나는 그저 인간의 얼굴을 한 물체에 불과했다. 스카이프 상으로는 딸과 나를 연결시켜 주는 아무런 끈이 없었다. 베토벤의 '환희의 찬가'를 불러주는 속임수도 아무런 도움이 되지 않았다. 우리 부부는 딸과 관련해 이런 문제가 생길 것이라는 점을 적어도 미리 예상하고, 마음을 단단히 먹었어야 했다.

미처 예상치 못한 문제는 그뿐이 아니었다. 함께 지내는 유모와 가정부가 있고, 엄마가 모든 신경을 쏟아 부었기 때문에 아이는 충분히 보살핌을 잘 받는 셈이었다. 그런데 아내를 돌봐줄 사람은 아무도 없었다. 남편인 내가 맡아서 해야 할 일이었는데, 나는 그 일을 하지 못했다. 아내가 미국에 있고 내가 서울에 있을 때도 아내는 임신 중이고 혼자서 외로워했다. 하지만 그때는 안전하고, 친정 부모가 가까운 주에 살고 있었다. 어학교실에 다니는 것 외에는 아내가 따로 할 일도 없었다. 자카르타에서는 아이를 안전하게 키우는 책임이 모두 그녀의 어깨에 지워져 있었다. 그러면서 미국 정부를 위해 외교업무를 수행하고, 집안일을 돕는 도우미들도 챙겨야 했다. 트리는 일주일에 5일은 아파트에 아내와 함께 머물렀지만, 애너벨을 재우고 나면 자기 방으로 갔다. 일과 시간 후에 자기를 부리는 사람과 함께 있는 것을 좋아할 사람이 누가 있겠는가. 직장 친구들은 많았지만 친한 친구는 가까이에 없고, 눈을 뜨면 옆에서 알뜰하게 챙겨주는 사람도 없었다. 신경을 써주거나 같이 붙어 앉아 TV를 볼 사람도 없었다. 남편이 곁에 없는 것이었다.

아이를 키워 본 부모들은 하나같이 배우자가 제일 필요한 때는 아이가 아플 때라고 한다. 아이가 아파서 힘들어 할 때 혼자서 아이의 안전망이 되어 주고, 혼자서 힘든 결정을 내리는 것을 좋아할 부모는 없을 것이다. 누군가가 함께 의논할 상대가 필요하고, 얼굴을 마주보고 상의할 대상이 필요하다. 너무 걱정 말라며 안심시켜 주고, '지금 당장 병원으로 데려 가자.'라고 말해 줄 사람이 필요한 것이다. 아이가 아프거나 다쳤을 때 혼자서 지켜보는 부모의 심정만큼 외롭고 막막한 것은 없다.

자카르타에서 오래 지낸 어느 부부가 애너벨이 수시로 발진 증상을 보일 것이라는 말을 해주었다. 그러면서 무더운 날씨와 탁한 공기, 깨끗하지 않은 목욕물 등 여러 이유로 얼마든지 생길 수 있는 증상이니 크게 놀라지 말라고 했다. 하지만 아이가 정말 많이 아프거나 크게 다치기라도 하면 어떻게 할 것인가? 미국대사관에는 의사 한 명과 간호사 여러 명, 그리고 의료장비가 잘 갖춰진 진료실이 마련돼 있어서 근무시간 중에는 도움을 받을 수 있었다. 한국에 있으면 대사관 의사가 감당하기 어려울 정도로 상태가 심한 경우에는 미군부대 안에 군병원이 있어서 세계 최고 수준의 의료 서비스를 받을 수 있다. 하지만 자카르타의 경우는 그렇지 못했다.

자카르타에도 대형 병원이 여러 곳 있기는 하지만 의료 수준이 너무 형편없고, 영어 구사 능력도 들쑥날쑥해서 미국대사관 측은 직원들에게 현지 병원 이용을 삼갈 것을 권고했다. 대사관에서는 가급적 대형 병원 대신 자카르타 시내 곳곳에 흩어져 있는 'SOS'라고 부르는 소형 진료기관들을 이용하라고 권했다. 하지만 이들 소형 병원들은 중한 환자나 장기 진료를 요하는 환자는 돌볼 능력이 되지 않고, 수술을 할 형편도 안 되었다.

그래서 만약에 우리 아이가 심하게 아프면, 가장 좋은 방법은 환자 수송용 헬기에 태워 6시간 날아 싱가포르로 데려가는 것이었다. 서울에 혼자 있을 때는 나도 진료 혜택에서 소외된 것 같은 기분이 들었지만, 말로만 그랬지 실제로 그런 것은 아니었다. 자카르타에서는 딸과 아내 모두 만약 위중한 상황에서 최고 수준의 의료 혜택을 받게 되기까지 6시간이 걸린다면 위험한 상황에 처할 수가 있었다. 그리고 실제로 그런 위험한 상황이 생길 가능성은 얼마든지 있었다. 복잡한 도로 사정을 감안하면 자동차 사고도 얼마든지 일어날 수 있고, 모기에 물려 뎅기열에 걸려 출열혈을 일으킬 수도 있었다. 테러의 위험도 상존하고, 폭력시위에 갇혀 꼼짝 못할 수도 있었다. 딸아이가 분초를 다투는 위급한 상황에 처하게 되었을 때는 가사 도우미들이나 출입문을 지키는 경비병들과의 사소한 언어 소통 장애도 심각한 문제로 이어질 수가 있었다. 이게 바로 우리 가족이 자카르타에서 살며 처한 현실이었다.

어느 주말 저녁에 이 같은 두려움이 끔찍한 현실로 일어나고 말았다. 트리와 사티는 주말을 보내기 위해 각자 집으로 돌아가고, 그날 집에는 아내와 딸 단 둘만 있었다. 나는 서울에 있었다. 아이는 감기를 앓았고, 아내는 안약 넣을 때 쓰는 아이 드로퍼로 아이에게 타이레놀을 먹였다. 아이에게 약 먹일 때 보통 쓰는 방법이었다. 전에도 몇 번 그렇게 했는데, 그날은 아이가 울어대는 바람에 찐득한 핑크색 용액을 입안 깊숙이 밀어 넣으려고 하는데 잘 되지 않았다. 아이가 약을 삼키려고 하는데도 숨이 멈춰 목구멍으로 넘어가지 않았다. 그러더니 두 눈의 동공이 크게 벌어지면서 입을 딱 벌리고 엄마의 팔에 안긴 채 경련을 일으켰다. 불과 몇 초가 흐른 것이지만 아내는 아이가 숨을 안 쉰 게 몇 시간은 된 것 같았다. 음식물이 목구멍에 낀 것이라면 손가락을 넣어 꺼내기라도 하겠지만 먹은 것도 없었다.

그렇게 몇 초가 더 흐르고 경련이 조금 잦아들더니, 이번에는 아이가 조용히 몸을 들썩였다. 아이의 작은 핑크 입술은 자줏빛으로 변했다. 어떻게 해야 할지도 모르고, 전화를 걸어 도와달라고 부탁할 사람도 없었다. 아내는 전에 배워 둔 유아질식 응급처치법을 생각해 내고, 한 손에 아이를 뒤집어서 올린 다음 기도가 열리도록 다른 손 손바닥으로 등 위쪽을 두드렸다. 그렇게 몇 초가 지나자 아이는 숨을 한번 크게 내쉬더니 정상적인 호흡을 다시 하기 시작했다. 얼마 지나지 않아서 아이는 다시 핑크빛 입술로 돌아와서 엄마에게 옹알이를 했다. 아내는 팔이 너무 떨려서 아이를 계속 안고 있을 수 없을 정도였다. "애가 죽는 줄 알았어요." 이튿날 아침 아내는 스카이프를 통해 내게 이렇게 말했다.

나는 서울의 아파트에 혼자 앉아서 랩톱 컴퓨터 화면을 쳐다보며 넋이 나간 채 아내가 하는 이야기를 들었다. 겁에 질려 온몸의 기운이 다 빠져나가는 기분이었다. 아내는 내가 있는 곳에서 3000마일 떨어진 자카르타의 아파트 소파에 앉아서 아이를 옆에 뉘어놓은 채 이야기했다. 아이는 이제 멀쩡한 것 같았다. 하지만 나는 안심이 되는 대신 죄책감이 들고 부끄러웠다. 이런 나를 해외 파견 근무를 하는 21세기 제트족 가족의 일원이라고 할 수는 없었다. 아내가 숨이 넘어가는 갓난아이 옆에서 겁에 질려 있는 동안 나는 그 자리에 없었다.

그 순간 나는 남편과 아버지로서 나의 의무가 잘못돼 있으며, 이를 바로잡아야겠다는 생각이 번쩍 들었다. 내가 그 자리에 함께 있었더라도 아이가 숨이 막혔을 때 아내가 한 것보다 더 효과적이고 더 신속하게 대처할 수 있었을 거라는 확신은 서지 않는다. 하지만 문제는 그게 아니라 내가 그 자리에 함께 있어야 한다는 사실이었다. 아버지라면 마땅히 그곳에 있었어야 했다. 나는 도대체 뭐하는 사람인가? 도대체 우리가 무슨 짓을 하고 있는 것인가? 우리는 마침내 깨달았다. 아내와 나는 가족으로서 마땅히 함께 있어야 할 시간을 다름 아닌 돈과 맞바꾸고 있었던 것이다. 그것은 '악마와의 거래'였다.

22

출구전략

가족이 다시 합치지 않고는 별다른 해결책이 있을 것 같지 않았다. 이전에 릴리를 하는 수 없이 집에서 내보내고 나서도 아내가 예전 같지 않다는 것을 느낀 적이 있는데, 아내한테 그런 변화가 또 일어나고 있었다. 외롭다는 생각을 하는 것 같았다. 우리가 세운 거창한 계획에도 불구하고, 떨어져 사는 데 대한 대비책을 마련하기 위해 나름대로 애를 썼음에도 불구하고, 눈앞에 닥치는 현실은 녹록치가 않았다. 이런 식으로 일 년 더 떨어져 지내는 게 쉽지 않을 것 같았다.

자카르타에 한 번 가면 사나흘씩 지내고 왔다. 그럴 때 딸아이는 나를 보고 반가워하지 않았다. 적어도 처음에는 그랬다. 내가 떠나는 날까지도 옆에 오지 않으려고 했다. 바닥에서 놀 때도 기어서 나한테서 멀찌감치 떨어져서 놀았다. 내가 안아주려고 번쩍 들어 올리면 기겁을 하고 울면서 아내나 사티, 트리에게 가려고 발버둥을 쳤다. 그럴 때 나는 너무 마음이 아팠다.

자카르타에 가서 지내던 어느 일요일 저녁, 아내와 나는 거실 소파에 앉아서 앞으로 어떻게 할지에 대해 몇 가지 방안을 놓고 따져보고 있었다. 하나는 아내가 국무부 근무를 그만 두고, 아이를 데리고 서울로 와서 내 계약기간이 끝날 때까지 함께 사는 것이었다. 그렇게 하는 데는 세 가지 문제가 있었다. 첫째, 아내가 갖고 있는 미국 정부 건강보험 자격을 잃게 된다. 나에게도 적용되는 보험이었다. 둘째, 아내는 돌 겨우 지난 아이를 데리고 직업도 없이 친구도 없는 서울의 좁은 아파트로 다시 돌아오고 싶은 마음이 없었다. 그리고 마지막으로 내 계약이 만료된 다음에는 어떻게 할 것인가 하는 문제였다. 두 번째 계약서에 서명하면서 나는 현대차 측에다 한국에서 4년 근무하는 것으로 족하며, 그 다음에는 미국이나 유럽 쪽에 자리를 주선해 주면 좋겠다는 의사를 밝혔다. 하지만 한국 근무를 마치고 가게 될 그런 자리는 지금보다 한 단계 낮은 직급이 될 가능성이 높고, 자리가 생길 것이라는 보장도 없었다.

그냥 현대를 그만두고 일자리 없이 자카르타로 가서 가족과 함께 사는 방안도 생각해 보았다. 아내가 근무하는 2년 동안은 미국 정부에서 제공하는 주택에서 아내가 받는 월급으로 생활할 수 있다. 하지만 그 다음에는 어떻게 한단 말인가? 아내의 다음 근무지는 어디가 될지도 모른다. 하지만 내 경우에는 현대 임원 자리만큼 좋은 일자리를 구하기는 쉽지 않을 것이 분명했다. 실직자가 되거나, 아니면 운 좋게 대사관 문서 수발실에 일자리를 구할지도 모른다. 그 다음으로는 아내가 국무부 일을 그만두고 아이를 데리고 미국으로 돌아가는 것이다. 미국에서 우리 두 사람 모두 새로운 일자리를 구하는 것이다. 하지만 그게 쉬운 일인가.

결국 우리 두 사람 모두 지금의 일자리를 유지할 방법은 없다는 결론에 도달했다. 아내가 한국으로 돌아와 닭장 속에 비참하게 틀어박히지 않으면서 내가 지금의 고액 봉급 자리를 계속 유지할 방법도 없었다. 나는 신앙을 가진 사람이라 먼저 만물을 주재하시는 하느님께 기도부터 하는 게 마땅했다. 하지만 자부심 강한 인간으로서 내가 처한 상황은 내 힘으로 헤쳐 나가야 한다고 생각하고, 선택의 여지가 없을 경우에만 기도에 의존했다. 그래서 아내와 나는 함께 기도를 하기 시작했다. 그때 현관문에서 노크소리가 났다. 나를 공항까지 태워다 주기 위해 파크 완디가 온 것이었다. 다시 가족과 헤어질 시간이었다. 일요일 저녁 10시 5분 자카르타를 출발해 월요일 아침 7시 5분 서울에 도착하는 대한항공을 타야 했다. 도착하면 허겁지겁 집으로 가서 샤워를 하고 한 시간 넘게 지각 출근을 해야 했다.

가족과의 짧은 재회는 그렇게 끝나고, 내 머리 속은 다시 점점 더 불안정해지는 미래에 대한 고민으로 채워졌다. 딸아이는 깊이 잠들어 있었다. 체어맨을 한번 쓰다듬어 준 다음 아내와 포옹하고, 은색 미니밴의 뒷자석으로 미끌어져 들어가 앉았다. 파크 완디가 운전하는 동안 나는 차창 밖으로 굉음을 내며 지나가는 스쿠터들을 말없이 쳐다보고 있었다. 요란하게 번쩍이는 불빛과 간판들이 흐릿하고 축축한 인도네시아의 저녁 어둠을 가르며 지나갔다. 이렇게 희망을 가져보았다. '분명히 답이 있을 거야. 우리가 놓치고 있는 무언가가 분명히 있어.'

수카르노 하타 국제공항에 도착해 탑승하기까지 시간이 좀 남아 있었다. 한국의 박정희 대통령처럼 1960년대에 인도네시아를 부흥시킨 초대 대통령 수카르노의 이름을 따서 지은 국제공항이다. 워싱턴 포스트에서 함께 일한 제프 번바움*Jeff Birnbaum*에게 이메일 편지를 쓰기 시작했다. 제프는 워싱턴에서 활동하는 유명 기자로 월스트리트 저널과 포춘*Fortune*에서 오래 일한 뒤 워싱턴 포스트 비즈니스 섹션으로 옮겨와 함께 일했다. 나는 비즈니스 섹션의 에디터로 그와 함께 일했는데, 그것은 실로 운명의 장난 같은 것이었다. 당시 나는 에디터를 맡을 준비가 되어 있지 않은 상태였다.

제프와 나는 한 가지 큰 공통점을 갖고 있었다. 그는 나보다 몇 년 먼저 PR 업무를 하려고 신문사를 떠났고, 당시 BGR 그룹에서 홍보 책임자로 있었다. BGR은 워싱턴 D.C.에서 평판이 좋은 로비와 PR 전문 회사였다. 당시 나는 여러 달 째 그와 연락을 끊은 상태였기 때문에 그가 일하는 회사에 대해 별로 아는 게 없었고, 더구나 여러 고객사를 상대로 일하는 에이전시 차원에서 PR 업무를 하겠다는 생각은 해 본 적도 없었다. 나는 그에게 내 사정을 간단히 설명했다. 아내와 나 두 사람 모두 직장에서 잘 지내고 있지만, 떨어져 지내는 게 생각했던 것보다 너무 힘들다고 했다. 크게 기대를 하지 않고 쓴 편지였지만 돌이켜 보면 일자리를 구하고 싶다는 생각을 어느 정도 비쳤던 것 같다. 나는 이메일을 보낸 다음 아이패드를 가방에 집어넣고 비행기에 올랐다. 서울에 도착해서 이메일을 열어보니 제프의 답장이 와 있었다.

'편지 감사히 받았습니다. 가족과 떨어져 지낸다는 끔찍한 사실 외에는 잘 지내고 있다니 반갑습니다. 지금 직장에는 얼마나 있었어요? 나는 지금 함께 일할 고참 동료를 구하는 중입니다.'

내 눈을 의심하지 않을 수 없었다. 기도에 대한 답이 온 건가? 기도를 올리자마자 이렇게 빨리 답이 오다니. 나는 그 메일을 곧바로 자카르타에 있는 아내에게 전달했는데, 이렇게 한 문장 붙여서 보냈다. 'D.C.로 돌아갈 각오는 됐어요?' 나는 제프에게 연락해 몇 가지 세부적인 문제들을 말하고, 아내와 상의하겠다는 말도 했다. 제프가 일하는 회사에서 받아주기만 한다면 내 결정은 이미 내려진 것이나 마찬가지였다. 경제적인 타격을 입지 않으면서 가족과 함께 살 수 있는 것은 이 길밖에 없다고 생각했다. 일이 잘 되서 아내가 자카르타 대사관에서 국무부 본부로 전보되어 워싱턴 D.C.로 온다면 최상이었다.

제일 큰 걱정은 현대차였다. 내 계약기간은 2014년 10월까지였다. 회사에서 계약을 앞당겨 종료시켜 줄까? 법적으로나 금전적인 페널티를 물게 되지는 않을까? 한국에서 피고용인으로서의 내 권리가 어떻게 되어 있는지 전혀 몰랐다. 변호사가 필요했다. 하지만 이번 일은 하늘에 맡기기로 했다.

23

뉴 제네시스의
성공

내가 입사한 시점은 현대차가 프리미엄 브랜드로 탈바꿈한다는 원대하고 과감한 수를 던진 시기와 거의 절묘하게 일치했다. 현대는 2011년 디트로이트 모터쇼에서 이 도전을 시작했다. 당시에 나는 그 도전이 차세대 제네시스로 결실을 맺게 될 줄은 몰랐다. 프리미엄 브랜드에 대한 이러한 열망을 실현에 옮긴 1백 퍼센트 새로운 차가 등장한 것은 그로부터 3년 뒤였다. 2011년 초에 그리기 시작한 포물선은 2013년 말 뉴 제네시스가 출시됨으로써 완성되었다. 그리고 그 시기는 내가 현대차에서 일한 시기와 일치한다.

제네시스는 수년에 걸친 연구, 엔지니어링, 디자인 스케치, 클레이 모델, 프로토타입, 테스트, 치열한 정책결정 과정, 그리고 마지막으로 어셈블리를 거쳐 일반에 공개됐다. 그런 다음 제일 힘든 첫 번째 관문을 통과해야 했다. 우리 팀은 미국 최고 수준의 자동차 전문기자들을 한국으로 초청하기로 했다. 이들은 외국인으로서는 처음으로 제네시스의 테스트 드라이브를 하게 되었다.

제네시스는 현대가 스스로 설정한 하나의 기준이었다. 모델 하나로 자동차 회사 전체를 판단하는 것은 공정한 일이 아닐지 모른다. 하지만 만약에 제네시스가 성공하지 못한다면, 현대차가 처한 중년의 위기는 현실로 나타날 것이 분명해 보였다. 현대차가 제네시스를 통해 이루고자 한 목표는 값싼 자동차 생산업체에서 프리미엄 자동차 생산 브랜드로 도약하는 것이었다. 만약 제네시스에 대한 소비자들의 반응이 시큰둥하면, 현대는 에쿠스 럭셔리 세단 신차가 출시될 때까지 3년을 더 기다려야 했다. 그때 가서 다시 한 번 재도약의 기회를 노려봐야 했다. 만약 그렇게 된다면 제네시스의 판매 부진은 차치하고, 현대의 전략에 끔찍한 차질이 생기는 것이었다. 사람들의 기대감을 채워주지 못하면 차도 당연히 팔리지 않을 것이었다.

뉴 제네시스는 기존 제네시스에 비해 엔지니어링 면에서 엄청난 진화를 이루었을 뿐만 아니라, 다양한 기능을 갖추었다. 우선 자동 브레이크 기능을 장착했다. 주행 중에 사람이 앞에 지나가면 자동차가 알아서 자동으로 멈추도록 해놓은 것이다. 업계 최초로 실내 이산화탄소 감지 센서도 장착했다. 자동차 실내 이산화탄소 수준이 너무 올라가면 환기를 자동으로 해주어 운전자의 피로와 졸림을 막도록 한 것이다. 핵심은 무엇보다도 주행성능을 향상시킨 것이었다. 독일 럭셔리 세단과 같은 수준의 주행능력을 보이도록 만들겠다는 게 목표였다. 이를 위해 엔지니어들은 NVH*noise,vibration,harshness* 방지, 다시 말해 자동차의 진동과 소음을 크게 줄였다. 기존 모델의 엔진 부품은 하나도 사용하지 않고 완전히 새로 만들고, 원가는 그만큼 더 올라갔다. 조향감steering feel과 로드 피드백road feedback을 향상시키기고, 운전자의 반응과 운전하는 재미를 극대화하기 위해 영국의 전설적인 레이싱 자동차 메이커인 로터스Lotus의 기술 지원을 받았다.

아우디, BMW, 벤틀리Bentleys, 재규어의 8단 기어박스eight-speed gearboxes와 맞서기 위해 8단 자동변속기eight-speed transmission를 새로 장착했다. 사륜구동 방식all-wheel-drive system을 채택해 핸들링 감을 높여서 눈이 많이 오는 북미 지역에서 판매량이 올라가도록 했다. 그리고 현대제철에서 생산한 초고장력 강판을 많이 사용해 안전성, 무게감, 고속주행 시 안정감을 크게 향상시켰다. 기존의 제네시스는 좌우 서스펜션이 서로 연결되어 있는 반면 뉴 제네시스는 좌우의 서스펜션을 독립시켜서 도로 적응력을 높이고, 핸들링 기능을 향상시켰다. 그리고 모든 조인트와 갭을 절연처리하고 틈을 메워 도로 소음을 차단했다.

초청한 미국 자동차 전문기자들이 도착했다. 그 한 주일 동안 나의 출구전략과 가족 재회에 대한 생각은 잠정 보류시켜 두기로 했다. 모든 관심을 기자들에게 집중시켜야 하기 때문이었다. 현대차와 제네시스의 미래, 그리고 정의선 부회장을 생각하면 그렇게 하는 게 마땅했다. 기자들은 강남에 있는 최고급 호텔에 묵게 했다. 대한민국이 줄 수 있는 최고로 좋은 인상을 그들에게 주기 위해서였다. 식사도 최고급 레스토랑에서 했다. 디자이너와 엔지니어들이 직접 나와서 신차 개발과 관련한 설명을 했다. 그런 다음 진짜 중요한 시간이 왔다. 우리는 기자들을 남양연구소의 테스트 트랙으로 데려가 뉴 제네시스 운전석에 앉혔다.

뉴 제네시스를 유럽의 베스트 차종과 경쟁시키기 위해서는 단순한 시승 이상의 것이 필요했다. 테스트 트랙에 뉴 제네시스를 기존의 제네시스 옆에 나란히 세워두어 둘의 차이가 확연히 드러나도록 했다. 그리고 그 옆에 우리의 주 경쟁자인 메르세데스 E 클래스와 BMW 5 시리즈를 나란히 세워 놓았다. 기자들이 뉴 제네시스가 구형 제네시스에 비해 얼마나 진화했는지 보고, 그 다음 벤츠, BMW와 곧바로 비교할 수 있도록 한 것이다. 마치 전도유망하고 자신만만한 셰프가 레스토랑을 새로 시작하면서 영향력 있는 요리 비평가들을 모셔놓고 자신이 만든 대표 요리를 시식토록 하는 것 같았다. 게다가 그 지역에서 이름 있는 다른 셰프들까지 모셔놓고 시식을 시키는 것이었다. 어찌 보면 정신 나간 짓을 하는 것 같기도 했다.

기자들은 우리의 대담한 시도를 높이 평가하고, 그러면서 최고급 독일차들도 꼼꼼히 둘러보았다. 기자들에게 충분한 시간을 주어서 테스트 드라이브를 하도록 하지는 않았다. 충분한 시간을 준다고 말할 수 있으려면 한 달은 주어야 할 것이다. 뉴 제네시스 시승에는 보다 많은 시간을 할당하고, 커브와 직선도로를 포함해 여러 테스트 트랙에서 운전을 해보도록 조치했다. 외국 기자들을 초청하면 으레 그렇게 한다. 나도 뉴 제네시스를 운전해 보았다. 전문가가 아니라도 럭셔리 차를 타면 차이점을 알 수 있다. 몸이 편안하고 정숙감을 느끼기 때문이다. 최첨단, 진동 감소well-damped 서스펜션이 장착돼 어떤 충격도 운전자에게 거의 전달되지 않도록 해놓았다. 저가 차종이라면 운전자의 이빨이 흔들릴 정도의 충격이었다. 몇 차례 코너를 돌아보니 '대박을 치겠다.'는 생각이 들었다.

자동차 전문기자들은 테스트 드라이브를 하고 나서도 의미 있는 피드백을 즉각 내놓지 않는다. 나는 미국에 있는 동료들과 걱정스런 이메일을 주고받으며 리뷰가 나오기까지 몇 주 간 숨을 죽이고 기다렸다. 마침내 리뷰가 나오기 시작했다. 제일 먼저 오토위크*Autoweek*가 이렇게 썼다. "신형 제네시스는 프리미엄 럭셔리 모델을 라인업에 추가하려는 현대의 야심을 선두에서 이끌 만한 자격이 있다." 글을 쓴 기자는 테스트 트랙에서 느낀 소감을 이렇게 덧붙였다. "제네시스는 짧은 직선코스에서 스무스 라인*smooth line*을 유지하면서 가능한 한 많은 스피드를 올릴 수 있게 해주는 훌륭한 파트너이다. 상시 4륜구동*AWD* 시스템이 안정감을 확보해 주고, 새로 업그레이드된 조향장치*steering system*를 장착했다. 뉴 제네시스는 운전자가 원하는 방향으로 달린다."

신랄한 비평으로 미국 자동차 비평계의 논조를 주도하는 카 앤 드라이버*Car and Driver*도 이렇게 호평했다. "현대는 BMW 5-시리즈를 위협하는 방법은 아직 터득하지 못했을지 모른다. 하지만 뉴 제네시스는 이들로 하여금 그런 목표에 한걸음 더 가까이 다가가게 해주는 차임이 분명하다."

휴우. 안도의 한숨이 나왔다. 첫 번째 관문은 통과한 것이었다. 엘란트라나 계속 만드는 게 낫겠다는 평이라도 들었다면 얼마나 끔찍했을까. 그렇게 하지 않고 비평가들은 뉴 제네시스에 호감을 표시했다. 우리가 대담한 브랜드 상승 실험을 시작했음을 보여주었다고 평가한 이들도 있었다. 솔직히 말하자면 이제 그 실험의 첫발을 내디딘 것에 불과했다. 이런 실험이 성공하기 위해서는 지금부터 현대가 내놓을 모든 모델이 하나같이 훨씬 개선된 제품이어야만 한다. 사실 현대차는 그런 노력을 멈춘 적이 없다. 현대가 독일차를 능가했다고 쓴 글은 없었지만, 우리도 그 정도까지는 기대하지 않았다. 우리가 바란 것은 뉴 제네시스가 제대로 만든 프리미엄 자동차라는 평가와 함께 세계 최고의 자동차들과 한번 겨뤄 볼 만하다는 정도로 가치를 인정받는 것이었다. 그리고 초기에 나온 평가는 뉴 제네시스의 가치를 높게 인정해 주는 내용들이었다.

물론 '거의 대등하지만, 아직은 조금 미흡한 수준'이라는 식의 평가들이 있다는 점은 아쉽지만 부인할 수 없는 현실이었다. '비슷한 수준이지만 아직은 조금 부족한.' 한국에 와선 3년 넘게 지내고 나서 느낀 감정이 바로 그런 것이었다. 하지만 그런 아쉬움은 얼른 떨쳐내 버렸다. 우리는 자동차를 만들기 시작하고 불과 한 세대 만에 앞에 놓인 엄청난 격차를 뛰어넘으려고 한 것이다. 나도 몇 주 만에 비로소 한숨 돌릴 여유를 찾았다. 몇 년 동안 뉴 제네시스 개발에 매달린 엔지니어와 생산 팀원들도 나와 같은 기분일 것이라고 생각했다.

이제는 가족과 나의 미래 계획을 챙길 차례였다.

24

집으로

아내가 국무부에서 외교 업무를 시작하고 나서 지난 4년간 우리 부부는 남들처럼 평범한 삶을 산 게 아니라, 어떻게 삶을 꾸려나갈지 계획을 짜고 전략을 세우는 데 더 많은 시간을 보낸 것 같았다. 국무부의 일자리를 구하기까지는 많은 서류를 제출하고, 불확실성 속에서 무작정 결과가 나오기를 기다리고, 시행착오를 겪고, 여기저기 부탁도 하고, 정부에서 우리의 운명을 결정해 줄 때까지 숨죽이고 기다리는 과정을 감내해야 했다.

서로 떨어져서 지낼 때는 제일 싼 티켓을 사려고 항공편 스케줄과 요금을 몇 시간 동안 샅샅이 뒤졌다. 이제 우리는 한 번 더 최고 난이도의 작전계획 수립에 나섰다. 서울과 자카르타의 직장에서 동시에 탈출한 다음 워싱턴에 있는 직장 두 곳을 찾아 동시에 착지하는 작전이었다.

우리 두 사람이 아시아에서 하고 있는 일자리에서 동시에 벗어나지 못하면 워싱턴에서 나를 기다리는 일자리도 아무 의미가 없었다.

아내는 국무부로부터 '특별 근무단축'compassionate curtailment 허락을 받아낼 수 있을 것으로 낙관했다. 국무부 외교 업무 부문의 특별 근무단축 제도는 특별한 사정이 생긴 사람들에게 근무 연한을 채우기 전에 그 자리를 떠날 수 있도록 허용해 주는 제도이다. 가족 중에 누가 사망하거나 심하게 아픈 경우, 우리처럼 배우자와 떨어져 지내는 경우 등이 대상에 포함되었다. 한국에 있을 때도 몇 사람이 이 제도의 혜택을 받아 가족이 있는 곳으로 돌아가는 것을 보았다. 아내도 신청이 받아들여지면 워싱턴에 있는 국무부 본부에서 근무할 수 있게 되는 것이었다. 본부에는 보통 빈자리가 많이 있기 때문에 아내는 앞일에 대해 크게 걱정하지 않았다.

나는 한국인 변호사를 찾아갔다. 현대에서는 상사들과 좋은 관계를 유지하고 있었고, 인사팀에서 내가 처한 특수한 상황을 감안해 많은 편의를 봐주었다. 하지만 계약은 계약이기 때문에 상대가 어떻게 나올지 모르는 것이다. 노사 관계를 전문으로 다루는 한국인 변호사는 계약 내용을 보고는 현대가 계약서 내용대로 하겠다고 나올 가능성은 낮지만, 그럴 가능성이 아주 없다고 장담할 수는 없다고 했다. 나의 이직에 대해서는 오히려 나보다 아내가 더 느긋한 입장을 취했다.

새 일자리가 생겼다는 소식을 듣고 기분 좋았던 순간이 지나자 이번에는 워싱턴에서 기다리는 일이 어떨지 걱정되기 시작했다. PR 업무에는 기본적으로 두 가지가 있다. 하나는 인하우스이고, 다른 하나는 에이전시에서 일하는 것이다. 내가 현대차에서 한 일이 인하우스 홍보이다. 현대에서는 워싱턴 포스트에서 출입처를 취재하듯이 홍보업무를 하면 됐다. 맡은 일을 깊이 파고 들어가서 모든 사안들을 파악하고, 전문가가 되는 것이기 때문에 내 적성에도 맞았다. 에이전시에서는 두 가지 업무가 있다. 첫째는 고객을 유치하는 것인데, 이것은 전에 한 번도 해본 적이 없는 일이었다. 두 번째는 여러 고객을 상대하는 것인데, 어떤 날은 괜찮은 고객을 상대하는가 하면, 또 어떤 날은 그렇지 않은 고객을 상대해야 한다. 나로서는 쉽지 않은 일이었다.

현대에서는 내가 원래 자동차를 좋아한데다 전공한 기계 엔지니어링 학위가 업무에 도움이 되었다. 요즘은 신차가 나와도 모두 품질이 우수하고 안전한 차들이다. 우리 아버지가 타던 올즈모빌 델타 88보다는 품질과 안전성 면에서 모두 훨씬 뛰어났다. 현대차 직원들의 자질과 성실성이 뛰어나기 때문에 회사 홍보 업무를 진행하기도 수월했다. 현대에 있을 때는 많은 PR 에이전시들이 일감을 따내려고 우리에게 접근했다. 접근하는 자세도 다양했다. 진지하게 접근해 오는 사람이 있는가 하면 말만 번지르르한 사람, 필사적으로 매달리는 사람도 있었다. 대부분은 퇴짜를 놓았는데, 이제는 내가 고객사에 접근해야 하는 처지가 되었다. 내게 그런 일을 할 배짱이 있는지 심각하게 고민하고 나서 그 일을 맡을지 결정해야 했다.

다행인 점은 동료였고 친구인 사람과 함께 일하게 된다는 것이었다. BGR은 전 세계적으로 많은 고객을 확보하고 있는 회사이고, 그 점이 맘에 들었다. 그 중에 다수가 오래 거래한 고객이고, 그것은 이 회사가 관계를 중요시한다는 말이었다. 나는 시간이 지나면 한국 기업들도 고객으로 유치할 기회가 올 것이라고 생각했다. 무엇보다도 중요한 것은 모든 회의와 이메일, 그리고 사무실 복도에서 나누는 잡담과 점심 자리에서 나누는 대화를 모두 영어로 하게 된다는 점이었다. 그 점 하나만으로도 족했다.

사실은 가족이 모여서 함께 살겠다는 간절한 소망이 여러 우려들을 부차적인 것으로 만들어 버렸다. 나는 이런 저런 걱정들을 길거리에 나뒹구는 빈 깡통처럼 발로 차서 날려 버렸다. 아내는 남편 없이 지내는 삶을 더 이상 감당할 수 없었고, 나는 딸에게 더 이상 낯선 사람이 되고 싶지 않았다. 일단 가족이 생기면 자기가 꿈에 그리던 직장만 고집할 수는 없게 된다. (a)가족을 먹여 살릴 수 있고 (b)합법적인 일을 하고 (c)밤에 편히 잠잘 수 있는 직장을 구할 수 있으면 운이 좋은 것이라고 나는 생각했다.

내가 중년의 위기를 무사히 넘기고, 다른 사람, 더 나은 사람으로 거듭나고 있는 징조라는 생각도 들었다. 나는 가족이 한데 모여 살겠다는 더 큰 명분을 위해 과감하게 일어섰다. 가족의 행복을 위해 익숙한 직장을 떨치고 일어나 미지의 일자리를 찾아 나선 것이다. 사실이 그랬다.

BGR이 일자리를 주겠다고 했으니 이제는 그 사실을 현대에 이야기할 차례였다. 마음을 다잡고 인사 책임자를 찾아갔다. 3년 전 현대로 올 때 나를 도와준 사람이었다. 먼저 그동안 정말 좋은 대접을 받았으며, 그 동안 나를 지원해 주고, 내게 이처럼 좋은 기회를 준 데 대해 감사인사부터 시작했다. 그것은 정말 일생에 한 번 올까말까 한 기회였다. 그런 다음 이렇게 말을 이었다. "하지만 내가 가족과 어떤 상황에 놓여 있는지 잘 아실 것입니다. 나는 이곳에 있고, 아내와 딸은 인도네시아에 있습니다." 그는 잘 알고 있다고 했다. "워싱턴 D.C.에 있는 홍보회사에서 자리 제안을 받았습니다. 그곳에서는 1월 1일부터 근무를 시작해 달라고 하는데, 나는 그 제안을 받아들일 생각입니다."

그의 입에서 나온 첫 번째 말이 이것이었다. "이해합니다. 가족이 우선이지요."

나는 어안이 벙벙했다. 반응이 어떨지 몰랐지만, 이런 반응이 나올 줄은 정말 몰랐다. 너무 관대하고, 이해심 깊고, 너그러운 반응이었다. 어쩌면 그들은 아내가 서울을 떠날 때 나도 금방 떠날 것으로 예상하고 있었을지도 모르겠다. 그들이 생각한 것보다 내가 일 년 쯤 더 남아 있었는지도 모른다. 인사 책임자는 퇴사 서류를 곧 만들겠다고 하면서 후임자가 있으면 추천해 달라고 내게 부탁했다. 그러면서 내가 떠나게 되어서 회사에서는 많이 서운할 것이라고 덧붙였다.

나는 곧바로 엘리베이터에 올라타고 사무실로 돌아왔다. 그리고 팀원들이 일하는 곳으로 가서 곧바로 내 방으로 모여 달라고 했다. 팀원들은 무슨 일인가 하며 당황해 하는 눈빛으로 서로 쳐다보았다. 짜증스럽다는 투의 한숨소리도 더러 들렸다. 그러면서 내 방으로 터덜터덜 걸어 들어왔다. 나는 문을 닫은 다음 사실대로 말했다. 모두들 놀라서 아무 말도 하지 못했다. 팀장인 벤이 침묵을 깨며 어떻게 그렇게 자기들을 버리고 떠날 생각을 했느냐며 웃으며 "애스홀!"*asshole*이라고 욕을 했다. 그러면서 내 사정을 충분히 이해한다고 덧붙였다. 그도 아이들과 아내가 미국에 떨어져 있다. 팀원들 대부분이 내 결정을 이해한다며 축하인사를 해주었다. 내 결정을 이해하지 못하겠다는 사람은 아마도 '미국인은 팀과 회사 사정은 뒷전이고, 항상 자기 원하는 것만 챙긴다.'는 생각을 했을 것이다. 그동안 승진에다 4개월은 아내가 있는 미국에 가서 지냈고, 거기다 계약 만료일 전에 회사를 떠나게 되었으니까 그런 생각을 할만도 할 것이다. 내가 그 사람들 입장이라도 그런 생각을 했을지 모른다. 나는 내 입장을 이해시켜 보려고 애를 써봤지만 끝내 그렇게 되지는 않았다.

2013년 12월 6일, 팀원들을 비롯한 현대차의 친구들과 작별인사를 나누었다. 본사 현관에 걸어 들어서고 나서 3년 2개월 만이었다. 첫 출근 당시 나는 한국인들이 사는 바다에 정처 없이 표류해 들어온 외로운 미국인이었다. 회사를 떠나면서 보니 모든 게 그때와는 달라져 보였다. 이제는 한 명 한 명이 모두 개인으로 보였다. 젊은 여성 둘이서 팔짱을 끼고 현관에 걸어 들어오는 것이 보였다. 그런 모습들이 그리울 것이다. 김치 맛은 아직 모르지만 김치 냄새는 그리울 것이다. 현대에서 많은 일을 했지만, 이곳 분위기에 좀 더 빨리 적응했더라면 더 많은 것을 이룰 수 있었을 것이다. 하지만 이제는 뒤돌아보고 있을 때가 아니었다. 나는 이미 활시위를 떠나 자카르타를 향해 남쪽으로 날아가는 화살이었다.

이튿날 가족이 있는 곳으로 가는 비행기에 올랐다. 재회는 달콤했다. 하지만 계속 그렇지는 않았다. 11개월 난 딸아이와의 관계를 수립하는 과제가 기다리고 있었다. 그 아이에게 나는 낯선 사람이나 다름없었다. 아이는 이제 걸음마를 하고 말을 배우며, 사람을 알아보기 시작했다. 그리고 기본적인 욕구를 표현하기 시작했다. 다시 말해 의사소통을 하기 시작한 것이었다. 내가 낯선 사람일 뿐만 아니라, 남자는 자주 보지 못했다. 레베카, 트리, 사티, 이렇게 세 명의 여성 손에서 자랐기 때문에 남자와는 의미 있는 교감을 나눠 본 적이 없었던 것이다. 그래서 아이가 먼저 나의 큰 덩치, 냄새, 깊고 낮은 목소리, 가슴의 털 등등 모든 것에 익숙해지도록 만들어 주어야 했다.

다행히 워싱턴의 새 직장은 새해 지나서부터 출근하면 되었다. 자카르타에서 한 달 동안 일하지 않고 지낼 수 있게 되었다. 온종일 딸과 함께 지낼 수 있게 된 것이다. 트리와 사티는 정말 좋은 사람들이었다. 아이 돌보는 일은 트리의 일이지만, 사티도 하는 일이 없으면 그냥 쉬는 게 아니라 바닥에 앉아서 애너벨, 트리, 그리고 나와 함께 시간을 보냈다. 하루는 집안에서 무슨 물건을 찾다가 우연히 트리의 방을 들여다보게 되었다. 침대 옆에 놓인 나이트 스탠드 위에 책장 모서리가 접힌 아주 낡은 영어사전이 한 권 놓여 있었다. 틈틈이 영어공부를 하고 있었던 것이다. 아내나 나나 트리에게 딸의 영어에 문제가 있을까 걱정된다는 말은 한 번도 한 적이 없었는데, 아마도 우리끼리 하는 말을 들었던 모양이다. 아니면 스스로 영어공부를 해야겠다는 생각을 했을 수도 있을 것이다.

어쨌든 나는 그걸 보고 크게 감동했다. 자카르타의 집에 머무는 동안 나는 딸과 놀아주면서 사티, 트리와도 친해졌다. 아이를 데리고 수영장에도 가고, 점심시간에는 아이를 데리고 대사관까지 걸어가서 아내와 점심을 함께 하기도 했다. 아내와 나는 그동안 누린 느긋한 해외생활과 금전적인 여유도 이제 끝나가고 있다는 사실을 잘 알고 있었다. 아내는 남편이 집에 와 있어서 마냥 좋았다. 우리 두 사람 모두 떨어져 지내는 게 너무 어색했다. 그동안 혼자가 아니면서도 혼자인 것처럼 살았고, 배우자 없는 결혼생활을 한 셈이었다.

이제는 아내가 출구전략을 실행에 옮길 차례였다. 자카르타 주재 미국대사관에서는 아내의 청원을 받아들여서 아내의 근무단축을 요청하는 전문을 '포기 바텀'Foggy Bottom에 있는 국무부로 보냈다. 그리고 곧장 답신이 남쪽으로 날아왔다. 아내의 요구사항이 국무부로 보내진 지 하루 뒤에 아내는 국무부에서 보낸 이메일을 받았다. 근무단축은 절대로 받아들일 수 없다는 답신이었다. 그때부터 두 달 동안 고통스러운 혼란의 소용돌이가 계속됐다. 국무부의 복잡하고 악의적인 관료주의 횡포였다. 아내는 여러 경로를 통해 부탁을 해보았지만 한쪽에서 고무적인 답을 하면 다른 곳에서 꺾어 버리는 식이었다. 어느덧 2014년 1월이 오고, 나는 새 일자리로 출근하기 위해 워싱턴으로 가야 했다. 아내는 자카르타 주재 미국대사관 직원으로 계속 근무하면서 자신의 일을 해결하려고 매달렸다. 그리고 집안일을 도와준 세 명에게 좋은 일자리를 새로 구해주기 위해 이리저리 알아보고 있었다. 이산가족이 되었다는 사실이 다시 한 번 현실로 다가왔다.

자카르타의 아내는 1월 내내 아침에 일어나면 일상처럼 간밤에 워싱턴의 국무부에서 보낸 부정적이고, 심지어 적대적이기까지 한 이메일을 확인했다. 지구 한쪽 편에서 보낸 이메일이 지구를 반 바퀴 돌아 날아와 있었다. 아내가 커리어 어드바이저career adviser와 함께 겨우 꿰맞춰 만든 안이 윗사람들로부터 일차 오케이를 받으면 우리는 한껏 기대가 부풀어 올랐다. 그러다 이틀 뒤에 이 사람들이 생각을 바꿔서 지지를 철회해 버리면 다시 찾아가 매달렸다. 한번은 국무부에서 아내에게 만약 자카르타에서 근무단축 조치를 얻어낸다고 해도 워싱턴으로 불러들이지 않고 다른 지역에다 재배치할 것이라고 경고했다. 앙심을 품은 경고였다.

　마침내 우리는 뛰어내려서 탈출 낙하산의 줄을 당겼다. 자카르다 주재 미국대사관의 도움으로 아내는 단기 휴직을 받아냈다. 직장을 유지하면서 몇 달 간 어떻게 할지를 두고 고민할 수 있는 여유를 갖게 된 것이다. 아내는 딸을 데리고 워싱턴으로 와서 어떻게 하든 국무부에서 외교 업무를 계속할 수 있게 해달라고 사람들을 직접 만나 호소하기로 했다. 아내는 자기 일생에서 유일하게 하고 싶었던 일인 그 직업을 쉽게 포기하고 싶지 않았다. 여러 해 동안 근무하며 자기 적성에도 아주 잘 맞는 일이라고 생각했다. 우리는 사티에게 미국으로 함께 가자고 부탁했다. 사티가 트리보다 나이가 더 많고, 또한 이전에 다른 서양 주인들을 따라 인도네시아 바깥으로 다녀 본 적이 있다는 점을 고려했다. 트리와 파크 두 사람은 자신들의 유일한 수입원인 우리가 떠나기로 했다는 말을 듣고 매우 아쉬워했다. 하지만 우리가 나서서 같은 액수의 봉급을 주겠다는 서양 외교관들에게 두 사람을 소개해 주었다.

　애너벨과 헤어질 시간이 되자 트리는 아이를 꼭 껴안고 흐느꼈다. 사티는 우리와 함께 미국으로 가게 되어 일생일대의 횡재를 한 셈이 됐다. 미국에 가면 그녀에게 주는 임금을 자카르타에서보다 네 배로 올려주기로 했다. 우리는 간절히 바라는 둘째아이를 낳을 때까지 사티가 우리를 도와주기 바랐다. 사티가 받는 임금은 그녀와 남편, 그리고 두 자녀 등 온가족의 삶을 바꿔놓을 거액이었다. 사실상 그들을 중산층으로 끌어올리고, 생활 기반을 탄탄하게 자리 잡을 수 있도록 해줄 것이었다. 우리는 사티가 미국으로 와서 우리를 도와주기로 해서 좋았고, 또한 그녀 가족에게 도움을 줄 수 있게 되어서 기분이 좋았다.

아내와 딸은 사티와 함께 2014년 2월 초 덜레스 국제공항에 도착했다. 나는 회색빛이 감도는 넓은 입국장에 13개월 난 자그마한 딸아이가 알록달록한 드레스 차림으로 약간 어리둥절한 모습으로 서 있는 모습을 사진에 담았다. 마침내 가족이 한데 모였고, 당분간 함께 있게 된 것이다. 우리는 일단 세낸 비좁은 아파트에 함께 비집고 들어갔고, 토요일이면 마땅한 집을 구하러 다녔다. 사티와 함께 워싱턴 교외의 빈 주택들을 구경하러 다니면 재미있었다. 우리가 보기에 평범한 크기의 집들이지만 사티의 눈에는 궁전 같은 집이어서 놀라움을 감추지 못했다.

나는 새 직장인 BGR로 출근했고, 영어로 쓰인 서류들을 처리했다. 혼자서 회의에 참석하고, 회의에서 오가는 말을 알아들었다. 모두 성이 아니라 이름을 불렀고, 상사도 이름으로 불렀다. 점심 때 사무실 밖으로 나가 5분만 걸으면 골라먹을 수 있는 음식이 널려 있었다. 하지만 아내의 일은 잘 되지 않고 있었다. 워싱턴의 국무부 본부에서 일할 수 있는 여지는 없었다. 국무부 입장은 아내가 외교 업무를 할 수 있는 자리는 자카르타밖에 없다는 것이었다. 그곳으로 돌아가든지, 아니면 그만두든지 하는 수밖에 없었다. 마침내 마지막 순간이 온 것이었다. 아내는 자카르타로 돌아가지 않기로 했다.

국무부는 아내가 그토록 절절하게 근무단축을 원했는데도 왜 받아들여지지 않았는지, 그리고 왜 다른 사람의 요청은 받아들여졌는지에 대해 일체 설명해 주지 않았다. 하지만 아내는 상관하지 않기로 했다. 마침내 아내는 자기가 다니고 싶어 했던 유일한 직장에 사직서를 제출했다. 결정타를 먹은 것이었다. 좀 더 젊었더라면 해외 근무지로 돌아다니며 해외생활을 즐겼을 것이다. 자카르타에서 아내는 평생 처음으로 해외 근무를 했고, 그것은 꿈에 그리던 생활이었다. 나도 내가 일하고 싶었던 직장인 워싱턴 포스트를 그만두었지만 나는 기울어져가는 워싱턴 포스트를 떠나 상향곡선을 탔다. 새 직장에서 더 많은 봉급을 받았고, 더 재미있는 일, 새로운 경험을 했다. 하지만 아내는 새 직장에 대한 보장이 없었다. 적어도 당분간은 전업주부로 남을 것이었다. 우리는 그 시간을 소중하게 받아들이기로 했다. 딸이 적어도 부모 가운데 한 명과는 집에 같이 있게 되는 것이기 때문이다. 하지만 그것이 직업적으로는 아내가 원하는 결과가 아님을 우리는 알고 있었다.

아내는 가족을 위해 또 한 번의 결정타를 맞았다. 간밤에 자카르타에서 워싱턴으로 보낸 이메일이 도착해 있었다. 2월 어느 날 아침 아내는 나보다 먼저 일어났는데, 곧 이어서 침실로 와서 나를 깨웠다. "사티를 집으로 돌려보내야 한데요." 아내는 낙심한 표정으로 이렇게 말했다. 자카르타 주재 미국대사관에서 아내가 국무부 직원 신분을 유지해야 유효한 비자를 사티에게 발급해 주었다고 알려온 것이었다. 이제 아내가 국무부를 그만두었으니 사티의 비자도 효력이 정지되었다는 것이다. 사티는 즉시 자카르타로 돌아가야 했다. 하루 종일 이민 전문 변호사와 상의해 봤지만 별 도리가 없었다. 우리는 그녀가 없으면 불편을 겪는 정도이지만, 그녀와 그녀 가족에게 우리와 헤어진다는 건 인도네시아의 가난한 생활로 되돌아간다는 의미였다. 가족의 경제적 안정, 딸의 대학 교육, 앞으로 마련할 집 등 그녀의 모든 미래가 우리 아파트에서 가진 5분간의 대화로 모조리 물거품이 되고 말았다.

"이런 꿈들이 이제 모두 사라지고 말았어요." 그녀는 가슴이 미어지는 목소리로 말했다. 이튿날 나는 덜레스 공항으로 사티를 싣고 가서 자카르타행 비행기에 태워 보냈다. 혼자서 집으로 돌아오는 차 안에서 이제 우리의 해외생활이 완전히 끝났다는 사실이 실감났다. 좌절과 위험천만함, 멋지고, 엉뚱하고, 흥미진진함 속에서 3년 남짓 계속된 우리의 해외생활은 그렇게 해서 끝이 났다. 그것은 아이폰에 저장된 사진과 페이스북 업데이트 공간에 저장된 추억으로만 남게 되었다. 한 사람은 서울에서 기업 임원으로 일하고, 한 사람은 자카르타에서 외교관으로 일하다 불과 몇 주 만에 갑자기 한 명은 홍보맨이 되고, 다른 한 명은 전업주부가 되어서 워싱턴 교외의 막다른 곳에 처박히게 되었다. 정신 차리기 힘들 정도로 갑작스레 신변에 변화가 온 것이었다.

우리가 서울이나 자카르타, 아니면 알링턴에 살건, 사실 문제가 안 된다는 사실을 나는 금방 깨달았다. 우리가 보낸 지난 3년여 생활의 대부분이 이국적인 장소들로 특징지어지기는 하지만, 우리에게 중요한 것은 장소가 아니었다. 사실 어디에 있건 우리는 한 가족이었다. 아내와 딸이 워싱턴으로 돌아오고 몇 달이 지난 어느 날 우리 세 사람은 세를 얻어서 살고 있는 작은 아파트 안을 어슬렁거리고 있었다. 나는 낮은 소파에 앉아 있고, 애너벨은 내 다리 사이에 비집고 들어와 양 손을 내 무릎에 얹어놓고 서 있었다. 한국에서 이삿짐으로 보낸 가구는 아직 도착하지 않았다. 아이는 무얼 해달라고 하거나 할 말이 있는 게 아니었다. 그냥 그렇게 서서 아빠를 만져보면서 무슨 말인지 흥얼거리고 있었다. 너무도 한가로운 시간이었다. 대부분의 부모들은 그냥 지나치겠지만 내게는 그 순간이 하나의 계시처럼 다가왔다. 불과 몇 달 전 자카르타에서 아이는 내가 안으려고 할 때마다 울음을 터트리고는 제 엄마나 사티, 트리에게 뒤뚱거리며 걸어갔다. 그러던 아이가 지금은 내

앞에 편안하게 서서 내 두 무릎을 부드럽게 어루만지고 있었다. 모든 문제가 깨끗이 해결된 것이다.

전에는 앉은 자리에서도 아이를 내려다보아야 했는데, 이제 아이의 키가 소파에 앉은 내 앉은키와 같아졌다. 그러다 보니 아이 얼굴이 다른 각도에서 보였다. 아이가 나를 보는 각도가 달라지니 시선도 달라졌다. 갑자기 아이가 훌쩍 자란 것 같이 보였다. 이제 겨우 14개월이 지났지만 아기 같던 얼굴 형태가 없어지고 있었다. 딸이 자라서 성인이 되면 어떤 얼굴을 할지 어렴풋이 보이는 듯했다. 나는 소파에 가만히 앉아서 딸의 얼굴을 찬찬히 뜯어보며 상상했다. 어린 소녀에서 십대, 젊은 여성, 그리고 엄마가 되는 모습을 그려보았다. "그래, 바로 너야. 네가 바로 내가 중년의 위기를 넘어서 인생의 방향을 바꾼 결과물이야." 이런 생각이 들었다. 딸은 내가 인생의 제2막을 제1막보다는 더 멋있고, 상상할 수 없을 정도로 더 훌륭하게 썼음을 보여주는 증거였다. 내 손으로 썼지만 그것은 하느님이 쓴 것이라고 나는 생각했다.

에필로그

현대차와 대한민국,
그리고 나

한국에서는 미국보다 변화가 더 '빨리 빨리' 일어난다. 2010년 말 아내와 함께 서울에 도착했을 때는 일류 호텔 레스토랑을 제외하고 수준급의 양식 레스토랑은 한 손으로 꼽을 정도였다. 3년 뒤 서울을 떠날 때쯤에는 도시 곳곳에 생겨난 수제 맥주집 어디를 가든 최고 품질의 크래프트 맥주를 즉석에서 즐기는 것은 물론이고, 최상의 음식까지 먹을 수 있게 되었다. 주류법이 개정되고 새로운 중소형 양조업체들이 생겨나고, 한국인들의 맥주 취향에 새로운 유행이 분 덕분이다.

소규모 양조장들의 등장은 맛있는 맥주에 목말라 해온 한국의 맥주 애호가들에게 희소식이었다. 내가 보기에 수제 맥주의 유행은 한국이 얼마나 많이 바뀌고 있고, 앞으로 얼마나 더 바뀔지 보여주는 상징적인 변화였다. 나는 젊은 한국이 정말 중요한 변화를 겪은 시기에 이 나라에 머물렀고, 그 점에 감사한다. 한국에 도착한 첫날, 우리를 맞이하러 나온 국무부 직원들은 한국이 '거의 비슷하지만, 조금은 다른'*almost, not quite* 나라라는 말을 했다. 나는 그 말을 '어느 수준에 도달했지만, 미국만큼은 아닌 수준'에 와 있는 나라라는 뜻으로 받아들였다. 안락함, 품질, 편리함의 정도에서 미국 수준에는 이르지 못했다는 뜻이었다.

나는 일리 있는 말이라는 식으로 웃었다. 웨스트 버지니아주에서 온 시골뜨기가 지구촌의 깊은 바다에 뛰어들어서 허우적거리다 머리만 겨우 물 밖으로 내밀고 바라보는 안목으로는 그랬다. 하지만 한국을 떠난 다음에야 나는 '거의 비슷하지만, 조금은 다른'이라는 말은 한국이라는 나라와 현대자동차가 이루어나가는 미래에는 적합한 표현이 아니라는 사실을 깨달았다. 외국 회사에서 유일한 미국인으로 일하며 매일 매일 좌절감을 맛보았고, 우리 가족은 숱한 어려움을 겪어야 했다. 그럼에도 불구하고 이 나라와 현대차가 '중년의 위기'*midlife crises*를 극복하고 다음 단계로 변모해 나가는 모습을 지켜볼 수 있었던 것은 내가 누린 하나의 특권이었다.

이 책을 쓰는 지금도 현대차와 대한민국, 그리고 나 자신의 삶에는 변화가 계속되고 있다. 이들 3자 모두 2010년에 처음 조우했을 때와는 전혀 다른 존재가 되어 있다. 모두가 스스로를 발전시키기 위해 열심히, 필사적으로 노력했고, 지금 그 결과물을 내고 있는 것이다. 그리고 이제 한 번 더 새롭고 위대한 도약을 할 채비를 하고 있다.

현대차: 험난하지만 상승의 길로 들어서다

2012년에 브라질 공장과 중국 공장을 설립한 현대차는 지난 몇 년 동안 지속해 온 급속 확장 정책을 중단하고, 당분간 숨고르기를 하면서 고품질 정책을 강화해 나가겠다고 밝혔다. 그것은 정몽구 회장의 결단이었다. 내부에서 반대의 목소리가 더러 있었지만, 항상 그렇듯이 그의 생각대로 결정이 내려졌다. 현대차를 비롯해 업계의 많은 사람들이 도요타가 끔찍한 불량 사태를 겪은 데는 짧은 기간에 너무 많은 공장을 지은 것이 일조했다고 생각했다. 도요타는 품질 문제 때문에 대량 리콜을 해야 했고, 엄청난 광고비를 지출하고, 12억 달러에 달하는 벌금을 물었다. 세계 시장에서 톱 셀링top-selling 브랜드를 유지하기 위해 빠른 속도로 공장을 계속 지으면서 품질도 함께 유지하기란 어려운 일이다. 현대가 세계에서 제일 많이 팔리는 자동차를 만드는 것을 목표로 하지 않는 데는 이런 이유도 있다. 대신 우리는 가장 사랑받는 자동차 브랜드를 만들고자 했다. 완고한 서방 언론들이 이를 싸구려 자동차를 만들겠다는 말로 받아들여도 상관하지 않겠다는 입장이었다.

정몽구 회장이 급속 확장 정책을 계속하는 것을 주저하는 데는 그럴 만한 이유가 있었다. 현대는 힘들게 얻은 품질의 우수성을 지키기 위해 혼신의 노력을 기울이고 있었다. 하지만 경쟁자들이 확장 정책을 멈추지 않았기 때문에 현대차는 미국을 비롯한 일부 지역에서 시장 점유율이 떨어졌다. 그렇게 되자 현대의 성공 스토리에 무슨 문제가 생긴 것이냐는 소리가 들려왔고, 여러 해 동안 우리가 누려온 언론의 집중 조명도 다소 시큰둥해지기 시작했다.

더 심각한 문제는 SUV 차종들이었다. 현대가 2011년에 플루이딕 스컬프처 쏘나타를 선보일 당시 업계에서 가장 뜨거운 분야는 미드사이즈midsize 패밀리 세단이었다. 쏘나타는 디자인도 정말 훌륭했고 적기에 출시되어 상승세를 탔다. 2014년이 되자 전 세계적으로 석유 생산비가 낮아지면서 휘발유 값이 크게 떨어졌다. 그러면서 소비자들의 취향은 미드사이즈 세단을 버리고 다양한 사이즈의 SUV 차량으로 옮겨갔다.

현대는 세단을 위주로 한 라인업을 갖추고 있었기 때문에 소비자들의 입맛이 바뀌면서 무방비 상태가 되고 말았다. 2012년에 두 가지 버전으로 뉴 산타페를 내놓았다. 하나는 좌석이 두 줄짜리이고 하나는 세 줄짜리였다. 그리고 판매부진에 빠져 있던 대형 SUV 베라크루스를 포기했다. 하지만 그렇게 되자 미국 시장 전체 라인업에 SUV 차량은 산타페와 2010년에 출시돼 이미 오래 된 모델인 투산, 이렇게 두 종만 달랑 남게 됐다. 닛산은 SUV 차량이 6종, 쉐보레는 5종, 심지어 메르세데스도 5종을 갖추고 있었다. 다소 보수적인 디자인의 뉴 쏘나타도 판매는 그런대로 양호했으나 이전의 섹시한 모델만큼 팔리지는 않았다. 문제는 이 분야의 판매가 전반적으로 퇴조하고 있다는 점이었다. 미국시장에서 베스트셀러 카인 도요타 캠리도 2014년에서 2015년 사이 판매량이 떨어졌다. 소비자들의 기호가 세단에서 SUV로 옮겨가고 있음이 분명했다.

뉴 쏘나타의 슬럼프가 생각보다 심각했다. 언제나 그렇지만 판매가 양호하거나 부진한 이유를 정확하게 꼭 집어 말하기는 어렵다. 하지만 이구동성으로 지적하는 점은 좋은 장점들이 너무 많아서 운전하고 소유하기는 정말 좋은 차인데, 소비자의 눈길을 확 사로잡지 못한다는 것이었다. 이전 쏘나타가 갖고 있던 디자인의 매력 포인트들이 사라지고 말았다는 지적이었다. 기존의 쏘나타는 매력적인 라인과 표면을 절묘하게 조화시켰다는 평가를 받았다. 차량 결함도 발견되었다. 거기다 2014년에 현대차그룹 전체가 큰 타격을 입었다. 그해 현대차는 서울의 강남 지역에 100억 달러를 넘게 주고 토지를 구입해 100층 규모의 사옥을 새로 지을 것이라고 발표했다.

당시 현대가 제시한 입찰가는 해당 부지의 감정가보다 세배나 더 높았다. 현대가 이 부지를 얼마나 차지하고 싶어 했는지 보여주는 대목이다. 그뿐만이 아니라 현대는 이사회에 입찰가를 알려주지 않은 채 백지승인으로 입찰 참여 승인을 요구한 것으로 드러났다. 이사진은 이 요구에 순순히 응했고, 이는 회장이 막강한 권한을 행사하는 재벌의 구조와 허수아비 이사회의 실상을 재확인해 주었다.

2015년 말이 되자 현대는 제자리를 되찾은 것처럼 보였다. 정몽구 회장은 기아의 멕시코 공장 건립 계획을 발표했다. 현대 차종도 그곳에서 생산할 계획인 것 같았다. 앨라배마 공장 인근에 제2공장을 짓는다는 발표를 듣고도 나는 놀라지 않았다. 뉴 투싼을 출시해 좋은 평가와 함께 안전 면에서 톱 세이프티 등급을 받았다. 이어서 닛산의 펑키funky 스타일 주크Juke와 경쟁할 소형 SUV를 내놓겠다고 약속하고, 아우디와 메르세데스 SUV와 맞대결할 제네시스 럭셔리 SUV 개발 의사를 내비쳤다. 하지만 이 약속이 실현되려면 적어도 앞으로 몇 년은 더 기다려야 할 것 같다.

현대차 브랜드를 독일차 수준의 프리미엄 브랜드로 끌어올린다는 꿈을 실현시켜 줄 플래그십flagship 차종인 뉴 제네시스 세단은 홈런이었다. 뉴 제네시스는 2015년 내내 구형 제네시스 판매를 넘어섰다. 이번에는 언론 매체들을 초청해 뉴 제네시스 시승 기회를 주고, 또한 경쟁 차종들과 비교해 볼 수 있도록 하고, 장기 테스트도 해보도록 했다. 과거 2013년에 한국으로 초청해 제네시스 시승 기회를 가졌던 자동차 전문기자들이 그 당시보다 더 우호적인 평가들을 쏟아냈다.

오토가이드닷컴AutoGuide.com은 뉴 제네시스를 재규어 XF와 맞상대할 차라고 평가하며 최우수 등급superior vehicle을 매겼다. 카 커넥션The Car Connection은 뉴 제네시스를 '헤비급 차종들의 자리를 이어받을 적통'이라고 평가했다. 헤비급 차종들이란 뉴 제네시스가 겨냥한 독일의 경쟁 차종들을 일컫는 말이다. 모터위크MotorWeek는 제네시스가 같은 수준의 후속 모델을 추가로 내놓는다면 '브랜드를 바꿀 차종'이 될 것이라고 예견했다. 실제로 2015년 11월에 현대차는 제네시스를 별도의 고급 브랜드로 내세우겠다고 발표했다. 이러한 결정에 자동차 업계는 놀랐고 나도 놀랐다. 현대식 '도요타 렉서스'를 만들겠다고 나선 것이다.

3년 넘도록 나는 기자들에게 현대는 절대로 렉서스급 고급 브랜드를 만들지 않을 것이라고 장담했다. 현대는 그 대신 브랜드 자체를 프리미엄 급으로 격상시키려고 했는데, 그것은 이전에 한 번도 해보지 않은 시도였다. 그런데 이제 와서 그런 시도가 모두 무의미하다고 판단한 것인가? 그렇다면 앞으로 현대 브랜드는 어떻게 하겠다는 것인가? 현대는 프리미엄 브랜드로 올라갈 희망을 버리고, 영원히 '가격 대비 품질이 괜찮은' 수준의 브랜드로 남겠다는 말인가?

현대 사람들과 이야기를 나누고 나서 나는 그 답을 알게 되었다. 이것이 답이었다. 과거에 기자들이 현대에서 고급 브랜드를 만들 계획이 있느냐고 물으면 우리는 이렇게 대답했다. "지금은 그럴 계획이 없습니다. 그에 대한 결정은 우리가 아니라 고객들이 내려 줄 것입니다." 그 결정은 실제로 고객들이 해주었다. 제네시스는 당초 현대의 로고 H를 트렁크에 달고, 날개 달린 제네시스 특별 로고를 후드에 부착하고 등장했다. 그런데 제네시스가 미국 시장에 출시되고 나서 몇 해 동안 차를 구입한 많은 고객들이 딜러들에게 트렁크에 붙은 현대 로고 H를 떼어내고, 대신 날개 달린 제네시스 로고를 그 자리에 붙여달라는 요구를 하는 것이었다.

차세대 제네시스가 나오면서 H 로고는 차체에서 거의 자취를 감추었다. 뉴 제네시스가 엄청난 호평을 받고 판매가 호조를 보이면서 현대는 제네시스라는 브랜드 네임을 붙인 6개의 럭셔리 차종으로 독자적인 라인업을 가져가기로 했다. 뉴 제네시스는 G80으로 이름을 바꾸고, 신형 에쿠스는 G90라는 이름으로 내놓았다. 이밖에도 제네시스 브랜드에 럭셔리 SUV를 비롯해 BMW 3 시리즈 등을 직접 겨냥한 소형 세단을 포함시켰다. 이 모델들이 모두 'G'로 시작되는 알파뉴메릭 네이밍alpahnemeric naming을 하고 2020년까지는 도로를 누비게 할 계획이다.

시장과 소비자의 기호는 계속 바뀐다. 과거에 집착하는 어리석은 기업들만이 이 변화를 거부한다. 미국에서는 경제가 호전되고 휘발유 값이 떨어지면서 고급차에 대한 수요가 늘었다. 현대차는 2011년 브랜드 전체의 수준을 끌어올리는 전략을 썼다. 하지만 2015년부터 제네시스를 고급 브랜드로 분리하는 전략을 쓰기 시작했고 이는 잘한 선택이다. 고급 브랜드를 분리해 내더라도 현대는 기존의 방식들을 고수할 것이다. 일본의 경쟁차종들과 달리 현대는 비용을 줄이고 수익을 키운다는 방침에 따라 제네시스 모델을 판매할 별도의 딜러점을 개설하지 않고, 초기에는 현대 딜러점을 통해 제네시스를 판매하기로 했다. 그러면서 고급 모델을 찾는 고객들에게는 고객의 시간을 절약해 주기 위해 고안된 특별 서비스를 제공한다는 전략을 썼다. 럭셔리 카를 찾는 부유한 고객들은 판매 전시장 내부를 화려하게 치장하는 것보다 시간을 절약시켜 주는 서비스를 더 높이 평가한다는 점을 고려한 것이다.

나는 그렇다고 현대차가 현대 브랜드의 이미지 제고 노력을 포기할 것이라고는 생각하지 않는다. 2015년 말 현대차는 뉴 엘란트라를 선보였다. 2012년 디트로이트 모터쇼에서 '북미 올해의 차'로 선정된 바 있는 베스트셀러인 아반테^{수출명 엘란트라}의 후속 모델이다. 뉴 엘란트라는 외관 디자인을 완전히 바꾸어 고급화 시켰다는 평가를 받았다. 엘란트라 뉴 모델은 제네시스의 스타일링 특징을 따르는 것 외에 제네시스를 비롯한 고급차들의 사양을 대거 장착했다.

현대차는 고성능 럭시카_{luxe cars}들과 경쟁하기 위해 서브 브랜드 N을 개발했다. 메르세데스의 AMG 같은 고성능 차량 특화 브랜드이다. 현대는 주행 테스트의 성지라 불리는 독일의 뉘르부르크링 레이스 트랙에 테스트 센터를 설치하면서 N 브랜드에 대해 강한 의욕을 보였다. 현대차 테크니컬 센터는 외관이 유리로 장식되어서 눈부시게 햇빛을 반사하며 현대의 의욕을 상징적으로 보여주고 있다.

신사옥 건립 계획으로 현대차는 값진 기업 교훈을 얻었다. 외국인 주주들은 자신들이 투자한 돈을 현대가 어떻게 사용하는지 전혀 모르고 있었다며 불만을 제기했다. 이 일을 겪으면서 현대는 최초로 비非가족 주주들의 권익을 보호하기 위해 이사회 차원의 투명경영위원회를 구성했다. 주주 권익보호를 위한 위원회 구성은 한국에서 최초로 이루어졌다. 늦었지만 서방의 투자자들을 끌어들이기 위한 조치임이 분명해 보이지만 한국으로서는 엄청난 문화적 변화라고 할 수 있다. 과거에는 유교 전통에 따라 재벌 회장이 누구에게도 책임을 지지 않았고, 사람들은 그런 재벌 기업에 투자하는 것을 하나의 특혜로 받아들였다.

이런 문화가 바뀌고 있는 것이다. 이는 한국이 전통적인 문화적 특성을 간직하면서 어떻게 하면 글로벌 규범에 적응해 나갈지 모색하는 하나의 상징적인 변화이기도 하다. 현대차그룹은 현재 신사옥 건립계획을 진행시켜 나가고 있다. 현대 내부 사람들은 부지 고가 매입에 대해 국내외에서 쏟아지는 신랄한 반응을 보고 놀랐을 것이다. 현대차 입장에서 보면 부지 매입이 절대로 필요한 사업일지 모른다. 장기적인 안목으로 현대차는 계열사를 한곳에 모으는 그룹 통합 신사옥 건설을 현대차그룹의 새로운 1백년을 상징하는 사업으로 보고 있다. 새 사옥은 현대차가 추진하는 프리미엄 모델의 전시장이 될 것이고, 서울의 미래 성장을 압축해 보여주는 랜드 마크로 자리하게 될 것이다.

만약 이런 사업 추진에 대해 주요 주주들과 사전에 의사소통이 이루어졌더라면, 그리고 한국 정부가 나서서 사업 추진에 자체 현금 보유분을 동원하지 않거나, 주주들에게 돌아갈 배당금을 전용하거나, 대주주들이 결정권을 행사하거나 하는 경우에는 재벌을 처벌하겠다고 주주들에게 약속했더라면 현대차 입장에서도 사업 진행이 한결 더 수월했을지 모른다. 구설에 오른 것은 비전 전략이 잘못되어서가 아니라 주주들이나 언론과의 소통 부재 때문에 생긴 일이었다.

현대 창업주의 손자이고 정몽구 회장의 아들인 정의선 부회장이 그룹을 물려받게 되면 이런 관행들이 바뀔 것이라고 나는 믿는다. 이런 변화는 언제든 일어날 수 있을 것이다. 5년 정도면 이루어질 수 있는 변화이기도 하다. 정의선 부회장은 결단력이 있는 사람이다. 그렇다는 사실은 현대차의 디자인 방향을 보면 알 수 있다. 나는 그가 자기 아버지보다 좀 더 협력적이고, 평등주의적이고, 의사소통을 중시하며, 그리고 좀 더 혁신적이기를 바란다. 그 가운데서도 마지막에 꼽은 혁신의 덕목은 대단히 중요한 자질이다. 프리미엄 자동차를 만들겠다는 담대한 계획을 실행하기 위해 현대는 창업주인 정주영 회장의 과감한 도전정신을 다시 갖추어야 한다. 그는 조선소를 짓기도 전에 첫 배를 수주한 사람이다.

한국이 가난을 벗어난 지 얼마 되지 않은 나라라는 점을 감안하면, 사람들이 모험을 피하고, 신중한 접근을 통해 그동안 이룬 것을 지키려는 경향이 있다는 점을 이해할 수는 있다. 하지만 그렇게 하면 혁신과 리더십이 아니라 정체의 길로 나아가게 된다. 제네시스 럭셔리 브랜드와 같은 새로운 제품에 도전하는 모습을 보면 너무 기분이 좋다. 그런 모험정신이 현대차그룹 전반에 퍼져나가는 모습을 보고 싶다. 현대차 바깥에서 더 많은 인재를 채용하고, 더 많은 여성을 임원으로 승진시키고, 본사에 더 많은 외국인들이 일하도록 하고, 그래서 한국 바깥에서 일하는 외국인 직원들, 특히 매니저들이 현대에 소속감을 더 많이 갖고, 더 많은 권한을 부여받도록 해주었으면 좋겠다.

현대차 최초의 여성 상무인 최명화씨는 2014년 블룸버그 비즈니스와 가진 인터뷰에서 젊은 여성 직장 동료들을 향해 '매니저는 상사이지 여러분의 아버지가 아니다.'고 말해 유교적인 한국 기업문화의 변화 필요성을 지적했다. 프리미엄 브랜드를 만드는 일은 훌륭한 디자인만으로는 안 되며, 기업문화의 변화가 뒤따라야 한다. 과연 현대는 프리미엄 자동차 메이커가 될 수 있을까? 앞으로 세계 최고 자동차 대열에 합류할 수 있을까? 장기적으로 그렇게 될 것이라는 나는 믿는다.

대한민국: 변화의 중심에 서다

현대차에서 나의 오른팔이었던 에두아르도는 회사를 그만둘 때 앞으로 무엇을 할 것인지에 대한 확신이 없었다. 몇 개월 뒤에 그는 무엇을 할지 찾아냈는데, 자기 인생을 재벌에 바치는 대신 호텔리어가 되기로 했다. 주위의 도움을 받아서 그는 한반도 남쪽에 있는 휴양지 제주도에 현대적인 12층짜리 부티크 호텔을 열었다. 호텔은 벌써 성공을 거두었고, 그는 지금 두 번째 호텔 문을 열 계획을 세워놓고 있다. 에두아르도는 회사를 떠나기로 한 결정을 통해 대한민국이 성장 역사의 두 번째 장을 쓰는 데 필요한 바로 그 점을 몸소 실천해 보였다. 그것은 바로 서비스 분야에서 도전적인 사업을 펼치는 것이었다. 적어도 그의 입장에서 제일 뿌듯한 점은 이제 자기가 보스라는 사실이다.

가부장적인 일터에서 보스가 된 그는 한국인 종업원들에게 영어 이름을 붙여주었다. 과거 현대차에 있을 때 그의 보스가 그에게 영어 이름을 붙여준 것처럼 말이다. 그는 직원 한 명에게 '프랭크'라는 이름을 붙여놓고, 일을 잘못하면 고래고래 소리를 지르며 혼을 낸다고 했다. "이 직원을 볼 때마다 당신 생각이 정말 많이 납니다." 에두아르도는 내게 이렇게 써서 보냈다.

재벌 기업이 하는 사업도 세계 시장에서 주역 노릇을 하기 전에는 도전적인 정신을 가진 기업가들의 머릿속에 희미한 아이디어로만 자리 잡고 있었을 뿐이다. 정주영 회장은 자기 손으로 아도 서비스라는 자동차 정비공장을 설립했고, 삼성의 이건희 회장은 직원들에게 '아내와 자식만 빼고 다 바꾸라.'는 지시를 내렸다. 정주영 회장과 이건희 회장 같은 사람을 21세기인 지금 서울에 있는 소프트웨어 디자인 스튜디오나 공유경제 스타트업 기업, 혹은 제주도에 있는 부티크 호텔에 모셔놓는다면 이들이 바로 한국의 차세대 경제 지도자가 되는 것이다.

한국도 이런 사실을 알고 있다. 박근혜 대통령은 (대통령직에서 물러나기 전인) 2014년 2월에 행한 연설에서 "과거 우리를 세계 10대 경제대국으로 만들어 준 성장방식은 이제 한계에 도달했습니다."고 말했다. 막강한 힘을 가진 재벌 주도로 이루어진 수출과 제조업 성장의 그늘에 가려 국내 소비시장과 서비스 산업은 빛을 잃었다고 했다. 그러면서 금융과 소프트웨어 같은 서비스 분야의 규제를 완화하고, 스타트업 기업에 정부 자금을 투입해 외국 자본 유치에 도움이 되도록 하겠다고 약속했다.

이런 노력은 결실을 거두기 시작했다. 2015년에 일본의 소프트뱅크는 기업가치가 50억 달러에 달하는 한국의 커머스 기업 쿠팡에 10억 달러를 투자했다. 이런 추세가 이어진다고 해서 현대차와 같은 재벌 그룹이 사라지지는 않겠지만 지금과는 다른 모습을 한 다양화 된 경제가 탄생하게 될 것이다. 한국 경제는 아직 여러 문제점을 안고 있다. 경제의 다양성이 상당한 수준으로 진행되기까지 성장은 계속해 재벌의 업적에 의존하게 될 것이다. 가계 부채는 높은 수준을 유지하고 있고, 환율 변동이 수출 의존 경제에 과도한 영향을 미치고 있다. 하지만 거시적인 지표는 올바른 방향으로 나아가고 있다. 블룸버그는 2015년 R&D 지출, 교육, 첨단기업 수, 특허등록 활동 등을 근거로 작성하는 혁신지 수*Innovation Index*에서 한국을 세계에서 가장 혁신적인 나라로 꼽았다. 불과 2세대 전까지도 미쓰비시를 베껴먹던 나라로서 실로 놀라운 발전임에 틀림없다.

문화적인 면에서와 개인적인 차원에서도 매우 빠른 속도로 변화가 진행되고 있다. 한국인들의 치열한 교육열도 변화의 소용돌이에 휘말리고 있다. 대학에서는 재벌 기업들이 받아들일 수 있는 수보다 더 많은 4년제 졸업생들을 배출해 내고 있다. 매년 재벌 기업의 신규 채용자 수가 수만 명을 넘어서는데도 그렇다. 이로 인해 몇 가지 특이 현상들이 나타나고 있는데, 그 가운데 하나가 바로 다문화주의*multiculturalism*가 강화되는 현상이다. 많은 대학 졸업자들이 취업을 못하면서도 재벌 기업이 아닌 직장에서는 일을 하려고 하지 않는다. 그러다 보니 외국인 노동력이 유입돼 한국인의 피부색 분포를 바꿔놓고 있다.

교육 수준이 높은 한국의 젊은 여성들은 교육 수준이 낮은 시골 청년들과의 결혼을 꺼리고, 그러다 보니 시골 청년들은 신부 구하기가 어렵게 됐다. 이 때문에 많은 시골 청년들이 베트남, 중국, 필리핀, 캄보디아 같은 나라의 여성들을 신부로 맞이하고 있다. 현재 한국에서는 새로 결혼하는 신혼부부의 10퍼센트 정도가 다문화 가정을 이루고 있다. 이런 현상은 단일 문화가 주류를 이루는 한국 사회에 긴장을 조성하고, 외국인 이민자들이 한국 사회에 쉽게 동화되지 못하는 문제를 낳고 있다. 하지만 장기적으로 보면 외국인의 유입은 긍정적인 현상이 될 것이다. 대졸자의 과잉은 청년들로 하여금 외국 회사에 취업해 국제적인 커리어를 쌓도록 하는 부수적인 결과를 낳고 있다. 한국 청년들이 점점 더 글로벌화 되게 만드는 것이다.

이렇게 되자 많은 청년들이 일류대학을 졸업하고, 재벌회사에 취직하는 식의 '모범 스펙'만 추구하는 패턴에서 탈피하기 시작했다. 대신 이들은 자기가 좋아하는 공부를 하고, 자기가 하고 싶은 일을 하는 식으로 삶의 목표를 바꾸고 있다. 이러한 젊은이들이 재벌 이후의 한국 경제에 기여할 것이다. "일류대학인 스카이SKY 대를 졸업하면 재벌 회사에 취직이 보장되는 시절은 끝났다." 한국 친구는 내게 이렇게 말했다. 아내와 나는 2010년 서울에 도착한 직후 맞은 첫 크리스마스 파티를 열었는데, 당시 한국인 참석자들이 너무 적어서 놀랐다. 어느 한국 친구가 한국인들은 성인이 되면 새 친구를 사귀려고 하지 않는 경향이 있다는 말을 내게 해주었다. 그런데 지금은 인터넷의 발달 덕분에 많은 한국인들이 온라인을 통해 다른 사람들과 공동 관심사에 대해 서로 의견을 나누고, 사이클 동호회 등 각종 클럽활동을 통해 운동을 함께 하고, 야구경기도 같이 보러 다닌다. 성인이 되어서도 새로운 친구들을 만나는 것이다.

유명한 회식문화나 술을 곁들인 저녁식사도 변화의 파도를 피하지 못한다. 재벌과 정부가 모두 나서서 공익광고 등을 통해 요란한 회식과 과도한 음주를 삼갈 것을 권하고 있다. 광고를 통해 과음이 조기 사망을 초래하고, 술로 인한 사회적 비용이 연간 200억 달러에 달한다고 경고한다. 회식이 항상 사람들의 단합에 도움이 되는 것은 아니며, 술을 마시지 않는 사람들에게는 괴로운 시간이라는 지적도 나온다. 물론 회식이 빠른 시일 안에 완전히 사라지기는 힘들 것이다. 회식은 지금도 한국의 샐러리맨들에게서 빼놓을 수 없는 부분이고, 한국 문화의 중요한 한 부분을 차지한다. 하지만 이제 사람들이 회식의 사회적 비용에 대해 인식하기 시작했고, 이는 첫걸음을 내디딘 것이라고 할 수 있다.

모두 갑작스럽고 급격한 변화들이다. 이런 변화를 보고 나는 한국인들이 환경변화에 적응하는 놀라운 특성을 갖고 있음을 알게 됐다. 그것은 종種과 문화가 존속하는 데 필요한 핵심적인 특징이다. 나는 근면, 성실, 신속, 인정人情 같은 한국인들이 가진 특성들에 '적응력'을 추가한다. 이것이 바로 내가 동아시아 3대 강국들 가운데서 특히 한국에 베팅하라고 주문하는 이유이다.

한국은 원조를 받는 나라에서 주는 나라로 성장함으로써 현대사에서 이미 급격한 변화를 한번 겪었다. 나는 그런 변화가 다시 일어날 수 있다고 생각한다. 여기에는 몇 가지 유리한 요인들이 있다. 중국과 달리 한국은 민주주의를 실천하는 나라이다. 이 때문에 권위주의 체제를 고수하는 중국보다 더 안정되고, 더 역동적이고, 더 혁신적이다. 한국의 산업 인프라는 구축한 지 불과 50년밖에 안되었기 때문에 아직 노후화되지 않았다. 일본의 재벌인 '자이바츠'財閥와 달리 한국의 재벌은 성장을 계속하고 있으며, 아직 순항속도에 도달하지 않았다. 그리고 중국과 달리 한국은 이웃 국가들과 분란을 일으키는 남중국해 영토 분쟁 같은 것을 겪을 소지가 없다. 더구나 한국에는 일본과 달리 지역 정세를 불안정하게 만들 정도의 극우 세력 집단이 없다. 그리고 한국은 이 지역에서 미국과 가장 우호적인 관계를 유지하고 있다.

내가 장기적으로 한국의 성공을 낙관하는 마지막 요인은 북한이다. 북한은 한국에게 계속되는 위협요인이기는 하지만, 한반도가 통일이 되면 비장의 에이스 카드가 될 것이다. 북한은 이 지역의 다른 나라들이 갖지 못한 귀한 선물들을 한국 경제에 안겨줄 것이다. 영토는 하루

아침에 두 배로 커지고, 천연자원이 대대적으로 손에 들어오고, 2500만에 달하는 새로운 인구가 유입된다. 북한 인구는 남쪽보다 더 젊고, 자녀수도 더 많기 때문에 한국이 안고 있는 인구 폭탄을 해결하는 데 도움을 줄 것이다.

한반도 통일은 동서독 통일보다 더 복잡한 문제를 안고 있다. 얼마나 많은 북한 인구가 남쪽으로 유입되고, 몇 명이 중국으로 흘러들어 갈지 알 수 없다. 중국과 풀어야 할 문제들도 많다. 통일이 되면 중국은 이 지역에서 미국의 최고 우방과 국경을 맞닿게 되기 때문이다. 북한을 흡수하면 한국은 경제적으로 큰 충격을 받게 되고, 적어도 10년은 침체기를 겪게 될 것이다. 교육 수준이 낮고, 경제 마인드가 없는 북한 출신들은 여러 세대 동안 2류 시민으로 살게 될 것이다.

하지만 장기적으로 보면, 남북한 주민 모두 같은 언어를 사용하며, 같은 DNA와 같은 유산, 같은 문화, 같은 관습을 공유하고 있다. 결국 모두 다 한국인들이다. 북한은 언젠가 붕괴될 것이며, 얼마나 극적으로 붕괴될까 하는 문제만 남아 있을 뿐이다. 그날이 오면 한국은, 나아가 통일 한국은 수혜자가 될 것이다.

나: 새로운 나를 찾아서

사람들이 내게 해외생활이 어떠냐고 물으면 들려주는 이야기가 몇 개 있다. 해외생활이 어땠는지 진지하게 설명해 주려고 하는 이야기도 있고, 그저 웃음거리를 제공해 주기 위해 하는 이야기도 더러 있다. 사람들은 내 이야기를 들으면 재미있어 한다. 가끔 자카르타에서 아내를 도와 보모로 일했던 트리 생각이 난다. 이 이야기는 사람들에게 좀처럼 하지 않는다.

사티를 비행기에 태워 인도네시아로 돌려보내고 일주일 쯤 지났을 때 아내의 아이폰이 찌릉 하고 울리더니 메시지가 떴다. 사티가 보낸 것이었다. 전후 문맥도 없이 서투른 영어로 다짜고짜 이렇게 썼다. '친애하는 사모님, 사모님과 아저씨 두 분 모두 평안하실 줄 압니다. 트리가 지난 금요일에 이미 죽었습니다.' 우리는 너무 충격적인 소식이라 믿을 수가 없었다. 자판을 잘못 눌렀거나 다른 말을 한다는 게 잘못 썼을 것이라 생각하고 곧바로 전화를 걸었다. 남자 아이 하나를 둔 27살의 싱글 맘인 트리는 열이 나며 많이 아팠다고 했다. 그런데 병원에 갈 처지가 못 되다 보니 병세는 계속 악화되었고, 아프기 시작한 지 며칠 만에 숨을 거두고 말았다는 것이었다. 사티가 전해 준 소식은 그게 다였다. 지구 반대편 인도네시아의 시골마을에서 간접적으로 전해들은 소식은 그것뿐이었다.

너무 황당한 소식이었다. 도저히 믿을 수가 없었다. 어떤 처지여서 그렇게 됐다고? 치료비 100달러가 없어서라고? 트리를 비롯해 그녀와 같은 처지에 있는 인도네시아 사람들 수백만 명이 그만한 거금을 자기 자신한테 쓴다는 것은 상상할 수 없는 일이라고 생각한다. 인도네시아를 비롯해 전 세계 모든 곳에서 가난한 사람들이 죽지 않아도 되는 병으로 그렇게 죽어가고 있다. 제대로 된 치료를 받고, 치료비나 의료보험만 있었어도, 그리고 간단한 의료 지식과 치료할 수 있다는 기대감만 갖고 있어도 나을 수 있는 병에 걸려서 그렇게 사람들이 죽어간다. 이런 사람들에게는 일찍 목숨을 잃는다는 것이 눈앞에서 수시로 일어나는 암울한 현실이다.

이들에게 나이 들어 죽는다는 것은 제1세계의 사치에 불과하다. 트리는 숱한 밤을 우는 애너벨을 안고 지샜다. 그녀는 한동안 우리 가족의 일원이었다. 애너벨은 너무 어리니 트리를 기억하지 못하겠지만 우리는 생생하게 그녀를 기억한다. 딸이 자라면 언젠가 트리의 사진을 보여줄 것이다. 그리고 아이가 우물거리며 처음으로 내뱉는 단어를 듣고, 첫 걸음마를 지켜봐 준 한 여인에 관해 이야기해 줄 것이다. 이것은 해외생활을 하면서 내가 겪은 정신이 번쩍 들게 해준 많은 경험들 가운데 하나이다. 그 일은 나 자신을 변화시켜 준 하나의 촉매제가 되었다.

나는 이제 더 이상 내 한 몸밖에 모르는 욜로YOLO 노총각이 아니라 남편과 아버지이다. 신앙 면에서도 자기 멋대로 행동하는 아웃라이어가 아니라 교회에 열심히 나가는 책임감 강한 신도가 되었다. 그리고 이제는 관찰자의 입장에 머물던 언론인이 아니라 비즈니스 팀의 리더가 되어 있다. 인생 2막에서 나는 완전히 다른 사람이 되었다. 나의 정체성은 이제 다른 사람들의 삶과 완전히 얽혀 있고, 그들의 삶에 달려 있다. 그리고 이상하게 들릴지 모르지만, 나는 어느 정도 한국사람 비슷하게 되었다.

서열을 중시하는 유교문화권인 한국에서는 어느 특정한 시기에 내가 어떤 존재인가 하는 것은 주위에 있는 사람들과의 관계에 크게 좌우된다. 환경에 적응하는 카멜레온 같은 존재라고 할 수 있다. 한쪽으로 존중과 존경심을 나타내면서, 다른 한쪽으로는 권위와 리더십을 과시해야 한다. 서양에서 우리는 무엇보다도 각자가 하나의 독립된 존재라고 배웠다. 우리의 정체성은 각자의 존재 안에 내재돼 있다고 생각하는 것이다. 성별, 피부색, 키, 몸무게, 지적인 수준 등등에서 차이는 있지만 각자가 고유한 가치를 지닌다. 각자가 가진 물건, 부富, 관계, 이데올로기, 경험, 명성 등에 의해 존재가 규정되기도 한다. 어찌됐든, 우리는 각자가 세상에 중심에 서서 큰 소리로 외칠 수 있는 존재이다.

나는 인생의 대부분을 이렇게 알고 살아 왔다. 그런데 이제는 나의 존재가 사실은 하느님과 가족, 그리고 타인의 삶에 바탕을 두고 있다는 사실을 깨닫게 되었다. 나라는 사람이 내 직업이 무엇인지, 봉급이 얼마지, 내가 사는 아파트는 몇 평인지, 내가 졸업한 대학 스포츠팀의 성적이 어떤지 같은 것에 좌우되는 게 아니라는 사실을 알게 된 것이다. 지금까지는 이런 것들이 내 삶을 규정한다고 생각했다. 나는 이제 남편이고 아버지이며, 이런 나 자신이 좋다. 많은 사람이 부모가 되고 나니 자신의 존재는 온데간데없이 사라졌다고 한탄하는 것을 보았다. 좋아하는 취미생활도 할 수 없고, 대학원 다닐 때 하던 열띤 정치 토론도 과거지사가 되고 말았다고 불평한다. 나도 그런 말에 공감한다. 나는 모터사이클을 즐겨 탔다. 정말 좋아했다. 그걸 타면 너무 신이 났다. 하지만 이제 가장이고 아빠가 되었으니 모터사이클 타는 일은 더 이상 하지 않을 것이다.

너무나 많은 사람이 나에게 의존하고 있으며, 모터사이클은 불필요한 위험요소이고 추가 부담이다. 내가 좋아하는 것을 포기하면 아내의 걱정을 크게 덜어줄 수 있을 것이다. 모터사이클 타는 걸 그만둔다고 나 자신이 어떻게 되는가? 물론 그렇지 않다. 아빠가 되고 나서 미혼 때 하던 많은 일들을 그만두었다. 데이트뿐만이 아니다. 그렇게 하는 게 당연하다고 나는 생각한다. 이제는 나 자신 외에 다른 사람들에게도 책임 있는 사람이 되어야 한다. 미혼 때의 이기적인 생활도 이제는 내세울 일이 못 된다.

아빠가 되고 나서 나는 혼자였을 때보다 기분 좋은 일을 훨씬 더 많이 하게 되었다. 어디에 얽매이지 않았을 때는 알지 못했던 기분을 맛보았다. 행복한 결혼생활을 하는 친구들이 나에게 그런 말을 해도 믿지 않았다. 인생에서 가장 중요한 일이라고 할 결혼과 가족은 믿음이 쌓여 만드는 결과물이다. 매일 매일 하는 일에 보람이 뒤따른다. 딸과 아내가 자카르타에서 돌아와 가족이 다시 뭉치고 나서 일 년이 지났지만 나는 여전히 감사하고 행복하다. 레스토랑 부스 안에서 딸아이는 내게 기어오르려고 기를 쓰고, 집안에서는 내 한쪽 다리를 잡고 늘어진다. 그러는 아이를 보면 너무 예뻐 까무러칠 것 같다. 예전에 아이가 나를 보면 낯설어하고, 내게 안기려고도 하지 않을 때는 앞으로 영영 그러는 게 아닌가 걱정했다.

'환희의 찬가'Ode to Joy에 딸의 이름을 붙여서 불러주는 것이 우리 두 사람 사이의 중요한 일상이 되었다. 내가 안고 흔들어주면 아이는 이 노래를 불러달라고 조른다. 동네 놀이터에 나가서도 이 노래를 불러줄까? 물론 불러준다. 두 돌 반이 지나면서 하루가 다르게 아이의 인격이 만들어지는 것을 느낄 수 있다. 마치 나무에서 파란 새순이 쑥쑥 돋아나는 것 같다. 부정적인 측면은 아이가 말을 안 듣기 시작한 것이다. 우리를 떠보기도 하고 무엇을 해달라고 조르기 시작했다. 긍정적인 측면으로는 아이가 인생에서 중요한 일들을 배우기 시작했다는 점이다. 농담도 하고 어떻게 하면 아빠의 맘을 녹일지도 안다.

"아빠, 그거 알아?"

"뭔데, 애너밸?"

"나는 아빠하고 있는 게 좋아!"

2015년 10월에 둘째딸 페넬로페 아너*Penelope Honor*가 태어나며 가족이 한 명 더 늘었다. 애너벨은 이제 언니 역할을 톡톡히 한다. 두 돌 반지난 아이가 할 수 있는 발음으로 동생에게 '넬피'*Nelpy*라는 애칭을 붙여 주었다.

내가 딸아이들과 함께 하는 이런 어린 시절의 추억은 나중에 아이들이 전혀 기억하지 못할 것이라는 생각이 든다. 무덤까지 가져가고 싶은 추억들이다. 나는 아이들을 바라보며 약품을 이용해 돌에 새기듯 그 장면을 머릿속에 각인시키려고 노력한다. 아이들이 나중에 이런 일들을 기억하지 못한다는 게 말이 되는가? 아내는 하는 수 없이 직장을 그만둔 뒤 새로운 생활에 현명하게 적응했다. 마치 상처에 붙인 밴드처럼 자신의 삶에서 직장생활을 힘들이지 않고 떼어내 버린 것 같았다. 하지만 상처에서는 아직 피가 나고 있었다. 아내는 전업주부가 되었고, 그래서 애너벨을 키우는 데 많은 시간을 보낼 수 있게 되었고, 우리가 다니는 교회에서 비슷한 처지에 있는 아이 엄마들과 서로 돕는 탄탄한 네트워크를 만들 수 있게 되었다.

다른 곳도 마찬가지겠지만 교회에도 매우 자질이 뛰어나고, 훌륭한 전문 경력을 가졌으면서도 가족을 위해 자신의 경력을 부수적인 것으로 만들거나 완전히 포기한 여성들이 많이 있다. 아내는 교회 친구들 가운데서 전직 외교관, 고위 공무원, 부상자 수송헬기 간호사, 에볼라 바이러스를 연구한 과학자, 전문 발레 댄서가 있다는 사실에 주목했다. 우리 아버지들은 거의 맞닥뜨릴 일이 없는 '일과 자녀' 가운데 하나를 선택해야 하는 문제를 겪은 여성들이었다. 아내는 자신과 비슷한 처지의 친구들과 함께 이 문제를 해결해 보기 위해 애쓰고 있다.

아내는 친구에게 보내는 이메일에 이렇게 썼다. "예전에는 나의 정체성을 일에서 찾으려고 했어요. 내가 하는 일을 통해서 자신감이 넘쳤고, 자신이 자랑스러웠어요. 그것도 겉으로 보기에는 괜찮은 일이었어요. 그런데 내 운명을 주재하는 것은 내가 아니라 하느님이라는 사실을 하느님이 가르쳐 주셨어요. 하느님은 내게 직장 일을 할 수 있는 지적인 힘과 능력을 주셨습니다. 하지만 내게 주어진 에너지와 지성을 어떤 곳에 쓸지 결정하는 것은 그분이라는 사실을 알게 되었어요. 직장에 나가서 할 일이 없으니 공허함을 느낍니다. 지금도 저는 지적인 면에서는 '따분함'을 느낍니다. 하지만 하느님이 큰 뜻을 가지고 내 삶에 이런 일이 일어나게 하신다는 것을 배우게 되었습니다."

나는 언론을 떠난 것이 옳은 결정이었다고 생각한다. 지금도 업무상이나 여가활동 등을 통해 언론과 관계를 맺고 있고, 내가 존경하는 언론인들도 많다. 그러면서 언론을 떠난 것을 후회하지 않는다. 언론생활을 끝마칠 때쯤 나는 다른 사람이 하는 일에 관해 기사를 쓴다는 일이 지겨워졌다. 나 자신에 관해 무엇이든 쓰고 싶었다. 기자는 관찰자이지 참여자가 아니기 때문이다.

나는 다른 형제들과 함께 어울리는 대신 옆에서 지켜보며 자랐다. 나는 참여자가 아니었다. 오랫동안 결혼을 미루었는데, 그것은 다른 누구와 아이를 갖는 것처럼 되돌릴 수 없는 어떤 일을 해야 한다는 데 대한 두려움 때문이었다. 결혼을 하고 부모가 되는 것은 처음으로 내가 온전히 몰입할 수 있는 일이었다. 현대차에 가서도 처음에 나는 관찰자의 입장에서 벗어나 팀의 일원이 되는 데 오랜 시간이 걸렸다. 많은 동료들이 나의 관찰자 같은 처신에 대해 알게 되었고, 그에 대해 불만을 나타냈다. 하지만 일단 팀의 일원이 되고 나니 나는 뉴스 룸 분위기보다 기업의 분위기가 더 좋았다. 그것은 놀라운 변화였다. 왜냐하면 나는 뉴스 룸 분위기가 좋아서 언론 일을 시작했기 때문이다.

기업에서 하는 일은 잘못될 수 있고, 남을 속이거나 최악의 경우에는 악의 집단이 될 수도 있다. 하지만 내가 현대차에서 직접 겪은 것처럼 훌륭한 기업은 진취적이고 낙관적인 사람들로 채워져 있다. 반면에 뉴스 룸은 비난과 빈정댐이 가득한 대단히 부정적인 장소이다. 나와 일한 나이 든 에디터 한 분은 이런 말을 수시로 했다. "안전하게 착륙한 비행기는 기사거리가 안 된다." 뉴스 룸 사람들은 그 말을 듣고 웃었다. 하지만 이제 나는 그런 식의 다크 유머dark humor에는 관심이 없고, 긍정적이고 들으면 기분이 좋은 미담에 더 관심이 간다.

이제는 이런 부정적인 마인드를 이겨냈다. 나는 부정과 비관주의가 비극의 악순환을 가져오는 것을 오랫동안 지켜보았다. 낙관적인 태도를 갖는다고 좋은 일이 일어난다는 보장은 없지만, 낙관적인 태도는 우리가 예기치 않은 불행을 겪게 되었을 때 그 불행에서 벗어날 기회를 크게 높여준다. 낙관주의는 현실적인 삶의 방식이 아니라고 생각하는 사람이 있다면 내 말을 한번 믿어 보기 바란다.

나는 서울에 근무하면서 비행기에 올라 출장길에 나서서 오만의 수도 마스카트나 혹은 그보다 더 이국적인 이름을 가진 곳에서 내리는 것을 즐겼다. 글로벌 자동차 회사의 입이 되어서 기자들을 상대로 설명을 하기도 했다. 그것은 사람을 도취시킬 수 있는 일이라, 자만하지 않도록 끊임없이 스스로를 되돌아봐야 하는 일이었다. 나는 자동차 업계 일을 좋아했다. 특히 디자이너와 엔지니어들과 함께 일하는 게 좋았고, 지금도 그때가 그립다. 아내와 나는 해외생활을 무척 즐겼다. 애너벨이 자라면 왜 자기가 기억하지 못할 정도로 어렸을 적에 그런 멋진 곳에 나가서 살았느냐고 물을지도 모르겠다. 아이들이 자라면 아이들을 위해서라도 한 번 더 해외생활을 할 수 있었으면 좋겠다. 우리 가족 모두 정말 신이 날 것이다.

한국은 외국인이 가서 살기 어려운 문화를 갖고 있는 곳이고, 한데 섞여 어울리기 힘든 곳이다. 그래도 나는 좋은 한국인 친구들을 많이 사귀었고, 물 떠난 물고기처럼 내가 힘들어 할 때 많은 이들이 나를 다독거려 주었다. 처음에는 술을 너무 많이 마시는 회식을 기피했지만, 나중에는 회식이 한국 사회와 문화를 이어주는 하나의 접착제 같은 구실을 한다는 점을 깨닫게 되었다. 샐러리맨 생활은 힘들지 모르지만, 회식으로 그 괴로움을 모두 함께 나누는 것이었다. 사람들은 회식을 통해 힘든 회사생활을 견뎌내고 있었다.

가끔, 정말 가끔은 테이블 한가운데 소고기가 잔뜩 놓인 지글거리는 불판 앞에 어깨를 부대끼며 앉아 있던 그 시절이 그립다. 불티가 튀고, 소주병이 오가고, 연기와 웃음소리가 방안을 가득 채웠다. 그 순간만은 누구도 부인할 수 없는 따스함이 모두에게 스며들었다. 정이 넘쳐났고, 외국인도 그때는 이방인이라는 기분을 조금은 덜 느꼈다. 노래방에 따라 가면 나도 18번곡인 '댄싱 퀸'*Dancing Queen*을 불렀다. 덩치 큰 미국인이 아바*ABBA*의 노래를 부르는 것을 사람들이 재미있어 했기 때문에 나는 그 노래를 불렀다.

한국 근무를 하며 나는 전장의 상처 같은 것을 입었다. 하지만 모두들 각자 사연을 가진 사람들이었다. 그들 모두가 나를 강한 사람으로 만들어 주었고, 좀 더 흥미로운 사람이 되게 해주었다고 생각한다. 현대차에서의 마지막 시간을 보낼 때 팀장인 벤이 나와 함께 보낸 3년여의 시간이 '보약' 같았다는 말을 했다. 우리는 가끔 약을 마시지 않겠다고 버텼고, 먹기에 달지도 않은 약이었다. 하지만 함께 한 그 시간은 우리를 더 나은 사람으로 만들어 준 보약이었다. 달리 더 좋은 표현이 생각나지 않는다.

옮긴이 **이기동**은 서울신문에서 초대 모스크바 특파원과 국제부차장, 정책뉴스부차장, 국제부장, 논설위원을 지냈다. 베를린장벽 붕괴와 소련연방 해체를 비롯한 동유럽 변혁의 과정을 현장에서 취재했다. 경북 성주에서 태어나 경북고등과 경북대 철학과, 서울대대학원을 졸업하고, 관훈클럽 신영연구기금 지원으로 미국 미시간대에서 저널리즘을 공부했다. 《블라디미르 푸틴 평전—뉴 차르》《미국의 세기는 끝났는가》《인터뷰의 여왕 바버라 월터스 회고록—내 인생의 오디션》《미하일 고르바초프 최후의 자서전—선택》《마지막 여행》《인터넷 시대의 신문명 비판—루머》를 우리말로 옮겼으며 저서로 《기본을 지키는 미디어 글쓰기》가 있다.

현대자동차 푸상무 이야기

초판 1쇄 인쇄 | 2017년 6월 15일
초판 1쇄 발행 | 2017년 6월 26일

지은이 | 프랭크 에이렌스
옮긴이 | 이기동
펴낸이 | 이기동
편집주간 | 권기숙
마케팅 | 유민호
주소 | 서울특별시 성동구 아차산로 7길 15—1 효정빌딩 4층
이메일 | previewbooks@naver.com
블로그 | http://blog.naver.com/previewbooks

전화 | 02)3409—4210
팩스 | 02)3409—4201
등록번호 | 제206—93—29887호

교열 | 이민정
디자인 | Kewpiedoll Design
인쇄 | 상지사 P&B

ISBN 978-89-97201-35-8 03190